中国学位制度实施四十年
The Implementation of China Academic Degree System in 40 Years

王战军 著

中国科学技术出版社
·北京·

图书在版编目（CIP）数据

中国学位制度实施四十年 / 王战军著 . —北京：中国科学技术出版社，2021.7（2023.8 重印）

ISBN 978-7-5046-9057-9

Ⅰ. ①中… Ⅱ. ①王… Ⅲ. ①学位—教育制度—研究—中国 Ⅳ. ① G643.7

中国版本图书馆 CIP 数据核字（2021）第 086555 号

策划编辑	王晓义
责任编辑	王晓义
正文设计	中文天地
封面设计	孙雪骊
责任校对	吕传新　邓雪梅
责任印制	徐　飞

出　　版	中国科学技术出版社
发　　行	中国科学技术出版社有限公司发行部
地　　址	北京市海淀区中关村南大街16号
邮　　编	100081
发行电话	010-62173865
传　　真	010-62173081
网　　址	http://www.cspbooks.com.cn

开　　本	710mm×1000mm　1/16
字　　数	420千字
印　　张	23.5
版　　次	2021年7月第1版
印　　次	2023年8月第2次印刷
印　　刷	北京长宁印刷有限公司
书　　号	ISBN 978-7-5046-9057-9 / G·895
定　　价	96.00元

（凡购买本社图书，如有缺页、倒页、脱页者，本社发行部负责调换）

内容简介

本书是首部全面、系统地反映中华人民共和国学位制度实施40年历史的著作。全书从宏观上论述了我国学位制度实施体系建立、完善、发展与形成的过程，把握了改革开放与中国崛起的时代脉搏，归纳了中国学位制度实施体系的特色，展望了面向未来的中国学位制度。全书从理论和实践的结合上，总结了改革开放40年中国实施学位制度所取得的伟大成就和历史经验，不仅呈现了中国特色学位制度的形成过程，而且反映了我国高层次人才支撑国家战略实施、经济社会发展的重要作用。全书在写作上坚持本真思维，用数据和事实说话，聚焦学位制度的建立、完善与创新，按照编年史的写作手法，通过对实施政策的研究，重点展现学位授权体系、学科专业目录、学位授予规模、学位管理体系等学位制度的实施过程与成效。

全书梳理、研究了关于我国实施学位制度的大量文献和访谈资料，堪称内容翔实、资料丰富，对理解和研究我国学位制度，对从事研究生教育管理工作具有重要意义。本书既可作为教育学领域研究生的课程教学教材，也可作为教育研究学者和管理干部的参考书。

Introduction

This book is the first monograph presenting the implementation of the People's Republic of China academic degrees system in the past 40 years comprehensively and systematically. In macroscopic view, it deals with the establishment, improvement, development and formation of the academic degrees implementation system, concentrates on the crucial points of reform & opening-up and the rise of China, summarizes the characteristics of China academic degrees implementation system, and discusses the future of China academic degrees system. In the theoretical and practical view, it summarizes the great achievements and historical experiences of implementing academic degrees system in 40 years since the reform & opening-up. The book not only demonstrates the forming process of academic degrees system with Chinese characteristics, but also reflects the important role of high-level talents training in supporting the national strategy, social and economic development. In terms of writing, the book is ontology-based and focuses on the establishment, improvement and innovation of academic degrees system. For writing techniques, the book employs a chronicle method and presents the implementation process and its effectiveness of China academic degrees system through exploring the key elements of academic degrees program awarding system, catalogue of disciplines and specialties, academic degrees awarding scale, and academic degrees administrative system in policies of implementation.

The book maps out and summarizes the related policy literature and interview data of China academic degrees system. It is informative and of great referential significance to study the history of the implementation of China academic degrees system. This book is available for postgraduates of pedagogy as teaching materials and education scholars and management staff as reference books.

序　　言

　　1981—2021年这40年，在我国5000年文明发展长河中可谓是弹指一挥间。40年中，新中国学位制度经历了诞生、发展，艰辛探索的非凡历程，从无到有，从稚嫩到茁壮，使一个新兴的研究生教育大国屹立在世界东方，为中华民族的崛起提供了强大的人才支持，创造了世界教育发展史上的奇迹。

　　1978年，我国全面改革开放，在教育领域恢复研究生招生、大规模派遣出国留学生，并全面实施学位制度、自主培养所需的高层次人才。1980年，全国人大常委会审议通过中华人民共和国第一部教育法规《中华人民共和国学位条例》，以立法形式设计了中国特色学位制度的顶层框架，为我国教育法治化和教育现代化建设、学位管理和高等教育事业可持续发展，以及高层次人才培养和国际教育交流铺平了道路。1981年，我国学位制度开始实施，国务院学位委员会统筹指导全国学位工作；广大高等教育工作者积极投入研究生培养和学位授予的探索、实践，开启了我国高等教育的新篇章。

　　中国的学位制度从我国国情出发，汲取国外的有益经验，经过40年的不断探索、实践，逐步完善，走出了自己的路子，构建了具有中国特色的学位制度。一是确立了符合人才结构和中国发展需求的三级（学士、硕士、博士）两类（学术创新型、应用创造型）学位架构，建立了学科门类、结构布局相对合理的学位授权体系。二是建立了研究生培养和学位授予质量保障体系，设立了符合学科发展与高层次人才培养规律的学位授予和研究生培养学科专业目录及其动态调整机制。三是逐步形成了符合中国国情的中央、省级地方政府、研究生培养单位三级学位管理体系。

中国学位制度的实施为我国高层次人才培养营造了良好的制度环境，搭建了与世界高等教育交流的新桥梁。经过40年发展，我国已拥有分布在全国内地各省、自治区、直辖市的研究生培养和学位授予高等院校、科研机构800余个，累计授予1000多万个博士、硕士学位，5500多万个学士学位。这极大地提高了中华民族创新创造的活力，为中国的改革开放和经济、社会快速发展提供了所需的人才支持。中国学位声誉不断提高，国际影响力日益增强。

中国学位制度实施40年来，走过了不平凡的发展历程，积累了许多宝贵经验。

一是立足中国国情，借鉴国外先进经验，放眼中华民族崛起的长远目标。学位制度的实施，继承了我国两三千年积淀的璀璨教育思想，总结了共和国成立以后几十年教育改革曲折探索的经验和教训，着眼于国家的未来发展。同时，解放思想，借鉴和吸收国外发展学位制度的有益成果，紧密结合中国国情和社会发展阶段，循序渐进、不断探索创新。此外，研究与实践相结合，实施的各项学位与研究生教育重大政策举措均先论证，再试点，取得经验，逐步推广，走出了我国自己充满活力的发展道路。

二是党和政府对高层次人才培养的高度重视。着力建立学位管理和研究生教育现代治理体系，并不断改革创新，提高治理能力，这是我国学位制度健康发展的根本保障。由国务院分管领导、有关部委主要负责人、学位授予单位管理者和学科专家代表组成的全国学位工作最高机构——国务院学位委员会，对学位工作进行战略部署并统筹指导，在我国学位制度实施过程中发挥了重要作用。

三是服务国家发展对高层次人才的需求。随着我国经济、社会的快速发展，改革和创新有关体制机制，及时调节人才培养规模，调整学科结构和培养模式，充分满足社会对高层次人才的需求。同时，不断优化中央和省级地方政府、研究生培养单位，以及有关社会组织的职责，多方协同，共同保障并提高研究生培养的质量。这是学位制度具有生命力的根本前提。

四是学位制度实施过程符合教育发展规律。政府充分依靠和发挥学术组织、学术团体和学科专家的作用，保证了学位制度实施过程的科学性。研究生教育战线上的专家、学者，特别是国务院学位委员会领导下的学科评议组和教指委，以及中国学位与研究生教育学会、中国研究生院院长联席会等是我国建立、发展和完善学位制度依靠的主要智库和专家力量，为我国学位制度的改革发展做出了重要贡献。

中国学位制度的建立、实施、发展，会聚了几代顶层设计者、政府有关部门和学位授予单位的众多管理者、学位与研究生教育专家学者，以及广大研究生指导教师的智慧，凝结了他们40年的艰辛探索和呕心付出。为此，谨向他们致以崇高的敬意！

《中国学位制度实施四十年》是作者对我国学位制度实施40年历史的梳理和对成功经验的研究总结。该书聚焦"学位制度实施"，以"历史"为主线、"制度实施"为重点、"制度完善"为脉络，展现了中国学位制度实施的过程全貌，体现了中国学位制度实施过程中各阶段的发展进步和取得的经验，呈现了中国学位制度在实施过程中不断改革、不断完善、逐步成熟的历史进程，是系统、全面论述我国实施学位制度的史学性专著。该书的出版，将对进一步深化学位制度相关研究和我国学位制度实施改革实践起到有益的作用。

我国学位制度的实施历史毕竟较短，完善成熟尚需时日，还有待研究者、实践者不懈努力，进一步深入探讨学位制度的实质与作用，正视长期存在的深层次问题和发展过程中遇到的新问题，积极探索解决途径与改革措施。希望越来越多的专家、学者和教育管理者加入学位与研究生教育研究的行列，为我国学位制度的完善与研究生教育事业的发展做出贡献。

谨此为序。

中国工程院院士
中国学位与研究生教育学会原会长
2021年5月

前　言

学位制度是国家或高等学校为授予学位和保证授予学位的质量，以及对学位工作实施有效管理所制定的有关法令、规程或办法的总称。学位制度反映一个国家的政治、经济、教育等基本社会制度并受其影响和制约。中国学位制度实施与社会发展、教育发展、文化进步血脉相连，在一定程度上代表了国家教育规范化、法制化、科学化的程度。我国学位制度规制了学位结构、类别，以及授予的标准，建立了严格的国家学位授权标准和程序，并由国务院设立国务院学位委员会领导全国学位授予工作，省级学位委员会结合本地区情况统筹规划本地区的学位授予工作，学位授予单位学位评定委员会具体负责本单位的学位授予工作，形成了中国特色的三级管理体系。

学位制度的建立对我国经济社会发展、文化教育繁荣、国际交流与合作、高等教育的规范，以及国民素质提高发挥了重要作用。《中华人民共和国学位条例》建立了三级学位标准体系，从立法角度规范了我国高等教育发展，推动了人才的国际流动，提升了高等教育的国际影响力。迄今为止，全球至少有127个国家实施了学位制度。由于各个国家历史发展背景不同，政治制度、文化环境不同，学位制度实施的模式呈现出多样性。

中国学位制度经历了漫长的演化，直到近代受到西方教育模式的影响才开始构建现代意义上的学位制度。在经历多次波折后，1980年2月，经第五届全国人民代表大会常务委员会第十三次会议通过，颁布了《中华人民共和国学位条例》，于1981年正式施行。《中华人民共和国学位条例》是中华人民共和国第一部学位教育立法。它的诞生标志着现代学位制度在中国的确立，是中国教育和科学事业发展的一项重要立法。

2021年是中华人民共和国学位制度实施40周年。40年的实践成就了中国高等教育发展的奇迹，使中国成为具有一定国际影响力的世界高等教育大国。伴随学位制度的实施，中国建立了从学士、硕士到博士，从专业学位到学术学位的多层次、多类型、完整的学位授权体系。2020年，中国（暂不含香港、澳门和台湾地区数据）研究生培养机构达到827个。其中，普通高等学校594个，科研机构233个。2020年，中国招收研究生超过100万人，在学研究生达到313.96万人。中国研究生教育实现了历史性跨越，成为规模位居世界前列的研究生教育大国，基本上满足了社会对高层次人才的需求。随着中国特色社会主义现代化建设步伐的加快，学位制度的实施对高层次人才的培养，对促进科技、文化的进步起到了极大的作用。回望过去，展望未来，中国学位制度实施站在又一个的新起点上，我们要深入研究中国学位制度实施的历史过程，分析总结经验，规划未来发展，加强对中国学位制度发展脉络的把握。

历史是最好的教科书。历经一代又一代教育工作者的努力，中国学位制度实施在取得巨大成就的同时，也逐渐表现出一些不适应。因学位授予产生的法律纠纷、新兴交叉学科的设立等问题，促使人们深入思考新时代背景下中国学位制度的法律体系层级、主体权利与义务、制度实施模式，等等。因此，完善与中国的发展新阶段相适应的、满足社会发展需求的、与人民日益增长的物质和文化需求相适应的学位制度，加快推进《中华人民共和国学位法》出台是当前学位制度建设中要解决的主要问题之一。为了厘清40年学位制度实施的阶段特征，深化对学位制度的认识，我们对中国学位制度实施进行了全面、系统、深入的研究，并撰写了《中国学位制度实施四十年》这部专著。总结40年学位制度实施的宝贵经验，完善学位制度体系的建设，研讨学位制度实施中亟待解决的问题，明确新阶段中国学位制度完善的目标，以加深对学位制度在国家发展中重要地位的认识。

我们的研究主要采用了文献法、访谈法、政策研究法、典型事件研究法等研究方法。为加深对学位制度的研究、把握学位制度的本质、丰富专著写作内容，我们检索并研读了大量的研究文献，其中有政策文件200余份、学术期刊论文1100余篇、硕士学位论文140余篇、博士学位论文30余篇、学术会议论文120余篇、学术专著40余部。我们按照研究内容分类、归纳，建立了研究专题文献库。我们围绕中国学位制度的地位与作用、40年实施过程、成就与问题、完善与创新等问题，访谈了来自国务院学位委员会、教育部有关部门、教育部学位与研究生教育发展中心等长期从事国家学位管理的领导,中国学位与研究生教育学会、清华大学、北京大学、复旦大学、哈尔滨工业大学、北京航空航天大学、北京理工大学、北京外国语大学、西安交通大学、《学位与研究生教育》编辑部等单位长期从事该领域研究及管理工作的专家学者50余人次,共形成原始访谈文本10万余字,经过梳理和总结形成本研究的一手资料,为本研究提供了质性研究的依据。

本书是一部全面、系统地反映中华人民共和国学位制度实施40年历史的专著,描述了中国学位制度实施不同时期的发展过程、阶段特征,探讨了中国学位制度实施发展的未来趋势。围绕"学位制度实施",从"历史视角"梳理和呈现中国学位制度实施的历史过程,把握学位制度在实施过程中不断实践、不断完善、不断创新的历史脉络。在写作上坚持本真思维,聚焦学位制度实施,尊重历史事实。按照编年史的写作手法,通过对实施政策的研究,以学位授权体系、学科专业目录、学位授予规模、学位管理体系为重点呈现学位制度的实施过程与成效。

本书由序言、前言、六个章节、附录等组成。第一章(1981—1990年),重点呈现学位制度创立过程,成立国务院学位委员会、建立学位授权审核制度、制定《高等学校和科研机构授予博士和硕士学位的学科专业目录(试行草案)》;第二章(1991—2000年),重点体现学位制度实施的完善、设立专业学位、学位管理重心下移、激发高等学校办学活力;第三章(2001—2010年),突出学位授权审核制度改革、学位授予规模增长、学位授予结构优化、学科专业目录调整;第四章(2011—2020年),围绕中国特色学位制度体系的构建,强调学位制度在建设教育强国中的地位与作用,形成中国特色的学位制度实施体系;第五章,分析中国的学位制度的国际声誉和影响力,归纳国际上学位制度实施的主要模式;第六章,总结中国学位制度实施40年的成就、经验,展望新阶段学位制度的新发展。总体围绕"学位授权体系、学科专业目录、学位授予规模与结构、学位管理体系"四个主题进行撰写。

中国于1980年颁布《中华人民共和国学位条例》,1981年开始施行,从此在法律上确立了自己的学位制度。学位制度是世界上大多数国家在高等教育阶段所通行的一种教育制度,对学位制度进行立法也是各国教育立法的重要内容。中国学位制度实施40年来,通过对包括学位的层次、门类、标准、授予机构及授予程序等在内的学位制度进行立法,规范学位授予行为,确立学位的权威性和严肃性,使中国发展成为世界高等教育大国、研究生教育大国,促进了各类科学专门人才的成长，提升了中国的科学研究水平，提高了中华民族的人口素质，支撑了从人口大国走向人力资源强国。

中国进入新发展阶段，学位制度实施所处的环境已经发生了巨大的变化。我们回顾历史，展望未来，尝试撰写《中国学位制度实施四十年》，努力把握学位制度实施40年的脉络，重现中国学位制度实施的历史。因此，我们由衷地期待广大读者不吝赐教，提出宝贵意见，以便继续深入研究。另外说明一点，本书内容暂不涉及中国香港、澳门和台湾地区。

希望本书的出版有利于广大读者了解我国学位制度实施的历史，有利于我们加深对我国学位制度的认识，有利于相关研究学者的交流，有利于"加快推进修订《中华人民共和国学位条例》、起草《中华人民共和国学位法》的进程"。

以本书的出版迎接《中华人民共和国学位法》的颁布！

目 录

序 言
前 言

第一章 我国学位制度实施体系的建立 / 001
 第一节 近现代中国学位制度的探索 / 001
  一、清朝末年学位制度的萌芽 / 001
  二、民国时期学位制度的初立 / 003
  三、中华人民共和国成立后两次建立学位制度的尝试 / 005
 第二节 当代中国学位制度的建立 / 007
  一、《学位条例》的再次酝酿 / 007
  二、《中华人民共和国学位条例》的制定与颁布 / 009
  三、《学位条例》的基本内容 / 011
 第三节 我国学位授权体系的建立 / 012
  一、学位授权审核的指导思想 / 013
  二、前四批学位授权审核过程 / 014
  三、前四批学位授权结构与布局 / 016
  四、博士研究生指导教师资格审定 / 023
 第四节 学科专业目录的试行与调整 / 027
  一、学科专业目录的功能 / 027
  二、《学科专业目录（试行草案）》的制定与施行 / 028
  三、学科专业目录调整 / 030

第五节　开创我国规模授予学位的先河 / 033
　　一、学位授予标准与程序 / 034
　　二、首次规模授予学位 / 036
　　三、学位授予结构情况 / 040
　　四、名誉博士学位的授予 / 043
第六节　中国特色学位管理体系的建立 / 046
　　一、国家学位管理机构 / 046
　　二、中央部委学位管理机构 / 049
　　三、学位授予单位的学位管理机构 / 051
　　四、试办研究生院 / 052
本章小结 / 054

第二章　我国学位制度实施体系的完善 / 056
第一节　学位授权审核工作重心下移，激发高校的办学活力 / 057
　　一、学位授权审核工作指导思想 / 057
　　二、学位授权审核工作实施进程 / 058
　　三、学位授权审核制度的完善 / 066
第二节　修订学科专业目录，拓宽人才培养口径 / 074
　　一、1997年版博士、硕士学科专业目录修订程序和原则 / 074
　　二、1997年版博士、硕士学科专业目录变化及特征 / 077
　　三、1993年版和1998年版本科专业目录修订工作 / 080
第三节　调整学位授予结构，稳步发展学位授予规模 / 082
　　一、调整学位授予结构 / 083
　　二、规范学位授予程序 / 086
　　三、扩大学位授予规模 / 090
第四节　加强学位管理体系建设，保障学位授予质量 / 099
　　一、健全学位管理体系 / 099
　　二、创新学位授予质量保障机制 / 107
　　三、规范学位授予配套管理制度 / 120
第五节　建立专业学位制度，服务社会需求 / 125
　　一、探索高层次应用型人才培养 / 125
　　二、设置和试行专业学位制度 / 127

　　　　三、专业学位设置概况 / 129

　　本章小结 / 132

第三章　我国学位制度实施体系的发展 / 135

　　第一节　21世纪学位制度实施的新变化 / 135

　　　　一、21世纪对高层次人才培养的新要求 / 136

　　　　二、21世纪学位制度实施面临的新挑战 / 137

　　　　三、21世纪学位制度实施的新发展 / 138

　　第二节　学位授权审核机制改革稳步推进 / 140

　　　　一、学位授权审核开展情况 / 141

　　　　二、学位授权审核机制改革的探索 / 146

　　　　三、学位授权审核机制改革的经验 / 151

　　第三节　学位授予规模扩大、结构优化 / 153

　　　　一、学位授予规模快速增长 / 154

　　　　二、学位授予结构进一步优化 / 155

　　　　三、学位授予类型不断丰富 / 158

　　第四节　专业学位加快发展 / 160

　　　　一、21世纪专业学位发展 / 161

　　　　二、专业学位制度实施情况 / 163

　　　　三、完善专业学位管理制度 / 166

　　第五节　学位管理体系不断完善 / 168

　　　　一、完善三级学位管理体系 / 169

　　　　二、建立学位授予质量保障体系 / 173

　　　　三、形成学位信息管理体系 / 181

　　本章小结 / 183

第四章　我国学位制度实施体系的形成 / 185

　　第一节　完善学位制度，形成学位授权体系 / 185

　　　　一、开展三次博士、硕士学位授权审核 / 186

　　　　二、动态调整学位授权点 / 189

　　　　三、形成比较完善的专业学位授权体系 / 196

第二节 适应经济社会发展，调整学科专业目录 / 199
　　一、2011年学科目录调整 / 200
　　二、2018年学科目录更新 / 203
第三节 扩大学位授予规模，提供人力智力支撑 / 206
　　一、学位授予规模持续扩张，结构更加优化 / 207
　　二、学位授予体系更加丰富 / 210
第四节 保障质量，形成中国特色的学位管理体系 / 214
　　一、中国特色的三级学位管理体制形成 / 215
　　二、强化质量监管，建设质保监督体系 / 218
　　三、完善评估制度，保障学位授予质量 / 223
　　四、推进法制建设，起草"学位法（草案）" / 228
　　五、搭建信息平台，科学构建学位管理体系 / 229

本章小结 / 232

第五章　我国学位制度实施的中国特色 / 235

第一节 借鉴国际经验，建立中国学位制度实施模式 / 235
　　一、适应本土国情，借鉴国际模式 / 236
　　二、适应经济发展，设置专业学位 / 239
第二节 中国学位获得世界认可，影响力不断扩大 / 242
　　一、签署联合认证公约，促进区域共同发展 / 242
　　二、深化学历学位互认，加强国家间文化交流 / 244
　　三、来华留学生规模稳步扩大，中国学位国际影响力
　　　　增强 / 248
第三节 中国特色的学位制度实施模式 / 252
　　一、宏观调控多元自主模式 / 252
　　二、国家集中管理模式 / 255
　　三、地方政府管理模式 / 258
　　四、大学自主审核模式 / 261
　　五、四种学位制度实施模式的分析 / 265
第四节 学位授予和人才培养学科目录的国际比较 / 269
　　一、规范型目录 / 269
　　二、统计型目录 / 270

                三、多元型目录 / 272
        本章小结 / 273

第六章　面向未来的中国学位制度 / 275
    第一节　中国学位制度实施40年的成就与经验 / 276
            一、中国学位制度实施40年的成就 / 276
            二、中国学位制度实施40年的经验 / 281
    第二节　中国学位制度实施的时代定位 / 283
            一、新时代学位制度实施面临的新问题 / 283
            二、新时代学位制度实施面临的新挑战 / 286
    第三节　中国学位制度实施的基本原则 / 289
            一、服务国家需求与社会发展相结合 / 289
            二、法律保障与规范管理相结合 / 290
            三、问题导向与科学发展相结合 / 291
            四、国际视野与中国特色相结合 / 292
    第四节　中国学位制度的未来展望 / 294
            一、加强法制建设，加快《学位法》出台 / 294
            二、适应社会发展，改革学科目录管理设置机制 / 296
            三、服务国家需求，加快专业学位高质量发展 / 298
            四、优化布局结构，完善学位授权审核工作 / 300
            五、严格质量管理，健全学位质量保障体系 / 302
    本章小结 / 304

主要参考文献 / 307

附　录 / 314
    附录一　中国学位制度实施40年大事记 / 314
    附录二　2018年学位授予和人才培养学科目录 / 338
    附录三　40年全国授予博士、硕士、学士学位数量 / 342
    附录四　历届国务院学位委员会名单 / 344

后　记 / 348

CONTENTS

Preface

Chapter 1　The Establishment of China Academic Degrees Implementation System / 001

  Section 1　Exploration of Academic Degrees System in Modern and Contemporary China / 001

    1. Academic Degrees System in the Bud in the late Qing Dynasty / 001

    2. The Start-up of Academic Degrees System in Republican China Period / 003

    3. Two Attempts in Establishing Academic Degrees System since the Foundation of People's Republic of China / 005

  Section 2　Establishment of Academic Degree System in Contemporary Period / 007

    1. Regulations on Academic Degrees under Discussion / 007

    2. Formulation and Declaration of Regulations on Academic Degrees / 009

    3. Main Contents of Regulations on Academic Degrees / 011

  Section 3　Establishment of China Academic Degrees Program Awarding System / 012

    1. Guidelines of Academic Degrees Program Awarding Assessment / 013

      2. Four Batches of Academic Degrees Program Awarding
       Assessment in 1980s / 014
      3. Layout of the Four Batches of Academic Degrees
       Program Awarding in 1980s / 016
      4. Doctoral Supervisor Qualification Assessment / 023
   Section 4 Provision and Regulation of Catalogue of Disciplines and
      Specialties / 027
      1. Function of Catalogue of Disciplines and Specialties / 027
      2. Formulation and Implementation of Provisional
       Catalogue Draft / 028
      3. Regulation of Catalogue of Disciplines and Specialties / 030
   Section 5 Precedent of Large-scale Degrees Awarding in China / 033
      1. Standards and Procedures of Degrees Awarding / 034
      2. First Large-scale Degrees Awarding / 036
      3. Structure of Degrees Awarding / 040
      4. Honorary Doctorate Awarding / 043
   Section 6 Establishment of Academic Degrees Administrative System
      with Chinese Characteristics / 046
      1. Administrative Organizations at National Level / 046
      2. Administrative Organizations at Ministerial Level / 049
      3. Administrative Organizations at Degree-awarding
       Institution Level / 051
      4. The Initiation of Graduate School / 052
   Chapter Summary / 054

Chapter 2 The Improvement of of China Academic Degrees Implementation System / 056

   Section 1 Adjusting Academic Degrees Program Awarding
      Assessment to Stimulate Vitality of Universities / 057
      1. Guidelines of Academic Degrees Program Awarding
       Assessment in 1990s / 057

    2. Progress of Academic Degrees Program Awarding

      Assessment in 1990s / 058

    3. Achievements of Academic Degrees Program Awarding

      Assessment in 1990s / 066

Section 2 Revising Catalogue of Disciplines and Specialties to Widen the Specialization Requirements in Talents Training / 074

    1. Principles and Procedures of 1997-Version Catalogue of Disciplines and Specialties for Doctors and Masters / 074

    2. Regulation and Characteristics of 1997-Version Catalogue of Disciplines and Specialties for Doctors and Masters / 077

    3. Revision of 1993-Version and 1998-Version Undergraduate Specialties Catalogue / 080

Section 3 Adjusting the Academic Degrees Awarding Structure and Expanding the Academic Degrees Awarding Scale / 082

    1. Gradual Adjustment of Academic Degrees Awarding Structure / 083

    2. Further Regulation & Specification of Academic Degrees Awarding Procedure & Standards / 086

    3. Continuous Expansion of Academic Degrees Awarding Scale / 090

Section 4 Enhancing the Academic Degrees Administrative System to Ensure the Academic Degrees Quality / 099

    1. Improvement of Academic Degrees Administrative System / 099

    2. Innovation of Academic Degrees Quality Assurance Mechanism / 107

    3. Regulation of Academic Degrees Supporting Administrative System / 120

Section 5 Establishing Professional Degrees System to Meet the Social Needs / 125

    1. Exploration of High-Level Practical Talents Training / 125

    2. Establishment and Initial Operation of Professional
       Degree System / 127
    3. Profile of Professional Degree / 129
  Chapter Summary / 132

Chapter 3 Development of China Academic Degrees Implementation System / 135

  Section 1 Changes of the Academic Degrees Implementation in the 21st Century / 135
    1. New Demand for High-level Talents Training in the 21st Century / 136
    2. Challenges in the Implementation of Academic Degrees System in the 21st Century / 137
    3. Reform of the Academic Degrees Implementation System in the 21st Century / 138
  Section 2 Acceleration of the Academic Degrees Program Awarding Assessment Reform / 140
    1. Profile of Academic Degrees Program Awarding Assessment / 141
    2. Exploration of Academic Degrees Program Awarding Assessment Mechanism / 146
    3. Experiences of the Academic Degrees Program Awarding Assessment Mechanism Reform / 151
  Section 3 Expansion and Optimization of the Academic Degrees Awarding Scale / 153
    1. Rapid Growth of the Academic Degrees Awarding Scale / 154
    2. Optimization of the Academic Degrees Awarding Structure / 155
    3. Diversification of the Academic Degrees Awarding Types / 158
  Section 4 Rapid Growth of Professional Degrees / 160
    1. Development of Professional Degrees in the 21st Century / 161

2. Implementation of Professional Degrees System / 163

3. Improvement of Professional Degrees Administration System / 166

Section 5　Improvement of the Academic Degrees Administrative System / 168

1. Improvement of the Three-Tiered Academic Degrees Administrative System / 169

2. Establishment of the Academic Degrees Quality Assurance System / 173

3. Formation of the Academic Degrees Information Management System / 181

Chapter Summary / 183

Chapter 4　Formulation of Academic Degrees Implementation System / 185

Section 1　Improving Academic Degrees System to Formulate Academic Degrees Program Awarding System / 185

1. Three Doctor & Master Degrees Program Awarding Assessments / 186

2. Dynamic Regulation of Academic Degrees Awarding Programs / 189

3. Formulating Systematic Professional Degrees Program Awarding System / 196

Section 2　Adjusting Catalogue of Disciplines and Specialties to Accommodate the Development of Science & Technology and Society & Economy / 199

1. Adjustment of Catalogue of Disciplines and Specialties in 2011 / 200

2. Renewal of Catalogue of Disciplines and Specialties in 2018 / 203

Section 3　Expanding the Academic Degrees Awarding Scale to Provide Human Resources and Intellectual Support / 206

Section 4
  1. Expansion of Degrees Awarding Scale and Optimization of Degrees Awarding Structure / 207
  2. Diversification of Degrees Awarding System / 210
  Strengthening the Quality to Formulate Academic Degrees Administrative System with Chinese Characteristics / 214
  1. Formulating Three-Tiered Academic Degrees Administrative System with Chinese Characteristics / 215
  2. Strengthening Quality Supervision and Constructing Quality Assurance Supervision System / 218
  3. Reinforcing Evaluation System and Ensuring the Academic Degrees Awarding Quality / 223
  4. Promoting the Legal Construction and Drawing up Academic Degrees Law (Draft) / 228
  5. Setting up Information Platform to Build Scientific Academic Degrees Administrative System / 229
  Chapter Summary / 232

Chapter 5 Chinese Characteristics of Academic Degrees Implementation System / 235

  Section 1 Drawing on International Experiences to establish China Academic Degrees Implementation Mode / 235
  1. Adapting to National Condition and Learning from the International Mode / 236
  2. Adapting to Social Development and Setting up the Professional Degrees / 239
  Section 2 World Recognition and Growing Influence of China Academic Degrees / 242
  1. Signing Joint Certification Convention and Promoting Regional Joint Development / 242
  2. Deepening the Mutual Recognition of Degrees and Diplomas, Strengthening the Cultural Exchanges among Countries / 244

　　　　　　　3.Expanding the Scale of International Students and

　　　　　　　　Enhancing the Influence of China Academic Degrees / 248

　　　Section 3　Academic Degrees Implementation Mode with Chinese

　　　　　　　Characteristics / 252

　　　　　　　1. Macro-control Hybrid Mode / 252

　　　　　　　2. National Centralized Management Mode / 255

　　　　　　　3. Regional Government Management Mode / 258

　　　　　　　4. Academic Degrees Awarding Institution Self-

　　　　　　　　Management Mode / 261

　　　　　　　5. Analysis of the Four Academic Degrees Implementation

　　　　　　　　Modes / 265

　　　Section 4　International Comparison of Catalogue of Disciplines and

　　　　　　　Specialties / 269

　　　　　　　1. Normal Catalogue / 269

　　　　　　　2. Statistical Catalogue / 270

　　　　　　　3. Multiple Catalogue / 272

　　　Chapter Summery / 273

Chapter 6　China Academic Degree System for the Future / 275

　　　Section 1　Achievements and Experiences of China Academic Degree

　　　　　　　System Implementation in 40 Years / 276

　　　　　　　1. Achievements of China Academic Degree System

　　　　　　　　Implementation in 40 Years / 276

　　　　　　　2. Experiences of China Academic Degree System

　　　　　　　　Implementation in 40 Years / 281

　　　Section 2　Positioning of China Academic Degree System

　　　　　　　Implementation in the New Age / 283

　　　　　　　1. Opportunities of Academic Degree System in the New

　　　　　　　　Age / 283

　　　　　　　2. Challenges of Academic Degree System in the New Age / 286

Section 3　Principles of China Academic Degree System Implementation / 289

　　1. National Needs and Social Development / 289

　　2. Legal Assurance and Scientific Regulation / 290

　　3. Problem Orientation and Quality Promotion / 291

　　4. Internationalization and Chinese Characteristics / 292

Section 4　The Future of China Academic Degree System / 294

　　1. Strengthening the Institutional Improvement and Promoting the Release of Academic Degree Law / 294

　　2. Adapting to the Social Development and Reforming Disciplines Catalogue Management Mechanism / 296

　　3. Meeting the National Needs and Accelerating the High-Quality Development of Professional Degree / 298

　　4. Optimizing the Distribution Structure and Improving the Academic Degree Program Awarding Assessment / 300

　　5. Strengthening Quality Management and Completing Academic Degree Quality Assurance System / 302

Chapter Summery / 304

Main References / 307

Appendix / 314

Appendix 1　A Chronology of Important Events in the Implementation of China Academic Degree System / 314

Appendix 2　Catalogue of Disciplines and Specialties for Degree Awarding and Talents Training (2018-Version) / 338

Appendix 3　Doctorate/Master/Bachelor Degree Awarding Numbers in 40 Years / 342

Appendix 4　Successive Sessions of Academic Degrees Committee of the State Council / 344

Postscript / 348

第一章

我国学位制度实施体系的建立

1980年2月12日,第五届全国人民代表大会常务委员会第十三次会议审议通过了《中华人民共和国学位条例》(以下简称《学位条例》),于1981年1月1日正式施行。该条例作为中华人民共和国成立以来的第一部教育法律,既标志着我国学位制度的正式建立,更标志着我国高等教育进入了规范化、法制化、科学化发展的新阶段。我国学位制度历经清末关注、民国时期引入、中华人民共和国成立后重新设计,到改革开放后全面实施的漫长过程。本章主要介绍我国学位制度实施的第一个十年,学位体系的初步建立和逐步发展的历程。

第一节 近现代中国学位制度的探索

中国近代学位制度的建立,是从西方移植过来的。百年来,清末的儒学、中华民国南京政府时期的三民主义、中华人民共和国成立以来的马克思主义逐次主导着知识的发展,不断推动着学位制度的建立与完善,进而形成了学位制度连续性的特征。因此,中国学位制度也是中华民族传统文化与西方文化碰撞结合的产物。

一、清朝末年学位制度的萌芽

第二次鸦片战争以后,中国社会急剧动荡。清廷为缓解社会矛盾,部分官员主张办"洋务"、兴"西学",以期用加强思想统治的方式来巩固封建王朝的统治。此举动,虽有一定的历史局限性,但对近代教育变革,以及新式教育的兴起有着里程碑的意义,同时也为引进学位制度创造了条件。

1902年8月15日,光绪皇帝颁布了《钦定学堂章程》(又称《壬寅学制》),这是中国近代史上第一次以法令的形式明确的学制体系。该章程提出按照"三段三类"的学制设学,纵向三段为初等、中等和高等,横向三类为普通类、实业类和师范类。此外,该章程还对修读年限做出了规定,初等教育10年,中等教育4年,高等教育6年。[①] 由于历史的原因此章程并未推行,但作为我国分科制度最早的法律章程,其中"科""目"的出现标志着知识分类及专业化观念开始在我国生根发芽。当时的"科"相当于现在的学科门类,"目"相当于现在的一级学科,如表1-1所示。

表1-1 《壬寅学制》分科目录[②]

科名称	目名称	目类数
政治	政治学、法律学	2
文学	经学、史学、理学、诸子学、掌故学、辞章学、外国语言文学	7
格致	天文学、地质学、高等算学、化学、物理学、动植物学(生理学)	6
农业	农艺学、农业化学、林学、兽医学	4
工艺	土木工学、机器工学、造船学、造兵器学、电气工学、采矿冶金学、建筑学、应用化学	8
商业	薄记学、产业制造学、商业语言学、商法学、商业史学、商业地理	6
医术	医学、药学	2
总 计		35

1904年,清廷颁布的《奏定学堂章程》(《癸卯学制》)是中国近代教育史上第一个实行的学制。它明确了高等教育各个办学层次的衔接关系,确立了各学段的办学宗旨、培养目标、教员施教资格、学校管理等方面的规章制度,并以律条形式加以固定。这一做法为当时处于初创阶段的中国高等教育提供了保证,也为此后各地举办高等教育机构提供了借鉴和蓝本。此外,《癸卯学制》中还提出了"八科分学"方案,将大学学科及课程分为经学、法政、文学、医、格致、农、工、商八科四十六门,从而奠定了中国近代大学学科分科体系

---

① 沈云龙,等. 近代中国史料丛刊三辑[M]. 台北:文海出版社,1998:56.
② 周予同. 中国现代教育史[M]. 福州:福建教育出版社,2007:133-134.

的基础。①

除了国家颁布的系列规章，西方传教士在中国创办的教会大学也对我国学位制度的实施与发展起到了一定的作用。1892年，北京汇文大学在中国授予了5名学生学士学位，这是教会大学在我国授予学位的最早例子。② 教会大学对新式高等教育的探究，直接影响并推动了近代中国学位制度的产生和发展。

二、民国时期学位制度的初立

从历史发展来看，我国学位制度在民国初期能得以顺势发展，得益于当时的社会环境。中华民国南京临时政府存在的3个月时间里，一系列教育法令的颁布指导着民国初期的各项教育事业。《大学令》《大学规程》确定了"大学以教授高深学术，养成硕学宏材，应国家需要为宗旨""大学为研究学术之蕴奥"③，并将研究性专门人才作为大学的培养目标。同时，学位作为西方各大学评定人才的标准被引入中国大学，"学位"第一次被写进中国教育法规。

《大学令》对大学的科系设置做了明确的要求。大学分设文科、理科、法科、商科、医科、农科、工科7科，分设39门。其中，文科、农科各设4门、工科设有11门，理科、法科、商科、医科分设9门、3门、6门、2门。1913年1月12日，北洋政府教育部又颁布了《大学规程》，对修业年限、学科及科目等做了规定。

《大学令》确立了文理两科在大学中的主体地位和基础地位，并且主张文理兼习，消除了各科之间的森严界限，促进了文理交叉和知识的融会贯通，破除了中国封建教育重"门馆之学""一家一派"的知识局限性。但这种设置在当时的社会背景下没有得到实施。据统计，1912年时，全国专门学校中，医学5所、农业5所、工业10所、外国语5所、商业5所、法政64所。④ 到1916年7月，法科依旧占据着绝对优势，当时国立北京大学法科本科在校生为298人，文科为176人，理科为47人，工科只有94人，读法科的学生人数大于读文理两科的总和，是读工科的约3.2倍，⑤ 故而时人称国立北京大学为

---

① 舒新城. 中国近代教育史资料（中册）[M]. 北京：人民教育出版社，1979：628.
② 周谷平，应方淦. 近代中国教会大学的学位制度[J]. 浙江大学学报（人文社会科学版），2004（1）：14-22.
③ 舒新城. 中国近代教育史料（中册）[M]. 北京：人民出版社，1981：224.
④ 教育部. 第二次中国教育统计年鉴（第一编）[M]. 上海：上海商务印书馆，1948：147.
⑤ 全国大学统计表[C]// 潘懋元，刘海峰. 中国近代教育史资料汇编·高等教育. 上海：上海教育出版社，1993：455.

"官僚养成所。"

此外,《大学令》还对大学本科的学位授予做了说明。国立北京大学于1916年首次授予66名毕业生学士学位。1917—1926年,蔡元培任国立北京大学校长时,进一步深入探索学位制度建设,此举为学位制度在国立北京大学的进一步发展奠定了基础。国立北京大学此后几年的本科生授予学位人数为:1917年,210人;1918年,163人;1919年,256人;1920年,236人;1921年,236人;1922年,210人;1923年,390人。[1]

1930年,留学美国的蒋梦麟任国立北京大学校长,进一步深化了对学士学位制度化的探索。1932年12月公布的《国立北京大学学则》对所修学分和修业年限等做了详细规定。本科教育实行学分制和学年制相结合,每个学生要修满132个学分和修业4年才能毕业;同时,各系还规定了必修课和选修课的比例,学生成绩考核分平时成绩和学期成绩,四年级学生毕业前必须要提交毕业论文,经审查合格后方能毕业,"得称某学士"。[2]该学则对学士学位制度的探索提高了学生的学术水平,确保了学生能力的培养,保证了学位授予的质量。

另外,北京师范大学、国立中央大学、国立交通大学、国立中山大学、国立北洋工学院、国立武汉大学和私立的南开大学、燕京大学、金陵大学、辅仁大学、东吴大学等在研究生培养和学位制度建设方面都做了积极的探索。这些积极的探索无疑是政府制定学位授予法的参考依据之一。高校的探索在客观上也使政府不能再回避研究生的学位问题,不得不尽快尽早出台《学位授予法》,并于1935年7月1日起实行。

《学位授予法》对层级结构、学位授予的主题和程序等做了规定,其中第二、第三、第四条分别对学士学位授予、硕士学位授予、博士学位授予分别做了规定。为配合《学位授予法》的实施,1935年5月民国政府教育部颁布了《学位分级细则》和《硕士学位考试细则》。细则中指明硕士学位的授予权归大学或独立学院,学士、硕士和博士三级学位皆按照文科、理科、法科、教育科、农科、工科、商科和医科8个学科进行授予。1935—1949年,全国共授予硕士学位人数232人,博士学位授予一直是空白。

1935年5月28日,为配合《学位授予法》的颁布实施,教育部下发训令,"凡大学或独立学院毕业生证书,应遵照二十二年六月(1933年6月)本部学

---

[1] 周洪宇. 学位与研究生教育史 [M]. 北京:高等教育出版社,2004:280-282.
[2] 萧超然,沙健孙,等. 北京大学校史 [M]. 上海:上海教育出版社,1981:197-198.

校毕业证书规程附载之第一种证书式样（如图1-1）。于'准予毕业'之下，依学生所入文理法教育农工商医各学院或科，加载'依照学位授予法第三条之规定，授予某学士学位'字样以符现制"。此规定是我国最早的关于毕业证书的式样，这无疑是学位制度化建设的一个重要标志。

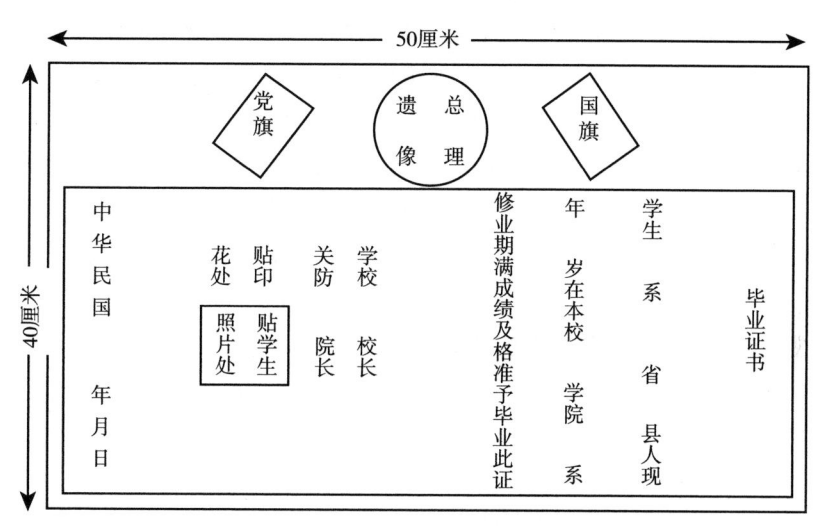

图1-1 《学校毕业生证书规程》第一种样式[①]

西方的学位制度自清末传入我国，顺势发展，短短16年，已初具规模。相较西方上百年高等教育的演进来说，我国学位制度发展的这16年确实显得较为短暂。究其原因，民国高等教育发展是学位制度发展的内驱力，西方学位制度的刺激也是其发展的因素，同时，留学生也扮演着很重要的角色。1916年9月公布的《大学分科外国学生入学规程》规定，"外国学生之领有毕业证书者，得与本国本科生一律称学士"[②]。这些都对我国学位制度的逐步完善起到了一定的推动作用。

三、中华人民共和国成立后两次建立学位制度的尝试

中华人民共和国成立之后，政府相关部门在恢复和重建高等教育上做了诸多努力。到1954年，随着我国高等教育的逐步恢复，新的高等教育体系基本成型，学位制度的制定也被提上议事日程。而当时的情况是，高等教育部

---

① 教育部中国教育年鉴编审委员会. 第一次中国教育年鉴·乙编[M]. 上海：开明书店，1934：89.
② 舒新城. 中国近代教育史料（中册）[M]. 北京：人民出版社，1981：224.

虽然在1953年发布的《高等学校培养研究生暂行办法（草案）》中对研究生培养、助学金及毕业分配上都做了明确规定，但是，研究生毕业时，只是发给毕业证书，没有学位。此外，该办法中的研究生也没有硕士、博士之分，只有年限区别。这些情况都说明了，中华人民共和国成立初期的研究生培养，只是一种学历教育，并没有学位。因此，建立和实行学位制度，是国家鼓励知识分子提高科学研究水平的一项重要措施，对加速我国社会主义建设具有重大的意义。

1954年3月8日，中共中央在对《中国科学院党组关于目前科学院工作的基本情况和今后工作任务》的报告批示中指出："在我国建立学位制度是必要的"，"责成科学院和高等教育部提出逐步建立这种制度的办法。"1955年9月，根据中共中央和国务院决定，由林枫、张际春、钱俊瑞、范长江、杨秀峰、张稼夫、董纯才、徐运北、孙志远、薛暮桥、毛齐华、李顿伯、曾一凡13人组成的委员会，开始进行我国学位制度的拟订工作。[①]

1956年6月，学位、学衔、工程技术专家等级及荣誉称号等条例起草委员会将《关于学位、学衔和荣誉称号等条例（草案）起草工作报告》及其附件《中华人民共和国学位条例（草案）》《中华人民共和国国务院学位和学衔委员会组织条例（草案）》上报中央审批。工作组成员为这次的学位制度的制定工作狠下了一番功夫。尤其是在《中华人民共和国国务院学位和学衔委员会组织条例（草案）》对学位和学衔委员会的职责、组织、受理学位流程、行使权力的方式、选举方式都做了一系列明晰的规定，是一个较完善的学位和学衔授予单位的组织条例。但遗憾的是，这项条例最终未能实行。究其原因，一方面与当时的国际国内政治环境有密切关系。由于当时学位制度在美国、英国等国家实施的较为普遍，在当时两极世界的大环境下，学习国外的学位制度阻力很大。另一方面，国内整风"反右"运动的开展，也导致了这个条例（草案）未能正式出台。

第一次制定学位制度流产后，我国高等教育的发展受到了一定的影响。1961年7月19日，中共中央发出《关于自然科学工作中若干政策问题的批示》，同意聂荣臻提交的《关于自然科学工作中若干政策问题的请示报告》和国家科学技术委员会（以下简称国家科委）党组、中国科学院党组提交的《关于自然科学研究机构当前工作的十四条意见（草案）》。随着此项意见的逐步实施，科研风气日渐浓厚。有一批科学技术人员提出实行学位、学衔制度的想法。1961年11月12日，时任国务院副总理、国家科委主任的聂荣臻向中央提出了《关于

---

① 李煌果，王秀卿. 研究生教育概论［M］. 北京：科学技术文献出版社，1991：25.

建立学位、学衔、工程技术称号等制度的建议》。聂荣臻详细论述了建立学位、学衔、工程技术称号等制度的理由，得到了中央与有关部门的认真采纳和回复。

1962年1月，中央科学小组、国家科学技术委员会党组通知中宣部、教育部、中国科学院、国家经济委员会、国务院文化教育办公室、文化部着手起草学位制度。1962年3月，国家科委组织由周培源等11人参加的学位、学衔和研究生条例起草小组，在1956年起草条例草案的基础上再次进行学位条例的修订。1963年10月29日，国家科委党组将《关于建立学位制度和教授称号制度的报告》及其附件《中华人民共和国学位条例二十世纪的中国学位制度研究（草案）》和《国务院学术称号委员会组织条例（草案）》上报国务院审核。

随后，依照中央领导同志的指示精神，聂荣臻主持了再次讨论与修改工作。1963年12月27日，将《关于建立学位制度的报告》及其附件《中华人民共和国学位条例（草案）》（以下简称《学位条例（草案）》）《国务院学位委员会组织条例（草案）》第二次上报中共中央、国务院审核。这一次的《学位条例（草案）》规定，学位称号定为博士、副博士两级。受理学位的高等学校和科学研究机构，由国务院学位委员会提名，报国务院批准。1964年4月，根据国务院法律室的意见，国家科委党组又对条例草案进行了修改，并定名为《中华人民共和国学位授予条例（草案）》。

与第一次学位制度制定相比，此次学位条例及组织条例更加言简意赅。此次学位制度的制定虽然克服了重重阻碍取得了成功，但不幸的是仍未能实施。究其原因，主要是旧有的对学位制度是资产阶级产物的观念未能破除，从而导致《学位条例（草案）》未能完成法律程序而被搁置。

第二节　当代中国学位制度的建立

《中华人民共和国学位条例》（简称《学位条例》）作为中华人民共和国成立以来的第一部教育类法律，以立法形式构建了中国特色的学位制度，为国家教育法治化和现代化建设、高等教育事业可持续发展、高层次人才培养和国际教育交流与合作做出了积极贡献。

一、《学位条例》的再次酝酿

1978年12月，中国共产党第十一届中央委员会第三次全体会议在北京隆重召开。该次全会开始全面地、认真地纠正"文化大革命"中及其以前的"左"的错误,为我国开辟了全新的发展道路。基于教育本质提出的"教育为社会主义建设服务"这一重大战略决策,更为我国教育事业指明了发展方向,对我国教育事业的发展起到了决定性的促进作用。

1979年,党和国家领导人开始正式酝酿建立学位制度。2月24日,胡乔木就筹建我国学位制度问题给邓小平和中央其他两位负责人提出报告。邓小平于3月7日批示:"建议由方毅、乔木同志主持提出具体方案报批。"胡乔木于3月13日写信给教育部部长蒋南翔,除传达邓小平的指示,还正式提出"要参考各国制度和国内情况;要不要学士学位也附带考虑一下"。[①]1979年3月22日,中央作出关于建立学位制度的重要指示。教育部、国务院科技干部管理局共同成立以蒋南翔为首的学位条例起草小组,小组成员主要有吴衍庆、刘一凡、张天保、吴本厦、戴光前等人。[②]

起草小组在蒋南翔的领导下,研究了中华人民共和国成立以来两次拟定学位条例的历史经验,并到多地调查了我国当时高等教育的发展现状,以及国外学位制度发展情况。最终在1979年12月,完成了《学位条例(草案)》初稿。按照规定的程序,教育部拟定的学位条例草案,先经过全国人民代表大会常务委员会法律委员会讨论修改后,才报国务院。在学位条例草案拟订过程中,广泛征求了国务院有关部委和省、自治区、直辖市科委、高教厅(局)以及高等学校和科研机构的意见,有1000多名科学家和学者参加了讨论,最终于1980年2月12日正式审议通过。[③]

中央领导对《学位条例(草案)》的起草给予了很大的重视和关心。蒋南翔曾向邓小平做了多次关于起草学位条例的汇报。邓小平也在多个场合提及学位制度的建立工作。1979年11月1日,邓小平在纪念中国科学院建院三十周年茶话会的讲话中说:"技术职称、学位制度,包括整个领域的工程师制度、研究员制度、学位制度,应该很快建立起来,这有助于我们培养、发现和使用人才。"在这次讲话中,他还特别强调,"辈出人才大有希望。但是,不从制度上解决是不行的"。次日,邓小平在《高级干部要带头发扬党的优良传统》的报告中针对学校和科学研究单位培养、选拔人才的问题再次提出"要建立学位

---

① 方惠坚,郝维谦,宋延章,等. 蒋南翔传(第2版)[M]. 北京:清华大学出版社,2013:9.
② 吴本厦. 中国学位与研究生教育的创立及实践[M]. 北京:高等教育出版社,2010:13-24.
③ 吴本厦. 我国建立学位制度的决策和立法过程[J]. 学位与研究生教育,2007(4):1-4.

制度，要搞学术和技术职称"。①

二、《中华人民共和国学位条例》的制定与颁布

1979年12月24日，全国人大常委会法制委员会全体会议讨论了《中华人民共和国学位条例（草案）》。1980年2月1日，国务院常务会议讨论并通过了《中华人民共和国学位条例（草案）》。1980年2月7日，蒋南翔在全国人大常委会会议上作了《中华人民共和国学位条例（草案）》的说明，指出学位是高等教育各个阶段所达到的不同学术水平的称号，是评价学术水平的一种尺度，是衡量高等教育质量的一种标志。②1980年2月12日，第五届全国人民代表大会常务委员会第十三次会议审议通过了《中华人民共和国学位条例》。后经叶剑英委员长签署公布，并定于1981年1月1日起施行。③《人民日报》于2月14日全文刊登了该条例。

制定学位条例是我国发展教育、科学事业的一项重要举措。学位条例起草小组还起草了《中华人民共和国学位条例暂行实施办法》（简称《学位条例暂行实施办法》）和《国务院学位委员会关于审定学位授予单位的原则和办法》。1980年12月18日，国务院学位委员会在北京成立并召开第一次会议，会议上审议并通过了上述两个文件。此次会议还讨论了1981年学位授予工作的重点和如何完善我国学位制度，以及加强领导等方面的事项，并确定对该年度之前毕业的大学生和研究生，不再按学历补授学位。

1981年5月20日，国务院同意了国务院学位委员会《关于国务院学位委员会第一次（扩大）会议的报告》，并批准了《中华人民共和国学位条例暂行实施办法》。国务院在转批国务院学位委员会《关于国务院学位委员会第一次（扩大）会议的报告和中华人民共和国学位条例暂行实施办法》的通知中指出"建立学位制度是发展我国科学和教育事业的一项重要立法，对培养、选拔科学专门人才具有重要意义。学位制度的实施既要有利于调动人们攀登科学高峰的积极性，又要有利于安定团结"。④《人民日报》6月13日全文刊登了这一暂行实施办法。

---

① 邓小平. 邓小平文选（第2卷）[M]. 北京：人民出版社，1994：224.
② 吴镇柔，陆叔云，汪太辅. 中华人民共和国研究生教育和学位制度史[M]. 北京：北京理工大学出版社，2001：64.
③ 谢维和，王孙禺. 学位与研究生教育战略与规划[M]. 北京：教育科学出版社，2011：247.
④ 国务院. 国务院批转国务院学位委员会《关于国务院学位委员会第一次（扩大）会议的报告和中华人民共和国学位条例暂行实施办法》的通知[EB/OL]. (2012-08-31)[2021-05-30]. http://www.moe.gov.cn/s78/A22/xwb_left/moe_817/flfggz_xx/tnull_4081.html.

1981年7月，国务院学位委员会第一届学科评议组成立并召开了第一次会议。蒋南翔在此次会议上发表了《我国学位制度必须具有中国的特点》的讲话。他认为，学位制度的建立与实施是中华人民共和国成立以来教育史上的一个里程碑；同时，强调我国的学位制度应该有鲜明的自己的特点，要基于我国的国情，为中国的社会主义建设服务。①

回顾中华人民共和国成立以来学位制度建立并实施的过程，可以看到，学位制度制定的波折既反映了时代变化对教育提出的新要求，又反映了当时社会发展的迫切需求。在经历了"文化大革命"以后，全党一致认识到要通过制定和实施法律来改变过去的人治状态。②因此，从"人治"向"法治"的转变，是改革开放我国逐步走向世界的重要出发点。当时，我国建立的学位制度，既是从国情出发，借鉴国外的有益经验，更是结合自己的实践，逐步形成了中国特色。可以说，学位条例的颁布和实施为高等教育，尤其是研究生教育的发展发挥了保驾护航、开道引路的重要作用。

学位制度的实施促进了人才培养水平的提高。因为学位制度本身授予的各种学位，是对每个人的学术水平的一种认可。这种学术水平的认可，对这一大批人才增强自信心是非常必要的。这一批人为了达到所希望的学术水平，增强了学习的动力。

在2020年12月20日于北京香山饭店举办的专家座谈会上，多位专家学者也对《学位条例》的诞生提出自己的见解。北京外国语大学的秦惠民教授谈道：

《学位条例》出台的一个社会历史背景是我国的改革开放，直接的原因是1978年我国研究生教育的恢复和对外交流的需要，即国外的研究生都有学位，而我国的研究生为什么不授学位；另一个重要背景是国家法制建设的全面恢复。

清华大学研究生院原常务副院长陈皓明教授也就学位条例对我国高等教育的发展谈道：

中华人民共和国成立之后，我国在五六十年代运动不断。"文化大革命"以前，以清华大学为例，没有一届学生可以从头到尾完成教学计划。那时候是5年制，教学计划常常被各种"运动"冲击。有的被运动冲掉一年，有的冲掉两年。即便如此，还是说毕业就毕业了。既没有评定的机构，也没有一种客观的标准，更没有培养过程的规定。

---

① 方惠坚，郝维谦，宋廷章，等. 蒋南翔传[M]. 北京：清华大学出版社，2005：319.
② 秦惠民. 《学位条例》的"立""释""修"——略论我国学位法律制度的历史与发展[J]. 学位与研究生教育，2019（8）：1-7.

即便在学位条例出台之前，我们有"高教60条"，但这主要是针对高等教育工作如何开展。对于学生如何培养，需要什么样的标准、什么样的程序，通过什么样的手段来进行评估等都没有明确规定。

《学位条例》的颁布实施，使我国高等教育有了法律性的制度规范，实现了有法可依。这不仅有利于激发人的活力和创造力，促进科技人才队伍成长，也为衡量高等教育质量和评价学术水平提供了依据。

三、《学位条例》的基本内容

《学位条例》和《学位条例暂行实施办法》是我国学位制度的基石，为我国学位制度的实施与发展奠定了基础。

（一）《学位条例》的主要内容

《学位条例》共20条，针对学位结构、学位授予、学科门类等做了规定。

第一，《学位条例》建立了三级学位标准体系。

学士学位授予标准是：较好地掌握学科的基本理论、专门知识和基本技能，并具有从事科学研究工作或担负专门技术工作的初步能力。

硕士学位授予标准是：掌握了坚实的基础理论和系统的专门知识，具有从事科学研究工作或独立担负专门技术工作的能力。

博士学位授予标准是：掌握了坚实宽广的基础理论和系统深入的专门知识，具有独立从事科学研究工作的能力，在科学或专门技术上做出了创造性的成果。

第二，《学位条例》对各级管理机构的职能作出规定。国务院设立学位委员会，负责领导全国学位授予工作。学士学位，由国务院授权的高等学校授予；硕士学位、博士学位，由国务院授权的高等学校和科学研究机构授予；名誉博士学位，由学位授予单位提名，经国务院学位委员会批准后授予。《学位条例》还提出要设立学位评定委员会，并对其构成人员要求、评定程序、职责等作了一系列规定。

第三，《学位条例》对学位授予方式作了相关说明。具体包括非学位授予单位应届毕业的研究生向学位授予单位申请学位的方式；在科学或专门技术上有重要的著作、发明、发现或发展者免除考试，直接参加博士学位论文答辩从而获取博士学位的方式；对国内外卓越的学者或著名的社会活动家授予名誉博士学位的方式；在我国学习的外国留学生和从事研究工作的外国学者向学位授予单位申请学位的方式。

第四，《学位条例》对学位撤销的相关规定。第十七条中原则性概括规定了学位撤销的基本标准与行使要求。

（二）《学位条例暂行实施办法》的主要内容

《学位条例暂行实施办法》共25条，主要内容如下。

第一，明确了学位授予的学科结构。学位按哲学、经济学、法学、教育学、文学、历史学、理学、工学、农学、医学十大学科门类进行授予。

第二，具体明确了学士、硕士、博士、名誉博士的学位授予程序、要求。明确了各层次的学生可授予相应学位的条件，须完成教学计划内的各项课程，并完成毕业论文或毕业设计，通过答辩，成绩合格，方能获得学位。学士、硕士、博士的教学课程、论文写作、答辩要求各不相同，文件对此都做了详细规定。同时，也对授予学位的高等学校在对毕业生进行材料审核、资格鉴定等的流程进行了规范。

第三，对学位授予单位学位评定委员会的组成与职责进行了规定。明确了学位评定委员会履行的职责，评定委员会成员应当包括学位授予单位主要负责人和教学、研究人员，由9—25人组成。学位评定委员会可以按学位门类，设置若干分委员会，由7—15人组成。

第四，其他规定。对外国留学生申请学士学位、学位的证书格式、硕士学位和博士学位的论文等相关问题做了界定。

古语云，有道以统之，法虽少，足以化矣；无道以行之，法虽众，足以乱矣。[1] 通过对《学位条例》和《学位条例暂行实施办法》主要内容的梳理可以发现，中央集权模式依然发挥着核心的作用，学位授权审核细化到授予单位的每个学科直至博士研究生指导教师（简称博士研究生导师）。学位制度的实施为提高我国高层次人才培养的能力，促进各学科学术水平的提升，推进学位管理和高等教育的发展，推动国际教育的交流与合作，增强我国综合国力和核心竞争力起到了不可替代的作用。

第三节　我国学位授权体系的建立

学位授权审核是指国务院学位委员会依据法定职权批准可授予学位的高等学校和科学研究机构及其可以授予学位的学科（含专业学位类别）的批准行

---

[1] 何宁. 淮南子集释[M]. 北京：中华书局，1998：1401.

为。[1]学位授权审核，包括学位授权单位（学士学位授权单位、硕士学位授权单位、博士学位授权单位）的审核，学科、专业学位类别（学士学位授权专业，硕士学位授权学科、专业点，博士学位授权学科、专业点）的审核，以及博士研究生指导教师资格的审核，等等。

一、学位授权审核的指导思想

严格的学位授权标准与程序，为我国人才培养质量和所授学位的学术水平提供了有力保障。我国的学位是一种"国家学位"，高等学校和科学研究机构及其学科、专业要想开展学位授予工作，首先要取得国务院的授权。强化顶层设计，突出质量保障是学位制度实施第一个10年中学位授权审核的特点。这一阶段，国务院设立的学位委员会，负责领导全国学位授予工作。但随着学位授权审核工作在全国的深入开展，烦冗的审批手续不利于学位授权审核工作的顺利进行。为此，从1986年开始，经国务院同意，硕士和博士学位授予单位改为由国务院学位委员会批准公布。

1981年，我国开始实行学位授权审核制度，到1990年年底共经历了4次审核。根据国家发展需求，不同的审核批次学位授权审核的指导思想不同。但针对学位制度实施的第一个10年来说，我国学位审核指导思想主要是"坚持标准，严格要求，保证质量，公正合理"（表1-2）。

表1-2　前4次学位授权审核工作的指导思想及重要举措

批次	时间	指导思想	重要举措
第一次	1981年	坚持标准，严格要求，保证质量，公正合理	1981年2月国务院学位委员会颁布的《关于审定学位授予单位的原则和办法》是审定各级学位授予单位及其学科、专业的重要依据
第二次	1983年	坚持标准，严格要求，保证质量，公正合理	
第三次	1986年	坚持标准，严格要求，保证质量，公正合理	1986年国务院学位委员会开始对学位授权审核制度进行改革
第四次	1990年	在巩固提高现有博士点、硕士点的基础上，补充一批博士点、硕士点和博士研究生指导教师；调整学科比例、改善地区布局和博士研究生指导教师的年龄结构	从1991年开始试点设立省级学位委员会。从1993年开始试点博士研究生导师由部分学位授予单位自行审定

注：此表部分参考宋晓平、梅红的《我国学位授权审核的历程与动因分析》中的表1

---

[1] 王战军. 研究生教育概论［M］. 北京：北京理工大学出版社，2019：179.

二、前四批学位授权审核过程

国务院学位委员会分别在1981年、1983年、1986年和1990年组织实施了4个批次的全国学位授权审核工作。

（一）首批学位授权审核（1981年）

1981年2月24日，国务院学位委员会发布的《关于审定学位授予单位的原则和办法》从学术力量、教学工作质量、科学研究基础等方面综合考察审定学位授予单位，规定了学位授予单位的条件。这些规定为学位授予单位的审定提供了依据，也为做好学位授予单位的审定工作奠定了良好的基础。1981年4—7月，各学位领导小组依据指导思想分别对所属高校和科研机构申报的硕士、博士学位授予单位进行了初审。

1981年7月26日至8月2日，国务院学位委员会学科评议组第一次会议在北京举行，对学位授予单位及其学科、专业和博士研究生导师进行审核。为了做好此次审核工作，1981年7月25日，国务院学位委员会制定了《关于审核首批文科博士学位和硕士学位授予单位工作的几点意见》和《关于审核首批理工农医科博士学位和硕士学位授予单位工作的几点意见》。两个文件都明确指出：审核工作必须依据《学位条例》，按照《学位条例暂行实施办法》和《关于审定学位授予单位的原则和办法》的相关规定，有机结合高等学校和科研机构的实际情况，做到坚持标准，严格要求，保证质量，公正合理。

首批学位授权审核时申报硕士、博士学位授予的单位主要是"文化大革命"之前就可以培养研究生的单位。这些单位有一定的历史积淀、文化积淀，在恢复高考之后逐渐恢复了对研究生的招生与培养。此外，为了保证所授学位的质量，高等学校一律以校为学位授予单位；中国科学院以学部为学位授予单位；中国社会科学院以研究生院为学位授予单位；国务院各部委所属科研机构，一般以研究院为学位授予单位。[①]

（二）第二批学位授权审核（1983年）

1982年12月，国务院学位委员会召开了各学科评议组召集人会议，总结首次经验，并讨论如何进行第二批博士和硕士学位授予单位的审核工作。这次会议为第二批学位授予单位的审定工作做了必要的准备。针对首批学位授权审

---

① 吴镇柔，陆叔云，汪太辅. 中华人民共和国研究生教育和学位制度史[M]. 北京：北京理工大学出版社，2001：10.

核中存在的授权条件规定不够明确、具体，对申请授权专业的审核与该单位的整体条件综合考虑不够等情况，提出了一系列改进措施。

1983年3月15日，国务院学位委员会第四次会议通过了《关于做好第二批博士和硕士学位授予单位审核工作的几点意见》《关于审核第二批文科博士和硕士学位授予单位工作的几点意见》和《关于审核第二批理工农医科博士和硕士学位授予单位工作的几点意见》3个文件。

与首批学位授予单位审核的几份文件相比较，此次学位授权审核更注重硕士学位授予单位培养高层次人才的属性。对博士学位授予单位及其学科专业主要限于"具备条件的全国重点高等学校和经国务院批准的科学研究机构"。非学位授予单位增列为硕士、博士学位授予单位时，为保证所授学位的质量，应审核该单位的整体条件，同时报送单位简况表和必要的文字说明。

1983年4—8月，学位领导小组分别对第二次的申报单位进行了初审工作。为了保证学位授权的质量，许多部委结合本部门、本系统的实际情况，提出了具体要求和措施，并且组织专家对申请授权的单位进行实地考查。这为国务院学位委员会学科评议组进行复审打下了基础。

（三）第三批学位授权审核（1986年）

1985年2月，国务院学位委员会第六次会议，通过了《关于做好第三批博士和硕士学位授予单位审核工作的几点意见》。随后，国务院学位委员会发出了《关于做好第三批博士和硕士学位授予单位审核工作的通知》及《国务院学位委员会关于审核第三批文科博士和硕士学位授予单位工作的几点意见》《国务院学位委员会关于审核理工农医科博士和硕士学位授予单位审核工作的几点意见》等文件，部署了第三批学位授予单位的审核工作。文件特别强调，第三批学位授予单位的审核，要按学术水平和条件进行评审。文件总结前两次的审核经验，对申请新增的博士、硕士学位授予单位都增加了量化要求。

1985年12月至1986年2月，国务院50个部委和中国人民解放军学位领导小组，对所属高等学校和科研机构申报的博士和硕士学位授予单位及其学科、专业和博士研究生指导教师进行了初审。3—5月，国务院学位委员会先后召开了有关学科评议组会议对经初审通过的博士和硕士学位授予单位及其学科、专业和博士研究生指导教师名单，进行了复审。

（四）第四次学位授权审核（1990年）

1988年10月，《国务院学位委员会关于做好第四批博士、硕士学位授权学科、专业审核工作的意见》中指出，为更好地适应经济和社会发展的需要，适应改革开放对高级专门人才培养的要求。此次审核遵循"总量控制、限额评审、按需授权"的原则。

除了个别高校，一般不再新增博士、硕士学位授予单位；博士点的审核主要适当增加国家急需的新兴交叉学科和高技术学科；硕士点的审核，在总体上要考虑转向应用为主，主要增加应用性强、直接为经济建设和社会发展服务的学科。此外，还要注重博士生指导教师年龄结构的调整。

与前三批相比，此次审核在申报条件上更为具体。例如，博士点规定至少有3名教授分别作为3个主要研究方向的学术带头人，对硕士点至少有1名教授作为学术带头人。[1]

在审核程序上，增加通讯评议，实行博士点、博士研究生指导教师由全国组织统一的通讯评议进行初审，各主管部门只负责组织硕士点初审。同时，聘请更多的同行专家参加复审，并建立学位授权点审核的复查制度。此次审核的又一特点是把竞争机制引入学位授权点审核工作，提出学位授予权不搞终身制，并开始起草制定对学位授予单位进行学位授予质量定期检查和评价的规定。

三、前四批学位授权结构与布局[2]

学位授权审核的政策与当时我国经济社会发展密切相关。1981—1990年，历经4次学位授权审核，共授权580所普通高校为学士学位授予单位；共授权586个硕士学位单位，其中高等学校430所、科研机构156所，授予硕士学位的学科、专业点7400多个；共授权248个博士学位的单位，其中高等学校199所、科研机构49所，授予博士学位的学科、专业点2100多个。[3]总体来看，我国学位授予单位及学位授权点已经达到一定规模，学位授权点结构也在逐步优化。

（一）全国学位授权单位发展情况

学位授予单位是进行我国学位制度实施的前提条件和依托载体，其发展情况反映了我国高层次人才培养的宏观布局。国务院学位委员会审定学位授权单

---

[1] 国务院学位委员会. 关于做好博士、硕士学位授权点审核工作的通知［Z］. 1993：4, 26.
[2] 本节内容中学位授予单位和学位点增列相关数据均来自国务院学位委员会办公室编写的《中国学位授予单位名册》（1994版）（高等教育出版社，1995年5月第1版）。
[3] 王忠烈，吴本厦，梁桂芝，等. 中国学位十年1981—1990［Z］. 北京：中华人民共和国国务院学位委员会办公室，1991：22.

位的原则：对申请为学位授权单位的培养研究生和本科生的高等学院、培养研究生的科研机构，从学术力量、教学工作质量、科学研究基础、管理工作水平等方面，按学科、专业进行综合考察，坚持条件，严格审核，从而确定有权授予各级学位的单位。[1] 从图1-2可见，学位授予单位从第一批的大量设立、第二批的小幅增加、第三批的适当增加，到第四批的适度控制，呈现稳步发展的趋势。

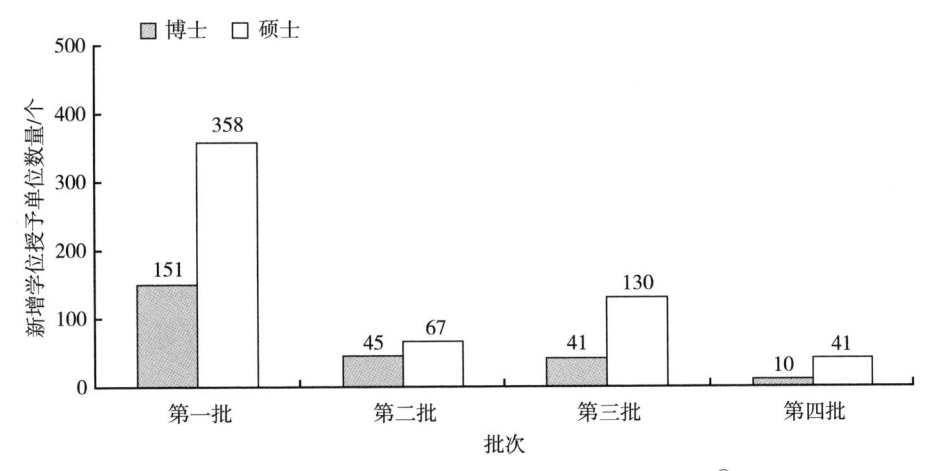

图1-2 第一批至第四批次新增学位授予单位数量[2]

学士学位授予单位的审定。1982年1月12日，国务院批准了首批授予学士学位的高等学校名单，一共为458所（当时全国共有全日制本科高等学校517所）。其中，综合性大学31所，理工科院校169所，师范院校57所，语言院校10所，财经院校18所，政法院校3所，体育院校8所，艺术院校22所，民族院校9所，农业院校42所，林业院校9所，医药院校80所。[3] 院校分类占比如图1-3所示。新疆师范大学、喀什师范学院授予学士学位的申请是新疆维吾尔自治区教育厅补报的，经教育部审核，同意将这两所学校补列到首批授予学士学位高等学校名单中。从学士学位授予单位的院校分类可以看出，高等工科教育成为改革开放之后一段时间的重点。

---

[1] 秦惠民. 学位与研究生教育大辞典[M]. 北京：北京理工大学出版社，1994：32.
[2] 吴镇柔. 陆叔云. 汪太辅. 中华人民共和国研究生教育和学位制度史[M]. 北京：北京理工大学出版社，2001：149.
[3] 郭笙. 新中国教育四十年[M]. 福州：福建教育出版社，1989：564.

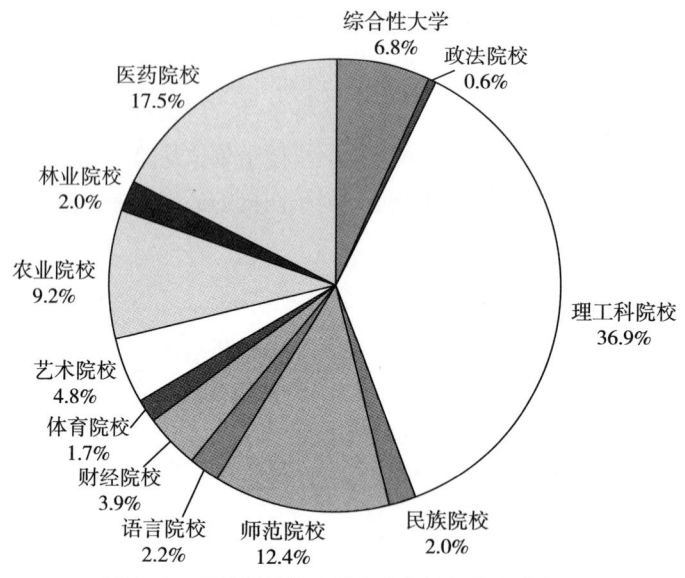

图 1-3 首批授予学士学位的高等学校分类占比

硕士、博士学位授予单位的审定。按照《国务院学位委员会关于审定学位授予单位的原则和办法》的规定，由教育部归口审核博士、硕士学位授予单位的高校共有 170 所（包括综合大学、工科院校、师范院校、语言和财经院校等）。当时已经招收研究生的有 108 所（其中，教育部部属高校 38 所，地方主管院校 70 所）。在这 170 所院校中，在 1981 年 7 月召开的学科评议组会议中提出申请博士学位授予单位的有 49 所高校，最终通过了 37 所；申请硕士学位授予单位的有 99 所高校，通过了 89 所。虽然在《学位条例》颁布之前，我国已经初具规模培养研究生的实力，但从审核结果来看，早期的硕士学位授权点和研究生培养点并不一致，有些单位没有学位授权资格，其培养的研究生只能委托其他高校代为受理。

1981 年 11 月 3 日，国务院批准了首批博士学位授予单位 151 个、硕士学位授予单位 358 个。此次审核中，博士、硕士学位授予单位分布在国务院有关部委以及省、自治区、直辖市和中国人民解放军的高等学校和科学研究机构，[1] 以地区来说，主要集中在北京市区，其次依次是江苏省、上海市、湖北省等省、直辖市。经国务院或国务院学位委员会在 1981 年、1984 年和 1986 年先后三次

---

[1] 王红乾. 新中国学位与研究生教育史上的十次学位授权审核回顾 [J]. 文教资料，2008(11): 154-158.

审核批准，北京市拥有了71个博士学位授予单位和132个硕士学位授予单位，形成了一个开展学位授予工作扎实、学科门类齐全，学科、专业授权点布局合理的研究生教育培养基地。[①] 这种区域差异伴随着审核制度的开始而存在，是今后学位点审核需要调整的一个重要方面。此外，对授予单位体系做了部分规定，要求以高校为主，科研机构如需招生，一般应与有学位授予权的高校合作。

1983年9月24日，国务院批准了第二批新增博士学位授予单位45个、硕士学位授予单位67个。1986年7月28日，国务院学位委员会第七次会议批准了第三批新增博士学位授予单位41个、硕士学位授予单位130个。经过前三批学位授予单位的审核，博士学位授予单位已占本科院校的30.3%，硕士学位授予单位已占本科院校的63.3%。[②] 1990年6月30日，国务院学位委员会第九次会议审核通过了第四批新增博士学位授予单位10个、新增硕士学位授予单位41个。

学位制度的实施促进了高等教育、研究生教育的均衡发展。改革开放之前没有真正意义上的学位制度，没有硕士、博士的学位授予单位的审定，研究生的培养是不成体系的。那时候的研究生教育并不能真正成为国家建设的顶梁柱。2020年12月20日于北京香山饭店举行的专家座谈会上，中国科学技术大学的原副校长张淑林也讲道：

> 没有学位制度，研究生教育不能称为研究生教育。尽管有人认为是70年的研究生教育，甚至有的人说是百年的研究生教育，我觉得都不对。实际上就是40年的学位与研究生教育，没有学位制度的时候，研究生教育不能称为完整的研究生教育。

（二）全国学位授权点发展情况

学位制度实施的前十年，学位授权点的多少是大学和科研机构学术水平的主要标志。学位授予单位授权点的发展情况反映了其学科建设发展的脉络和办学实力。学位制度实施的第一个十年里学位授权点的数量稳中有增，这为硕士、博士学位授权体系提供了有力的支撑（图1-4）。

---

① 《北京研究生教育》编审委员会. 北京研究生教育 [M]. 北京：航空工业出版社，1989：321.
② 吴镇柔，陆叔云，汪太辅. 中华人民共和国研究生教育和学位制度史 [M]. 北京：北京理工大学出版社，2001：145.

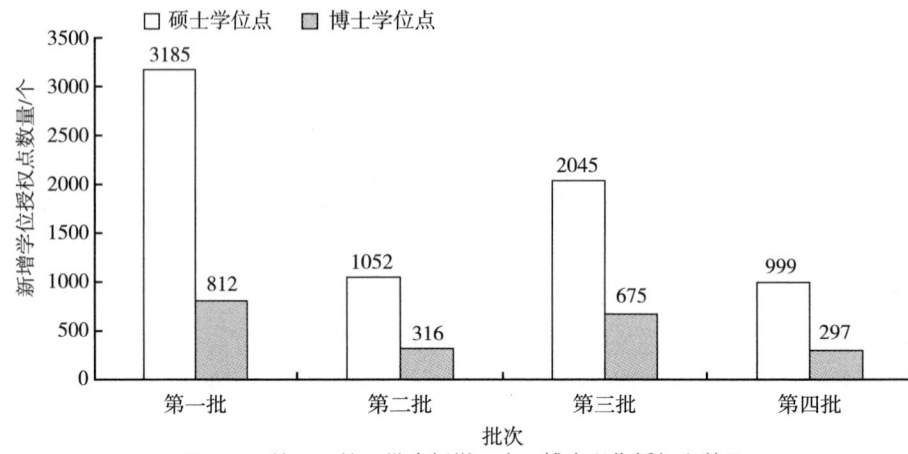

图1-4 第一——第四批次新增硕士、博士学位授权点数量

1. 首批博士、硕士学位授权点审核

首批博士、硕士学位点授权审核，在审核程序及方式上采取"分级、归口"负责审批的办法。硕士学位授予单位及其学科、专业按学科主管部门系统进行审核，由国务院学位委员会学科评议组复核；博士学位授予单位及其学科、专业，由国务院学位委员会学科评议组统一审核。[①]1981年11月3日，国务院批准我国首批有权授予博士的学科、专业812个，有权授予硕士学位的学科、专业3185个。首批博士学位授予学科、专业点中，哲学15个、经济学23个、法学6个、教育学7个、文学42个、历史学33个、理学233个、工学265个、农学35个、医学153个。[②] 第一次学位授权审核工作进展顺利。因此，第二批学位授权点的申报在研究方向、指导教师标准等方面做了进一步明确。

2. 第二批博士、硕士学位授权点审核

1983年9月24日，国务院批准了第二批有权授予博士学位的学科、专业点316个；有权授予硕士学位的学科、专业点共计1052个。该批次通过的博士学科、专业点中，哲学、经济学、法学、教育学、文学、历史学六类占22.1%，理学类占18.7%，工学类占34.5%，农学类占11.4%，医学类占13.3%。硕士学科、专业点中，哲学、经济学、法学、教育学、文学、历史学六类占26.9%，

---

① 国务院. 国务院批转国务院学位委员会《关于国务院学位委员会第一次（扩大）会议的报告和中华人民共和国学位条例暂行实施办法》的通知［EB/OL］.（2012-08-31）［2021-05-30］. http://www.moe.gov.cn/s78/A22/ xwb_left/moe_817/flfggz_xx/ tnull_4081.html.

② 蒋南翔. 在国务院学位委员会学科评议组第一次会议闭幕式上的讲话［J］. 国务院学位委员会公报，1981（1）：9.

理学类占16.8%，工学类占31.4%，农学类占11.3%，医学类占13.6%。①

第二批学位授权点审核工作在一定程度上调整了学科之间的比例。首批博士和硕士学位授权点中的文科博士授权的专业点，占首批博士授权专业点的17.8%，农科只占4.2%。受到改革开放的影响，社会发展需要大量的工科人才。因此，在学科、专业点中理工科几乎占据了半壁江山，人文、教育等学科占比较低。经过这次第二批次的调整，文科博士授权的专业点，占第二批博士授权专业点的22.1%，农科占11.4%。②我国于20世纪80年代的国家战略部署，营造出了重视哲学社会科学的社会氛围，进而影响了学科、专业点结构的调整。这也为后续我国长期坚持繁荣发展哲学社会科学提供了有力的支撑。1984年8月，国务院学位委员会第六次会议审核并通过了新增列的32个博士学位授权学科、专业点的试点工作。③

3. 第三批博士、硕士学位授权点审核

1986年7月28日，国务院学位委员会审核批准了第三批博士、硕士学位授权学科、专业和博士生指导教师名单：新增博士学位授权学科、专业点675个；硕士学位授权学科、专业点2045个。与第二批相比，此次的学科、专业点数量有明显提升。主要是随着改革开放的逐步深入，社会需求日益多元，高层次人才需求也随着变化。国家不仅要解决眼前问题，也要着眼于未来建设。因此，进一步完善人才培养体系，增加高层次人才储备量，才能为我国后续的快速发展提供充足的人才保障。

1988年3月18日，国务院学位委员会办公室下发《关于同意备案的1987年自行审批硕士学位授予单位学科、专业的通知》，同意12个放权单位自行审批的硕士学位授权学科、专业点38个。④逐步下放审批权是遵循社会发展规律的价值选择，也是国家发展阶段性和规律性的必然体现，更是我国高等教育自身发展的迫切需要。

4. 第四批博士、硕士学位授权点审核

1990年6月25—30日，国务院学位委员会学科评议组第四次会议对学位授权点和博士研究生导师进行了审核。审核工作采取行政宏观指导和专家评审

---

①② 第二批博士学位授予单位及其学科、专业名单[J]. 高教战线，1984（3）：31-33.
③ 王红乾. 新中国学位与研究生教育史上的十次学位授权审核回顾[J]. 文教资料，2008(11)：154-158.
④ 我国学位与研究生教育大事记（1988年）[EB/OL]（2012-08-31）[2021-02-10]. http://www.adge.edu.cn/ch/reader/view_news.aspx?id=20120831110725001.

相结合的办法，与会专家参照通过博士点、硕士点的指导性控制数，本着"按需择优、坚持标准、严格要求"的原则进行了评审。每个博士点一般增列一名导师，且以增列中青年导师为主。1990年10月5—6日，国务院学位委员会第九次会议批准了第四批学位授权审核的结果，共计批准博士学位授权点297个，导师1509人；硕士学位授权点999个。

5. 研究生院成为研究生培养的重要基地

普通高等学校研究生院对完善学位制度、促进研究生教育事业的发展起到了重要作用。尤其是在高等学校博士学科点授权审批中，教育部批准设置研究生院的33所高等学校成为获得博士学位授权点的"主阵地"（表1-3）。自1985年在高等学校和科研机构设立博士后科研流动站以来，到1993年，33所试办研究生院的高等学院共设立149个博士后科研流动站，覆盖了8个学科门类和42个一级学科。[①]

表1-3 教育部批准设置研究生院的高等学校博士学科点授权审批情况（1983—1990年）

序号	院校名称	前四批博士学科点总计/个	第一批次博士学科点/个	第二批次博士学科点/个	第三批次博士学科点/个	第四批次博士学科点/个
1	北京大学	84	45	8	16	15
2	清华大学	56	31	8	9	8
3	复旦大学	46	21	6	15	4
4	中国协和医科大学（现北京协和医学院—清华大学医学部）	42	15	5	17	5
5	南京大学	41	24	8	5	4
6	北京师范大学	37	17	5	7	8
7	上海第一医学院（原上海医科大学，现复旦大学上海医学院）	36	21	5	3	7
8	南开大学	33	11	3	13	6
9	中国人民大学	31	9	9	10	3
10	北京医学院（现北京大学医学部）	31	13	6	8	4
11	华东师范大学	30	12	6	9	3
12	浙江大学	30	14	6	9	1

① 陆叔云，范文曜. 中国普通高等学校研究生院[M]. 北京：北京理工大学出版社，1995：5.

续表

序号	院校名称	前四批博士学科点总计/个	第一批次博士学科点/个	第二批次博士学科点/个	第三批次博士学科点/个	第四批次博士学科点/个
13	武汉大学	30	12	5	8	5
14	哈尔滨工业大学	27	8	4	10	5
15	上海交通大学	27	12	3	10	2
16	华中理工大学（现华中科技大学）	25	9	4	8	4
17	西安交通大学	25	13	0	9	3
18	中山大学	25	10	3	8	4
19	北京航空学院（现北京航空航天大学）	22	11	0	6	5
20	北京农业大学（现中国农业大学）	21	7	6	7	1
21	天津大学	21	9	4	5	3
22	东北工学院（现东北大学）	21	7	4	5	5
23	南京工学院（现东南大学）	19	7	3	4	5
24	厦门大学	18	6	4	8	0
25	吉林大学	17	11	3	2	1
26	大连工学院（现大连理工大学）	17	6	3	5	3
27	同济大学	17	5	4	5	3
28	武汉地质学院（现中国地质大学）	15	8	3	3	1
29	北京钢铁学院（现北京科技大学）	14	8	0	3	3
30	西北工业大学	12	7	0	3	2
31	北京工业学院（现北京理工大学）	11	3	7	1	0
32	国防科技大学	10	4	2	4	0
33	北方交通大学（现北京交通大学）	7	1	0	4	2

数据来源：国务院学位委员会办公室. 中国学位授予单位名册[M]. 北京：高等教育出版社，1995：11-98.

四、博士研究生指导教师资格审定

博士研究生的培养是学历教育的最高层次，博士研究生指导教师的遴选是为了确保博士研究生培养质量而设立的一项制度安排。在博士研究生培养的学科或单位中,博士研究生指导教师队伍是一个重要的群体,不仅关系到博士研究生的培养质量,而且体现一所院校的科研水平和整体学术地位。①

在学位制度实施之初,为了保证博士研究生培养质量,国务院学位委员会建立了严格的博士研究生导师遴选制度。博士研究生导师的审定工作与学位授权审核工作同时进行。前三次学位授权审核工作,对于博士、硕士学位授权点数和博士研究生指导教师数,没有规定限额,只要符合条件的均可授权。1981年首批博士研究生指导教师1155人。其中,哲学18人、经济学24人、法学6人、教育学8人、文学48人、历史学33人、理学398人、工学350人、农学39人、医学231人。②经过1981年、1983年和1986年三次学位授权审核之后,我国已有博士研究生指导教师3796人。

由于此前遴选的博士研究生指导教师中的中青年教师所占比例较低,1988年10月,在《国务院学位委员会关于做好第四批博士和硕士学位授权学科、专业审核工作的意见》中指出,要调整博士生指导教师年龄结构,使之更好地适应经济和社会发展的需要。为贯彻这一指导思想,《审核工作的意见》中还制定了关于博士研究生指导教师遴选的两条原则。

(1)调整博士研究生指导教师年龄结构,逐步使导师队伍年轻化。第四批审核博士研究生指导教师要以增加中青年为主。

(2)对于博士研究生指导教师的审查,不仅要求有较高的学术水平,承担重要的科研任务和有足够的科研经费,而且要求能坚持四项基本原则,坚持改革开放方针,为人师表,教书育人。

1990年6月25—30日,国务院学位委员会学科评议组第四次会议对学位授权点和博士研究生指导教师进行了审核。每个博士点一般增列一名指导教师,以增列中青年指导教师为主。截至1990年年底,博士研究生指导教师在各学科门类的分布情况如图1-5所示。其间,第一批和第二批博士生指导教师由国务院学位委员会报国务院批准。第四批审核博士研究生指导教师的具体办法改为:单位申报、经主管部门同意后,送国务院学位委员会办公室组织通讯评议。

---

① 陈恒. 博士生指导教师制度的发展演变及新趋势[J]. 教育学术月刊,2013(7):50-53.
② 蒋南翔. 在国务院学位委员会学科评议组第一次会议闭幕式上的讲话[J]. 国务院学位委员会公报,1981(1):9.

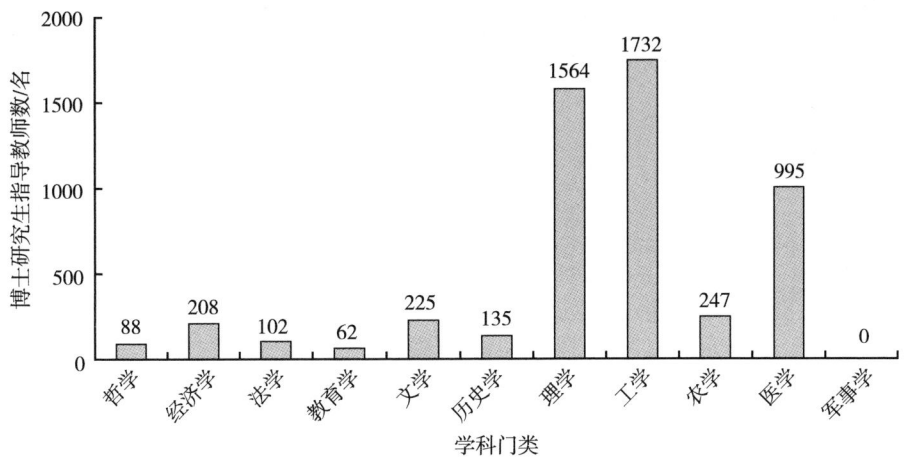

图 1-5 截至 1990 年年底博士研究生指导教师在各学科门类的分布情况

总体而言，学位制度实施的前 10 年，学位授权审核的特点主要体现在以下四方面。

第一，管理部门宏观指导与专家同行评议相结合，学术评议与行政审批相结合。国务院学位委员会设立的学科评议组在学位授权审核中负责学术评议工作，国务院学位委员会作为我国学位授权审核的行政机构负责学位授权审核的政策制定与行政审批。学位授予单位审批由国务院批准公布，但学士学位授予单位，首批是报国务院审批，第二、第三、第四批是报国务院备案，由国务院学位委员会审批。1985 年 12 月 4 日，经国务院正式批准，国务院学位委员会学科评议组复审通过的博士和硕士学位授予单位不再上报国务院批准，由国务院学位委员会批准并公布。

第二，学位授权审核中逐渐关注学科门类比例、地区分布的均衡问题。提出"按需授权"，侧重增加应用学科授权点，例如文学、工学、农学、临床医学等学科授权点；国家急需发展的新兴、边缘学科、适应边远地区发展需要的学科、专业点。因此，边远地区和少数民族省、自治区开始新增了一批硕士学位授权点。

第三，逐步下放硕士点审批权。把在一定学科范围内硕士学位授权学科、专业点的审批权下放到部分领导班子强、有较多硕士学位授权学科、专业点，学位管理制度健全的学位授予单位。1985 年 2 月，国务院学位委员会第六次会议的决定，逐步试行下放已有博士学位授权学科、专业点增列博士研究生指导教师的审批权和逐步试行在一定学科范围内下放硕士学位授权学科、专业点的权限，并批准部分条件较好、管理制度比较健全的学位授权单位进行试点，具体要求见表1-4。属于以下门类的学科，在一级学科范围内，至少有一个学科、专业已有博士学位授予权，或者至少有两个学科、专业已有硕士学位授予权，才能进行审批。

表1-4 学位授予单位自行审批硕士学位授权学科、专业的学科门类和条件

院校类型	学科门类
综合大学	哲学、经济学、法学、教育学、文学、历史学、理学、工学
师范院校	哲学、经济学、法学、教育学、文学、历史学、理学
理工科院校	工学、理学
医学院校	医学
农林院校	农学
中国科学院各学部	理学、工学
中国社会科学院研究生院	哲学、经济学、法学、文学、历史学

来源：国务院学位委员会授权部分学位授予单位审批硕士学位授权学科、专业的试行办法

经国务院学位委员会批准，北京大学、中国人民大学、清华大学、北京航空学院、北京工业学院、北京钢铁学院、北京师范大学、南开大学、天津大学、吉林大学、哈尔滨工业大学、复旦大学、上海交通大学、南京大学、浙江大学、中国科学技术大学、武汉大学、华中工学院、国防科技大学、西安交通大学共20个单位，首批进行自行审批硕士点试点工作。随着首批试点工作的顺利进行，1986年7月，国务院学位委员会又批准北京农业大学、上海医科大学2所高校开展自行审批硕士点的试点工作。

第四，学位授权审核进入稳定期。随着我国经济和社会的快速发展，社会对高层次人才的需求越来越迫切，区域经济开始出现利用本地资源、本地优势快速发展的趋势，要求研究生教育优化结构，调整学位授权点布局，适应区域经济发展。[①] 为促进高等教育办学层次的调整，加强本科教育以及科研机构和高等学校合作培养研究生，进一步贯彻学位授予体系以高等学校为主的原则。1988年国务院学位委员会第八次会议决定，博士、硕士学位授予单位应稳定一个时期。

---

① 宋晓平，梅红. 我国学位授权审核的历程与动因分析[J]. 高等教育研究，2009（8）：72-78.

第四节　学科专业目录的试行与调整

学科专业目录是学位制度实施的基础，是人才培养和学位授予的依据。《中华人民共和国学位条例暂行实施办法》规定了学位授予的学科门类。由此规定的学科门类就形成了我国现行学科专业目录的基本框架。

一、学科专业目录的功能

学科专业目录的功能是多元的，它不仅要服务科学发展，还要适应人才培养，满足社会需求，并利于管理。[1] 第一，它是国务院学位委员会学科评议组审核授予学位的学科、专业范围划分的依据。培养研究生的高等学校和科研机构及各有关主管部门，可以参照本目录制定培养研究生的规划，进行招生和培养工作。[2] 第二，在规范学位授权审核，优化研究生培养结构，提高研究生培养质量等方面，学科专业目录发挥了积极的作用。学科目录不仅与高层次人才培养、学位授予有关，而且与科学研究、社会服务密切关联，学科专业目录在应用、发展中，其功能也随之逐渐拓展和放大。

简而言之，学科专业目录作为学位授予和人才培养的学科目次，在高等教育体系中发挥着重要作用。它是反映国家知识体系的重要标准，是高等学校办学的基础，是学科建设的纲，是学术发展的目，是人才培养规格制定的依据，也是推动教育发展和教育服务社会的抓手。国务院学位委员会办公室国务院委员会原副秘书长李军说道：

美国的学科目录是统计性的，我们的是国家指令性的。

因此，学科门类的设置应保持相对的稳定，调整需要按照一定的程序进行。首先，由国务院学位委员会办公室根据学科发展、人才培养和教育统计分类的要求提出调整方案；其次，广泛征求学位授予单位和专家的意见；最后，报国务院学位委员会会同教育部批准后，编制成学科门类目录。由于新兴学科

---

[1] 王战军，翟亚军. 关于《研究生学科、专业目录》的思考［J］. 高等教育研究，2007（3）：63-66.
[2] 教育部学位管理与研究生教育司《授予博士、硕士学位和培养研究生的学科、专业目录》（1997年颁布）［EB/OL］.（2005-12-23）［2021-05-20］. http://www.moe.gov.cn/srcsite/A22/moe_833/200512/t20051223_88437.html.

的发展，学科之间的相互渗透，我国先后对人才培养与学位授予学科专业目录进行了5次调整，历次的博士、硕士学科专业目录版本见表1-5。1997年版本的学科门类在原来的基础上增加了管理学学科，学科门类达到12个。在此基础上，2011年版本增加艺术学学科。此前，我国共设13大学科门类。2020年，国务院学位委员会、教育部下发了《关于设置"交叉学科"门类、"集成电路科学与工程"和"国家安全学"一级学科的通知》，至此，正式变更为14大学科门类。

表1-5 国家颁布的博士、硕士学科专业目录版本

版次	时间	文件名称
第一版	1983年	高等学校和科研机构授予博士学位和硕士学位的学科专业目录（试行草案）
第二版	1990年	授予博士、硕士学位和培养研究生的学科、专业目录
第三版	1997年	授予博士、硕士学位和培养研究生的学科、专业目录（1997年颁布）
第四版	2011年	学位授予和人才培养学科目录
第五版	2018年	学位授予和人才培养学科目录

二、《学科专业目录（试行草案）》的制定与施行

1961年9月，在印发的《中华人民共和国教育部直属高等学校暂行工作条例（草案）》中，明确提出"高等学校的专业设置，应根据国家的需求、科学的发展和学校的可能条件来决定。专业设置不宜过多，划分不宜过窄"。1963年9月，经国务院批准发布了《高等学校通用专业目录》和《高等学校绝密和机密专业目录》，同时公布了《高等学校理工农医各科研究生专业目录（草案）》。这是我国本科生专业与研究生学科专业分别发展的肇始。

《学位条例暂行实施办法》规定了我国学位授予按哲学等10个学科门类进行。这也奠定了我国现行学科目录的第一级框架。在第一批学位授权申报中的学科专业，大多相当于二级学科，还有一些连二级学科也不是，只是将研究方向或者几个专业进行了糅合。

为适应当时的时代发展，建立具有中国特色的学科目录管理设置机制，教育部在对各部门审核并拟定的学科专业目录汇总的基础上，以国际化的视野，全面、系统地研究国外学科目录管理设置的机制、模式，拟定了《高等学校和科研机构授予博士学位和硕士学位的学科专业目录（草案）》（征求意见稿）。征求意见稿中共设置了60个一级学科，666种专业，划分专业的学科范

围相当于二级学科。第一批硕士、博士学位授权就是在此基础上进行的。

1982年2月1日，征求意见稿发给有关单位进行了意见征询。随后，在国务院学位委员会学科评议组召集人会议上结合征求意见对《学科专业目录（草案）》（征求意见稿）做了修改，并提出了《高等学校和科研机构授予博士学位和硕士学位的学科专业目录（试行草案）》（简称《学科专业目录（试行草案）》）。1983年3月，国务院学位委员会在《学位条例》的基础之上，审核通过了《高等学校和科研机构授予博士和硕士学位的学科专业目录（试行草案）》，确立了学科门类、一级学科和二级学科三级体系，形成了我国学位授予和人才培养的学科目录基本框架。

相较于1971年的《中国图书馆图书分类法》与同时期的《国民经济行业分类标准》《学科专业目录（试行草案）》设置符合学科发展和人才培养的需要，并兼顾教育统计的要求。《中国图书馆图书分类法》以知识、科学技术发展水平和文献出版的实际为基础，突出实用性和工具性，主要作用是结合图书资料的内容和特点，进行分类整理。《国民经济行业分类标准》规定了全社会经济活动的分类与代码，适用于统计、计划、财政、税收、工商等国家宏观管理，对经济活动的分类，并用于信息处理和信息交换。在该标准中，采用经济活动的同质性原则划分国民经济行业，即每一个行业类别按照同一种经济活动的性质划分，而不是依据编制、会计制度或部门管理等划分。

为了培养军事学高级专门人才，1983年12月5日召开的国务院学位委员会第三次会议决定增设军事学学位，并在国务院学位委员会学科评议组中增设军事学评议分组。会议要求中国人民解放军学位领导小组，根据培养军事学高级专门人才的需要，提出军事学授予博士和硕士学位的学科专业目录草案。1985年2月26日，国务院学位委员会第六次会议决定，同意中国人民解放军学位领导小组提出的军事学授予博士和硕士学位的学科专业目录。作为试行草案，军事学下设9个学科专业，即军事思想、战略学、战役学、战术学、战争动员学、军制学、部队指挥学、军队政治工作学、军事后勤学。至此，《学科专业目录（试行草案）》含有11个学科门类，64个一级学科，647个二级学科。虽然增设了军事学，但硕士和博士的授予一直处于空缺状态，直到1997年7月19日，才由国防大学授予了首批5名军事学博士学位。[①]增设军事学这一举措充分说明了学科目录的发展应与当时的社会需求相适应。

---

① 旁木. 共和国首批军事学博士［J］. 中国青年，1997（10）：46.

三、学科专业目录调整

《学科专业目录（试行草案）》试行三年后，实践表明基本可行。连续几年的招生、培养、学位授予等实践工作为调整和修订学科专业目录积累了一定的经验。第七次国务院学位委员会决定对《学科专业目录（试行草案）》进行修订。同时，拟将修订后的学科专业目录定名为《授予博士与硕士学位和培养研究生的学科专业目录（修订草案）》。

（一）首次学科专业目录修订

为满足社会发展对新兴和交叉学科的需求，克服部分专业划分过细、过窄及有较重的行业办学特点等弊端，国务院学位委员会、国家教育委员会联合联合下发了《关于做好修订〈授予博士和硕士学位的学科专业目录（试行草案）〉工作的通知》。通知指出，修订学科、专业目录，要贯彻《中共中央关于教育体制改革的决定》的精神，从我国的实际情况出发，认真总结我国设置研究生专业的历史经验，同时也借鉴国外的有益经验，根据我国经济和社会发展目前和长远的需要，努力体现"教育必须为社会主义建设服务"和"到本世纪末，高级专门人才的培养基本立足于国内"的指导思想。[1] 在学科、专业目录修订的过程中要贯彻"科学性、系统性、适用性"等原则，适当照顾业务部门的需要。

1986年10月至1987年6月，国务院学位委员会和国家教育委员会按照一级学科委托部分高等学校，分工承担学科、专业目录的调整和修订，编写相应的学科专业简介。随后，国务院学位委员会办公室和国家教育委员会研究生司，将各牵头单位报送的一级学科、专业目录汇总调整后，提出修订草案的征求意见稿。在进一步征求有关学科评议组召集人意见的基础上，形成了《授予博士与硕士学位和培养研究生的学科、专业目录（修订草案）》（征求意见稿）。

1987年年底，国务院学位委员会办公室、国家教育委员会研究生司在汇总各方面的意见之后，提出《授予博士与硕士学位和培养研究生的学科、专业目录（修订草案）》（审议稿）。1990年10月，为适应科学技术和文化的发展趋势，国务院学位委员会第九次会议正式批准了《授予博士、硕士学位和培养研究生的学科、专业目录》（简称《学科专业目录》）。此次学科目录的修订，是根据国家建设和社会发展目前和长远的需要，以及科学、文化和技术发展情

---

[1] 宋筱平，陆叔云. 研究生学科专业目录的发展轨迹及其走向[J]. 黑龙江高教研究，2002（2）：76-79.

况，为适应深化高等教育改革的形势而修订的。这一时期的学科目录最终确定为 11 个学科门类、72 个一级学科、654 个二级学科（含 34 种试办专业）。

修订后的学科专业目录有助于实现行业领域与学术领域的快速更新迭代与紧密结合，构建中国特色的知识体系，更好地满足当时国家建设和社会发展对创新型、复合型、应用型人才的需求。

（二）学科专业目录的两个版本对比分析

1983 年，国务院学位委员会修订的《学科专业目录（试行草案）》共设置了 63 个一级学科。学科目录在后续的调整过程中，不断增加，1990 年版的一级学科达到了 72 个。两次博士、硕士学科专业目录的部分一级学科设置对比详见表 1-6。

表1-6　各版本博士、硕士学科专业目录部分一级学科设置对比

学科门类	1983 年版共 63 个一级学科	1990 年版共 72 个一级学科
理学	数学、物理学、化学、天文学、地理学、地球物理学、地质学、大气科学、海洋学、生物学、管理科学、自然科学史 12 个	增加系统科学、图书与情报学；减少管理科学
工学	力学、机械设计与制造、仪器仪表、金属材料、冶金、动力机械及工程热物理、电工、电子学与通信、计算机科学与技术、建筑学、（土建、水利）、测绘、非金属材料、化学工程与工业化学、自动控制、管理工程、（地质勘探、矿业、石油）、（铁路、公路、水运）、船舶、（纺织、轻工）、林业工程、原子能科学与技术、航空与宇航技术、兵器科学与技术、技术科学史 25 个（括号中为一个一级学科名称）	增加农业工程；将纺织、轻工分为两个一级学科；机械设计与制造改名为机械工程；将金属材料和非金属材料合并为材料科学与工程；管理工程与管理学科（理学）合并为管理科学与工程；船舶更名为船舶与海洋工程
农学	农学、畜牧、兽医、农业机械化与电气化、林学、水产 6 个	减少农业机械化与电气化
医学	基础医学、临床医学、公共卫生与预防医学、中医、中西医结合、药学 6 个	未变化
哲学	哲学 1 个	未变化
经济学	经济学 1 个	未变化
法学	法学、政治学、国际政治和国际关系、社会学、民族学 5 个	未变化
教育学	教育学、心理学、体育 3 个	体育改称体育学
文学	中国语言文学、外国语言文学、艺术学 3 个	未变化
历史学	历史学 1 个	未变化
军事学	未设置	增加军事理论及军事史、战略学、战役学、战术学、军事指挥学、军制学、军队政治工作、军事后勤学

注：①表格内容根据历次学科目录整理而得；② 1990 年版的《学科专业目录》中二级学科不包含 34 种试办专业

本次修订学科、专业目录是在《学科专业目录（试行草案）》的基础上进行的。《学科专业目录》与《学科专业目录（试行草案）》相比，有几点变化：第一，拓宽了专业面，调整、充实了专业内涵。对《学科专业目录（试行草案）》中某些划分过细偏窄的专业，进行了适当的归并和调整。使调整后的专业口径宽窄适度，各学科门类的专业宽窄大体一致，相当于二级学科的范围。第二，增加了一些新的学科、专业。它们都属于新兴的、边缘学科和国家急需发展的学科。第三，调整了某些学科、专业的名称，使之更规范，更能准确地反映学科、专业的培养方向和业务范围。

回顾学科专业目录的历史，以及对比 1983 年版和 1990 年版两版学科专业目录可以发现，从晚清设立学科至改革开放以前，学科目录划分主要以行业特点为依据。改革开放以后，学科目录主要依据知识体系进行划分，并逐步拓宽口径。同时，两次学科目录的修订与调整既是学科自身不断变化和发展的内在要求，也是国家经济社会发展和科学技术不断进步的外在需要。

（三）本科专业目录修订工作

本科专业目录发轫于 20 世纪 50 年代，是计划经济时代的产物，也是学习苏联高等教育培养体制以培养新中国建设初期所需专业人才的一种结果。[①] 中华人民共和国成立初期，参照苏联模式，进行了院系大调整。1954 年由高等教育部颁布的《高等学校专业设置（草案）》就是在这样的背景下产生的。1963 年 9 月，国务院批准发布了《高等学校通用专业目录》和《高等学校绝密和机密专业目录》，这是中华人民共和国成立后第一个正式由国家统一制定的高等学校专业目录，是以后制定专业目录的雏形。

改革开放以后的 10 年，是高等教育事业大发展的 10 年。1982 年，教育部开始着手组织力量进行本科专业目录的修订工作，至 1988 年结束。1978—1988 年 10 年间国家教育委员会（1985 年 6 月由教育部更名）陆续发布了 7 个本科专业目录[②]，目录覆盖 8 个门类、77 个专业类和 702 种专业。[③]

此阶段本科专业目录修订具有几个特点：一是确立了"门类—专业类—

---

① 郭雷振. 我国高校本科专业目录修订的演变——兼论目录对高校专业设置数量的调节 [J]. 现代教育科学，2013（3）：44-49+54.
② 《高等学校工科本科专业目录》《普通高等学校农科、林科本科专业目录》《全国普通高等学校医药本科专业目录》《普通高等学校理科本科基本专业目录》《普通高等学校社会科学本科专业目录》《普通高等师范教学本科专业目录》《全国普通高等学校体育本科专业目录》。
③ 刘少雪. 高等学校本科专业结构、设置及管理机制研究 [M]. 北京：高等教育出版社，2009：29-30+33.

专业"三级基本结构；二是进一步强化学科的基础性特征，弱化行业部门特征；三是专业数大幅提升，1988年的专业数在1963年版的基础上增长了62.5%；[①]四是开始注意专业划分和设置上的分层次适应性问题，从而确立了本科教育与研究生教育接受不同专业目录指导的框架格局。[②]第三次本科专业目录修订工作于1989年开始启动，历时4年，于1993年公布了《普通高等学校本科专业目录》，此次修订是为了和1990年版研究生学科专业目录（研究生学科专业目录首次修订版）保持一致。

总体来说，学科专业目录设置与社会发展需求密切相关。在学位制度实施的第一个十年中，我国学科专业的设置与调整基本上是在国家相关政策的主导下完成的。这十年来，学科专业目录基本处于一种稳定状态。但是，国家计划性管理的思维也导致学位授予单位在学科设置中对市场需求和社会发展变化的敏感度降低，难以及时把握市场对人才需求的变化。另外，此时期的教育发展模式还深受苏联模式的影响，导致学科专业设置过于狭窄。1983年，高校的专业设置高达1039种，是1953年的4.8倍。过于专门狭窄的专业设置与现代社会知识技术迅速更新、职业变换和社会流动加速的要求不符。

随着信息时代的到来和现代科技的快速发展，以及新兴技术的不断涌现，我国学科目录十年一次的调整周期，已不能满足经济社会快速发展的需要、无法有效助推社会主义市场经济的发展。如何平衡我国学科专业目录设置与社会需求之间的矛盾，解决我国学科目录口径与社会对人才需求之间存在的不匹配、适应性较差、社会认同率不高、人才培养与社会需求衔接不精准等问题，将是后续学科专业目录与本科专业目录修订需要重点考量的问题。

第五节　开创我国规模授予学位的先河

《学位条例》第二条规定："凡是拥护中国共产党的领导、拥护社会主义制度，具有一定学术水平的公民，都可以按照本条例的规定申请相应的学位。"学位授予主要是指接受学位申请者的申请，审核和决定向其授予学位，以及颁

---

① 郭雷振. 我国高校本科专业目录修订的演变——兼论目录对高校专业设置数量的调节［J］. 现代教育科学，2013（3）：44-49.
② 刘少雪. 高等学校本科专业结构、设置及管理机制研究［M］. 北京：高等教育出版社，2009：29-30+33.

发学位证书的工作过程。从目前实际情况来看，学位授予主要包括学士学位授予、硕士学位授予、博士生学位授予，名誉博士学位授予等。

一、学位授予标准与程序

学位是授予个人的一种终身称号，表明称号获得者曾受教育的水平，或已达到的学历水平；是国际公认的、通用的惯例；是国家给予学位获得者的一种荣誉和鼓励。[①]"学位授予标准是最能体现学位的实际价值和学位质量的一个重要因素和评价尺度"，"制定学位授予标准是社会对学者个体的学术水平进行评价和认可的一个重要环节，也是授予学位的前提和基本依据"。[②]根据不同的制定主体，学位授予标准可分为国家层面的学位授予标准，以及学校层面的"管理办法"；根据学位授予标准的具体内容，又可分为学术标准与非学术标准；根据不同的层级，又可分为学士学位授予标准、硕士学位授予标准、博士学位授予标准。

（一）学士学位授予标准

学士学位是我国三级学位制度的基础学位。《学位条例》第四条规定，"高等学校本科毕业，成就优良，达到下述学术水平者，授予学士学位：较好地掌握本门学科的基础理论、专门知识和基本技能；具有从事科学研究工作或担负专门技术工作的初步能力"。学士学位由国务院（后改为国务院学位委员会）授权的高等学校授予。

《学位条例》对学士学位的授予，仅规定"业务能力"和"学术水平"的要件，并不包含道德品行等其他要求。《学位条例暂行实施办法》对此进行了进一步的说明，"高等学校本科学生完成教学计划的各项要求，经审核准予毕业，其课程学习和毕业论文（毕业设计或其他毕业实践环节）的成绩，表明确已较好地掌握本门学科的基本知识、专门知识和基本技能，并且具有从事科学研究工作或担任专门技术的初步能力的，授予学士学位"。

1981年12月19日，国务院学位委员会发出通知，对普通高等学校应届本科生中符合学位条例第四条要求的，授予学士学位，不必另外组织学位考试和论文答辩。各学士学位授予单位坚持按学位条例规定的业务标准和国务院学位委员会的通知精神，做好学士学位授予工作。

[①] 刘朔，陆根书，姚秀颖. 改革开放三十年我国学士学位授予工作的回顾与展望[J]. 中国高教研究，2008（5）：9-12.

[②] 康翠萍. 学位论[M]. 北京：人民教育出版社，2007：84.

各校的学位管理机构，在坚持"四项基本原则"的基础上，对上述条件进行具体化，并在"成绩优良"的基础上补充了其他必要条件，其中最常见的就是道德品行要求和英语四六级考试成绩。在程序上，学士学位授予名单由系学位评定分委员会讨论通过后，报学校学位办公室汇总，提交给校学位评定委员会审核。

（二）硕士学位授予标准

1981年11月24日，为做好首批硕士学位授予工作，国务院学位委员会发出了《关于做好应届毕业研究生授予硕士学位工作的通知》。这是我国第一份关于学位授予的文件，其中对各学位授予单位提出了"必须坚持标准，保证质量；各授予单位必须迅速建立学位评定委员会，从思想上和组织上加强对学位授予工作的领导……"的明确的要求。

1981年12月22日，针对无权授予硕士学位的单位，国务院学位委员会发出《关于无权授予学位的学科、专业应届毕业研究生申请硕士学位问题的通知》。通知规定，"无权授予学位的学科、专业应届毕业研究生，可由所在单位出面，向本地区和本系统的专业对口的学位授予单位推荐申请，个别在本地区和本系统解决不了的，可以跨地区、跨系统申请"。各学位授予单位要把接受这些单位推荐的应届毕业研究生申请学位，作为自己的一项职责，坚持标准，保证质量，积极做好这项工作。

按照我国学位制度设计，硕士学位不是一个过渡性的学位。硕士研究生的培养是一个独立的阶段，并不是博士生培养的准备阶段。所以，我国对硕士学位的要求比国际上一些国家高，对硕士研究生的培养，既要求安排系统的课程学习，又要求完成学位论文。中国人民大学教育学院周光礼教授说：

我国的研究生教育是与经济社会发展相互协调的。尤其是我们的硕士培养期为三年，这在国际上都是独具一格的。

1982年3月10日，国务院学位委员会针对一些省份、部门提出的问题，发出《关于做好应届毕业研究生授予硕士学位工作的补充通知》。主要答复两个问题：一是如果学位授予单位现有主要负责人中均无具有教授、副教授或相当职称的人选，可由一位主要负责人担任学位评定委员会代理主席，但要注意尽早解决这个问题。二是由于研究生的毕业时间参差不齐，因此，授予学位的时间原则上以学位评定委员会通过授予学位的日期为准。但考虑到首批授予学位的准备工作很多，作为特殊情况，凡在1981年内进行论文答辩，并经学位评定委员会1982年4月底以前通过授予学位的，可列入1981年授予硕士学位名单。

1982年5月21日，国务院学位委员会在北京召开首批硕士学位授予工作座谈会，进一步明确我国对硕士学位的要求。由于国务院学位委员会针对首批学位授予的情况，及时总结经验、指出问题，1982年的学位授予工作进行得比较顺利。

（三）博士学位授予标准

1982年4月5日，国务院学位委员会发出《关于进行博士学位授予工作的复文》，答复了教育部和中国科学院提出的问题，同意对个别学术水平较高的研究生进行博士学位的课程考试和论文答辩，确已达到博士学位水平的，可以授予博士学位。但这一工作带有试点性质，要求在授予学位时应注意"授予博士学位，必须坚持社会主义方向""坚持博士学位的学术标准"等问题。各学位授予单位都按照国务院学位委员会有关文件的规定，认真审查，严格把关。

以中国科学院为例，从1982年2月至5月，数理学部、技术科学部和中国科学技术大学6名博士学位申请人进行了论文答辩。在进行博士论文答辩之前，他们在通过硕士学位课程考试的基础上，又分别通过了博士学位课程考试。在导师指导下，他们对学位论文作了进一步研究和修改，然后，分送给同行专家审阅。中国科学院为他们组织了5个答辩委员会，共聘请35位专家。其中，博士研究生指导教师占80%；答辩委员中有学部委员10人，中国科学院以外的专家占60%。

1984年7月22日，为做好博士学位授予工作，国务院学位委员会发出了我国第一个，也是唯一一个关于博士学位授予工作的文件——《关于做好博士研究生学位授予工作的通知》。文件对授予博士学位的审核、工作步骤及各项工作的要求，有比较全面和具体的规定，对这一工作起着规范作用。

根据通知的精神，1984年暑期，各博士学位授予单位陆续为第一届毕业博士研究生进行答辩和授予学位。到1984年年底，全国共授予博士学位82人，其中，教育学1人、文学2人、理学22人、工学39人、农学1人、医学17人。

二、首次规模授予学位

学位制度的复建是我国教育史和科技发展史上浓墨重彩的一笔，《学位条例》及之后一系列政策和规章制度的出台有力地保障了我国高等教育的快速发展。此外，由于"文化大革命"之后学生的求学热情高涨，我国经济和社会发展也迫切需求一批高质量的人才，1977年，邓小平发表了《尊重知识，尊重人才》一文，要求"办教育要两条腿走路，既注意普及，又注意提高"。1978年，全国教育工作会议将现代化的实现确定为教育的主要目标，这就要求扩大适龄青年毛入学率。自恢复招生以来，高等教育得以蓬勃发展。

（一）学士学位授予规模

20世纪80年代初，国家急需高学历的建设人才，但由于"文化大革命"的影响，高学历人才严重匮乏。随着学位制度的实施，我国普通高等教育事业的发展和质量都出现了大幅度提高。

我国的学士学位授予工作自1981年实施学位条例起才正式开始。到1990年年底，全国共授予学士学位2066621人（不含军事学）。历年授予学士学位情况如图1-6所示。

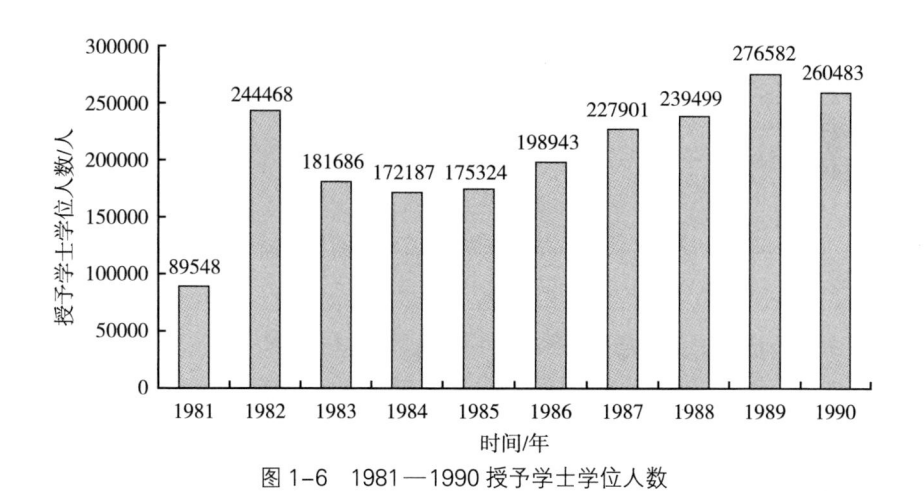

图1-6　1981—1990授予学士学位人数

（二）硕士学位授予规模

改革开放前，由于自主管理模式与制度的不成熟，硕士研究生流动性较大，各种转学退学情况严重。自1978年研究生恢复招生的10年间，我国在校研究生总人数已于最初的1万人增长至1988年的10万人，尤其是在1983—1985年，高等教育经历了3年的高速增长，被形象地称为"每三天成立一所大学"的时期。10年间庞大的增长数字代表着我国研究生教育事业的蓬勃发展，也显示着我国社会主义现代化建设以及学位制度实施的重大成效。

1978年全国招生计划数为8986人，实际招生计划10708人，有210所高校和162个研究机构参与了研究生的培养。[1] 自武汉大学授予唐翼明历史上

---

[1] 中国教育年鉴编辑部. 中国教育年鉴（1949—1981）[M]. 北京：中国大百科全书出版社，1982：629.

第一个硕士学位以来，[1] 到1981年毕业生11000人的绝大多数人要申请硕士学位。[2] 由于攻读硕士学位研究生的数量大大超过攻读博士学位研究生的数量，因此在一个相当长的时期内，硕士学位获得者在国家建设中发挥了重要作用，在一定程度上缓解了国家科技人才和大学教师断层的矛盾。历年授予硕士学位情况如图1-7所示。

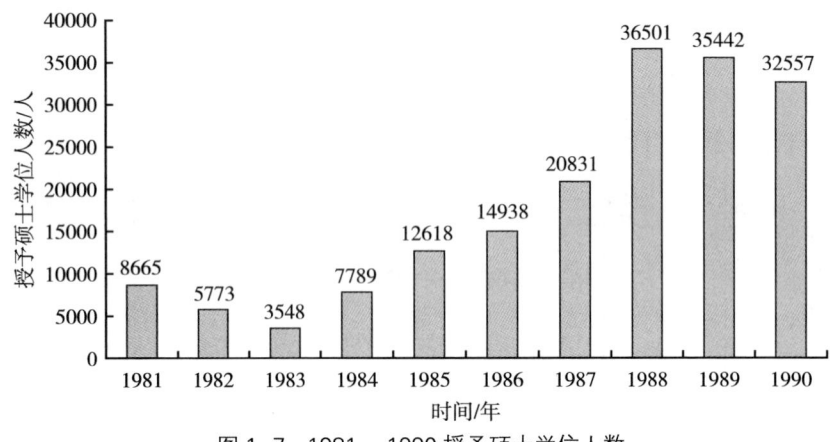

图1-7　1981—1990授予硕士学位人数

在学位制度实施的这十年，硕士学位的授予充分体现了与经济社会发展协同发展的原理。中华人民共和国成立之前，硕士学位的授予跟经济社会发展是脱节的。这十年来高等教育基本上支撑了我国的经济发展。

（三）博士学位授予规模

我国从1982年开始招收博士研究生，按照培养计划应于1984年或1985年毕业。针对前期招收的硕士研究生中，基础较好、成绩突出者，达到博士学位水平的人员，允许授予博士学位。1982年年初，中国科学院和个别高等学校提出，要求进行博士学位授予的试点。1983年5月27日，中华人民共和国成立以来首批博士学位授予仪式在北京隆重举行。国务院学位委员会和北京市人民政府在人民大会堂联合召开我国首批博士和硕士学位授予大会。会前，国务院领导同志会见了我国培养的首批18名博士和部分硕士代表。

党和国家领导人的接见及博士和硕士学位授予大会的召开，说明党和国

---

[1] 慕远. 新中国第一位硕士如何诞生[N]. 武汉大学报，2012-01-01（22）.
[2] 吴镇柔，陆叔云，汪太辅. 中华人民共和国研究生教育和学位制度史[M]. 北京：北京理工大学出版社，2001：114.

家对高级专门人才的培养、选拔工作的重视，进一步调动了广大研究生攀登科学高峰的积极性。

经中国科学院研究生院、中国科学技术大学、复旦大学、华东师范大学和山东大学等8个单位进行授予博士学位试点，当年授予博士学位的人数为18人，[①] 具体见表1-7。

表1-7　首批博士学位获得者的基本信息统计表

姓　名	授予学科	专业	授予单位	导师	学位论文题目
马中骐	理学博士	物理学	中国科学院	胡　宁	SU（N）静态对称规范场
谢惠民	理学博士	运筹学与控制论	中国科学院	关肇直	一类半整数自由度的非线性共振及其在电力系统中的应用
李尚志	理学博士	基础数学	中国科学技术大学	曾肯成	关于若干有限单群的子群体系
赵林城	理学博士	概率论与数理统计	中国科学技术大学	陈希孺	数理统计的大样本理论
白志东	理学博士	概率统计	中国科学技术大学	殷涌泉、陈希孺	随机变量的独立性及其应用
范洪义	理学博士	理论物理	中国科学技术大学	阮图南	关于相干态的研究
洪家兴	理学博士	基础数学	复旦大学	谷超豪	蜕型面为特征的微分子算子的边值问题
李绍宽	理学博士	基础数学	复旦大学	夏道行、严绍宗	关于非正常算子和有关问题
张荫南	理学博士	基础数学	复旦大学	夏道行、严绍宗	关于非局部紧群的拟不变测度理论
童裕孙	理学博士	基础数学	复旦大学	夏道行、严绍宗	不定度规空间上线性算子谱理论的若干结果
冯玉琳	工学博士	计算机软件	中国科学院	唐稚松	程序逻辑和程序正确性证明
黄朝商	理学博士	理论物理	中国科学院	戴元本	QCD和介子电磁形状因子的大动量行为
王建磐	理学博士	基础数学	华东师范大学	曹锡华	G/B上的层上同调与Weyl模的张量积：余诱导表示与超代数br的内射模
徐功巧	理学博士	分子生物学	中国科学院	邹承鲁	酶与辅酶NAD的关系——新荧光团的研究
徐文耀	理学博士	地磁与高空物理	中国科学院	朱岗昆	高纬度区的电场和电流体系
于秀源	理学博士	基础数学	山东大学	潘承洞	代数函数对数的线性形式
苏　淳	理学博士	概率统计	中国科学技术大学	陈希孺	关于分布函数和极限理论的研究
单　墫	理学博士	基础数学	中国科学技术大学	王元、曾肯成	关于素数幂和的一个问题（若干数论问题的研究）

资料来源：中国学位与研究生教育教育信息网. 中国学位三十年 [EB/OL]. [2021-04-20]. http://www.cdgdc.edu.cn/xwyyjsjyxx/xw30/index.shtml

[①] 董少东. 共和国第一批博士诞生记 [J]. 文史精华，2014（20）：17-23.

他们当中，除了冯玉琳是工学博士，其余17人均为理学博士；6名来自中国科学院研究生院，6名来自中国科学技术大学，4名来自复旦大学，另外2名分别来自华东师范大学和山东大学。这其中，马中骐拿到一号博士学位证书（图1-8）。徐功巧则是中华人民共和国成立以来的第一位生物学

图 1-8　我国首位博士学位获得者马中骐的博士学位证书

博士及第一位女博士。自此，我国诞生了第一批自己独立培养的博士。

三、学位授予结构情况

随着我国学位制度的实施，大学生、研究生迸发出高涨的学习热情。与我国经济建设和社会发展对一批高质量的人才迫切需求实现了有效融合。在《学位条例》和《学位条例暂行实施办法》颁布并实施的近10年间，我国学士、硕士、博士的学位授予工作进展顺利。

（一）学士学位授予结构

改革开放之前城市化发展要求国内要有较好的工业基础，国家需要大量的工科人才，工科建设成为高等教育机构学科建设的核心任务。基于此，"突出工科，弱化文科"成为学位制度实施之后的一大特色。根据教育部学位管理与研究生教育司发布的《中国学位与研究生教育发展报告》历年数据绘制了截至1990年年底我国授予学士学位数量及在各学科门类的分布图（图1-9）。

（二）硕士学位授予结构

1982年4月，经过各授予单位的评审，完成了首批硕士学位的授予工作。全国有229个授予单位授予硕士8665人。其中，高等学校191所，授予硕士7084人；科研机构38个，授予硕士1581人。按学科门类来看：哲学、经济学、法学、教育学、文学、历史学6个学科共授予硕士1157人，占13.4%；理学硕士2387人，占27.6%；工学硕士394943人，占45.5%；医学硕士974人，占11.2%；农学硕士198人，占2.3%。[①]

---

① 吴镇柔，陆叔云，汪太辅．中华人民共和国研究生教育和学位制度史［M］．北京：北京理工大学出版社，2001：115．

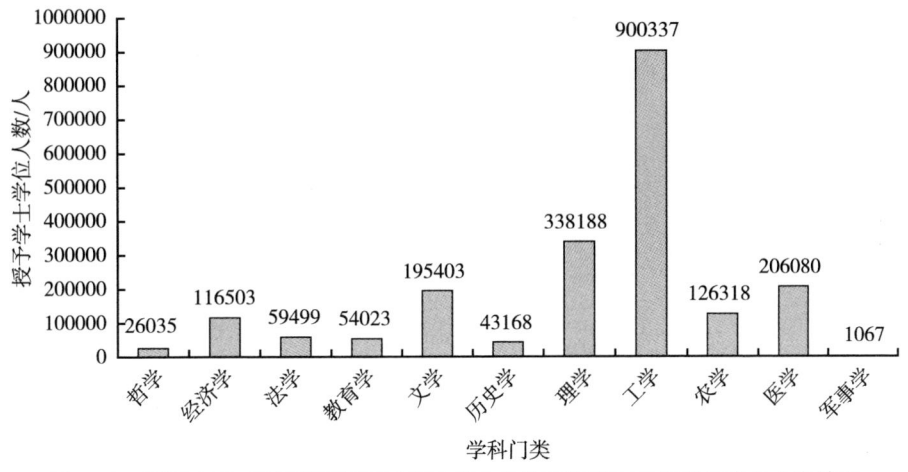

图 1-9 截至1990年年底我国累计授予学士学位获得者在各学科门类的分布情况

10年间庞大的增长数字代表着我国研究生教育事业的蓬勃发展，也显示着我国社会主义现代化建设的重大成效。短短几年中，授予的硕士学位人数增长到32557人；授予博士学位人数已由1982年的13人，增长到1990年的2127人。表1-8展示了1949—1980年全国硕士研究生分科情况。此阶段我国绝大多数学科的硕士研究生的培养已经做到立足于国内。这些硕士研究生分布在社会主义现代化建设的各行各业，并成为行业的领军人物和骨干。

表1-8 1981—1990年各学科硕士学位授予人数

单位：人

年份	合计	哲学	经济学	法学	教育学	文学	历史学	理学	工学	农学	医学	军事学
1981	8665	178	163	56	21	530	209	2387	3949	198	974	—
1982	5773	208	254	106	29	525	216	1078	1817	186	1354	—
1983	3548	36	66	105	67	190	97	658	1426	145	758	—
1984	7789	168	256	204	81	495	239	1785	3691	391	479	—
1985	12618	207	575	336	158	648	390	3204	5188	834	1078	—
1986	14938	260	654	607	133	611	316	3104	6609	798	1846	—
1987	20831	333	1021	673	291	967	458	4192	9717	1122	2057	—
1988	36501	777	1879	1109	511	1743	838	7138	16930	1962	3614	—
1989	35442	629	1708	1132	640	1633	809	6682	16682	1578	3949	—
1990	32557	686	1850	1165	585	1374	793	6157	14396	1406	4093	52

数据来源：根据统计中国教育统计年鉴整理

（三）博士学位授予结构

学科逻辑与应用逻辑的平衡，是人才培养体系契合新型工业化形势的客观要求，也是教育发展规律的体现。[①] 学科结构调整的政策目标与重点始终随着国家发展需要而不断变化。但由于政策实施效果的滞后性，这一时期的工程学科学位授予数量仍显著多于其他学科。表1-9展示了1982—1990年全国博士分科情况。此阶段我国博士的培养为国家发展提供了有力的支撑。

表1-9 1981—1990年各学科博士学位授予人数

单位：人

年份	合计	哲学	经济学	法学	教育学	文学	历史学	理学	工学	农学	医学
1982	13	—	—	—	—	—	—	12	1	—	—
1983	19	—	—	—	—	—	2	12	4	—	1
1984	91	—	—	—	1	2	—	31	39	1	17
1985	234	5	—	—	—	6	10	94	87	—	32
1986	307	7	3	1	1	10	7	119	122	2	35
1987	622	6	11	6	2	11	14	201	258	22	91
1988	1682	39	51	24	18	37	80	510	704	62	157
1989	1904	32	48	20	10	39	36	576	824	48	271
1990	2127	29	137	34	16	45	36	590	828	88	324

数据来源：根据教育统计年鉴整理

学位制度实施的第一个十年中，研究生的培养方向主要集中在理工科，这主要是由于国家建设的需要。"文化大革命"中工厂的技术人员的培养耽误了很多。"文化大革命"以前分配的大学生到工厂以后，工厂10年几乎不干活，导致工人和技术人员的技术生疏。这也是搞"工程硕士"[那个时候没有工程硕士，名称就叫"工学硕士（工程类型）"]的原因。对此，西安交通大学的张文修教授回忆道：

20世纪70年代和80年代技术本身变化也很大，"文化大革命"前的工科大学生面临着一个知识更新和一个技术更新的问题。

就像我们面向中西部地区。比如包头钢铁厂、洛阳拖拉机厂，一个厂办一个班，因为他们不脱产，上课到他们那儿上课，就地培养。所以工厂需要什么我就培养什么，从整个课程设置到论文设置，全部是按厂里的需求。

---

① 王战军，张微. 新中国成立70年来我国高校学科结构调整——政策变迁的制度逻辑[J]. 中国高教研究，2019（12）：36-41.

这个针对性的研究生培养在当时来讲，特别对西北地区来说，主要是解决工厂里技术人员的培养问题。

四、名誉博士学位的授予

学位制度实施以后，我国陆续开展了名誉博士学位授予工作。我国学历学位国际互认和名誉博士授予的实施，推动我国高等教育尤其是研究生教育走向了世界。我国授予的名誉博士学位是一种高级的荣誉性学术称号，目的在于表彰国内外卓越的学者、科学家或著名的政治家、社会活动家在学术、经济、教育、科学、文化和卫生等领域，以及社会发展和人类进步事业中做出的贡献。[①]

名誉博士学位授予工作始于1983年。在这之前，国务院学位委员会办公室根据学位条例的有关规定和客观形势发展的需要，草拟了《关于开展名誉博士学位授予工作的几点意见》。1983年3月15日，国务院学位委员会第四次会议讨论了这一"意见"。会后，国务院学位委员会办公室将这一"意见"进一步向有关部门和二十几所全国重点高等学校征求了意见，并在此基础上，修改成《关于授予名誉博士学位暂行实施办法》。这一"办法"在"意见"的基础上修改或补充了以下内容，兹引证如下。

（1）对象、范围不变。标准和条件上，不管是科学家，还是政治家、社会活动家，更明确强调了要对我国社会主义现代化建设有重大贡献。在继续强调名誉博士应主要由全国重点高等学校和重点科研机构授予外，还强调了每年全国各学科门类授予名誉博士学位的人数、国别，由国务院学位委员会决定。

（2）程序和办法上，基本做法同"意见"，每年还是申报两次，只是上报审批时间改为每年5月底和10月底之前，审批办法由国务院学位委员会正、副主任委员批准改为国务院学位委员会过半数委员同意，即可做出批准授予名誉博士学位的决定。

另外，较"意见"增加的一项内容是：国务院有关部委和省、自治区、直辖市人民政府提出推荐授予名誉博士学位的人选，应先与有关的博士学位授予单位协商同意后，由博士学位授予单位办理申报手续。另外，还强调了我国授予的名誉博士学位，不分学科门类，统称为名誉博士。

1983年5月，我国首次进行名誉博士的学位授予，授予阿马杜·马赫塔尔·姆博名誉博士学位。图1-10为我国首位名誉博士阿马杜·马赫塔

---

① 秦惠民. 学位与研究生教育大辞典 [M]. 北京：北京理工大学出版社，1994：11.

图1-10 我国首位名誉博士阿马杜·马赫塔尔·姆博

尔·姆博。

截至1990年年底，我国学位授予单位授予了美国、英国、日本、印度等国家和联合国教科文组织的32位国外著名的学者、专家、政治家、社会活动家以名誉博士学位，见表1-10。

北京大学在此期间授予名誉博士学位最多，共10人，南京大学授予名誉博士学位5人，复旦大学授予名誉博士学位3人，中国社会科学院、中山大学分别授予2人，北京航空航天大学、北京林业大学、北京师范大学、复旦大学、南开大学、清华大学、上海交通大学、同济大学、西安交通大学、中国科学技术大学分别授予1人。

表1-10 1983—1990年中国名誉博士学位授予情况

年度	总序号	授予人员姓名	国籍和地区	身份	授予单位名称	授予时间	年度数
1983	1	阿马杜·马赫塔尔·姆博	塞内加尔	政治家	北京大学	1983.08.04	3
	2	茅诚司	日本	科学家	复旦大学	1983.10.19	
	3	李约瑟	英国	科学家	中国社会科学院	1983.11.29	
1984	4	杨振宁	美国	科学家	复旦大学	1984.12.19	1
1985	5	有泽广巳	日本	科学家	中国社会科学院	1985.05.18	6
	6	陈省身	美国	科学家	南开大学	1985.06.10	
	7	李政道	美国	科学家	北京大学	1985.07.03	
	8	阿加塔·巴巴拉	马耳他	国家元首	北京师范大学	1985.08.26	
	9	包玉刚	英国（居香港）	社会活动家	上海交通大学	1985.10.27	
	10	欧格·玻尔	丹麦	科学家	北京大学	1985.11	
1986	11	勒·埃·克劳斯	美国	科学家	西安交通大学	1986.04.01	9
	12	井上靖	日本	学者	北京大学	1986.04.21	
	13	罗伯特·霍克	澳大利亚	政府首脑	南京大学	1986.05.23	
	14	史蒂文·穆勒	美国	学者	南京大学	1986.09.09	
	15	纳金德拉·辛格	印度	学者	北京大学	1986.09.10	
	16	吴健雄	美国	科学家	南京大学	1986.09.17	
	17	袁家骝	美国	科学家	南京大学	1986.09.17	
	18	阿卜杜勒·萨拉姆	巴基斯坦	政治家	中国科学技术大学	1986.09.21	
	19	邹至庄	美国	学者	中山大学	1986.12.20	

续表

年度	总序号	授予人员姓名	国籍和地区	身份	授予单位名称	授予时间	年度数
1987	20	霍英东	英国（居香港）	社会活动家	中山大学	1987.02.07	6
	21	李远哲	美国	学者	中国科学院	1987.05.13	
	22	林同炎	美国	科学家	同济大学	1987.05.18	
	23	约翰·托尔	美国	社会活动家	复旦大学	1987.07.06	
	24	许靖华	美国	科学家	南京大学	1987.07.28	
	25	林家翘	美国	科学家	清华大学	1987.04.26	
1988	26	斯坦因	美国	科学家	北京大学	1988.05.28	2
	27	若泽·萨尔内·科斯塔	巴西	国家元首	北京大学	1988.07.04	
1989	28	宇都宫德马	日本	政治家	北京大学	1989.08.17	1
1990	29	何塞·马利亚·鲁达	阿根廷	政治家	北京大学	1990.04.25	4
	30	卞学	美国	科学家	北京航空航天大学	1990.08.23	
	31	安东尼诺·齐吉基	意大利	科学家	北京大学	1990.10.18	
	32	伊凡·利·海德	加拿大	科学家	北京林业大学	1990.11.15	

数据来源：教育部名誉博士学位批准、授予名单［EB/OL］.（2012-01-31）［2021-06-08］. http://www.moe.gov.cn/s78/A22/xwb_left/moe_829/tnull_44386.html

名誉博士制度促成了我国高校与世界知名高校在科研、教学等方面的交流与合作，推动了我国前沿学科的发展和精英人才的培养，有力地提升了我国的国际学术影响力。例如，1984年被复旦大学授予名誉博士的物理学家杨振宁协助中国建立多所一流物理实验室、清华大学高等教育研究院等研究机构；[1] 1985年被北京大学授予名誉博士的物理学家李政道帮助北京大学创办高能物理研究中心。[2] 这些研究机构逐步成为各领域的学术重镇，极大地促进了科研人才的培育，成为发挥我国国际学术影响力的重要载体。这对加强我国对外学术交流和友好合作起了积极作用，同时也积累了一些工作经验，为进一步建立规范化管理制度奠定了基础。

《关于授予国外有关人士名誉博士学位暂行规定》就是在这样的背景下产生的。该规定较《国务院学位委员会关于授予名誉博士学位暂行实施办法》又

---

[1] 清华大学高等研究院. 院系简介［EB/OL］.（2010-10-31）［2021-1-15］. http://www.castu.tsinghua.edu.cn/publish/cas/923/index.html.
[2] 北京大学高能物理研究中心. 中心简介［EB/OL］.（2006-11-25）［2019-12-09］. https://rchep.pku.edu.cn/zxgk/zxjj/index.htm.

前进了一步，对"授予范围、授予对象和条件、申报、审批工作"等作了规定。从 1990 年年初开始，授予单位由最初局限在全国重点高等学校和重点科研机构向所有博士学位授予单位转变；授予条件也较开始实行时略有放宽，不再仅限于诺贝尔奖获得者或类似的世界"顶尖级"学者、专家，只要是某一学科领域较有名气的学者、专家即可考虑，尤其重视他们对我国教育、科技事业的贡献和作用（这里指学者类人士）。至于社会活动家，主要视对我国教育、科技事业的贡献。这里的贡献大小，一要看综合情况，二要看某些特殊情况，在衡量贡献大小上有一定弹性。关于政治家，则完全取决于国家政治、外交的需要。

由此可见，名誉博士制度作为我国外交文化的重要组成部分，与对外政策和国家利益紧密相连。不同于传统意义上的政务外交，这种带有文化性质的外交方式淡化了强烈的政治动机和色彩，易接受度和效果往往优于谈判式、签订条约式的传统外交，更有利于彰显我国文化软实力。

第六节　中国特色学位管理体系的建立

实施学位制度之前，国家没有学位工作的管理体系。1981 年实施学位制度以后，逐步建立了学位工作的三级管理体系。学位管理体系分为三个层次，即国家，省、自治区、直辖市和国务院各部委，学位授权单位。1991 年以前，学位管理体系是由国家级的国务院学位委员会、各部委级的学位委员会和学位授权单位的学位评定委员会构成。

一、国家学位管理机构

依据《中华人民共和国学位条例》第七条的规定，国务院设立学位委员会，负责领导全国学位工作。1980 年 12 月 1 日，国家正式成立国务院学位委员会。日常办事机构是国务院学位委员会办公室，设在教育部。

（一）国务院学位委员会

国务院学位委员会由全国著名的专家、学者及国务院有关部门负责人组成。国务院学位委员会设主任委员、副主任委员和委员若干。主任委员、副主任委员和委员由国务院任免。1980 年 12 月 1 日国务院批准方毅任主任委员、1983 年 2 月至 1988 年 9 月由胡乔木任主任委员，周扬、蒋南翔、武衡、钱三强任副主任委员的第一届国务院学位委员会。1983 年 3 月 7 日，国务院学位委员会副主任委员调整为何东昌、武衡、钱三强、张光斗。1988年10月10日，国务院批准了由何东昌任主任委员，张光斗、胡绳、周光召、朱开轩任副主任委员的第二届国务院学位委员会。第一届国务院学位委员会的工作主要是开创了我国学位制度，第二届国务院学位委员会为进一步完善我国学位制度，在深化教育教学改革、调整学科结构布局、保证和提高学位授予质量、推动高级专门人才培养等方面，做出了开创性的工作。

国务院学位委员会是国务院领导下的全国学位管理工作的领导和决策机构。1988年10月，国务院学位委员会制订了议事规则，对工作任务、会议制度、决议形成等做出了明确的规定。

（二）国务院学位委员会学科评议组

国务院学位委员会学科评议组是国务院学位委员会领导下的学术性工作组织。国务院学位委员会按照授予学位的不同学科门类设立学科评议组，并按照学科或几个相近的学科组成若干评议分组。国务院学位委员会于1981年10月制订了试行组织章程，对学科评议组的性质、人员组成等进行了规定。该试行组织章程于1990年10月正式确定为组织章程。

国务院学位委员会学科评议组组织章程明确指出，学科评议组是国务院学位委员会领导下的学术性的工作组织，由国内各学科中学术造诣深厚、具有指导博士研究生经验的教授或相当专业技术职务的学者、专家组成，由国务院学位委员会聘任，任期4年。第一届学科评议组于1981年6月组成，设立10个评议组，并分成44个评议分组进行工作，共有学科评议组成员407人。第二届学科评议组于1985年6月组成，设立11个评议组，并分成53个评议分组，共有评议组成员644人。644人中博士研究生指导教师402人，占62.4%；非博士研究生指导教师占37.6%。[1] 第三届学科评议组于1992年5月组成，共设56个评议组，有评议组成员712人。第四届学科评议组于1997年4月组成，共设70个评议组，有评议组成员710人。

学科评议组的主要任务是：①评议和审核有权授予博士、硕士学位的高等学校和研究机构及其学科、专业；对新增授予博士、硕士学位单位的整体条件进行审核。②对有关学位和研究生培养规格和类型的调整学位授予标准及其质量等进行研究并提出建议。③指导和检查监督各学位授予单位的学位授予工作；对已批准授权的学位授予单位及其学科、专业，检查和评估其学位授予的

---

[1] 刘晖，侯春山. 中国研究生教育和学位制度［M］. 北京：教育科学出版社，1988：139-140.

质量和授权学科、专业的水平以及授予单位的整体条件，对不能确保所授学位水平的单位及学科、专业，可以提出停止或撤销其授予学位资格的建议；对各博士学位授予单位的博士研究生指导教师的遴选情况进行检查和评估。④对调整和修订授予学位的学科、专业目录进行研究并提出建议。⑤承担国际交流中学位的相互认可及评价等专项咨询工作。⑥对贯彻实施《中华人民共和国学位条例》的规章、办法的制定和修改提出意见和建议。⑦承担国务院学位委员会委托审议的其他事项。1981—1998年年底，学科评议组共举行了4次会议，具体参见第二章第一节的具体内容。

国务院学位委员会自建立以来，到1990年年底为止，共举行了9次会议，见表1-11。国务院学位委员会为我国学位制度的实施和发展，为完善我国学位制度，推动经济建设和科技教育事业的发展，做出了重要的贡献。

表1-11　国务院学位委员会第一至第九次会议简况

时间	地点	会议主要内容
1980年12月15—18日	北京	审议并通过了《中华人民共和国学位条例暂行实施办法》《国务院学位委员会关于审定学位授予单位的原则和办法》，讨论并决定设立国务院学位委员会学科评议组负责全国学位授予单位的审核工作
1981年6月12日	北京	审议并通过国务院学位委员会学科评议组44个分组及407名成员名单（不包括参加评议工作的29名学位委员会委员），审议并原则通过了国务院学位委员会学科评议组试行章程，讨论并决定1981年7月召开国务院学位委员会学科评议组第一次会议，评审我国首批博士和硕士学位授予单位名单
1981年10月8日	北京	审核并通过了各部委和各省、自治区、直辖市首批博士和硕士学位授予单位及其学科、专业名单；审核并通过了中国人民解放军首批博士和硕士学位授予单位名单；审议并通过了国务院学位委员会学科评议组试行组织章程；讨论了如何做好应届毕业研究生的学位授予工作和博士、硕士学位的证书样式问题
1983年3月15日	北京	通过了《国务院学位委员会关于做好第二批博士和硕士学位授予单位审核工作的几点意见》《国务院学位委员会关于第二批文科博士和硕士学位授予单位审核工作的几点意见》和《国务院学位委员会关于第二批理工农医科博士和硕士学位授予单位审核工作的几点意见》，通过了国务院学位委员会学科评议组增补成员（共79名）和临时邀请参加评议工作的学者、专家名单（共116名），学科评议组由原来的44个，调整为48个；修订了《高等学校和科研机构授予博士和硕士学位的学科、专业目录》并公布试行；从1983年起开展授予名誉博士学位工作
1983年12月5日	北京	审议并通过了经学科评议组第二次会议审核的第二批博士和硕士学位授予单位及其学科、专业名单；讨论并决定在我国增设军事学学位；讨论《关于在职人员申请学位试点工作的几点意见》，决定从1984年起在一部分学位授予单位进行在职人员申请学位的试点工作；讨论了《国务院学位委员会关于授予名誉博士学位暂行实施办法》

续表

时间	地点	会议主要内容
1985年2月6日	北京	审议了关于调整选聘第二届学科评议组成员和学科评议组调整问题,通过了第三届学科评议组成员名单;审议并原则通过了《关于做好第三批博士、硕士学位授予单位审核工作的几点意见》;审议了送审的授予名誉博士学位的名单,并提出了修改意见;讨论了1985年学位工作要点,其中包括逐步建立各级学位授予质量的检查评估制度,1985年先组织510个学科评议组选点进行学位授予质量的检查等
1986年7月28日	北京	审议通过了第三批博士、硕士学位授予单位及其学科、专业和博士生指导教师名单,讨论通过了国务院学位委员会1986年下半年至1987年上半年的工作要点;决定在我国稳步开展向具有研究生毕业同等学力的在职人员授予硕士、博士学位的试点工作
1988年10月17—18日	北京	讨论并通过了《国务院学位委员会议事规则》;讨论了关于做好第四批博士、硕士学位授予单位审核工作的意见,并同意进行这项工作;讨论并通过了《关于授予名誉博士学位的暂行规定》,并于1989年2月17日颁布实施。
1990年10月5—6日	北京	审议并通过了经学科评议组第四次会议通过的第四批博士、硕士学位授予单位及学科、专业名单;审议并通过了《授予博士、硕士学位和培养研究生的学科、专业目录》;审议并通过了《国务院学位委员会关于授予具有研究生毕业同等学力的在职人员硕士、博士学位暂行规定》及《实施细则》审议并通过了《学科评议组组织章程》〈修订〉和换届方案;审议并通过了《普通高等学校授予来华留学生我国学位试行办法》

注:根据 http://www.cdgdc.edu.cn/xwyyjsjyxx/xw30/index.shtml 网站资料整理

国务院学位委员会十年来的主要工作可以归纳成五点:第一,审议并通过了报国务院审批的《中华人民共和国学位条例暂行实施办法》等一系列法规,使我国学位工作逐步走向法治化的轨道;第二,组织开展学位授权审核工作,审定授予博士、硕士学位的单位及其学科、专业,积极推进学位授权审核办法的改革,调整了学位授权点的结构和布局;第三,积极稳妥地推进了学位管理体制改革,使我国三级学位管理体制逐步建立并完善;第四,制定和修订了授予博士、硕士学位和培养研究生的学科专业目录,调整了学科、专业结构,拓宽了学科专业面,为提高研究生培养质量创造了有利条件;第五,建立并逐步完善我国授予名誉博士学位的审核程序。

总之,国务院学位委员会,对于建立和完善我国学位制度,推进学位制度的实施和发展,保障与提高学位授予质量发挥了至关重要的作用。

二、中央部委学位管理机构

自《学位条例》颁布之后,国务院有关部委和主管高等学校、科研机构,学位授予工作任务较重的部门,相继成立了有关学位工作的领导机构。如中国科学院、中国社会科学院、卫生部、冶金部、航天部等单位成立了学位委员会。没有成立学位委员会的，仍由学术委员会代管学位工作，中国人民解放军成立了学位领导小组。部委学位委员会在本部委和国务院学位委员会及其办公室的指导下开展工作。这类机构的主要职责是制定本部（委）系统关于学位工作的有关规定和办法；负责本系统内学位授权初审专家小组的选聘工作，组织本系统的学位授权审核的初审；组织对学位授权点及学位授予质量的检查和评价，等等。

以卫生部为例。在《卫生部学位委员会议事规则（草案）》中提到"卫生部学位委员会的任务是在国务院学位委员会和卫生部的领导下，在卫生系统内，负责组织医学门类有关学科、专业申请学位授权的初审工作；指导和检查学位的授予工作；卫生部直属单位名誉博士学位的审核和报批工作……"。

在实施《学位条例》的过程中，各省、自治区、直辖市的学位工作一般由该级政府的教育部门负责。有的部委决定由部委一级学术委员会代为管理学位工作。第三批学位授予单位的审定过程中，为了简化手续，1985年12月4日经国务院正式批准，此后国务院学位委员会学科评议组复审通过的博士和硕士学位授予单位不再上报国务院批准，改为由国务院学位委员会批准并公布。学位授权审核管理的权限下放，开启了扩大学位授予单位学位授予自主权的先河。相应的，体现行政管理权限下放的学位管理体制改革，也随之开展。

1985年，《中共中央关于教育体制改革的决定》中指出，"在教育事业管理权限划分上，政府有关部门对学校主要是对高等学校统得过死，使学校缺乏应有的活力；而政府应该加以管理的事情，又没有很好地管起来……中央认为，要从根本上改变这种状况，必须从教育体制入手，有系统地进行改革。改革管理体制，在加强宏观管理的同时，坚决实行简政放权，扩大学校的办学自主权"。我国当时由国务院学位委员会统一行使学位管理权限，导致中央政府对高校的学位授予管理过紧，高校缺少活力，故而要加强教育体制改革，适当地下放行政管理权力，转为宏观调控，1986年国务院学位委员会颁发《国务院学位委员会授予部分学位授予单位审批硕士学位授权学科、专业的试行办法》，将学位审批权下放至部分学位授予单位。同时下发的《国务院学位委员会关于下放硕士学位授权学科、专业审批权试点工作的通知》提出："国务院学位委员会第六次会议决定，逐步试行在一定的学科范围内下放硕士学位授权学科、专业审批权。"学位管理权限的下移，为之后我国省级学位管理机构的建立提供了便利条件。[①]

---

① 梁传杰，韩习祥，张文斌. 中国学位授权机制改革探析［M］. 武汉：湖北人民出版社，2009：58.

在学位条例实施的过程中，原本各省、自治区、直辖市的学位工作一般由该级政府的教育部门主管高教的机构负责，但同样存在中央政府管理过紧而使地方缺少自主性的问题。因此，1988年10月，国务院学位委员会第八次会议的报告中就拟同意成立省一级学位委员会的省份及主要职责提出了原则意见。1991年3月23日，国务院学位委员会批准江苏省作为第一批试点复建省级学位委员会。

三、学位授予单位的学位管理机构

《学位条例》第九条对学位授予单位的相关职能做了规定。学位评定委员会组成人员名单，由学位授予单位提出，报主管部门批准。主管部门将批准的学位评定委员会组成人员名单报国务院学位委员会备案。《学位条例暂行实施办法》则针对学位评定委员的职责、组成人员、任期等做了具体规定。同时，还规定了学位评定委员会人数及任期。

学位评定委员会的日常工作一般由学位评定委员会办公室或研究生院（部、处）负责。学位授予单位学位管理机构是指拥有学位授予权的高校或科研院所成立的校（院、所）级学位评定委员会，并作为学位授予单位的学位管理机构。《学位条例暂行实施办法》对学位评定委员会的职责、组成人员、任期等做了具体规定。

学位授予单位学位评定委员会的主要功能和职责体现在微观层面。根据国务院和教育部的相关规定，校级学位评定委员会具有几项职责：审定本校学位申请、授予工作的规章制度，审定本校硕士、博士研究生招生培养方案的基本要求，审定本校硕士、博士学位授予的基本标准，审定本校硕士、博士研究生毕业的基本条件。在本单位获准批准的授予学位的权限内，受理有关特殊人员对博士学位的申请，审查并作出授予、缓授或者不授予其博士学位的决议；授权学位评定分委员会审议并作出授予、缓授或者不授予硕士学位的决议；授权学位评定分委员会对博士学位申请无异议者进行审议并作出授予、缓授或者不授予博士学位的决议。复核学位授予决议，作出授予学位或者撤销已授予学位的决议，作出建议授予名誉博士的决议，评选单位内部优秀硕士、博士学位论文；组织实施对本单位博士学位授权点、硕士学位授权点、硕士研究生导师以及学位授予质量的监督、检查和评估。负责本单位学位授权点的增列审核，负责研究生导师的资格评定、上岗备案与注册等工作。[1]

---

[1] 王战军. 中国学位与研究生教育40年（1978—2018）[M]. 北京：中国科学技术出版社，2018：31.

四、试办研究生院

1977年9月10日，中国科学院向国务院报送了《关于招收研究生的请示报告》，委托中国科学技术大学在北京地区的研究所大力协作下于北京筹办研究生院。同月底，报告获得批准。国家决定在中国科学院所属的66个研究所和4所大学恢复研究生制度。1977年12月19日，中国科学院批复同意中国科学技术大学研究生院机构设置和人员编制。1978年3月1日，中国科学技术大学研究生院在北京正式成立。3月31日，国务院批复中国科学院，同意严济慈任中国科学技术大学研究生院院长，马西林等任副院长。研究生院于1978年10月14日举行开学典礼。[①]

1978年8月19日，中国社会科学院向中共中央宣传部并国务院递交报告，请示建立研究生院。8月21日，叶剑英、邓小平、乌兰夫、汪东兴等党中央、国务院领导同志审阅了这一请示，同意成立中国社会科学院研究生院。我国第一所人文社会科学研究生院由此诞生。[②]

1984年8月，国务院批准北京大学等22所院校试办研究生院，见表1-12。随后，陆续有50所高校提出申请。国家教育委员会考虑到在"七五"期间的高等教育发展规划正在拟定，试办研究生院的条件应该从严，故选取了20所院校的试办方案，报送国务院审批。1986年4月，包括中山大学在内的10所院校得到了国务院的批准。研究生院的成立标志着我国研究生教育形成独立的运行机制，成为独立的教育层次。这在我国研究生教育的发展历史中具有重要意义。成立研究生院能给其他学校起到带头作用、先锋作用、示范作用，非常重要。在访谈中，西安交通大学的张文修教授也认为：

> 22所研究生院的试点为其他学校创造了条件，当时很多的经验都来自这22所研究生院。我觉得以前的这种工作方式就是有什么东西先开始试点，还是很重要的。为什么试点？因为"文化大革命"以前是当时全国一年招600名研究生，20世纪80年代一个学校就招了600名，研究生教育已经不是个体培养而是规模培养了，所以必须要有一套规范的制度。

---

① 中国科学院大学. 历史沿革[EB/OL].（2010-10）[2021-1-15]. http://www.ucas.ac.cn/site/96.
② 中国社会科学院研究生院30年大事记（1978—2008）[EB/OL].（2008-10）[2021-1-15]. http://edu.people.com.cn/GB/8216/134692/8103197.html.

表1-12　前两批次批准试办研究生院的高等学校名单

第一批　1984年8月22所：
北京大学、中国人民大学、清华大学、北京工业学院（现北京理工大学）、北京航空学院（现北京航空航天大学）、北京钢铁学院（现北京科技大学）、北京农业大学（现中国农业大学）、北京医学院（现北京大学医学部）、北京师范大学、天津大学、南开大学、哈尔滨工业大学、吉林大学、复旦大学、上海交通大学、浙江大学、南京大学、武汉大学、华中工学院（现华中科技大学）、国防科技大学（现国防科学技术大学）、西安交通大学、上海第一医学院（复旦大学上海医学院）

第二批　1986年4月10所：
中山大学、南京工学院（现东南大学）、东北工学院（现东北大学）、大连工学院（现大连理工大学）、厦门大学、华东师范大学、中国地质大学（北京、武汉）、西北工业大学、同济大学、中国协和医科大学（现北京协和医学院—清华大学医学部）

　　试办研究生院，是中国研究生教育在20世纪80年代受到重视并获得较大发展的一个里程碑。这项工作既有利于国家集中人力、物力和财力，重点建设一批培养博士、硕士研究生的基地，保质保量地为国家的现代化建设培养和输送高层次、高素质专门人才；也进一步提高了人们对研究生教育地位和重要性的认识，调动了各高校发展研究生教育事业、提高研究生培养质量的积极性。能否被国家批准试办研究生院，成为衡量和反映一所高等学校的教学水平、师资状况、科研基础、培养能力、管理经验等整体办学水平、办学条件和办学层次的一个重要标志。[1]

　　1984年5月，教育部在《关于在部分全国重点高等院校试办研究生院的几点意见》中明确了研究生院的职责：制定研究生培养与招生的长远规划并组织招生工作；建立各项规章制度，加强思想政治建设；加强管理机构的建设；组织遴选导师；办理有关博士和硕士学位的审核和授予事宜；对科研经费实施管理；开展对外学术交流；交流经验，提高培养质量等。对此，西安交通大学的张文修教授讲道：

　　西安交通大学在成为办研究生院试点之后首先着手规范研究生的课程，划分了学位课、非学位课、选修课。按照二级学科划分，一开始的时候有600多门课程，太多了就没法上课。之后我们集中为200多门课程，其中有60多门学位课程。60多门学位课程全部要编教材，因为"文化大革命"以后没有教材，那个时候要找一本书都很困难。60多门课程编教材，很快出了一个系列的教材。

---

[1] 中国研究生院院长联席会. 探索与创新——中国研究生院建设与发展研究[M]. 北京：高等教育出版社，2007：46-50.

经过近十年的不懈努力,试办研究生院成效初显。主要体现在以下两方面。

第一,学位授予权审核的试点工作,扩大了研究生院的办学自主权。自1986年4月,国务院学位委员会颁布《授权部分学位授予单位审批硕士学位授予学科、专业的试行办法》以来,试办研究生院的各高校在第三、第四批学位授予权审批工作中,进行了部分学科自行审批硕士点的试点工作,对促进试办研究生院的各高等学校进行学科专业的调整、改造和发展起了重要作用。1993年国务院学位委员会又分两批授权24所试办研究生院的高等学校在部分学科自行审批增列博士研究生指导教师的试点工作,在实行下放学位授权审核工作重大改革的同时,进一步扩大了研究生院在巩固和加强博士点学科建设、改善博士研究生指导教师队伍状况,完善博士研究生培养制度等方面的调控权。[①]

第二,不断改进和完善学位授予工作,确保学位授予水平。以中国人民大学为例,该校先后制定了《中国人民大学授予学位工作细则》《中国人民大学关于研究生学位论文的暂行办法》等管理规章,把对研究生培养和管理水平的测定、检查,贯穿学位授予工作全过程。常年坚持学位授予的质量和较高的水准,为各大高等学校顺利开辟新的学位授予途径和方式创造了有利条件,使其在国际、国内形成了较为深远的影响。[②]

本章小结

《中华人民共和国学位条例》作为全国教育和科研领域的第一部法律,是改革开放的重要成果,是新中国教育史上的重要里程碑。它使我国高等教育的发展有了可遵循的法规,极大地推动了"尊重知识、尊重人才"的社会风气的形成,标志着高等教育进入了规范化、法制化、科学化发展的新阶段,开启了我国独立培养高层次人才的辉煌征程。十年来,《中华人民共和国学位条例》的实施为国家教育事业的可持续发展,为培养改革开放和社会主义现代化建设急需的高层次人才提供了坚强的保障。

一是建立了符合我国实际需要的各级学位制度实施体系。国务院根据

---

① 陆叔云,范文曜. 中国普通高等学校研究生院[M]. 北京:北京理工大学出版社,1995:16.
② 陆叔云,范文曜. 中国普通高等学校研究生院[M]. 北京:北京理工大学出版社,1995:46.

《中华人民共和国学位条例》设立了负责领导和管理全国学位授予及其相关工作的国务院学位委员会，全面领导学位制度的实施工作。1980年12月，国务院学位委员会通过了《中华人民共和国学位条例暂行实施办法》。为了加强中央各部委对本部门学位工作的领导，国务院有关部门和中国科学院、中国社会科学院，以及中国人民解放军相继成立了学位委员会或学位领导小组。全国有权授予学士、硕士、博士学位的高等学校或科研机构按照有关规定成立了学位评定委员会，负责本单位的学位授予工作。

二是设置了授予博士、硕士学位和培养研究生的学科、专业目录。通过认真总结我国设置研究生专业的历史经验，结合我国经济和社会发展当下和长远的需要，贯彻"科学性、系统性、适用性"等原则，确定了包含11个学科门类、64个一级学科、647个二级学科的《高等学校和科研机构授予博士学位和硕士学位的学科专业目录（试行草案）》。随后，为实现行业领域与学术领域的快速更新迭代与紧密结合，更好地满足当时国家建设和社会发展对创新型、复合型、应用型人才的需求，1990年修订后的学科专业目录涵盖了11个学科门类、72个一级学科、654个二级学科（含34种试办专业）。两次学科专业目录的修订与调整既是学科自身不断变化和发展的内在要求，也是国家经济社会发展和科学技术进步的外在需要。

三是建立了学科门类比较齐全、学位授予质量得到基本保证的学位授权体系。十年来，国务院学位委员会在学位授权审核工作中贯彻"坚持标准、严格要求、保证质量、公正合理"的方针，先后进行了四次学位授予单位及其学科、专业的审核工作，建成了包括文学、理学、工学、农学、医学及军事学各学科门类比较齐全的学科授予体系。截至1990年年底，全国有权授予学士学位的高等学校有580所，有权授予硕士学位的单位有586个，有权授予博士学位的单位有248个。

四是开创了我国规模授予学位先河。十年间，全国共授予本科毕业生206.66万人学士学位（不含军事学），授予17.87万人硕士学位、6999人博士学位，分布在各行各业，成为领军人物和骨干力量。授予的学士学位和硕士学位，覆盖了哲学、经济学、法学、教育学、文学、历史学、理学、工学、农学、医学和军事学11个学科门类。极大地缓解与部分满足了"文化大革命"后科研、教育人才青黄不接的严峻局面和各行各业对高层次人才的需求。

第二章

我国学位制度实施体系的完善

1990年是《中华人民共和国学位条例》颁布十周年。这十年，我国初步确立了由国务院学位委员会、学科评议组和学位授予单位主管部门组成的学位授权审核体系，形成了学士、硕士、博士三级学位体系，以及国务院学位委员会、学位授予单位两级管理体系，建立了涵盖文学、理学、工学、农学、医学、军事学等学科门类的学科建设体系和学位授予体系。经过十年的运行，我国在实施学位制度的过程中积累了一定的经验，为我国研究生教育和科学事业的进一步发展打下了坚实的基础。

进入20世纪90年代以后，随着社会主义市场经济建设目标的确立，我国学位制度在实施过程中逐渐显露出与时代发展不相适应的问题，部分问题已经成为实现社会主义市场经济目标道路上的掣肘。面向学位制度实施中存在的问题，我国通过下移学位授权审核工作重心，建立省级学位管理部门，修订博士、硕士学科专业目录，调整学位授予规模和结构，建立专业学位制度等系列措施逐步完善了学位制度实施体系，人才培养规模和质量得到了显著提升，极大地满足了社会主义市场经济对各类型高层次人才的需求。总体而言，在20世纪的最后十年里，我国学位制度呈现出"在实施中发现问题，在解决问题中逐步完善"的螺旋式进阶态势。

第一节　学位授权审核工作重心下移，激发高校的办学活力

回溯历史，我国学位制度的创立和实施滞后于我国研究生教育的开展。由于学位制度的缺失，我国在较长一段时间内没有形成完整的研究生教育体系。学位制度建立以后，国家通过集中学位授权审核的方式对高等学校和科研机构的研究生教育工作和学位授予工作进行资格审查，有力地保障了我国学位授予的质量。因此，作为我国学位制度的重要组成部分，学位授权审核制度的逐步完善具有重要的历史意义。进入20世纪90年代，随着时代的发展和高等教育形势、任务的变化，我国学位授权审核制度也因势利导，通过不断明确学位授权审核工作指导思想和逐步优化学位授权审核实施过程激发高等学校的办学活力。

一、学位授权审核工作指导思想

20世纪80年代四个批次的学位授权审核工作为我国进一步开展学位授权审核打下了坚实的基础，也积累了宝贵的经验。进入20世纪90年代，作为我国学位与研究生教育工作的"总开关"，学位授权审核制度在高层次人才培养规模调控和学位授予质量保障方面继续发挥着重要作用。

理念是行动的先导，指导思想是学位授权工作开展的行动指南。1981年2月，国务院学位委员会颁布了《关于审定学位授予单位的原则和办法》，重点强调了"坚持标准、严格要求、保证质量、公正合理"的"十六字方针"。自此，这"十六字方针"便成了我国学位授权审核制度总的指导思想，学位制度实施以来的历次学位授权审核工作均紧紧围绕这"十六字方针"展开。在此基础之上，历次学位授权审核还密切结合了不同时代的经济社会背景，以及学位与研究生教育改革发展的形势和任务。

20世纪90年代，我国组织实施了四次学位授权审核工作，不仅主动适应了国家和社会的发展需要，积极关注授权学科、专业结构和地区布局，而且兼顾了科研骨干队伍建设的需求。因此，这一时期学位授权审核工作的指导思想充分体现了"优化结构、合理调整"的特点，彰显了不同阶段经济建设和社会发展的形势和任务（表2-1）。

表2-1　1991—2000年我国学位授权审核指导思想

批次	时间	指导思想
第五批次	1993年	积极合理调整授权点的学科结构；贯彻按层次办学的方针，有利于研究生培养基地的建设；逐步调整授权点的地区布局；坚持质量第一，做到坚持标准，严格要求，宁缺毋滥，公正合理
第六批次	1996年	贯彻深化改革、调整结构、提高质量和分层次办学的原则，根据需要和可能，增加少量的博士点和硕士点，对已有博士点和硕士点作适当调整，不审核新增博士、硕士学位授予单位
第七批次	1998年	立足国内、适度发展、优化结构、相对集中、推进改革、提高质量
第八批次	2000年	积极发展、深化改革、坚持标准、公正合理

20世纪90年代的四次学位授权审核工作处于国家"八五"计划和"九五"计划时期，中国特色社会主义市场经济总目标的确立使社会经济秩序迅速恢复并呈现迅猛发展的势头。在此背景下，区域经济社会发展也焕发出了前所未有的活力，区域经济和社会发展逐渐开始依靠人才资源。调整学位授权点的区域布局，适应区域经济社会发展变得极为迫切。因此，第五批次学位授权审核指导思想中明确提出"逐步调整授权点的地区布局"。

此外，经过20世纪80年代前四批学位授权审核工作的开展，获批学位授权单位和学科专业点数量已经基本满足当时社会需求。从高校学位授权单位占当时高校总数的比例看，已达到或者超过一些发达国家。[1]因此，以"巩固提高"和"调整结构"为特点的内涵式发展理念也成为这一阶段学位授权审核工作的主体指导思想。

二、学位授权审核工作实施进程[2]

20世纪90年代，国务院学位委员会分别在1993年、1996年、1998年和2000年组织实施了四个批次的学位授权审核工作。其间，还进行了部分博士、硕士学位授权单位和博士、硕士学科专业授权点的增补和对应调整工作。

（一）第五批次学位授权审核工作

我国学位条例实施以后，学位授权审核一直是国家保证学位授予质量的重要举措之一。前四批学位授权审核工作结束后，我国学位授权点的规模、结

---

[1] 宋晓平，梅红．我国学位授权审核的历程与动因分析[J]．高等教育研究，2009（8）：72-78．

[2] 本节内容中学位授予单位和学位点增列相关数据均来自国务院学位委员会办公室编写的《中国学位授予单位名册》（2001版）（中国科学技术出版社，2001年7月第1版）．

构和层次基本趋于合理。因此，20世纪90年代后，我国学位授权审核的重点工作就是加强学科建设，巩固和提高已有学位授权点的效能。在此背景下，从1993年第五批次学位授权审核开始，国家一方面加强对新增学位授权单位的整体条件审核，另一方面在对博士研究生导师审核工作中开始探索国家指令性调整和学位授予单位自主调整相结合的审核方式。

1992年12月，国务院学位委员会启动了第五批次学位授权审核工作，并随即发布《关于做好博士、硕士学位授权点审核工作的通知》。该批次授权审核有两项主要工作：已有博士点增列博士研究生导师审核和新增博士、硕士学位授权单位，新增博士点、硕士点审核。经过近10个月的申报和复审工作，该批次共新增博士学位授权单位24个、硕士授权单位35个；新增博士点306个、硕士点942个；新增博士研究生导师2600人。第五批次学位授权审核后，我国共有博士学位授权单位271个、硕士学位授权单位586个，博士点2398个、硕士点8467个，博士研究生导师8043人。

从审核程序上看，为了分解工作量，本批次学位授权审核工作与前四批采取的同时申报、同时复审有所不同，采取了分批申报，集中复审批准的办法。1992年12月，先行组织已有博士点申报增列博士研究生导师的工作；1993年5月组织申报新增博士、硕士学位授权单位和新增博士点、硕士点的工作；1993年9月，由国务院学位委员会集中进行复审和批准。

从审核标准看，该批次学位授权审核工作更加规范化和制度化，创造了多个首次：首次组建"新增博士、硕士单位评审组"，对申报新增博士、硕士授权单位整体条件进行审核；首次对整体条件采用量化标准，包括教研人员数量、高级职称教研人员数量、教研设备价值，以及教研经费等；首次将质量检查和监督机制与学位授权进行关联，即优先增列在评估中表现优秀的硕士学位点为博士点；首次规定45岁以下具有博士学位的教授申请博士研究生导师可直接参加国家复审，并强调了博士研究生导师是工作岗位，而非荣誉称号或职称层级，有力地推动了博士研究生导师队伍的年轻化。同时，本批次学位授权审核还开展了自行审批增列博士研究生导师的试点工作；首次规定新增硕士学位授予单位不在科研机构当中遴选，学位授权点的布局向云南省、青海省、广西壮族自治区、宁夏回族自治区、新疆维吾尔自治区、贵州省、内蒙古自治区和甘肃省8个边远地区倾斜。

（二）第六批次学位授权审核工作

第五批次学位授权审核工作结束后，时任国务院学位委员会主任何东昌在国务院学位委员会学科评议组第五次会议上对我国学位授权审核工作中仍然存在的问题作了进一步说明：一是学位授权点数量不少，但是效益不高，要适当控制学位授予单位的规模，切实巩固和加强学位授权点的建设；二是要通过优化学科专业的设置，逐步拓宽博士、硕士人才培养的专业面；三是部分学位授予单位自主审批硕士学位点的试点工作进展顺利，要继续推进学位授权自主审核制度的不断完善。

1995年4月10日，国务院学位委员会第13次会议决定，1995年起新增学位授予单位每四年审核一次。1995年5月，国务院学位委员会启动了第六批次学位授权审核工作，并下发《关于进行1995年增列博士和硕士学位授权点审核工作的通知》。根据国务院学位委员会第13次会议精神，该批次授权审核只进行一项工作：新增博士点、硕士点审核工作。经过近一年的申报、评议和复审工作，该批次共新增一级学科博士点26个；二级学科博士点147个、硕士点534个，部分省、直辖市学位委员会、解放军学位委员会和部分设置研究生院的学位授予单位自行审批硕士点301个。该批次学位授权审核后，我国共有博士授权单位277个、硕士授权单位633个、博士点2604个、硕士点9799个。需要指出的是，该批次学位授权审核虽然原则上只进行新增博士点、硕士点的审核工作，但是实际上也新增了少量博士、硕士授权单位，新增的5个博士授权单位和5个硕士授权单位均属于解决历史遗留问题。

从审核程序上看，因博士研究生导师评审工作的下放，该次学位授权审核采取了集中申报、通讯评议、分批复审和批准的办法。1995年5月起进行了集中申报，9—11月组织进行了通讯评议，1995年12月和1996年1月分别召开了学科评议组复审会议，1996年4月由国务院学位委员会最终批准。

从审核标准上看，该批次学位授权审核工作改革幅度较大。以往都是按二级学科进行授权审核，该次学位授权审核首次尝试按照一级学科进行博士学位授权审核的试点工作，见表2-2。按一级学科行使博士学位授权，使博士、硕士学位授权范围由原来分散的二级学科博士点扩展到一级学科涵盖的全部二级学科博士点，这项改革对扩大高层次人才专业面产生了深远的影响。此外，该次学位授权审核也进行了一些开辟性的探索，发布了《新增博士学位授权点申报指南》。该指南共列出135个可申报博士学位授权点的学科专业，约占目录中654个学科专业总数的20.6%。最后，该次学位授权审核过程中新增硕士点的审批权进一步下放至成立研究生院的高等学校和上海市、陕西省、广东省、湖北省、江苏省、四川省6个省级学位委员会。

表 2-2 按一级学科行使博士学位授予权的试点情况

序号	学科门类	一级学科名称	试点院校名称
1	理学	数学	北京大学
2	理学	数学	南开大学
3	理学	数学	复旦大学
4	理学	数学	中国科学技术大学
5	理学	数学	中国科学院研究生院
6	理学	化学	北京大学
7	理学	化学	南开大学
8	理学	化学	吉林大学
9	理学	化学	复旦大学
10	理学	化学	中国科学院研究生院
11	工学	力学	北京大学
12	工学	力学	清华大学
13	工学	力学	北京航空航天大学
14	工学	力学	大连理工大学
15	工学	力学	西北工业大学
16	工学	力学	中国科学院研究生院
17	工学	电气工程	清华大学
18	工学	电气工程	浙江大学
19	工学	电气工程	华中科技大学
20	工学	电气工程	西安交通大学
21	工学	计算机科学与技术	北京大学
22	工学	计算机科学与技术	清华大学

在第六批次学位授权审核工作中，按一级学科进行博士点授权审核的试点工作涉及 2 个学科门类下的 5 个一级学科，参与试点工作的院校共计 13 所。其中，北京大学获批博士学位一级学科授权试点最多，数量为 4 个；其次是清华大学和中国科学院研究生院，数量分别为 3 个；南开大学和复旦大学各获准开展 2 个一级学科试点工作，浙江大学、西安交通大学等 8 所院校各获准开展了 1 个一级学科试点工作。

(三)第七批次学位授权审核工作

随着我国学位授权审核制度的不断完善,高等学校的办学自主权进一步扩大。作为国家学位工作的最高管理机构,国务院学位委员会在宏观调控的同时,通过不断完善学位授予质量监督和评价机制保证学位授予单位在国家法规和政策的范围内开展学位工作。

1997年9月,国务院学位委员会启动了第七批次学位授权审核工作,并下发《关于做好一九九七年博士和硕士学位授权点审核工作的通知》。该批次授权审核工作主要是:新增博士、硕士学位授权单位和新增博士点、硕士点审核。经过近10个月的申报、评议和复审工作,该批次共新增博士授权单位49个,硕士授权单位55个,一级学科博士点329个,二级学科博士点329个,硕士点363个,16个省、直辖市学位委员会、解放军学位委员会审批了936个硕士点,部分设置研究生院的学位授予单位审批了160个硕士点。第七批次学位授权审核后,我国共有博士、硕士学位授权一级学科点388个,博士点1769个、硕士点8361个,博士授权单位303个、硕士授权单位655个。

从审核程序上看,该次学位授权审核采取了集中申报、通讯评议、集中复审和批准的办法。1997年9月起进行集中申报,1997年12月至1998年1月组织进行通讯评议,1998年5月召开了学科评议组复审会议,1998年6月由国务院学位委员会最终批准。

从审核标准上看,首先,该批次学位授权审核对申报新增博士、硕士学位授权单位整体条件量化范围进行了扩充,除包括原有的教研人员数量、高级职称教研人员数量、教研设备价值,以及教研经费等指标,还新增了发表论文数量、获奖项目数量、图书馆馆藏量等量化指标,合计24项数据。其次,培养质量抽检也是本次授权审核的一大特点,即在申报新增博士学位授权单位随机抽取10篇硕士学位论文,通过同行评议对申报单位的培养质量进行专项评估,申报新增硕士学位授权单位则重点参考其参加教育部本科合格评估结果。再次,该批次博士学位点授权审核工作由第六批次的5个一级学科试点推广到了57个一级学科,占一级学科总数的64.8%,新增的一级学科学位授予点339个,见表2-3。最后,硕士点审批权进一步下放到北京市、天津市、浙江省、山东省、辽宁省、吉林省、黑龙江省、福建省、安徽省和湖南省10个省、直辖市。至此,共有16个省、直辖市具有硕士点审批权。在放权的同时,授权质量监督和评估工作也随之得到了进一步夯实。

表2-3 第七批次学位授权审核中新增一级学科学位授予点数量情况

序号	门类	一级学科	批准数量	序号	门类	一级学科	批准数量
1	哲学	哲学	3	30	工学	建筑学	4
2	经济学	理论经济学	6	31		土木工程	4
3		应用经济学	9	32		水利工程	4
4	教育学	教育学	2	33		测绘科学与技术	1
5	文学	中国语言文学	6	34		化学工程与技术	7
6	历史学	历史学	8	35		地质资源与地质工程	5
7	理学	数学	8	36		矿业工程	3
8		物理学	9	37		石油与天然气工程	3
9		化学	7	38		纺织科学与工程	1
10		天文学	2	39		轻工技术与工程	1
11		地理学	4	40		交通运输工程	5
12		大气科学	3	41		船舶与海洋工程	2
13		海洋科学	2	42		航空宇航科学与技术	3
14		地球物理学	3	43		兵器科学与技术	2
15		地质学	5	44		核科学与技术	2
16		生物学	10	45		林业工程	2
17		科学技术史	6	46		生物医学工程	13
18	工学	力学	6	47	农学	作物学	11
19		机械工程	10	48		农业资源利用	6
20		光学工程	13	49		植物保护	7
21		仪器科学与技术	6	50		兽医学	3
22		材料科学与工程	14	51	医学	基础医学	6
23		冶金工程	3	52		口腔医学	4
24		动力工程及工程热物理	6	53		公共卫生与预防医学	4
25		电气工程	4	54		中西医结合	6
26		电子科学与技术	9	55		药学	4
27		信息与通信工程	13	56		中药学	8
28		控制科学与工程	9	57	管理学	管理科学与工程	27
29		计算机科学与技术	5				

（四）第八批次学位授权审核工作

20世纪90年代末期，随着社会主义市场经济的快速发展，学位授权的行业布局逐渐滞后于经济社会发展，造成部分行业人才的短缺。因此，第八批次学位授权审核工作进一步细化了学位授权点申报指南，有针对性地对学位授权的行业布局进行优化。

2000年4月，国务院学位委员会启动了第八批次学位授权审核工作，并下发《关于进行第八次博士、硕士学位授权审核工作的通知》。经过8个月的申报、评议和复审工作，该批次共新增博士学位授权单位7个、一级学科博士点308个、二级学科博士点584个（含通过博士授予一级学科下申报的二级学科博士点154个）、硕士点231个，部分省、自治区、直辖市学位委员会、解放军学位委员会审批硕士点1723个，部分设置研究生院的学位授予单位审批硕士点604个。第八批次学位授权审核后，我国共有博士授权单位312个、硕士授权单位726个、一级学科博士点682个、二级学科博士点1542个、硕士点8151个。

从审核程序上看，该批次学位授权审核采取了集中申报、通讯评议、分批复审和批准的办法。2000年4月起进行集中申报，6—7月组织进行通讯评议，9月召开了学科评议组复审会议。本批次学位授权审核工作的复审环节第一次采用了现场答辩方式，现场答辩分为学科情况陈述和回答问题两部分。12月，国务院学位委员会最终批准。

从审核标准上看，该批次学位授权审核继续本着优化结构、根据需求开展学位授权审核工作。首先，发布了《申报博士学位授权点学科专业指南》。该指南中将全部382个二级学科专业分为三类，分别是33个优先发展学科专业、303个可申报学科专业和46个不新增学科专业。其次，该批次博士学位点授权审核工作扩展到了81个一级学科，占一级学科总数的92.1%，新增一级学科学位授予点286个（表2-4）。此举在扩大学位授权单位招生培养自主权的同时，客观上促进了学科的进一步交叉融合。最后，新增硕士点的审批权下放到了27个省、自治区、直辖市，只有西藏自治区、贵州省、宁夏回族自治区和海南省4个未成立学位委员会的省、自治区未包含在内。

学位授权审核是一个不断变化、不断规范和不断完善的过程。经过20世纪90年代四批次学位授权审核工作的开展，我国学位授权审核规章制度得到了不断完善和优化，基本建立了立足自身且具有较高质量、相当规模和学科门类较为齐全的学位授权体系，促进了教学科研水平的整体提升，推动了学科建

表2-4 第八批次学位授权审核中新增一级学科学位授予点数量情况

序号	门类	一级学科	批准数量	序号	门类	一级学科	批准数量
1	哲学	哲学	2	36	工学	土木工程	8
2	经济学	理论经济学	5	37		水利工程	2
3		应用经济学	2	38		测绘科学与技术	1
4	法学	政治学	4	39		化学工程与技术	5
5		社会学	2	40		地质资源与地质工程	2
6		民族学	2	41		矿业工程	3
7	教育学	教育学	1	42		纺织科学与工程	1
8		心理学	5	43		轻工技术与工程	2
9		体育学	1	44		交通运输工程	5
10	文学	中国语言文学	8	45		船舶与海洋工程	3
11		新闻传播学	3	46		兵器科学与技术	1
12	历史学	历史学	5	47		核科学与技术	3
13	理学	数学	2	48	农学	农业工程	4
14		物理学	7	49		林业工程	1
15		化学	3	50		环境科学与工程	9
16		地理学	3	51		生物医学工程	3
17		大气科学	2	52		食品科学与工程	2
18		海洋科学	1	53		作物学	7
19		地球物理学	1	54		园艺学	8
20		地质学	2	55		农业资源利用	2
21		生物学	12	56		植物保护	1
22		系统科学	1	57		畜牧学	4
23	工学	力学	4	58		兽医学	1
24		机械工程	14	59		林学	3
25		光学工程	8	60		水产	3
26		仪器科学与技术	6	61	医学	基础医学	8
27		材料科学与工程	14	62		公共卫生与预防医学	2
28		冶金工程	1	63		中医学	5
29		动力工程及工程热物理	3	64		中西医结合	3
30		电气工程	5	65		药学	4
31		电子科学与技术	4	66		中药学	1
32		信息与通信工程	5	67	管理学	管理科学与工程	12
33		控制科学与工程	3	68		工商管理	9
34		计算机科学与技术	7	69		农林经济管理	7
35		建筑学	1	70		图书馆、情报与档案管理	2

设的发展，为经济社会发展培养了大批高层次专门人才。截至2000年12月，学士、硕士、博士学位授权单位，博士、硕士学位点数量较1990年均有了较为明显的增长，特别是按一级学科进行学位授予的博士学位点数量已经达到682个（表2-5）。

表2-5　1990年和2000年学位授权情况对比

单位：个

项　　目	1990年	2000年
学士学位授权单位数量	580	665
硕士学位授权单位数量	586	726
其中高等院校	421	466
科研院所	165	260
硕士学位授权学科、专业点数量（二级学科）	7200多	8151
其中高等院校	6200多	7613
科研院所	1000多	538
博士学位授权单位数量	248	312
其中高等院校	199	246
科研院所	49	66
博士学位授权学科、专业点数量（二级学科）	2100多	1542
其中高等院校	1700多	1402
科研院所	400多	140
博士学位授权点数量（一级学科）	未设置	682
其中高等院校	未设置	628
科研院所	未设置	54

注：①1990年之前进行了四个批次的学位授权审核工作；1990—2000年进行了四个批次的学位授权审核工作；②由于高等学校管理体制的改革，许多学校进行了合并，同时科研机构也在不断调整，因此，表中学士、硕士、博士学位授权单位数据仅供参考；③历次硕士、博士学位授权学科、专业审核都是依据当时实施的专业目录统计的，由于专业目录进行了几次修订，因此，表中博士、硕士学位授权学科、专业点数量仅供参考

三、学位授权审核制度的完善

进入20世纪90年代，中共中央、国务院印发《中国教育改革和发展纲要》，要求政府转变职能，由直接的行政管理逐渐转变为运用立法、拨款、规

划等行政手段进行宏观调控。在此背景下，为了适应现代化建设的需要，激发高等学校的办学活力，国务院学位委员会在充分总结学位制度实施十年来的经验和教训基础上，在拓宽学位授权学科口径、下放博士研究生指导教师审核权、下放硕士学位点和学士学位审核权等方面做了较多工作，取得了显著成效。

（一）拓宽学位授权学科口径

按一级学科授权是科学技术发展和我国高等教育体制改革的客观要求[①]。科技的迅猛发展使学科不断突破固有的限制，催生了新的学科形态，基于不断综合和分化学科形态的高层次人才培养工作也需要及时跟进，要更加注重广博的知识、更强的适应能力和创新能力。高等教育行政部门由过程管理转向目标管理加速了高等学校对自主办学的探索。此外，按二级学科开展授权在实施过程中也碰到了非常棘手的实际问题，西安交通大学研究生院原院长张文修就此回忆道：

> 那时好多人认为博士培养专业越细越好，因此，按照一级学科招生培养被认为胆子太大。但是，当时博士研究生导师都是由国务院学位委员会审批的，每一个博士研究生导师对应一个二级学科专业，他想怎么培养，没人管得了他。而且这个博士研究生导师一旦退休，他主导的二级学科专业也往往没法继续下去。此外，个别教授为了维持自己在某个二级学科中的"唯一"地位，压制其他能力强的教授申报博士研究生导师资格，导致这些教授被动地调往别处。

1995年4月，国务院学位委员会第十三次会议决定进一步改进博士研究生教育，加强应用型、复合型人才的培养工作。12月，国务院学位委员会学科评议组第六次会议正式提出拓宽博士研究生培养口径。1996年1月，国务院学位委员会先后召开第十四次会议和学科评议组第七次会议，决定在数学、力学、化学、电气工程和计算机科学与技术5个一级学科开展按一级学科进行博士学位授权审核试点工作。这是博士、硕士学位点授权审核制度的一项重大改革措施，授权审核进入强调学科整体性的新阶段。自此，博士、硕士学位授权的范围由之前的二级学科专业点扩充到一级学科所属的全部二级学科专业点，指明了后续完善博士、硕士学位授权审核制度的方向。

之后，国务院学位委员会通过第七、第八批次学位授权审核工作逐渐将5个一级学科试点拓展至81个一级学科开展博士学位授权审核。除法学、外国语言文学、艺术学、军事指挥学、军事后勤学和军事装备学、公共管理7个暂时不宜按一级学科授权，基本覆盖了《授予博士、硕士和培养研究生的学科、

---

① 王亚杰，刘桔. 按一级学科授权是学位与研究生教育改革的重要组成部分[J]. 学位与研究生教育，1996（6）：1-3.

专业目录》（1997版）中一级学科总数的92.1%。教育部批准设置研究生院的56所高等学校成为实施这项改革制度的"主阵地"（表2-6）。这一改革措施有利于扩大学位授予单位培养研究生的自主权、有利于拓宽培养研究生的知识面，也有利于学科的交叉和融合。

表2-6 设置研究生院的高等学校一级学科授权审批情况（1991—2000年）

单位：个

序号	院校名称	第五批次 博士学科点	第五批次 硕士学科点	第六批次 博士、硕士一级学科	第七批次 博士、硕士一级学科	第八批次 博士、硕士一级学科
1	北京大学	3	3	4	17	5
2	中国人民大学	4	—	—	3	6
3	清华大学	—	2	3	16	5
4	北方交通大学	—	—	—	3	1
5	北京航空航天大学	—	2	1	6	3
6	北京理工大学	4	5	—	5	2
7	北京科技大学	—	—	—	4	2
8	北京邮电大学	—	1	—	3	—
9	中国农业大学	—	1	—	5	5
10	北京林业大学	—	1	—	—	1
11	中国协和医科大学	—	1	—	4	—
12	北京师范大学	—	6	—	5	3
13	南开大学	—	4	2	3	5
14	天津大学	—	5	—	9	3
15	大连理工大学	1	6	1	4	3
16	东北大学	1	2	—	4	3
17	吉林大学	2	12	1	4	7
18	东北师范大学	1	2	—	—	1
19	哈尔滨工业大学	—	2	—	9	5
20	哈尔滨工程大学	1	3	—	2	—
21	复旦大学	2	5	2	12	6
22	同济大学	1	6	—	4	4
23	上海交通大学	1	—	—	8	6
24	华东理工大学	1	2	—	1	—
25	华东师范大学	2	5	—	3	3

续表

序号	院校名称	第五批次 博士学科点	第五批次 硕士学科点	第六批次 博士、硕士一级学科	第七批次 博士、硕士一级学科	第八批次 博士、硕士一级学科
26	南京大学	2	14	—	10	2
27	东南大学	—	3	—	8	5
28	南京航空航天大学	—	2	—	2	3
29	南京理工大学	3	2	—	3	4
30	中国矿业大学	—	5	—	2	2
31	河海大学	—	6	—	1	—
32	南京农业大学	—	2	—	5	3
33	浙江大学	3	6	1	17	10
34	中国科学技术大学	—	1	1	8	4
35	厦门大学	1	4	—	2	5
36	山东大学	1	9	—	3	5
37	中国石油大学	1	1	—	3	—
38	武汉大学	2	4	—	7	5
39	华中科技大学	1	4	1	10	4
40	中国地质大学	—	2	—	2	—
41	湖南大学	1	6	—	1	2
42	中南大学	3	2	—	5	5
43	中山大学	—	3	—	5	4
44	华南理工大学	—	4	—	4	—
45	四川大学	2	7	—	6	6
46	重庆大学	1	3	—	4	5
47	西南交通大学	—	1	—	2	3
48	电子科技大学	1	3	—	3	2
49	西安交通大学	—	1	1	8	5
50	西北工业大学	1	—	1	3	5
51	西安电子科技大学	1	—	—	2	1
52	西北农林科技大学	1	2	—	3	3
53	兰州大学	—	1	—	3	2

注：未包含第二军医大学、第四军医大学和国防科学技术大学

（二）下放博士研究生指导教师审核权

我国学位制度实施以来，博士研究生指导教师的遴选工作一直由国务院

学位委员会统一领导实施。1981年11月、1984年1月、1986年7月、1990年10月和1993年12月先后开展了五个批次的博士研究生导师遴选工作，共批准博士研究生导师8043人。建立学位制度之初，对博士研究生导师进行统一集中遴选和严格把关，最大限度保证了博士研究生的培养质量，在培养高层次领军人才方面发挥了重要作用。

随着博士授权单位和博士授权点的增加，博士研究生的招生规模逐步扩大，集中严格的审核程序虽然有利于保证质量，但是其审核周期长、环节烦琐、博士研究生导师岗位异化等缺点与高等教育形势发展之间的不匹配逐渐凸显，不能充分调动高等学校办学的积极性。加之，我国学位制度实施十多年来，我国自主培养的博士逐渐成长起来，在教学和科研领域做出了突出贡献，被聘到教授岗位的人数也逐年增多。1992年11月，国务院学位委员会第十一次会议提出要逐步改革全国统一评审博士研究生导师的制度，选择部分类型不同的博士授权单位进行试点工作，在部分学科范围内开展自行审核增列博士研究生导师。

1993年12月，国务院学位委员会第十二次会议审议通过的《关于进一步改革学位授权审核办法的意见》指出，博士研究生导师作为培养博士的重要岗位，逐步由学位授予单位按照国务院学位委员会制定的基本标准和条件自行确定。同时，强调增列博士研究生导师以中青年教授为主，要特别关注年龄在45岁以下既有博士学位又有突出贡献的教授，符合条件的年轻导师不再参加通讯评审，直接提交复审。此外，取消每个博士点每次新增一位博士研究生导师的限制。此举为进一步改善博士研究生导师队伍的年龄结构具有重要意义。与此同时，国务院学位委员会分两批确定了34所自行审批增列博士研究生导师试点单位（表2-7）。

表2-7 1993年自行审批增列博士研究生导师的试点单位

试点批次	数量/个	试点单位
第一批	17	北京大学、中国人民大学、清华大学、北京航空航天大学、北京医科大学、北京农业大学、北京师范大学、哈尔滨工业大学、复旦大学、中国科学技术大学、上海交通大学、南京大学、东南大学、浙江大学、中国科学院地质所、上海有机化学所、生物物理所
第二批	17	北京理工大学、北京科技大学、吉林大学、南开大学、天津大学、武汉大学、华中理工大学、上海医科大学、国防科技大学、西安交通大学、中国科学院金属研究所、物理研究所、上海光机研究所、上海生物化学研究所、长春应用化学研究所、高能研究所、化学研究所

此外，该意见还进一步强调了试点单位开展自行审批增列博士研究生导师的原则，即自行审批增列工作由试点单位的学位评定委员会组织实施，试点单位做好备案工作。具体实施程序则是由试点单位根据实际情况制定申报和审核程序；建议组织同行评议，分学科成立评议组，评议组由不少于7名教授或相当职称的博士研究生导师构成，其中校外专家人数不少于3人，通过无记名投票确定通过名单，然后推荐给学位评定委员会。

1995年4月，国务院学位委员会第十三次会议通过了《关于改革博士生指导教师审核办法的通知》，决定从1995年起，国务院学位委员会不再单独审批博士研究生导师，逐步由博士学位授权单位在审定所属各博士点招收培养博士研究生计划的同时，遴选确定博士研究生导师。这项改革通过扩大试点、严格遴选条件、分批过渡的办法实施。到1999年，国务院学位委员会最终将博士研究生导师的审批权下放给所有具有博士学位授权的单位。

（三）下放硕士学位点审核权

我国探索硕士学位点审核权下放始于20世纪80年代中期。1986年4月15日，国务院学位委员会发布了《授权部分学位授予单位审批硕士学位授权学科、专业的试行办法》，决定从第三批学位授权审核起，在北京大学、清华大学等首批成立研究生院的22所高等院校中进行下放硕士点审批权的试点工作，取得了良好的成效。

20世纪90年代，为了更好地培养高层次专门人才，服务社会主义事业建设和发展，国务院学位委员会提出"坚持方向、稳定规模、充实调整、优化结构、巩固提高、保证质量"的原则，有计划、分步骤对学位授权审核办法进行改革，使之逐步完善。1993年1月12日，国家教育委员会《关于加快改革和积极发展普通高等教育的意见》中指出，要理顺研究生教育体系与学位授权体系的关系，加快下放硕士学位授权点和博士研究生导师审核权，同时建立和完善质量监督和评价制度。1993年3月，中共中央、国务院发布了《中国教育改革和发展纲要》，强调要改变高度集中统一的高等教育管理体制，加强省级统筹。随着政府职能的转变和高等教育形势的变化，省级学位委员会这一管理层级应运而生。

在此背景下，国务院学位委员会决定新增博士、硕士学位授予单位和博士点仍由国务院学位委员会组织审核和批准，而硕士点的审核要根据不同情况，给予省、自治区、直辖市学位与研究生教育主管部门相应的决策权。1995年5月，在第六批次博士、硕士学位授权审核过程中，江苏省、上海市、陕西省、四川省、湖北省、广东省6个率先成立省级学位委员会的省份自行审批硕士学位授权学科专业点。之后，国务院学位委员会通过第七、第八批次学位授权审核将自主审批硕士点的权利下放至除海南省、贵州省、宁夏回族自治区和西藏自治区的27个省、自治区、直辖市和成立研究生院的高等学校以及中国科学院部分研究所。

（四）下放学士学位审核权

我国学位制度实施以来，学士学位授权单位一直由省、自治区、直辖市教育主管部门初审，最终由国家教育委员会和国务院学位委员会批准。对已获得学士学位授权单位的高等学校，新增学士学位授权专业则由教育主管部门审批。1991—1995年，国务院学位委员会集中审批增列学士学位授予单位43个（表2-8）。从1995年开始，学士学位授予单位和专业的审批权逐步下放至已成立省级学位委员会的省、自治区、直辖市。

1999年，为了进一步加强省级政府对本地区学位工作的统筹权，促进高等教育更好地为经济建设和社会发展服务，国务院学位委员会和教育部联合发布《关于下放学士学位授予单位审批权的通知》，决定从1999年起地方人民政府所属高等学校和国务院有关部门所属高等学校申请列为学士学位授予单位，以及有学士学位授予权的高等学校申请新增学士学位授予专业，由高等学校所在地的省、自治区、直辖市学位委员会负责审批，未成立省级学位委员会的省、自治区、直辖市，则由省、自治区、直辖市教委（教育厅）负责审批，审批结果报国务院学位委员会备案。

表2-8　1991—2000年国务院学位委员会集中审批增列学士学位授予单位情况

时间	数量/个	增列学士学位授予单位
1991年	13	中国金融学院、北京针灸骨伤学院、通化师范学院、牡丹江医学院、齐齐哈尔医学院、浙江财经学院、温州师范学院、南昌职业技术师范学院、湘潭师范学院、重庆商学院、西安邮电学院、郑州纺织工学院、河南职业技术师范学院
1992年	10	漳州师范学院、天津城市建设学院、长治医学院、沈阳黄金学院、沈阳医学院、扬州大学、常州技术师范学院、济宁医学院、中国民航飞行学院、新疆中医学院
1993年	8	中国人民武装警察部队学院、山西中医学院、淮海工学院、安徽农业技术师范学院、株洲工学院、赣南医学院、桂林医学院、甘肃政法学院
1994年	6	首钢工学院、长春大学、合肥经济技术学院、集美航海学院、新疆艺术学院、海南医学院

续表

时间	数量/个	增列学士学位授予单位
1995年	6	山东财政学院、西北第二民族学院、湖北民族学院、郧阳医学院、咸宁医学院、延安医学院
1998年	2	四川三峡学院、西藏藏医学院
1999年		学士学位授予单位和学士学位授予专业审批权下放至省、自治区、直辖市学位委员会，报国务院学位委员会备案

（五）学位授权审核动态管理

我国学位授权审核是按批次申报、审核和开展授权，各环节有严格的时间限制。因此，历次学位授权审核工作总会存在部分遗留问题。考虑到学位授权对于高等学校和科研院所自身发展的重要意义，国务院学位委员会一般会在每次学位授权审核工作结束后，选择合适时间针对该批次学位授权审核中的遗留问题进行讨论并作适当增补（表2-9）。此外，20世纪90年代是高等院校合并的密集时期，针对我国高等教育体制机制改革进程中出现的院校合并、学科目录调整等情况，学位授权审核也会进行学位授权点的对应调整（表2-9）。

表2-9　20世纪90年代学位授权单位增补和对应调整情况（部分）

时间	学位授予单位与学位点名称	备注
1991年12月25日	上海交通大学高分子材料专业博士点	增补
1991年12月26日	华中理工大学发电厂工程专业博士点转为电力传动及其自动化专业博士点	对应调整
1992年1月17日	西安交通大学思想政治教育专业硕士点	增补
1992年6月30日	成都科技大学无机化工和生物医学工程专业博士点	增补
1992年11月13日	陆军指挥学院和陆军参谋学院为硕士学位授权单位	增补
1992年12月7日	中国科学院长春物理研究所、陕西天文台、固体物理研究所、兰州渗流力学研究所、兰州地质研究所、长沙大地研究所、昆明动物研究所、金属腐蚀防护研究所、西北高原生物研究所为博士学位授权单位	对应调整
1992年12月7日	中国科学院新疆物理研究所、成都计算技术研究所、西安黄土研究室、微电子研究中心、昆明生态研究所、低温研究中心、发育研究所、武汉数学物理研究所、新疆化学研究所为硕士学位授权单位	对应调整
1994年1月27日	北京机械工业学院为硕士学位授权单位	增补
1994年6月13日	四川联合大学为博士和硕士学位授权单位	对应调整
1995年10月6日	山东矿业学院为博士学位授权单位	增补

续表

时间	学位授予单位与学位点名称	备注
1996年3月28日	天津商学院制冷及低温工程专业、新疆大学无线电电子学专业继续行使硕士学位授予权	恢复调整
1997年2月3日	北京科技大学的无机非金属材料专业学科点为博士学位授权点	增补

经过20世纪90年代一系列完善学位授权审核措施，我国学位与研究生教育工作取得了长足进步。伴随着学位管理工作重心的下移，学位授予单位的办学活力不断增强，主要表现在以下三方面：第一，学位授予单位能够主动围绕学位授权点的发展规划进行学科布局并开展学科建设工作；第二，学位授予单位的质量意识显著增强，积极探索学位授权点的监督和评价机制，进而保障了学位授予质量；第三，学位授予单位通过加强导师队伍建设和细化学位授予标准等方式进一步规范高层次人才培养工作。

第二节 修订学科专业目录，拓宽人才培养口径

学科专业目录是学位授权审核、高层次人才培养、学位授予的重要依据。因此，学科专业目录的设置需要统筹考虑国家与社会的发展需求、科技进步的趋势和人才培养的规律。从这个角度看，在维持学科专业目录相对稳定的前提下，修订和调整学科专业目录是增强其社会适应性的必然要求。进入20世纪90年代，国务院学位委员会分别在1990年和1997年发布了两版学科专业目录。其中，1990年版学科专业目录的修订工作是在1986年7月至1988年10月完成的。总而言之，20世纪90年代实际上只进行了1997年版博士、硕士学科专业目录的修订工作。

一、1997年版博士、硕士学科专业目录修订程序和原则

我国学位制度实施之后的十年里，分别在1983年和1990年发布了两版学科专业目录。受计划经济体制和苏联高等教育理念的影响，学科专业目录的设置蕴含着浓厚的"专业对口"观念。在此背景下，"学科导向"和"宽口径培养"等新的学科专业目录设置理念则面临阻力重重。随着知识体系的不断更新和经济社会的快速发展，原有学科专业目录存在的学科专业设置偏窄、与知

识发展和传承的学术逻辑及经济社会发展的现实需求无法有效对接的问题更加突出。

1992年11月10日，国务院学位委员会第十一次会议指出，现行学科专业设置偏窄，需要拓宽。同时，责成国务院学位委员会办公室根据委员们提出的意见，组织力量对学科专业目录进行适当调整，从而方便博士、硕士学位授权点的申报和审核工作。1995年4月11日，国务院学位委员会第十三次会议进一步指出，要选择适当时机，对现行专业目录进行调整，主要出发点是拓宽学科面，为学位授权审核方式的改革打下基础。1995年10月，国务院学位办在国务院学位委员会第十一次和第十三次会议讨论的基础上正式发布了《关于准备研讨博士生培养和修订专业目录有关问题的通知》，开启了我国学位制度实施以来修订幅度最大的一次学科专业目录调整工作。

（一）学科专业目录修订的程序

1997年版《授予博士、硕士学位和培养研究生的学科专业目录》的修订工作历时一年半之久，先后经过了学科评议组研究讨论阶段、专题专项讨论阶段和广泛征求意见阶段。

首先是学科评议组研究讨论阶段。1995年10月至1996年1月，国务院学位委员会办公室指定各学科评议组召集人为组长，分65个专家小组对1990年版《授予博士、硕士学位和培养研究生的学科、专业目录》提出修订意见并形成脚本。此后，国务院学位委员会分别在1995年12月和1996年1月分片召开的学科评议组第六次会议上以该脚本为基础进行了讨论，并进一步形成了各一级学科专业目录的修订方案。

其次是专题专项讨论阶段。1996年2月，国务院学位委员会办公室汇总了上一阶段各学科评议组形成的修订方案。在此基础上，又聘请了文科、理科、工科、农科、医科等各学科领域的专家进行了专题专项研究讨论。讨论主要围绕二级学科数量缩减进行。按照计划，各学科门类需要平均减少一半的二级学科数量。因为缩减幅度较大，专家组和国务院学位委员会办公室各业务部门经过反复研究讨论，最终形成新学科专业目录的征求意见稿，同时列出了新学科专业目录与原学科专业目录的对照表。其中，军事学学科专业目录未纳入此次专题专项讨论，交由军队学位领导小组另行组织专家进行专题专项讨论。

最后是广泛征求意见阶段。1996年8月，专业目录修订工作进入广泛征求意见阶段。广泛征求意见又分为3个批次进行。第一批次范围最广，包括国务院学位委员会委员、各学科评议组成员、所有学位授予单位及其主管部门、国家科学技术委员会、国家计划委员会、中国科学技术协会、国家自然科学基金会，以及国家教育委员会有关司局，共发放1700份征求意见表。第一次征求意见后，国务院学位委员会办公室对新专业目录的征求意见稿进行了调整，并在大多数学位授予单位和学科评议组成员中进行了第二次征求意见，共发放1000份征求意见表。第二次征求意见后，国务院学位委员会办公室对新专业目录的征求意见稿进行了进一步调整，并在有代表性的学位授予单位和学科评议组召集人中进行了第三次征求意见，共发放400份征求意见表。第三次征求意见过程中，反馈的修改意见明显减少，在深入分析和系统研究之后，1997年版的《授予博士、硕士学位和培养研究生的学科、专业目录》送审稿和与1990年版学科专业目录对照表形成。

（二）学科专业目录修订的原则

在充分考虑学科专业目录长久以来积弊的基础上，国务院学位委员会本着"科学、规范和拓展"的原则进行了1997年版《授予博士、硕士学位和培养研究生的学科、专业目录》的调整和修订工作。

第一，科学原则。该原则主要体现在三方面：首先是学科专业的设置与科技进步、社会发展、生产力提升、人才培养规律高度关联。随着自然科学、人文科学和社会科学的发展，现代科学逐渐显露出"高度分化"和"高度综合"的双面性。在此过程中，新兴学科和边缘学科开始出现。因此，本次学科专业目录修订新增了一些国家急需的学科和一些新兴交叉学科，比如生物医学工程、环境科学与工程、光学工程等。其次是最大限度压缩和归并行业特征明显的学科设置，建立科学的学科体系，即形成"学科门类、一级学科、二级学科"高度一体化的体系。但是，考虑到我国经济社会发展的实际情况，本次修订过程中，还是保留了少数行业特征明显的学科。最后是与高层次人才培养规律之间的关系。学科因服务目的和应用对象的差异，有不同的分类方法，国家技术监督局的学科分类适用于国家宏观管理和科技统计，图书馆的目录分类则适用于文献检索和读者查询。国务院学位委员会发布的学科专业目录是高层次人才培养的重要依据，因此，其修订工作必须以遵循高层次人才培养规律为主。

第二，规范原则。该原则主要体现在以下两方面：一是进一步规范学科体系的结构层次。本次学科专业目录修订延续并进一步规范了由学科门类、一级学科和二级学科构成的三级学科体系。二是改变原有同一专业或相近专业在不同学科门类中的重复设置问题，规范并明确各学科专业的边界及相互关系。以二级学科"生物"为例，该学科在理学门类、农学门类和医学门类下均有设置，在本次学科专业目录调整和修订中，生物学科最终被归置在理学学科门类下，使同一学科在不同门类、不同一级学科中交叉出现的设置得到了规范。

第三，拓宽原则。该原则主要是针对之前划分过窄过细的二级学科进行调整，拓宽专业的学科面。通过合并相近学科专业或者内在联系较为密切的相关学科专业，形成新的学科专业。比如，新学科专业目录中材料学就是由原学科专业目录中金属材料及热处理、硅酸盐材料、复合材料、腐蚀与防护、化学纤维、无机非金属材料、粉末冶金、高分子材料、核能材料和建筑材料10个旧专业合并而成。对二级学科的拓展不仅有利于拓宽研究生培养口径，而且有利于学科之间的交叉融合，促进学科的成长。

1997年版《授予博士、硕士学位和培养研究生的学科、专业目录》的调整和修订工作受到了党和国家的高度重视。1992年起，国务院学位委员会第十一次、第十二次、第十三次会议先后围绕原学科专业目录存在问题及修订计划进行了专题讨论。1000余名专家、学者与各级学位与研究生教育管理干部直接参与了此次学科专业目录的调整和修订工作。1997年4月，国务院学位委员会召开的第九次会议审议通过了新的《授予博士、硕士学位和培养研究生的学科、专业目录》。1997年6月，国务院学位委员会和国家教育委员会联合发布了新的学科专业目录，同时发布的还有新旧专业目录对照表。同时强调自新学科专业目录发布之日起，学位授权审核工作须按新学科专业目录进行，研究生招生工作则是从1999年起按新的学科专业目录执行。

二、1997年版博士、硕士学科专业目录变化及特征

1997年版博士、硕士学科专业目录共设置了12个学科门类、89个一级学科、386个二级学科。与1990年版博士、硕士学科专业目录相比，学科门类数量增幅为9.1%、一级学科数量增幅为23.6%、二级学科数量减幅为37.7%。总体来看，本次学科专业目录调整和修订较好地遵循了"科学、规范和拓宽"的原则，达到了更加科学地划分学科门类、规范和拓宽学科设置的目标。

（一）管理学学科门类获准设置

一直以来，学科门类如何划分是专家、学者在学科专业目录调整和修订过程中极为关注的话题。早在20世纪80年代末，一些专家就提出增设管理学学科门类的建议。进入90年代，一些专家又提出将哲学、文学和历史学3个

学科门类归并为人文科学学科门类，将经济学、法学和教育学整合为社会科学学科门类，这样就不需单设管理学学科门类，而是将其纳入社会科学学科门类。国务院学位委员会综合考虑实际情况后认为增设管理学学科门类条件基本成熟，但是如果对文科学科门类大动干戈，不仅涉及面广，而且调整修订工作较为复杂。1996年7月，国务院学位办发布的《关于对〈授予博士、硕士学位和培养研究生的学科、专业目录〉（征求意见稿）的通知》明确指出，"学科门类除增设管理学学科门类以外，不再考虑增设新的学科门类"。

在此背景下，1997年版《授予博士、硕士学位和培养研究生的学科专业目录》增加了管理学学科门类，授予学位的学科门类由1990年版《授予博士、硕士学位和培养研究生的学科专业目录》中的11个学科门类增加到12个。管理学学科门类的设置对管理学学科的建设和发展，以及高层次管理人才培养具有极其重要的意义，并产生了较为深远的影响。

（二）一级学科增幅明显

1997年版《授予博士、硕士学位和培养研究生的学科专业目录》中一级学科设置了89个，比1990年版《授予博士、硕士学位和培养研究生的学科专业目录》中的一级学科数量增加了17个（表2-10）。虽然一级学科在数量上增长不多，但是增长的态势较为明显。同时，各学科门类下的一级学科通过本次学科专业目录的调整和修订达到了理顺和规范的目的。

从一级学科增幅来看，农学、医学、工学和管理学在我国经济社会发展中的重要性可见一斑。本次学科专业目录调整和修订除了新增管理学学科门类下设置的5个一级学科，一级学科增幅最大的学科门类有农学、医学和工学。其中，农学由5个一级学科增加为8个一级学科，医学由6个一级学科增加为8个一级学科，工学由26个一级学科增加为32个一级学科，增幅分别为60%、33.3%和23.1%。但是，绝对数量增幅最大的依然是工学门类下的一级学科，直观呈现了我国快速发展且较为齐全的工业体系。

从一级学科结构调整上看，工学学科门类下的一级学科变化最大。究其原因，科学技术的突飞猛进和工业现代化进程的稳步推进是我国工学学科结构调整变化的根本动力和深层次原因。工学一级学科的结构调整主要有以下三方面：一是新兴科技的快速发展催生了部分新的一级学科，如光学工程、生物医学工程等；二是随着学科门类的调整，出于规范化考虑，部分一级学科被归置到新的学科门类下，如管理科学与工程、科学技术史等；三是我国工业现代化进程的稳步推进使我国工学一级学科在服务经济社会发展过程中不断科学化，如"仪器仪表"改为"仪器科学与技术","自动控制"改为"控制科学与工程","土建水利"分为"土木工程"和"水利工程"等（表2-10）。

表2-10　1997年版和1990年版学科专业目录的一级学科调整情况

学科门类	1990年版	1997年版
哲学	哲学（1个）	哲学（1个）
经济学	经济学（1个）	理论经济学；应用经济学（2个）
法学	法学；政治学；社会学；国际政治与国际关系；民族学（5个）	法学；政治学、社会学；民族学；马克思主义理论（5个）
教育学	教育学；心理学；体育学（3个）	教育学；心理学；体育学（3个）
文学	中国语言文学；外国语言文学；艺术学（3个）	中国语言文学；外国语言文学；新闻传播学；艺术学（4个）
历史学	历史学（1个）	历史学（1个）
理学	数学；物理学；化学；天文学、地理学；大气科学；海洋科学；地球物理学；地质学；生物学；系统科学；图书馆与情报学、自然科学史（13个）	数学；物理学；化学；天文学、地理学；大气科学；海洋科学；地球物理学；地质学；生物学；系统科学；科学技术史（12个）
工学	力学；机械工程；仪器仪表；材料科学与工程；冶金；动力机械及工程热物理；电工；电子学与通信；计算机科学与技术；建筑学；测绘；化学工程与工业化学；自动控制；管理科学与工程；土建水利；地质勘探矿业石油；铁路公路水运；船舶与海洋工程；纺织；轻工；林业工程；原子能科学与技术；航空与宇航技术；兵器科学与技术；技术科学史；农业工程（26个）	力学；机械工程；光学工程；仪器科学与技术；材料科学与工程；冶金工程；动力工程及工程热物理；电气工程；电子科学与技术；信息与通信工程；控制科学与工程；计算机科学与技术；建筑学；土木工程；水利工程；测绘科学与技术；化学工程与技术；地质资源与地质工程；矿业工程；石油与天然气工程；纺织科学与工程；轻工技术与工程；交通运输工程；船舶与海洋工程；航空宇航科学与技术；兵器科学与技术；核科学与技术；农业工程；林业工程；环境科学与工程；生物医学工程；食品科学与工程（32个）
农学	农学；畜牧；兽医；林学；水产（5个）	作物学；园艺学；农业资源利用；植物保护；畜牧学；兽医学；林学；水产（8个）
医学	基础医学；临床医学；公共卫生与预防医学；中医学；中西医结合；药学（6个）	基础医学；临床医学；口腔医学；公共卫生与预防医学；中医学；中西医结合；药学；中药学（8个）
军事学	军事理论及军事史；战略学；战役学；战术学；军队指挥学；军制学；军队政治工作学；军事后勤学（8个）	军事思想及军事历史；战略学；战役学；战术学；军队指挥学；军制学；军队政治工作学；军事后勤学及军事装备学（8个）
管理学	—	管理科学与工程；工商管理；农林经济管理；公共管理；图书馆、情报与档案管理（5个）

（三）二级学科数大幅减少

1997年版《授予博士、硕士学位和培养研究生的学科专业目录》中设置了386个二级学科，比1990年版的620个二级学科减少了234个，减幅为37.7%。减幅最大的是教育学学科门类，减幅为48.5%，其他依次是工学、历史学、农学、经济学，减幅分别为47.7%、42.9%、42.6%和40.7%。减幅最小的是哲学学科门类，调减幅度仅为11.1%（表2-11）。二级学科数量的大幅度减少主要归结于本次学科专业目录修订的"拓宽原则"。通过将相近和内在联系密切的原有二级学科专业合并为新的学科专业，大幅度拓宽了学科范围，既符合科学技术和经济社会的发展规律，也符合高等教育的人才培养规律。

表2-11　1997年版和1990年版学科专业目录中二级学科数量设置对比

学科门类	1990年版二级学科数量/个	1997年版二级学科数量/个	减幅/%
哲学	9	8	11.1
经济学	27	16	40.7
法学	39	31	20.5
教育学	33	17	48.5
文学	44	29	34.1
历史学	14	8	42.9
理学	86	50	41.9
工学	216	113	47.7
农学	47	27	42.6
医学	76	54	28.9
军事学	29	19	34.5
管理学	未设置此学科门类	14	—

三、1993年版和1998年版本科专业目录修订工作

本科专业是高等学校为培养人才设置的学科和行业类别，主要依据是科学的分类和社会职业的分工。本科专业目录的设置是高等学校人才培养和学士学位授予的重要依据和标准。改革开放以后，我国在20世纪80年代进行了第一次本科专业目录修订工作。第一次修订的本科专业目录于1987年颁布实施，修订后的专业数量从之前的1300多种调减到671种，主要解决了"文化大革命"期间造成的专业设置混乱局面。之后，20世纪90年代又先后开展了第二次和第三次本科专业目录的修订工作。

（一）1993年版本科专业目录修订工作

囿于对知识发展认知的不足和管理体制的僵化，20世纪80年代公布实施的本科专业目录的专业划分得较细、专业范围过窄、专业名称不尽科学统一、学科门类之间专业重复设置、本科专业门类与学位授予门类不一致等问题一直悬而未决。此外，随着社会主义现代化建设事业的进一步推进和社会主义市场经济发展的需要，一些应用性专业的设置也逐渐被提上了日程。国家教育委员会从1989年开始着手本科专业目录的修订工作，经过4年的调查研究和同行专家的科学论证，在充分考虑高等教育发展规律与经济、科技和社会发展需求的基础上，积极拓宽专业范围以增强其社会适应性，最终形成了科学合理、统一规范的1993年版《普通高等学校本科专业目录》。

1993年7月16日，国家教育委员会正式发布了《普通高等学校本科专业目录》等文件。修订后的《普通高等学校本科专业目录》在学科门类设置方面与国务院学位委员会、国家教育委员会联合颁布的《授予博士、硕士学位和培养研究生的学科、专业目录》中的学科门类基本一致。在前几次修订工作的基础上，进一步拓宽了专业口径和业务范围，调整归并了一批专业，充实扩大了专业内涵。同时，根据社会对专业人才的需要和某些门类、专业的办学现状，保留了部分范围较窄的专业，增设了少数应用性专业。经过修订，哲学、经济学等10个学科门类共下设二级类71个、专业504个，专业种类比修订前减少167个，调减幅度为24.9%（表2-11）。

该次本科专业目录修订通过专业整合和整体优化，形成了体系完整、统一规范、科学合理的本科专业目录。该目录规定了专业划分、名称及所属门类，反映了培养人才的业务规格和工作方向，是设置和调整专业、培养高级专门人才、授予学位、安排招生、指导毕业生就业、进行教育统计和人才预测等工作的重要依据，成为国家对高等教育宏观管理的一项基本的指导性文件。

（二）1998年版本科专业目录修订工作

为了适应我国社会主义市场经济体制和改革开放的需要，适应现代社会、经济、科技、文化及教育的发展趋势，改变高等学校存在的本科专业划分过细、专业范围过窄的状况，原国家教育委员会于1997年4月组织了对1993年版的《普通高等学校本科专业目录》的修订工作。修订工作按照科学、规范、拓宽的原则，在立项研究、分科类调查论证、总体优化配置、反复征求意见的基础上，形成了新的专业目录，最终经过普通高等学校本科专业目录专家审定会审议通过。1998年7月6日，教育部（1998年3月由国家教育委员会更名）

正式发布《普通高等学校本科专业目录》等文件通知。

该目录的学科门类与国务院学位委员会、原国家教育委员会1997年联合颁布的《授予博士、硕士学位和培养研究生的学科、专业目录》的学科门类相一致。除军事学门类，分设了哲学、经济学、法学、教育学、文学、历史学、理学、工学、农学、医学、管理学11个学科门类。下设二级类71个、专业249种。与原目录比较，增加了管理学门类，二级类也做了较大的调整，专业种类由504种减少至249种，见表2-12，调减幅度为50.6%。新目录的颁布，改变了过去过分强调专业对口的教育观念和模式，是关系我国高等教育改革与发展的一项带有全局性的重要举措，对高等学校改革人才培养模式、提高人才培养质量、增强毕业生的适应性等方面具有十分重要的意义。

表2-12　1993年版和1998年版本科专业设置情况

学科门类	1993年版数量/个 二级类	1993年版数量/个 专业	1998年版数量/个 二级类	1998年版数量/个 专业
哲学	2	9	1	3
经济学	2	31	1	4
法学	4	19	5	12
教育学	3	13	2	9
文学	4	106	4	66
历史学	2	13	1	5
理学	16	55	16	30
工学	22	181	21	70
农学	7	40	7	16
医学	9	37	8	16
管理学	未设置此学科门类		5	18
合计	71	504	71	249

第三节　调整学位授予结构，稳步发展学位授予规模

20世纪90年代，我国学位授予结构不断调整，硕士、博士学位的蓬勃发展，专业学位的出现，以及在职人员、来华留学生等其他形式学位授予的逐步完善，使我国学位授予结构呈现多元化态势。同时，我国学位授予规模也伴随

着学位授予结构的调整而稳步扩大。在此基础之上，我国学位授予标准和程序进一步明确，有力地保证了学位授予质量，为我国社会主义市场经济发展提供了多元、充足、高质量的人力资源。

一、调整学位授予结构

学位制度的建立有效解决了高层次教学和科研人才短缺的问题。随着经济社会的快速发展，三级学位的不均衡发展对经济社会发展支撑不足等问题进一步凸显。进入20世纪90年代，我国先后通过积极发展硕士、博士学位，优化学位授予结构，增设专业学位丰富学位授予类型，规范其他形式学位授予，完善学位授予结构，取得了较为显著的成效。

（一）硕士、博士学位蓬勃发展，三级学位授予结构进一步优化

学位设置反映了社会对不同层次、不同类型人才的需求，同时受国家政治、经济、文化、教育、科技等相关因素发展水平的影响。一般来说，学位授予的规模和结构取决于高等教育在学人数的规模和结构，因此，学位授予结构是高等教育结构的直观呈现。学位制度建立之初，我国即按照学士、硕士、博士三个层次开展学位授予工作。但是，各级学位之间缺乏互动机制，因此，在人才培养过程中，三级学位之间的关系显得刚性有余而弹性不足。进入20世纪90年代，不同层次学位之间的衔接和沟通得到了进一步加强，学士、硕士、博士三级学位授予结构逐渐优化。

学位制度建立后，一方面大力开展学士学位授予工作，为社会各行各业输送技术人才；另一方面积极开展硕士学位授予工作，为高等院校和科研院所培养师资和科研力量。20世纪80年代的10年间，我国共授予学士学位2066621人、硕士学位178662人、博士学位6999人。20世纪90年代，通过调整本科专业目录，使三级学位之间实现了最为直接的衔接和沟通。1993年起，我国本科专业目录实现了与授予博士、硕士学位和培养研究生学科专业目录的对接，为三级学位的一体化发展打下了坚实的基础。90年代的10年间，我国共授予学士学位3720505人、硕士学位363610人、博士学位57596人。跟20世纪80年代相比，三级学位中博士层级学位授予人数增幅最大，增幅为722.9%，硕士层级和学士层级增幅分别103.5%和80.0%。其中，博士学位授予人数在三级学位授予人数中的比重由80年代的0.3%上升到90年代的1.4%。硕士学位授予工作也稳步发展，硕士学位授予人数在三级学位授予人数中的比重由80年代的7.9%上升到90年代的8.8%。整体来看，学士、硕士、博士三

级学位授予结构逐步得到了优化。

总之，20世纪90年代以来，高层次人才培养和学位工作的重视促成了博士学位和硕士学位工作的快速发展，特别是硕士学位，随着高等教育领域对其理论研究的重视，已经逐渐发展成为整个学位工作的重心。因此，90年代我国的硕士学位质量得到了明显提升。囿于生源、师资等客观条件的限制，虽然博士学位授予也受到了足够的重视，但是90年代的博士学位授予质量的国际认可度有待进一步提高，在三级学位授予质量中可提升的空间最大。

（二）专业学位崭露头角，与学术学位相得益彰

在学位制度实施之后，我国研究生教育在很长一段时期内开展单一的学术型人才培养，主要面向高等学校和科研机构培养教学和研究人才。由于学术性学位与社会其他职业岗位联系较少，学术学位人才培养的从业导向作用不明显。因此，一直以来，我国高层次人才培养在适应教育科技发展趋势方面有余，而在服务国家建设和经济社会发展需求方面不足。

进入20世纪90年代，我国开始正式设置专业学位。与学术学位发展相比，我国专业学位发展相对滞后，我国设置的专业学位比学术学位晚了整整10年。1991年，我国试办第一个专业学位——工商管理硕士。之后，国务院学位委员会颁布的《专业学位设置审批暂行办法》进一步明确：专业学位作为具有职业背景的一种学位，是为培养经济建设和社会发展需要的高层次应用型专门人才而设置的，分为学士、硕士、博士三级，与对应的我国现行各级学位处于同一层次，但一般只设置硕士一级。

20世纪90年代是专业学位实现从无到有、快速发展的重要时期。1991年我国首次设置专业学位，到1996年我国专业学位类别涵盖了工商管理、建筑学、法律、教育4个领域，共授予专业硕士学位255人；到2000年，我国专业学位类别已经扩大到工商管理、建筑学、法律、教育、工程、临床医学、口腔医学、公共卫生、农业推广、兽医学、公共管理11个领域，共授予专业学位15472人。其中，学士学位3501人、硕士学位11926人、博士学位45人。数据显示，1996年专业硕士学位授予人数仅为当年硕士学位授予总人数的0.71%；到2000年，专业硕士学位授予人数已经占当年硕士学位授予总人数的7.58%。

专业学位的设置改变了传统单一的学术型人才培养格局，极大地满足了经济社会发展对高层次应用型人才的需求，使学术型人才和应用型人才相得益彰，共同成为研究生教育的两大主体。

（三）其他形式学位授予工作进一步规范和完善，极大丰富了学位授予结构

《中华人民共和国学位条例》和《中华人民共和国学位条例暂行实施办法》颁布以后，囿于各种内外部条件的限制，学位授予工作主要围绕全日制研究生和本科毕业生进行。20世纪90年代，我国对其他形式学位授予工作进行了规范和完善，极大地丰富和优化了学位授予结构。

第一，成人本科毕业生的学士学位授予工作得到了进一步规范。我国学位制度实施以后，国务院学位委员会和国家教育委员会针对函授和夜大学本科毕业生、中等学校教师本科班、成人高等教育本科毕业生授予学士学位相关事宜先后发布了一系列指导性文件。在这些制度措施的保证下，成人高等教育培养了一批实用性人才，成为我国高等教育的重要组成部分。20世纪80年代后期，一些学校出现了不同程度的降格授予学位和学位授予工作中管理部门职责不清等问题。1991年6月12日，国务院学位委员会、国家教育委员会联合发出了《关于整顿普通高等学校授予成人高等教育本科毕业生学士学位工作的通知》，针对这项工作中存在的问题，提出了整顿的方针、内容、要求、方法和步骤。这一措施进一步规范了成人本科毕业生的学士学位授予工作，切实保证了学士学位的授予质量。

第二，在职人员的硕士、博士学位授予工作由试点阶段进入正式开展阶段。为了多渠道促进我国高级专门人才的成长，进一步提高教育和科技队伍的素质，适应社会主义现代化建设的需要，我国从1986年起在具有研究生毕业同等学力的在职人员中开展授予硕士和博士学位试点工作。经过5年的试点工作，我国在探索多渠道培养高级专门人才方面取得一定的经验。1991年3月29日，国务院学位委员会正式发布《关于授予具有研究生毕业同等学力的在职人员硕士、博士学位的暂行规定》及其实施细则。这是我国学位工作的一项法规性文件，是进一步健全和完善我国学位制度的又一重要举措，有利于多渠道培养高级专门人才。1991—2000年，我国共授予在职人员25407人硕士学位、713人博士学位，充实了我国高层次人才队伍，支撑了社会各行各业发展对高层次人才的需求。

第三，来华留学生的学位授予试点工作启动。为了促进我国高等教育的国际交流和合作，国务院学位委员会决定在部分高等学校试行授予来华留学生学士、硕士和博士学位。1991年10月24日，国务院学位委员会颁布《关于普通高等学校授予来华留学生我国学位试行办法》，主要针对亚非地区来华

留学生的学位授予工作。该办法对博士、硕士、学士学位授予要求作了明确规定。其中，博士学位授予的要求最为严格，质量保证是第一要务；硕士学位授予的要求则明显侧重课程的学习，论文则由学位授予单位根据不同的培养规格，制定不同的标准和要求；学士学位授予的要求则停留在课程和论文等方面，对需要达到的水平未作明确说明。授予来华留学生学位对强化我国外交政策和促进国际文化交流具有重要意义。

第四，中外合作办学机构的学位授予工作逐渐展开。进入20世纪90年代，随着我国教育事业的蓬勃发展，为了促进我国事业的进一步发展和教育对外交流和合作，1995年1月26日，国家教育委员会发布了《中外合作办学暂行规定》，规定中外双方可以合作举办各级各类教育机构，但是必须遵守中国的法律、法规，贯彻中国的教育方针，符合中国教育事业发展的需要和人才培养要求，保证教育质量，不得以营利为目的，不得损害国家和社会公共利益。随着我国教育对外交流的进一步发展，实施高等学历教育的中外合作办学活动日趋频繁。为了加强对其中学位授予工作的管理，在国家教育委员发布的《中外合作办学暂行规定》的基础上，国务院学位委员会办公室于1996年11月23日发出《关于加强中外合作办学活动中学位授予管理的通知》，明确了中外合作办学活动中学位授予工作的有关政策。自此，我国境内中外合作办学机构的学位授予工作逐渐展开。

二、规范学位授予程序

伴随着学位制度的实施进程，学位授予单位在学位授予质量保障方面积累了较为丰富的经验。国务院学位委员会从20世纪90年代开始逐步尝试下移学位管理重心，以期最大限度激发学位授予单位的办学活力。在此背景下，国家层面的宏观调控和学位授予单位的主动作为使学位授予程序和标准进一步明确，在保障学位授予质量的同时，也推动了高等学校的快速发展。

（一）学位授予程序的进一步细化和规范

《中华人民共和国学位条例》中对于学位授予程序作了明确规定：学士学位由国务院授权的高等学校授予，硕士学位、博士学位由国务院授权的高等学校和科学研究机构授予，学位授予单位应当设立学位评定委员会，并组织有关学科的学位论文答辩委员会。因此，学位授予的通常流程是由学位申请人首先向学位授予单位提出申请，然后由学位授予单位组织学位答辩委员会审查学位论文、组织答辩、提交拟授予学位名单，再由学位授予单位的学位评定委员会审查名单并决议是否授予学位，最后由学位授予单位提交国务院学位委员会备案并颁发学位证书。

进入20世纪90年代后，学位授予程序的进一步细化主要体现在两方面，一是增设学位评定分委员会；二是增加学位论文同行评议环节。随着人才培养规模的扩大、学位授予人数的增加，以及学科分类的进一步细化，各学位授予单位纷纷尝试进一步下移学位评定工作，由学位授予单位的学位评定委员会按照学位的学科门类，设置若干学位评定分委员会，协助学位评定委员会的工作。此外，为了保障学位授予质量，学位授予单位在审查学位论文的过程中进一步细化了审查环节，即组织对学位论文进行同行评议，评议合格方可进入答辩环节。

学位授予程序的进一步规范主要体现在其他形式的学位授予工作方面。随着其他形式学位授予工作的开展，为了保证学位授予质量，国务院学位委员会办公室决定试行在职人员申请硕士学位参加外国语课程水平统一考试。1994年12月27日，国务院学位委员会办公室发出《关于在职人员以同等学力申请硕士学位外国语课程水平统一考试的通知》，决定从1995年起，非外语专业的在职人员以同等学力申请硕士学位，须参加外国语课程水平全国统一考试。1995年2月5日，国务院学位委员会下发《关于进一步做好在职人员以研究生毕业同等学力申请硕士学位工作若干问题的通知》，重点强调了在职人员申请硕士学位和学位授予程序。

（1）在职人员申请硕士学位必须在四年内通过硕士研究生培养方案规定的全部课程，其中外语必须参加全国统一考试，取得合格证书。

（2）申请者在课程考试通过后的一年内，可向有关学位授予单位提出有关学位申请，并向该单位提交学位申请书、申请学位的论文、最后学历证明、外语统考合格证、硕士学位课程成绩单、专家推荐书等材料。

（3）学位授予单位应对申请者所报材料和资格进行严格审查，并按时将审核结果通知申请者。申请者的申请被受理后，应按学位授予单位通知要求，到该单位办理论文答辩或论文补充修改的有关事宜。上述工作完成后，学位授予单位可按本单位有关在校生答辩的规定进行答辩和学位授予的审批工作。申请者的论文答辩工作一般应在一年内完成。

此外，中外合作办学活动中的学位授予工作也得到了进一步规范。1996年11月23日，国务院学位委员会办公室发布的《关于加强中外合作办学活动中学位授予管理的通知》中对于中外合作办学的学位授予工作进行了明确。

（1）依据有关规定获准实施高等学历教育的中外合作办学机构，经国务院学位委员会按照有关规定审核批准后，可授予相应的中国学位。申请中国相应学位的中外合作办学机构及其学科、专业应当具备国务院学位委员会在各级学位授权审核中的相应条件。

（2）除非因特殊的需要并经国务院学位委员会批准，中外合作办学机构不得招收中国境内学生并授予境外学位。

（3）为了维护中国学位的声誉和水平，我国学位授予单位到境外办学并授予我方学位，应符合办学地点所在国家和地区的有关法律，并获得该国家或地区有关教育行政管理部门的同意。

（二）学位授予标准的进一步明确

在我国学位制度实施进程中，各学位授予单位为了保证学位授予质量，进一步制定了学位授予的细则标准。此外，对新开展的来华留学生学位授予工作，也制定了明确的标准。

1. 学位授予单位进一步细化学位授予标准

《中华人民共和国学位条例》第二条规定，凡是拥护中国共产党的领导、拥护社会主义制度均可按规定申请相应的学位；第五条和第六条规定，高等学校和科学研究机构的研究生，通过硕士、博士学位的课程考试和论文答辩，成绩合格，达到相应学术水平者，授予硕士、博士学位。其中，授予硕士学位者须达到在本门学科上掌握坚实的基础理论和系统的专门知识，具有从事科学研究工作或独立担负专门技术工作的能力；授予博士学位者须达到在本门学科上掌握坚实宽广的基础理论和系统深入的专门知识，具有独立从事科学研究工作的能力，在科学或专门技术上做出创造性的成果。

不难看出，关于学位授予标准，《学位条例》主要强调了政治立场和专业要求两方面。在政治立场方面，20世纪90年代，随着学位授予规模的扩充，学位授予单位为了进一步保证学位授予质量，在强调政治立场的基础上，进一步在道德规范、守纪守法等方面增加了要求。以1999年版《清华大学学位授予工作实施细则》为例，该细则是清华大学1985年学位评定委员会第1次会议通过，1994年和1999年两次修订之后确定的。细则总则中第三条明确：根据《中华人民共和国学位条例》第二条的规定精神，凡是坚持四项基本原则、热爱祖国，遵纪守法，品德良好，服从国家需要，并具有一定学术水平者，均可按本细则的有关规定，申请相应的学位。总体来看，20世纪90年代以后各学位授予单位已经逐渐将学位授予的政治要求由政治立场一方面扩展至符合法律法规、学校规章、社会基本道德规范、服从大局多方面。

在专业要求方面,《学位条例》中授予硕士、博士学位的标准对"课程考试和论文答辩合格"的规定比较明晰,而对"基础理论知识、科学研究能力和科学研究成果"的要求则较为宏观。对此,《中华人民共和国学位条例暂行实施办法》第二十五条又补充规定,学位授予可根据本暂行实施办法,制定本单位授予学位的工作细则。在此背景下,学位授予单位为了保证学位授予质量,进一步明确学位授予标准的合法性和合理性。进入20世纪90年代后,中国科学技术大学等高校率先对学位授予标准进行细化明确,特别是将在研期间发表学术论文作为学位授予新的"刚性标准",一方面出于学术标准的可操作性考虑,更为重要的是增加研究生的学术产出,提高科学研究成果的含金量。客观上讲,这对高校学科建设和发展起到了巨大的推动作用。此后,国内各类高校纷纷效仿,对《学位条例》中提及的基础理论知识、科学研究能力和科学研究成果三方面的学术标准进行各种细化。学术标准细化的初衷主要是加强内部质量保障。但是,随着后期国家评估工作的铺开,许多学位授予单位对学术标准的进一步细化和强化也有迎合外部学科评估的倾向。

2. 明确来华留学生学位授予标准

为了促进我国高等教育的国际交流和合作,国务院学位委员会决定在部分高等学校试行授予来华留学生学士、硕士和博士学位。同时,为了保证学位授予质量,1991年10月24日,国务院学位委员会颁布《关于普通高等学校授予来华留学生我国学位试行办法》,此办法基本适用于授予亚非地区来华留学生我国学位,授予其他地区来华留学生我国学位参照执行。

(1)授予学士学位标准。通过本专业规定的基础理论课程、专业主干课程的考试和选修课程的考查;初步掌握汉语,要求具有使用生活用语和阅读本专业汉语资料的初步能力。《中国概况》应作为来华留学本科生的必修课来安排和要求;完成有一定工作量的本科毕业论文(毕业设计或其他毕业实践环节)。

(2)授予硕士学位标准。基础理论课和专业课,一般为3—4门。《中国概况》应作为来华留学生的必修课来安排和要求;选修课,各学科、专业可以根据来华留学硕士生攻读硕士学位的需要,开设一些选修课。来华留学生申请硕士学位,必须撰写论文(含专题报告)。普通高等学校及其学科、专业,可以根据来华留学硕士生不同的培养规格,对论文提出不同的要求。论文可以是学术研究或科学技术报告,也可以是专题调研、工程设计、案例分析等报告,其报告应能反映学位申请者从事科学研究或综合运用基础理论和专门知识解决实际问题的能力。

（3）授予博士学位标准。基础理论课和专业课。要求在本门学科掌握坚实宽广的基础理论和系统深入的专门知识。《中国概况》应作为来华留学生的必修课来安排和要求。一门外国语（除派遣国母语和汉语以外）。要求具有阅读本专业资料的初步能力。可作为选修课来安排和要求。来华留学博士生申请博士学位以及普通高等学校及其学科、专业对学位申请者博士学位论文的评阅和答辩，按学位条例暂行实施办法第十条、第十二条、第十三条、第十四条的规定进行。

三、扩大学位授予规模

学位制度的实施有力地保证了学位授予工作的规范化和制度化，各级各类学位授予规模与20世纪80年代相比处于稳步发展阶段，为社会主义市场经济发展提供了充足、高质量的人力资源支撑。

（一）1991—2000年学士学位授予情况

在学士学位授予层面，本科专业设置是国家教育管理机构和高等学校依据社会分工和经济社会发展，以及学科发展对人才的不同要求划分的。而学士学位授予又是随本科专业设置进行开展的。因此，1991—2000年的10年间，学士学位授予主要有两个特点。一是学科专业调整导致学士学位授予名称的变动，由原来的工科、农科、林科、医药、师范、文科、理科、财经、政法、体育、艺术11个学科专业调整为哲学、经济学、法学、教育学、文学、历史学、理学、工学、农学、医学10个学科门类，调整后的学科专业与硕士、博士学位授予学科门类更加一体化，更好地适应社会分工和经济社会发展对人才的要求；二是学士学位授予规模逐年增加，主要是经济社会发展对人才需求的客观呈现。

1991—2000年共授予3720505人学士学位（其中1991—1996年的统计口径为本科毕业生人数），见表2-13、图2-1。在全部学科门类中，工学还是一家独大，共授予1626315人学士学位，占授予学士学位总数的59.56%，其中，1994年开始按照调整后的学科门类授予学位，工学学士学位授予人数依然远多于其他学科门类，见图2-2。由此可见，在深化改革开放的背景下，我国庞大工业体系的人才需求量之大。此外，经济学、理学、文学、医学、教育学等学科门类下的学士学位授予人数的也排在前列，为社会主义现代化建设输送了大批人才，也为高层次创新人才选拔奠定了坚实的基础。

表2-13 1991—2000年我国学士学位授予情况

单位：个

学科专业	1991年	1992年	1993年	小计	学科名称	1994年	1995年	1996年	1997年	1998年	1999年	2000年	小计
工科	133154	149218	127422	409794	哲学	1394	1261	1164	682	780	852	775	6908
农科	16538	16282	13379	46199	经济学	29622	32075	35726	50134	58095	67611	78205	351468
林科	3712	3732	3149	10593	法学	8270	9393	10501	12471	14832	16363	19806	91636
医药	30332	31402	32571	94305	教育学	13084	14019	14482	13751	14611	15479	17939	103365
师范	56713	99294	52065	208072	文学	28232	29835	32296	36216	38885	44285	53826	263575
文科	19727	20421	14867	55015	历史学	6509	6385	6241	5735	5808	6097	6755	43530
理科	23307	22268	15114	60689	理学	36726	38029	39319	39113	40213	42351	49214	284965
财经	27525	34357	29282	91164	工学	141654	148844	160435	175439	181890	195354	212905	1216521
政法	7504	10248	6268	24020	农学	15445	16365	17443	16559	16525	17453	19154	118944
体育	2469	2545	2408	7422	医学	29355	29278	29587	31547	33027	35090	37045	224929
艺术	2453	2504	2434	7391									
合计	323434	392271	298959	1014664		310291	325484	347194	381647	404666	440935	495624	2705841

总计：3720505

数据来源：国家统计局、教育部官网

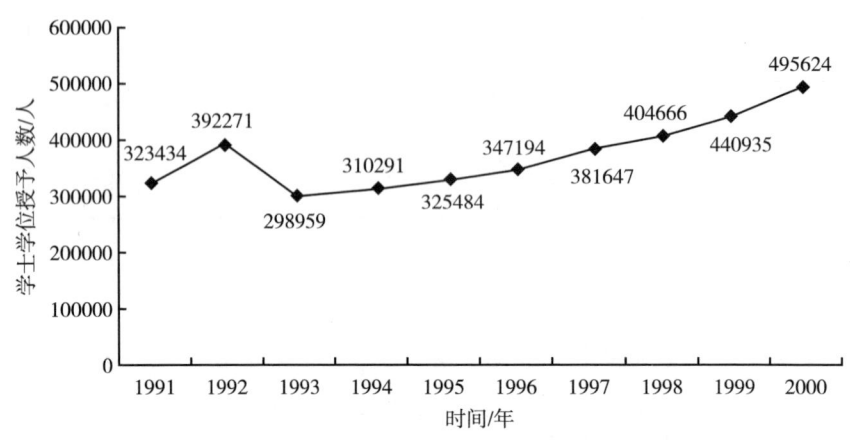

图 2-1　1991—2000 年按年份学士学位授予人数情况

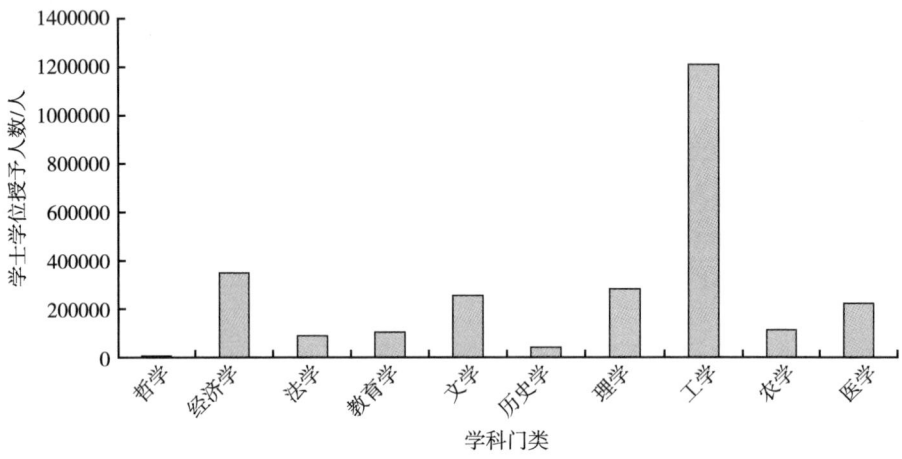

图 2-2　1994—2000 年分学科学士学位授予人数情况

（二）1991—2000 年硕士学位授予情况

我国学位制度建立以后，硕士学位一直以来是我国学位结构中的一级独立学位，在高等学校和科研单位的教学科研工作中发挥着非常重要的作用。1992 年，在邓小平视察南方谈话发表之后，深化改革和加速发展成为时代主题，社会各行各业对高层次人才的需求急速增加。但是，我国博士学位人才培养的能力又极为有限。在此背景下，我国在 20 世纪 90 年代授予硕士学位人数呈现逐年增长的态势。

1991—2000 年共授予 363610 人硕士学位（表 2-14、图 2-3）。其中，工学学科门类学位授予人数最多，共授予 152198 人硕士学位，占授予硕士学位总数的 41.86%；其次是理学学科门类，共授予 51344 人硕士学位，占授予硕士学位总数的14.12%；然后依次是医学学科门类和经济学学科门类，分别授予37982人和33258人硕士学位，占授予硕士学位总数的10.45%和9.15%，这四个学科门类授予硕士学位数量约占授予硕士学位总数的75.58%（图2-4）。可见，20世纪90年代硕士学位授予对进一步夯实我国高等学校师资队伍和基础科学研究队伍，支撑我国工程、医学、经济等领域建设和发展等方面发挥了重要作用。

表2-14 1991—2000年我国硕士学位授予情况

单位：个

项 目	1991	1992	1993	1994	1995	1996	1997	1998	1999	2000	合计
哲学	576	433	388	418	384	525	502	497	575	767	5065
经济学	1665	1628	1781	2024	2207	3824	4777	4601	5713	5038	33258
法学	1246	1132	1119	1321	1390	1745	2276	2543	3358	3665	19795
教育学	561	529	496	517	574	763	788	813	909	1276	7226
文学	1534	1327	1376	1477	1484	2062	2376	2629	3173	4023	21461
历史学	542	403	423	437	499	546	710	689	752	835	5836
理学	5890	4605	4402	4592	4653	5190	5634	5500	5428	5450	51344
工学	13685	11318	10865	11672	13174	16590	16991	17837	19503	20563	152198
农学	1128	821	759	884	903	1234	1434	1292	1124	1650	11229
医学	3710	2924	2442	2689	2723	3658	4253	3983	5630	5970	37982
军事学	138	156	78	135	134	168	209	273	692	646	2629
管理学	—	—	—	—	—	—	—	—	5389	5644	11033
专业学位	—	—	—	—	—	—	—	—	—	4554	4554
合计	30675	25276	24129	26166	28125	36305	39950	40657	52246	60081	363610

数据来源：国家统计局、教育部官网

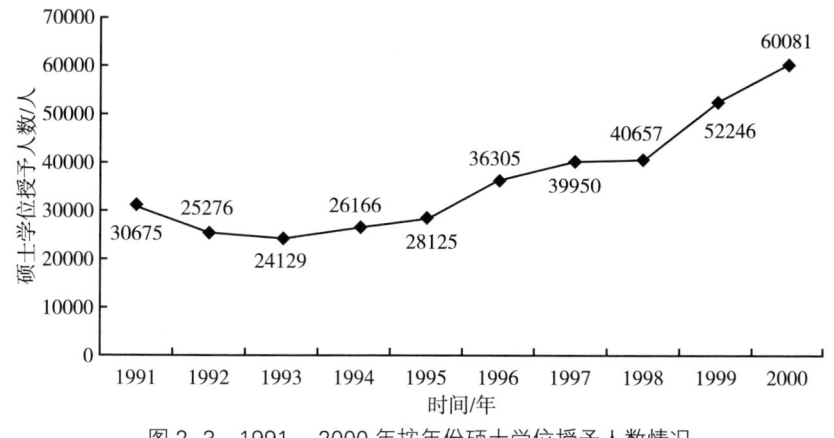

图2-3 1991—2000年按年份硕士学位授予人数情况

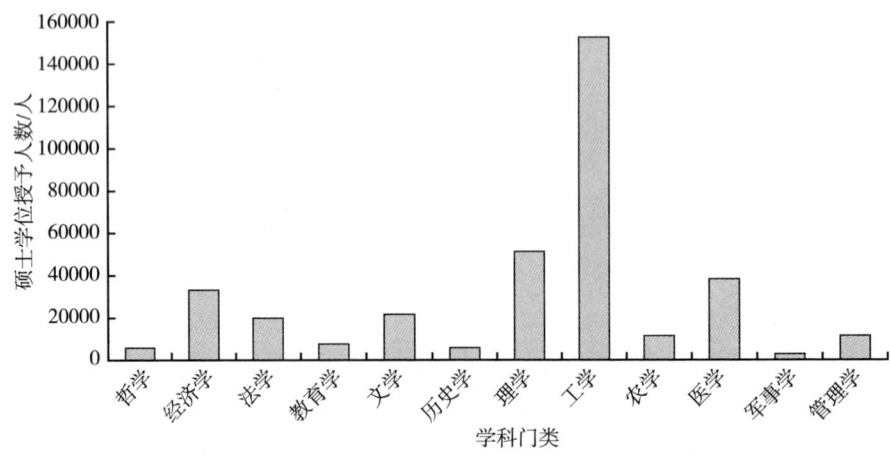

图 2-4　1991—2000 年分学科硕士学位授予人数情况

（三）1991—2000 年博士学位授予情况

进入 20 世纪 90 年代，随着各层次毕业生人数的逐年上升，学位授予人数也在稳步增加，有力地支撑了社会主义现代化建设。在博士学位授予方面，继续按照《学位条例》对博士学位的要求，从严把关博士学位授予工作。1991—2000 年共授予 57596 人博士学位（表 2-15、图 2-4）。其中，工学学科门类共授予 22279 人博士学位，占授予博士学位总数的 38.68%；其次是理学学科门类，共授予 13985 人博士学位，占授予博士学位总数的 24.28%；然后是医学学科门类，共授予 9227 人博士学位，占授予博士学位总数的 16.02%。这三个学科门类授予博士学位数量约占授予博士学位总数的 78.98%（图 2-5）。可见，20 世纪 90 年代博士学位授予对进一步提升我国高等学校师资队伍和基础科学研究队伍，培养工程、医学领军人才和支撑国民工业体系建设与医疗体系建设等方面发挥了重要作用。

表 2-15　1991—2000 年我国博士学位授予情况

单位：个

项　目	1991	1992	1993	1994	1995	1996	1997	1998	1999	2000	合计
哲学	36	46	32	53	60	78	95	113	148	199	860
经济学	86	86	101	170	198	234	325	446	513	514	2673
法学	49	50	44	98	102	135	198	245	290	330	1541
教育学	25	17	26	43	52	49	75	109	145	144	685
文学	65	53	47	92	116	143	200	243	349	387	1695

续表

项　目	1991	1992	1993	1994	1995	1996	1997	1998	1999	2000	合计
历史学	66	66	42	68	76	117	146	190	198	261	1230
理学	663	697	584	918	1191	1479	1678	2246	2223	2306	13985
工学	1011	1049	756	1389	1659	2195	2643	3250	3843	4484	22279
农学	87	80	76	125	182	256	328	416	397	462	2409
医学	468	396	406	634	728	892	1093	1240	1612	1758	9227
军事学	—	—	—	—	—	—	12	20	62	65	159
管理学	—	—	—	—	—	—	—	—	331	410	741
专业学位	—	—	—	—	—	—	—	—	49	63	112
合计	2556	2540	2114	3590	4364	5578	6793	8518	10160	11383	57596

数据来源：国家统计局官网、教育部官网

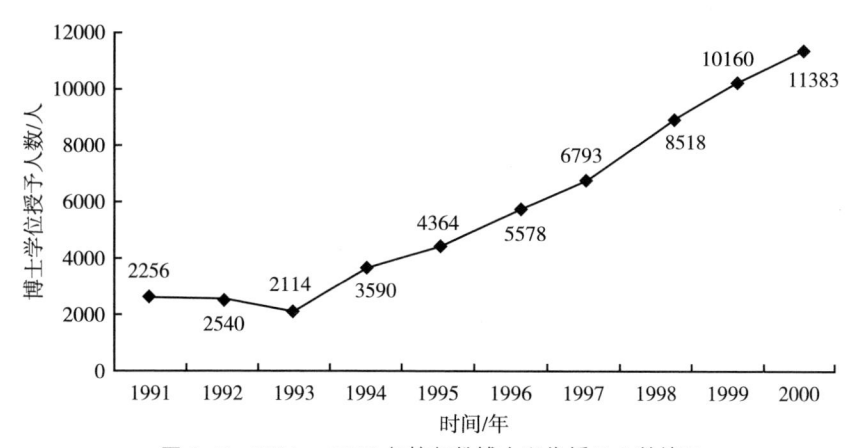

图 2-5　1991—2000 年按年份博士学位授予人数情况

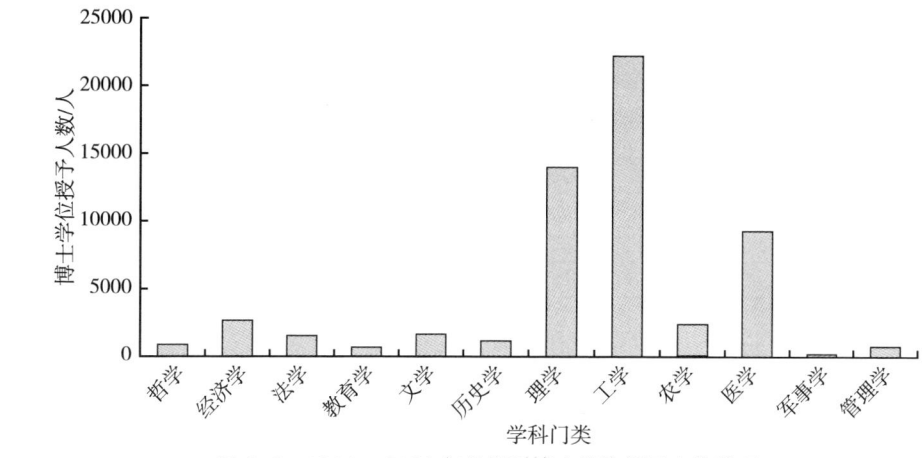

图 2-6　1991—2000 年分学科博士学位授予人数情况

（四）1991—2000年名誉博士授予情况

为了贯彻执行《中华人民共和国学位条例》和《中华人民共和国学位条例实施办法》中对于授予国外有关人士名誉博士学位的有关规定，在《关于开展名誉博士学位授予工作的几点意见》和《关于授予名誉博士学位暂行实施办法》等制度的基础上，1989年2月，国务院学位委员会发布了《关于授予国外有关人士名誉博士学位暂行规定》，进一步对于授予对象与条件、授予单位与主管部门、报批手续与授予工作进行了规范和详细规定。

20世纪90年代，为了表彰部分国外卓越学者、科学家对我国社会主义现代化建设所做的卓越贡献，我国继续开展名誉博士学位授予。1991—2000年我国共授予67人名誉博士学位（表2-16），来自美国、德国、英国、日本、意大利等世界24个国家和地区，其中不乏国家元首、社会活动家和科学家。

表2-16　1991—2000年我国名誉博士学位授予情况

年度	序号	名誉博士学位授予人	所在国家或地区	职业	学位授予单位
1991	1	德里克·巴顿	美国	科学家	中国科学院
	2	朱利安·安德雷奥蒂	意大利	学者	北京大学
	3	文森特·塔博恩	马耳他共和国	国家元首	中国协和医科大学
1992	4	李嘉诚	英国（居香港）	社会活动家	北京大学
	5	吴大猷	加拿大	学者	南开大学
	6	丁肇中	美国	科学家	中国科技大学
	7	纳尔逊·曼德拉	南非	国家元首	北京大学
1993	8	谢国民	泰国	社会活动家	复旦大学
	9	拉斐尔·卡尔德拉	委内瑞拉	国家元首	中国人民大学
	10	杨森	比利时	学者	中国医科大学
	11	彼得·拉克斯	美国	科学家	北京大学
	12	曾宪梓	中国（特例）	社会活动家	中山大学
	13	汉斯·霍弗	瑞士	学者	上海大学
	14	扬·米尔达尔	瑞典	学者	南开大学
1994	15	斯帕多利尼	意大利	政治家	北京大学
	16	贝聿铭	美国	科学家	同济大学
	17	康纳德·门格尔	德国	学者	西北农业大学
	18	邵逸夫	英国（居香港）	社会活动家	浙江大学
	19	竹下登	日本	政府首脑	中国人民大学
	20	盖哈尔特·海克尔	德国	学者	北京体育大学
	21	梁琚球	中国（居香港）	科学家	清华大学
	22	贡特·施普尔	德国	学者	北京理工大学
	23	埃尔温·内尔	德国	科学家	华中理工大学

续表

年度	序号	名誉博士学位授予人	所在国家或地区	职业	学位授予单位
1995	24	内比奥罗	意大利	政治家	北京体育大学
	25	卡洛斯·萨乌尔·梅内姆	阿根廷	国家元首	北京大学
	26	何善衡	中国（居香港）	社会活动家	中山大学
	27	利国伟	英国	社会活动家	清华大学
	28	加夫利尔·萨尔温迪	美国	科学家	中国科学院软件研究所
	29	列昂尼德·达尼洛维奇·库奇马	乌克兰	国家元首	外交学院
1996	30	迈尔顿·瓦兹威尔斯	美国	学者	中南工业大学
	31	欧内斯特·博伊尔	美国	学者	北京大学
	32	谢慧如	泰国	社会活动家	四川大学
	33	罗茨·多恩	德国	学者	西安交通大学
	34	沃尔夫冈·侯普克	德国	学者	同济医科大学
	35	韩素音	英国	学者	南京师范大学
1997	36	曹光彪	中国（居香港）	社会活动家	浙江大学
	37	威廉·海姆	德国	学者	暨南大学
	38	克里斯托夫·卢埃林·史密斯	英国	学者	山东大学
	39	约翰·哈桑尼	美国	学者	中国人民大学
	40	琼斯·林哈德	丹麦	科学家	复旦大学
	41	井上清	日本	社会活动家	中国社会科学院
	42	胡里奥·玛丽亚·桑吉内蒂	乌拉圭	国家元首	中国社会科学院
	43	石景宜	中国（居香港）	社会活动家	北京大学
	44	马临	中国（居香港）	社会活动家	天津大学
	45	库仁·瓦列里·富拉基米洛维奇	俄罗斯	学者	北京体育大学
	46	埃米尔·康斯坦丁内斯库	罗马尼亚	国家元首	北京大学
1998	47	田长霖	美国	社会活动家	西安交通大学
	48	乔治·布什	美国	国家元首	南京大学
	49	郑钧	美国	学者	西安电子科技大学
	50	罗伯特·布坎南	美国	学者	中国协和医科大学
	51	马锦明	中国（居香港）	社会活动家	中国农业大学

续表

年度	序号	名誉博士学位授予人	所在国家或地区	职业	学位授予单位
1999	52	穆罕默德·胡斯尼·穆巴拉克	埃及	埃及总统	北京大学
	53	亨利·弗·歇弗尔	美国	乔治亚大学教授	北京理工大学
	54	蒋-卡洛·若塔	美国	美国科学院院士	南开大学
	55	池田大作	日本	国际创价学会会长	东北师范大学
	56	马万祺	中国（居澳门）	澳门中华总商会会长	暨南大学
	57	加米尔·依德里斯	苏丹	世界知识产权组织总干事	复旦大学
	58	冯元桢	美国	圣地哥加利福利亚大学教授	四川大学
	59	梁洁华	中国（居香港）	香港梁洁华艺术基金会主席	中山大学
2000	60	格林纳特	德国	学者	华中科技大学
	61	齐搁勒	德国	学者	华中科技大学
	62	希格尔	美国	社会活动家	华南理工大学
	63	伍舜德	中国（居香港）	社会活动家	清华大学
	64	小林阳太郎	日本	政治家	西安交通大学
	65	费尔南多·德拉鲁阿	阿根廷	阿根廷总统	中国人民大学
	66	罗伯特·曼德尔	美国	哥伦比亚大学经济学教授	中国人民大学
	67	摩斯·居达·福克	美国	哈佛大学医学院教授	南开大学

数据来源：教育部官网

  从名誉博士学位授予单位来看，北京大学在此期间授予名誉博士学位最多，共授予10人，中国人民大学授予5人，南开大学授予4人，中山大学、西安交通大学、北京体育大学、清华大学、复旦大学、华中科技大学分别授予3人，北京理工大学、中国科学院、中国社会科学院、中国协和医科大学、浙江大学、暨南大学、四川大学分别授予2人，南京大学、西安电子科技大学、中国农业大学、东北师范大学、华南理工大学、山东大学、南京师范大学、中南工业大学、外交学院、华中理工大学、天津大学、西北农林科技大学、同济大学、上海大学、中国医科大学、中国科学技术大学分别授予1人。名誉博士是对境外知名人士授予的唯一的荣誉称号，对促进国际友好合作起到了积极的作用。

1991—2000年的十年间，我国累计授予3720505人学士学位（1991—1996年的统计口径为本科毕业生人数），363610人硕士学位，57596人博士学位。这十年间，我国全日制研究生和本科毕业生的学位授予工作迈上了新的台阶。首先，学位授予结构的优化和规模的扩充不仅促进了我国教育和科研人才的成长，而且培养了一批高层次应用型人才；其次，博士与硕士学位获得者具有明确稳定的科学研究方向和良好的科学研究基础，博士与硕士学位授予人数的增加有力地促进各学科学术水平的提升；最后，学士学位授予人数的扩充促进了社会各行各业的突飞猛进，硕士学位和博士学位授予人员的增加则促进了我国高等教育和科学研究事业蓬勃发展。总之，这十年间我国进一步提升全日制学士、硕士和博士三级学位授予质量，极大地回应了社会主义现代化建设的需要，对政治、经济、科技、文化、教育等领域的发展都起到了积极的推动作用。

第四节　加强学位管理体系建设，保障学位授予质量

20世纪90年代，伴随着政府职能的转变，我国在学位制度实施过程中逐步建立起了省级学位委员会，形成了"国务院学位委员会、省级学位委员会、学位授予单位"三级学位管理体系。同时，我国在学位管理过程中通过不断创新学位授予质量保障机制，完善学位证书、学位服等学位相关制度，有力地推动了学位授予质量的提升。

一、健全学位管理体系

我国学位制度实施初期，学位管理体系基本是由国务院学位委员会和学位授予单位两级构成。其中，国务院学位委员会负责统筹规划授权，学位授予单位负责实施具体学位授予工作。在党的十四大提出的"必须把教育摆在优先发展的战略地位"思想的引导下，1993年3月，中共中央、国务院发布了《中国教育改革和发展纲要》，强调要改变高度集中统一的高等教育管理体制，加强省级统筹。随着政府职能的转变，以及学位授予单位规模的增加和精细化管理的要求等高等教育外部、内部形势的变化，省级学位委员会这一管理层级应运而生。同时，为了加强政府放权之后的工作运行和质量保障，国务院学位委员会开始探索信息化管理机制、建立第三方的社会组织和加强学位授予单位管

理机构建设等。

（一）设立省级学位委员会

学位制度建立之初，为了充分保障学位授予质量，我国学位管理体系是自上而下、集中统一的，即由国务院学位委员会集中授权，学位授予单位具体实施的两级学位管理体制。随着学位授予工作的稳步推进，积累了丰富的学位授予经验，同时经济建设和社会发展需要更加灵活的学位管理机制。在此背景下，1988年10月，国务院学位委员会第八次会议决定，在有条件的省、自治区、直辖市试行建立省一级学位领导机构。

1991年，江苏省和陕西省率先获准建立省级学位委员会。其中，江苏省成为全国第一个获批并成立省级学位委员会的省份。国务院学位委员会对省级学位委员会的性质和职能进行了明确规定：省级学位委员会是负责本省学位工作的机构，同时接受国务院学位委员会和本省人民政府的领导，省学位委员会下设办公室，负责处理日常工作。1991年11月18日，江苏省学位委员会成立大会暨首届一次会议在南京师范大学举行，时任江苏省副省长吴锡军和时任国务院学位委员会办公室主任王忠烈出席会议。江苏省学位委员会的成立加强了省人民政府对全省学位工作的领导，对江苏省学位工作和研究生教育工作产生了积极影响，对振兴江苏省地方经济具有重要意义。同时，对完善我国三级学位管理体制发挥了积极的带动作用。

之后，上海市、湖北省、四川省和广东省等先后成立了省级学位委员会。为了推动省级学位委员会的建设，从1994年起，国务院学位委员会办公室每年择机召开"省级学位委员会座谈会"。为了进一步适应学位管理体制改革的需要，国务院学位委员会讨论通过了国务院学位委员会授权省级学位委员会开展硕士学位授权学科、专业审核工作的方案。1995年5月，国务院学位委员会下发了《关于加强省级学位委员会建设的几点意见》，对已建立健全日常办事机构、人员编制，以及办公经费已经落实的省级学位委员会的主要职责和授权范围进行了明确：

（1）负责本地区经国家教育委员会批准建立的全日制普通高等本科学校申请学士学位授予单位及学士学位授权学科、专业进行审批，报国务院学位委员会备案并抄送有关部委；对已有硕士学位授予权的本区所属单位申请新增硕士学位授予学科、专业进行审批，报国务院学位委员会备案并抄送有关部委；

（2）对本地区各学位授予单位的学士学位授予、硕士学位授予、博士学位授予等工作进行管理；负责对研究生课程进修班的管理和监督。

此后各省、自治区、直辖市积极筹建并先后成立了省级学位委员会。到1996年，江苏省、陕西省、上海市、湖北省、四川省、广东省、湖南省、福建省、吉林省、浙江省、山东省、黑龙江省、辽宁省、北京市、天津市、广西壮族自治区16个省、自治区、直辖市试行建立了省级学位委员会（表2-17）。

经过6年的试行，建立省级学位委员会在推进高等教育体制改革，建立中央、省级、学位授予单位三级管理中发挥了重要作用。同时，以省级统筹为主的体制改革有利于调动地方政府的积极性，促进高等教育更好地为社会主义现代化建设服务。在此背景下，更多的省级政府要求成立省级学位委员会。为了适应学位管理体制改革的需要，进一步加强和健全省级人民政府对本地区学位工作的统筹权，1997年3月5日，国务院学位委员会颁布《关于加强省级人民政府对学位与研究生教育工作统筹权的意见》。其中要求：

（1）为加强省级政府对本地区学位与研究生教育统筹权，除了16个省份，其他没有建立省级学位委员会的省、自治区、直辖市，可以根据需要自行建立省级学位委员会或其他形式的学位与研究生教育管理机构，其章程、议事规则应抄报国务院学位委员会。

（2）自行建立的省级学位委员会或其他形式的学位与研究生教育管理机构，国务院学位委员会暂不给予开展学位授权审批工作的授权，今后将视所在地区学位与研究生教育改革和发展，以及建立省级学位委员会日常办事机构、人员编制、办公经费落实情况，由国务院学位委员会决定是否在一定范围给予开展学位授权审批工作的授权。

（3）已经国务院学位委员会批复同意建立的16个省级学位委员会，仍然按照1995年发布的《关于加强省级学位委员会建设的几点意见》中明确的授权范围开展工作。对不能按照国务院学位委员会的统一部署和有关规定开展工作的，国务院学位委员会有权暂停或撤销对其已有的授权。

表2-17 省级学位委员会获批和成立时间表（部分）

省级学位委员会	国务院学位委员会复函批准时间	成立时间
江苏省学位委员会	1991年3月23日	1991年11月18日
陕西省学位委员会		1992年5月15日
上海市学位委员会	1991年10月30日	—
湖北省学位委员会		—
四川省学位委员会	—	1992年3月6日

续表

省级学位委员会	国务院学位委员会复函批准时间	成立时间
广东省学位委员会	1993年8月7日	1994年4月7日
湖南省学位委员会	1995年5月30日	1995年7月29日
福建省学位委员会		1995年12月12日
吉林省学位委员会		1995年12月18日
浙江省学位委员会		1995年12月28日
山东省学位委员会		1996年4月27日
黑龙江省学位委员会		1996年5月4日
辽宁省学位委员会		1996年7月8日
北京市学位委员会		1996年7月10日
天津市学位委员会		1996年10月31日
广西壮族自治区学位委员会	—	1996年8月30日

到2000年，除了西藏自治区、贵州省、宁夏回族自治区和海南省四省、自治区未成为省级学位委员会，全国31个省、自治区、直辖市中有27个均已成立省级学位委员会。至此，全国已基本建立起了三级学位管理体制，形成了国家主导、地方统筹、单位自主、依靠专家学者的国家、省级和学位授予单位三级学位管理体系。这为我国全面实施学位制度，保证学位授予质量，推动学位工作的改革和发展提供了组织保障。三级学位管理机构在实际管理工作中分工合作、层次分明。国务院学位委员会组织审核和批准新增博士、硕士学位授予单位和博士点；学士学位授予单位和学科、专业及硕士点的审核由国家授权省级学位委员会或学位授予单位根据统一规定的办法组织审核、批准；博士研究生指导教师由学位授予单位进行遴选。三级学位管理体制的建立，使管理工作的各部门职责分明，发挥了各级学位委员会的作用，同时也扩大了学位授予单位的自主权。

（二）成立学位与研究生教育相关社会组织

改革开放之前，人们被严格地束缚在不同的单位体制下，社会组织赖以生存的土壤不足，因此，社会组织的整体发育程度不高。进入20世纪90年代，伴随着经济体制的市场化进程，我国社会组织的发展有了必要的体制基础。1992年邓小平在视察南方谈话中强调：市场和计划不是资本主义和社会主义的本质区别，市场和计划都是经济手段。这一谈话精神不仅解放了国人的思想，也成为20世纪90年代按照市场经济运行机制转变政府职能的理论依据。

自此，我国逐渐开始探索"小政府、大社会"的政府机构改革模式，政府职能的转变为社会组织的发展提供了机遇。

1. 成立中国学位与研究生教育学会

我国学位制度自20世纪80年代之初建立，学位与研究生教育工作基本处于政府公共权力的管理之下。进入90年代，随着我国对政府职能改革的探索，国务院学位委员会的职能开始切实转变到宏观调控、制定政策、规范体系和程序等方面，为政府和市场之外的第三方部门的产生创造了广阔的发展空间，学位与研究生教育社会学术组织在此基础上开始发育。1994年7月26日，在国务院学位委员会办公室和国家教育委员会研究生工作办公室的主导下，中国学位与研究生教育学会在清华大学成立。

同时成立了第一届中国学位与研究生教育学会理事会，见表2-18，唐敖庆担任首任理事会会长，陈佳洱、顾明远等担任理事会副会长，首批会员350多人，其中理事会96人、常务理事35人。

表2-18 中国学位与研究生教育学会第一届理事会机构设置

职务	人员名单
会长	唐敖庆
副会长	陈佳洱、顾明远、郭其侨、蒋德明、梁尤能、刘盛纲、路甬祥、石元春、陶德麟、吴本厦、姚泰（按姓名拼音排序）
秘书长	梁尤能（兼）
副秘书长	吴镇柔、林功实
常务理事	（按姓名拼音排序）卜庆芊、陈佳洱、符宗胤、顾明远、郭桂蓉、郭其侨、过增元、韩建华、蒋德明、金钦汉、李云玲、梁尤能、林功实、刘盛纲、陆叔云、路甬祥、毛炎麟、钱乙余、乔兴山、石元春、唐敖庆、陶德麟、王国荣、王忠烈、魏润柏、吴本厦、吴家国、吴世明、吴镇柔、徐志清、杨致禄、姚泰、张丽霞、张新培、奚广庆

学会成立以后，迅速完善了各分支机构。学会及下属各分支机构通过举办学术研讨会、交流会、论坛、年会等形式探索学位与研究生教育工作的规律，建设和完善学位与研究生教育体系，开展各类型咨询和培训促进学位研究生教育工作的改革发展，逐渐成为我国学位管理体系中重要的组成部分，在我国学位与研究生教育领域发挥着日益重要的作用和影响。

2. 成立中国研究生院院长联席会

我国自1984年试办研究生院以来，研究生培养质量和管理水平得到了显著提升，培养了一大批高水平博士和硕士，有力地支撑了社会主义现代化建设。研究生院在其中发挥了极其重要的作用。

为了更好地发挥研究生院对我国学位与研究生教育事业的推动作用,1999年11月26日,中国研究生院院长联席会在北京大学成立。联席会在教育部和国务院学位委员会的指导下开展工作。联席会的主要任务是通过研讨国家学位与研究生教育发展规划和重大改革方案,探讨研究生院建设和学位与研究生教育制度改革为国家决策提供参考意见,不断提高我国研究生教育质量、效益和国际声誉。同时成立了首届中国研究生院院长联席会组织机构,北京大学研究生院、上海交通大学研究生院、哈尔滨工业大学研究生院和中山大学研究生院为联席会首届主席单位,联席会秘书处挂靠北京大学研究生院。

面对世纪之交的机遇和挑战,中国研究生院院长联席会在加强研究生院建设、提升研究生培养质量和培养高层次创新人才方面发挥了重要作用,主动承担了迎接知识经济挑战和实施科教兴国战略的历史重任。

(三)加强学位授予管理机构建设

20世纪90年代,随着学位管理工作重心的下移,为了进一步保证学位授予质量,我国通过建立学位管理干部研修制度和树立典型发挥示范引领作用等措施不断加强学位授予管理机构建设。

1. 建立学位管理干部研修制度

我国学位制度实施以来,在国务院学位委员会的集中统一管理下,我国学位授予质量得到了很好的保障。随着省级学位委员会的设立和部分学位授予单位自主审核工作试点的开展,国务院学位委员会开始逐步将增列博士研究生指导教师和硕士点授权工作下放至省级学位委员会和学位授予单位。为了使省级学位委员会、自主审核单位和新增博士、硕士培养单位能够准确认识学位与研究生教育的形势与任务,全面认真贯彻各项方针和政策,明确工作重点,切实提升政策水平和工作能力,进而推动我国学位与研究生教育工作迈上新台阶,真正提高我国学位授予质量,国务院学位委员会从1992年开始实施学位管理干部研修制度。

1992年11月,国务院学位委员会办公室和国家教育委员会研究生工作办公室在国家高级教育行政学院举办了为期三周的首期学位与研究生教育管理干部研修班,围绕学位与研究生教育现行政策、学位与研究生教育管理工作,以及发达国家学位与研究生教育情况等进行了讨论。之后,1994—1999年共举办六期学位与研究生教育管理干部研修班,培训高校和科研机构管理干部、新增博士、硕士学位授予单位的学位与研究生教育管理部门的负责人近700人。该制度的实施有力地推动了地方学位管理干部的成长,进而保证了学位授权权限部分下放之后的学位授予质量。

2. 树立典型发挥示范引领作用

1999年5月，国务院学位委员会和教育部联合下发了《关于开展全国学位与研究生教育管理工作先进集体表彰活动的通知》。经过省级学位委员会的初审，国务院学位委员会办公室的复评，1999年11月1日，经教育部、国务院学位委员会审核批准，决定对北京大学研究生院等127个单位予以表彰，并授予"全国学位与研究生教育管理工作先进集体"荣誉称号（表2-19）。时任教育部部长、国务院学位委员会副主任委员陈至立出席表彰大会并为先进集体颁奖。

表2-19 1999年全国学位与研究生教育管理工作先进集体名单

序号	单位名称	序号	单位名称
1	北京大学研究生院	26	大连理工大学研究生院
2	中国人民大学研究生院	27	沈阳工业大学研究生部
3	清华大学研究生院	28	东北大学研究生院
4	北方交通大学研究生部	29	沈阳农业大学研究生部
5	北京工业大学研究生部	30	中国医科大学研究生处
6	北京航空航天大学研究生院	31	吉林大学研究生院
7	北京理工大学研究生院	32	吉林工业大学研究生部
8	北京科技大学研究生院	33	东北师范大学研究生处
9	北京邮电大学研究生部	34	哈尔滨工业大学研究生院
10	中国农业大学研究生院	35	哈尔滨工程大学研究生部
11	北京林业大学研究生部	36	哈尔滨建筑大学研究生部
12	中国协和医科大学研究生院	37	复旦大学研究生院
13	北京医科大学研究生院	38	同济大学研究生院
14	首都医科大学研究生部	39	上海交通大学研究生院
15	北京中医药大学研究生部	40	东华大学研究生部
16	北京师范大学研究生院	41	上海医科大学研究生院
17	首都师范大学研究生部	42	上海第二医科大学研究生处
18	南开大学研究生院	43	华东师范大学研究生院
19	天津大学研究生院	44	上海财经大学研究生部
20	天津师范大学研究生处	45	南京大学研究生院
21	燕山大学研究生部	46	苏州大学研究生处
22	河北师范大学研究生处	47	东南大学研究生院
23	山西大学研究生处	48	南京航空航天大学研究生部
24	太原理工大学研究生部	49	南京理工大学研究生部
25	内蒙古大学研究生处	50	中国矿业大学研究生部

续表

序号	单位名称	序号	单位名称
51	江苏理工大学研究生部	90	华西医科大学研究生处
52	南京农业大学研究生处	91	西南财经大学研究生部
53	南京师范大学研究生处	92	贵州工业大学研究生部
54	浙江大学研究生院	93	云南大学研究生处
55	浙江工业大学研究生部	94	昆明理工大学研究生部
56	浙江中医学院研究生处	95	西安交通大学研究生院
57	中国科学技术大学研究生院	96	西北工业大学研究生院
58	合肥工业大学学科学位建设处	97	西安理工大学研究生部
59	厦门大学研究生院	98	西安电子科技大学研究生部
60	福建师范大学研究生处	99	西安建筑科技大学研究生部
61	南昌大学研究生处	100	西北农林科技大学研究生部
62	山东大学研究生教育中心	101	兰州大学研究生处
63	青岛海洋大学研究生教育中心	102	甘肃农业大学研究生处
64	石油大学研究生部	103	青海师范大学研究生科
65	山东工业大学研究生部	104	宁夏大学研究生处
66	山东医科大学研究生部	105	新疆大学研究生处
67	郑州大学研究生处	106	中国科学院物理研究所研究生部
68	武汉大学研究生院	107	中国科学院化学研究所研究生部
69	华中理工大学研究生院	108	中国科学院上海有机化学研究所研究生部
70	中国地质大学研究生院	109	中国科学院长春应用化学研究所研究生部
71	武汉水利电力大学研究生部	110	中国科学院大连化学物理研究所研究生部
72	武汉工业大学研究生处	111	中国科学院上海生物化学研究所研究生部
73	湖北中医学院研究生部	112	中国科学院计算技术研究所研究生部
74	中南政法学院研究生部	113	中国科学院金属研究所研究生部
75	湖南大学研究生部	114	中国农业科学院研究生院
76	中南工业大学研究生处	115	钢铁研究总院研究生部
77	中山大学研究生院	116	石油化工科学研究院研究生部
78	暨南大学研究生部	117	国防大学研究生院
79	华南理工大学研究生处	118	国防科学技术大学研究生院
80	华南热带农业大学研究生处	119	解放军信息工程大学研究生处
81	中山医科大学研究生处	120	解放军理工大学研究生处
82	广西大学研究生处	121	解放军外国语学院研究生处
83	四川大学研究生部	122	解放军南京政治学院研究生处
84	重庆大学研究生部	123	解放军第四军医大学研究生处
85	西南交通大学研究生部	124	解放军军械工程学院研究生处
86	电子科技大学研究生部	125	解放军海军工程大学研究生处
87	西南石油学院研究生部	126	解放军空军工程大学研究生处
88	重庆建筑大学研究生部	127	解放军第二炮兵工程学院研究生处
89	四川农业大学研究生处		

（四）探索信息化管理机制

"信息化"是我国在20世纪80年代从西方引进的一个概念，进入90年代，随着互联网等信息技术的发展和普及，"信息化"的概念迅速进入我国各行各业。在信息化的推动下，我国社会、经济、生活等方面都在发生着深刻的变化。信息技术的快速发展也触发了教育管理体制机制的深刻变革。打破传统的学位管理模式，积极推进学位管理的信息化进程，有利于加快研究生教育事业的发展。

利用计算机进行学位管理模式的创新，需要专业技术的支撑。为此，"全国学位与研究生教育计算机管理研究协作组"应运而生。主要是配合国务院学位委员会办公室和国家教育委员会研究生司加强学位与研究生教育信息系统的整体设计，建立和改善学位授予信息报盘制度，为设置工作站，建立全国信息网络和研制信息标准奠定基础。之后，国务院学位委员会办公室发布《关于报送全国学位授予信息数据软盘的通知》，决定从1990年起，学位授予单位均使用"全国学位授予信息数据库"报盘软件报送博士、硕士和学士学位的授予情况，这是实现利用计算机对学位工作进行科学管理的一项重要举措。同时，国务院学位委员会办公室开展对全国部分具有一定计算机管理工作基础的学位授予单位的培训，尝试建设学位和研究生教育信息处理工作站，承担汇总软盘数据、技术咨询与培训等任务。1992年，全国研究生教育和学位工作计算机管理研究协作组通过了《全国学位与研究生教育管理信息系统建设规划纲要》。1996年，我国首张《中国博士学位论文摘要》光盘管理系统研制完成，向海内外公开发行。

"八五"期间的学位工作信息化建设取得了较大成绩，逐步创建了部分学位管理的计算机子系统和相关数据库，包括学位授予信息子系统、学位授权学科、专业点子系统、博士生培养管理子系统、研究生优秀科研成果子系统、专家子系统和研究生招生与分配子系统等。基本覆盖了博士、硕士、学士三个层次的管理信息系统、决策支持系统、条例法规系统和办公自动化系统，开始实现学位管理工作从计算机的单项管理迈向综合性管理。

二、创新学位授予质量保障机制

随着学位授予数量的迅速扩充，学位管理的工作重点逐步转向提高学位授予质量。国务院学位委员会一方面通过政府调节机制将学位工作重心聚焦到学位授予质量上，另一方面通过加强激励机制和建立第三方评估机制推动学位授予质量的整体提升。一系列新机制的运行强化了学位授予单位和学位申请人的质量意识，取得了良好效果，将学位管理制度的重点切实转到了质量保障层面。

（一）实施学位授予质量政府调节机制

在党的十四大"教育优先发展"精神指引下，国家教育委员会于1992年11月召开了全国高等教育工作会议并发布《关于加快改革和积极发展普通高等教育的意见》，明确了高等教育要坚持走内涵发展的道路。在此背景下，1995年10月，国家教育委员会组织召开了全国研究生教育工作座谈会，确立了研究生教育改革和发展的24字基本方针：立足国内，适度发展，优化结构，相对集中，推进改革，提高质量。这是国家加强学位管理和保证学位授予质量的重要举措。

此次全国研究生教育工作座谈会的召开落实了《中国教育改革和发展纲要》，明确了20世纪最后5年改革和发展的思路，极大地满足了经济社会发展和科学技术进步对高层次人才的需求，对于国家"九五"经济社会发展计划和2010年远景规划目标的实现具有重要的意义。

到了20世纪末，知识经济已见端倪，研究生教育作为我国最高层次教育，肩负着为现代化建设提供高层次人才支持和知识创新的重任，在经济社会发展新形势下需要做出及时回应。1999年2月，国务院转批的《面向21世纪教育振兴行动计划》中指出，要积极发展专业学位研究生教育，实施"高层次创造性人才工程"，培养一大批高层次创造性人才。

1999年11月25日，教育部组织召开了全国研究生培养工作会议。会议强调在研究生培养过程中要通过凸显思政、品德和学风建设和加强创新、创业和实践方面能力培养保证学位授予质量，进而发挥研究生群体在经济社会发展、国家国防安全建设等方面的辐射性、示范性和带动性。此次全国研究生培养工作会议不仅对过去20年的人才培养和学位授予工作进行了客观的总结，而且指明了21世纪我国高层次创造性人才培养工作的发展方向。

（二）加强学位授予质量激励机制

进入20世纪90年代，我国通过表彰有突出贡献的博士和硕士学位获得者和开展全国优秀博士学位论文评选等方式，加强学位授予质量激励机制建设。

1. 表彰有突出贡献的中国博士和硕士学位获得者

党的十一届三中全会以来，我国高等教育取得了长足的进步。学位制度的建立使我国高等教育体系更趋完善[①]。1991年是《中华人民共和国学位条例》

[①] 李铁映. 在全国有突出贡献的博士硕士学位获得者、回国留学人员和优秀大学毕业生表彰大会上的讲话[J]. 学位与研究生教育，1991（2）：1.

实施10周年。这10年，学位制度助推我国高等教育实现了史无前例的重大突破，绝大多数学科的硕士研究生培养和大多数学科的博士研究生培养基本做到了立足国内。整体上来说，我国硕士学位授予质量在国际上是比较高的，博士学位授予质量逐渐提升。

我国学位制度实施以来培养的硕士和博士不仅有在科学领域屡屡建树的"又红又专人才"，还有很多坚守边远地区和基层一线的"革命的螺丝钉"。陈来和夏斌是我国自主培养的优秀博士和硕士代表，陈来1985年在北京大学获博士学位后，继续专注朱熹哲学研究，5年内出版的专著和论文超过100万字。夏斌1983年硕士毕业后，自愿支援边远地区，到西藏自治区地质研究所和地质普查大队工作，克服高原缺氧诸多困难，完成国家"七五"重点科研项目，并把妻儿接到西藏自治区，决心为建设西藏自治区多做贡献[①]。我国学位制度实施10年的实践足以说明，建立中国学位制度，立足国内自主培养高层次人才的方针是正确的，并且对建设中国特色社会主义有着长远影响。

为了宣传我国学位制度创建以来在高层次人才培养方面取得的巨大成就和中国博士、硕士学位获得者在社会主义现代化建设中的重大贡献，激励更多在我国学位制度下成长成才的高级知识分子能够坚定社会主义信念，发扬爱国主义情操，到祖国最艰苦的地方去，到教研和生产一线去，1991年1月24—25日，国家教育委员会和国务院学位委员会联合召开表彰大会，表彰在社会主义现代化建设中取得突出成绩的安里千等695位中国博士和硕士学位获得者（其中博士478人、硕士217人），授予他们"做出突出贡献的中国博士、硕士学位获得者"荣誉称号，江泽民、李鹏、李铁映等党和国家领导人出席表彰大会。这是我国学位制度建立以来的第一次，既有利于激励广大有志青年刻苦攻读中国学位、报效祖国的理想和热情，也使广大青年知识分子能够坚定地树立为国家服务的自信心和自豪感，立志成为社会主义现代化事业需要的合格人才，为把我国建设成社会主义现代化强国而努力奋斗。

2. 开展优秀博士学位论文评选

我国学位制度建立以后，博士研究生才正式作为一个专门的层次来培养，短时期内取得了令人瞩目的成就。到了20世纪90年代后期，博士研究生在学规模逐渐扩大。截至1998年年初，我国累计授予3.5万人博士学位，在校博士研究生规模接近4万人，博士培养质量成为社会关注的焦点。博士学位论文

---

① 李铁映. 在全国有突出贡献的博士硕士学位获得者、回国留学人员和优秀大学毕业生表彰大会上的讲话[J]. 学位与研究生教育，1991（2）：2.

是博士学位授予质量的直接体现。对此,国务院学位委员会办公室原副主任、学位管理与研究生教育司原司长李军在访谈中说道:

> 从特定历史背景看,最初对学位论文的重视程度不够,论文质量也不行,所以才开始评选全国优秀博士学位论文,这是一项引导性的工作。

1998年5月14日,国务院学位委员会和教育部下发《关于开展全国优秀博士学位论文评选工作的通知》,全面启动全国优秀博士学位论文评选工作,以期探索更加有效的博士学位授予质量监督和激励机制,进而推动我国研究生教育水平的整体提升。为了保证博士学位论文评选的选优宗旨,1998年初次评选时,计划评选工作每两年进行一次,每次评选优秀学位论文数量不超过100篇;学位论文水平必须在本门学科中有创新、有突破,达到国际同类学科的先进水平;入选学位论文结集出版《全国优秀博士学位论文摘要》并表彰论文作者和指导教师。此外,如果受表彰论文出现违反学术道德和评选过程中存在弄虚作假的现象,将取消其优秀论文资格。

经过近一年的严格评选,1999年6月16日,教育部、国务院学位委员会联合下发《关于批准首届全国优秀博士学位论文的决定》,批准《汉语变调构词研究》等100篇学位论文为全国优秀博士学位论文。6月22日,首届全国优秀博士学位论文作者及指导教师座谈会在北京举行。在第一次评选实践经验的基础上,8月30日,教育部、国务院学位委员会正式发出了《全国优秀博士学位论文评选办法》的通知。该办法对评选工作的组织领导、评选期限、评选标准、评选办法、异议期等做出了规定。同时,教育部还决定设立"高等学校全国优秀博士学位论文作者专项资金",制定下发了《高等学校全国优秀博士学位论文作者专项资金资助办法》。

全国优秀博士学位论文评选不仅是衡量高校博士研究生创新能力、学科发展水平,以及博士生整体质量水平的一个重要指标[1],也是教育行政部门监督和提高学位授予单位博士培养质量的管理手段和公共政策,保障和提升了我国博士研究生教育的整体质量[2]。

(三)建立学位授予质量第三方评估机制

我国学位制度建立以后,学位与研究生教育的检查和评价由政府主导。

---

[1] 熊文,曹一雄,张淑林. 以优博论文评选为动力促进博士学位论文质量提升[J]. 教育与现代化,2007(2):44-47.

[2] 李明磊,王战军. 全国优博论文评选政策分析和改进[J]. 国家教育行政学院学报,2012(1):15-19.

在此过程中，政府的角色既是"运动员"又是"裁判员"。随着研究生教育规模的扩大和学位授予人数的增多，学位授予的质量问题进一步凸显，政府开始探索建立科学合理的学位质量评价机制。

1. 探索期

教育评估是教育管理中的一个基础性环节，监督、问诊和调节作用对于保证教育质量起到了积极作用，并逐渐形成了制度。鉴于教育评估在教育管理中的不可替代性，学位制度实施以后，我国就开始着手对学位与研究生教育进行评估。1985年2月16日，国务院学位委员会第六次会议提出："要逐步建立各级学位授予质量的检查和评价制度。首先，要求各学位授予单位自行检查。国务院有关部委和省份也可组织本系统、本地区的授予单位之间相互检查，并进行评价。国务院学位委员会学科评议分组，也要对学位授予质量进行检查。今年，准备根据学科评议分组召集人的意见，组织5—10个学科评议分组选点进行学位授予质量检查。"

除了政策因素，学位与研究生教育实践发展也是开展学位与研究生教育评估的重要原因。1981年学位制度实施以后，研究生教育得到了快速发展。截至1984年年底，我国共有研究生培养单位695个、在校研究生5.75万人，授予2.6万余人博士、硕士学位。我国学位与研究生教育在短时间内的跨越式发展引发了国家和社会对学位授予水准和研究生教育质量的关注。在此背景下，对学位与研究生教育进行评估便顺理成章了。

开展学位与研究生教育评估初期，政府的主导作用较为明显。20世纪80年代共开展了6次评估工作，分别是1985年5—6月开展的政治经济学、有机化学、物理化学、化学工程、通讯与电子系统5个专业硕士学位授予质量的评估，1986年10—11月开展的农科作物遗传育种专业硕士学位授予质量评估，1986年12月开展的财政学、国际金融、货币银行学3个专业硕士学位授予质量评估，1987年开展的金属材料一级学科硕士和博士学位授予质量评估，1988年开展的生理学、微生物学与免疫学、病理解剖学3个专业硕士学位授予质量评估，1988年11月至1989年1月开展的马克思主义哲学、辩证唯物主义与历史唯物主义2个专业博士、硕士学位授予质量评估。据统计，5年间共有241个学位授予单位的416个硕士学位授权点和48个博士学位授权点接受了学位授予质量的检查和评估[①]。

---

① 吴镇柔，陆叔云，汪太辅. 中华人民共和国研究生教育和学位制度史[M]. 北京：北京理工大学出版社，2001：423.

总体来说，20世纪80年代学位质量评估工作的开展更多侧重于各受评单位的学位与研究生教育情况的整体摸排和检查，目的是为了找出问题，并有针对性地提出改进措施。通过这一系列探索性评估活动的开展，国家教育管理部门不仅掌握了各个学科研究生教育质量和学位授予水准等情况，而且为后续构建学位与研究生教育质量评估指标体系奠定了坚实基础。

2. 规范期

进入20世纪90年代，开展学位与研究生教育评估工作开始进入逐步规范化的阶段。国家通过出台政策使学位与研究生教育评估工作更加合法化。同时，学术界也开始对于学位授予质量评估展开深入研究，使评估工作有了理论的指导，变得更加注重科学性，进而使学位与研究生教育评估更加合理化。

1990年10月31日，国家教育委员会发布《普通高等学校教育评估暂行规定》，明确指出普通高等学校评估是国家对高等学校实行监督的重要形式，由各级人民政府及其教育行政部门组织实施。在学校自我评估的基础上，以组织党政有关部门和教育界、知识界，以及用人部门进行的社会评估为重点，在政策上体现区别对待、奖优罚劣的原则，鼓励学术机构、社会团体参加教育评估。成立国家普通高等学校教育评估领导小组，在国家教育委员会的领导下开展工作。

我国普通高等学校评估的主要目的是增强高等学校主动适应社会需要的能力，发挥社会对学校教育的监督作用，自觉坚持高等教育的社会主义方向，不断提高办学水平与教育质量，更好地为社会主义建设服务。我国普通高等学校评估的基本任务是根据一定的教育目标和标准，通过系统地收集学校教育的主要信息，准确地了解实际情况，进行科学分析，对学校办学水平和教育质量做出评价，为学校改进工作、开展教育改革和教育管理部门改善宏观管理提供依据。我国普通高等学校评估主要分为合格评估（鉴定）、办学水平评估和选优评估3种形式。不同的评估形式制定相应的评估标准、评估指标体系和评估方法。

《普通高等学校教育评估暂行规定》出台后，我国先后进行了6次较有影响的评估工作。分别是：1991年1—8月开展的科学社会主义、国际共产主义运动、民族民主运动3个专业学位授权点的评估工作；1991—1993年开展的物理学、动力工程及工程热物理、航空与宇航技术三个一级学科学位与研究生教育评估工作；1992年8月开展的对上海片区（上海市、福建省、浙江省）、江苏片区（江苏省、山东省、安徽省、江西省）、西南片区（四川省、贵州省、云南省、广西壮族自治区）、西北片区（陕西省、甘肃省、宁夏回族自治区、青海省、新疆维吾尔自治区）、华中片区（湖北省、湖南省、河南省）五大区域 11 个一级学科硕士学位与研究生教育的评估工作；1993 年 11 月开展的中医药硕士学位授予质量评估工作；1992 年 6 月至 1994 年 6 月开展的林科硕士学位与研究生教育评估工作；1992 年 11 月至 1994 年 10 月开展的农科博士学位与研究生教育评估工作。

这一阶段学位与研究生教育评估工作有三个特点：一是形成了政府主导、各学位授予单位必须参加的规范性评估；二是根据不同的评估分类，初步建立了不同的评估体系和方案；三是首次尝试在评估中引入社会评价，即在评估中听取用人单位对于毕业生的评价意见。

3. 社会化时期

1994 年 7 月 29 日，在国务院学位委员会的主导下，高等学校与科研院所学位与研究生教育评估所①（简称"评估所"）在北京理工大学成立。柯有安教授出任所长。这是我国第一个专门从事学位与研究生教育评估的事业性机构。该机构的成立标志着评估工作由政府承担转向民间事业性机构承担，是实现机关工作职能转变的重要步骤。评估所此后根据国务院学位委员会和国家教育委员会制定的评估工作方针，对高等学校和科研院所的博士、硕士学位授予工作进行评估。同时，评估所还向社会开展国内外学位及学历评估咨询事务，以及其他咨询服务和评估工作。成立高等学校与科研院所学位与研究生教育评估所是我国建立健全学位制度，保障授予质量的重要举措之一。教育部高等教育教学评估中心原副主任王战军教授认为：

成立高等学校与科研院所学位与研究生教育评估所是我国学位制度历史上的重大事件，是为了建立学位授予质量的保障体系而成立的全国第一个教育评估的专门机构，在我们整个国家学位授予质量保障中起到了关键性的作用。

高等学校与科研院所学位与研究生教育评估所的成立有着特殊的时代背景和自身积淀。首先，20 世纪 80 年代末期，改革开放使政府在经济领域的职能趋向民主化。在此基础之上，社会对政府的政治及其他领域职能民主化诉求日趋强烈。但是也不乏反对的声音："我国是社会主义国家，且生产力相对不发达，因此，需要强化的职能一定要强化，不可盲目地按照西方政府职能模式机械地乱套。以至于丢弃了自己宝贵的东西而拣来别人扔掉的敝屣，就更不

---

① 陆叔云. 高等学校与科研院所学位与研究生教育评估所在京成立[J]. 学位与研究生教育，1994（5）：6.

应该了。①"1992年，邓小平同志的视察南方谈话最终确立了市场主导的方向，因此，各领域转变政府职能也就随即铺开。政府在学位制度的实施过程中也开始改变既当"运动员"又当"裁判员"的角色，逐渐将一部分职能转移给社会机构来完成。

其次，在我国开展高等工程教育评估研究试点初步实践基础上，1986年11月10日至12月1日，国家教育委员会派王冀生、刘盛纲、梁森给、薛继良、曹善华、滕中庭一行6人组成的中国高等工程教育评估考察团深入系统地了解美国和加拿大高等工程教育评估的制度、组织、标准、方法、政策，特别是其实际做法与经验、教育评估的实际作用、各方面人士对教育评估的反应以及教育评估进一步发展的趋势②。因此，我国的评估理论、方法和实践均有了一定的积淀。

面对社会主义市场经济的新形势，为了贯彻国务院学位委员会与国家教育委员会关于建立我国的学位与研究生教育评估制度，引入竞争机制，实现国家对学位与研究生教育管理职能的转变，国务院学位委员会办公室于1994年4月19日致函北京理工大学，委托筹建"学位与研究生教育评估咨询机构"，明确机构的性质是接受国务院学位委员会与国家教育委员会的委托，承担开展学位与研究生教育评估及有关咨询服务工作的事业性质的非营利机构。

1995年9月25日，第一届学位与研究生教育评估学术年会暨全国研究生教育学会评估工作委员会和专家咨询委员会成立大会在河南省洛阳市召开，会议回顾总结了近年来评估工作开展情况，并就进一步规范评估工作进行了研讨，来自100多所高等学校和科研院所的有关人员参加了会议。1996年8月30日，国务院学位委员会办公室通过新闻媒介向社会公布设立"学位授予质量监督信箱"。1996年10月14日，学位与研究生教育评估专家咨询会在长沙市召开，重点研究了《学位与研究生教育评估暂行规定》的起草和修改工作。

最后，评估所作为第三方组织机构，成立初期是在政府的委托下开展工作。随着评估工作的铺开，比如在开展学位点通讯评议等评估工作开展过程中，评估所的专业性和权威性逐渐树立起来，影响力也逐渐变得强大，在保证和提高我国学位授予质量和进一步深化学位与研究生教育改革方面发挥了重要作用。1998年12月8日，国务院学位委员会和兵器工业总公司围绕评估所的

---

① 刘熙瑞，时兴和. 转变不等于弱化[J]. 郑州大学学报，1990（4）：77-81.
② 中国高等工程教育评估考察团. 美、加高等工程教育评估考察报告[J]. 高等工程教育研究，1987（10）：67-74.

隶属关系进行了协商，决定评估所不再作为北京理工大学所属的行政事业单位，成立建制并归入教育部全国学位与研究生教育发展中心。

高等学校与科研院所学位与研究生教育评估所的成立是我国教育评估史上的重大事件，在我国学位制度实施的历史进程中具有里程碑式意义。评估所成立以后，先后开展了研究生院（试办）评估、数学、化学等5个一级学科评估、前四批学位授权点合格评估等一系列评估工作，对提升研究生教育水平和保证学位授予质量发挥了积极作用，收到了良好的效果。

（1）研究生院（试办）评估

20世纪80年代，为了重点建设一批博士和硕士培养基地，为国家培养高层次专门人才，我国分两批在33所普通高等学校试办了研究生院。为了检验试办研究生院的办学水平，进一步提升研究生培养质量和效益，1994年10月5日，国家教育委员会研究生工作办公室发出《关于进行研究生院评估测试工作的通知》，评估所据此展开对中国人民大学、北京师范大学、北京科技大学、天津大学和南开大学的评估测试。在此次评估测试的基础上，国家教育委员会研究生工作办公室对于研究生院的评估指标体系、评估方式进行了进一步修改，同时编制了评估参照标准之一的《学位与研究生教育——中文重要期刊目录》。1995年1月，在国家教育委员会的领导下，评估所正式开始对33所普通高等学校的研究生院展开评估。该次评估主要聚焦研究生院"研究生培养及质量""学科建设及成果"和"研究生院机构建设"三方面。评估以自评为基础，结合客观评估和社会评估的方式进行。其评估指标体系见表2-20。

表2-20 研究生院（试办）评估指标体系

一级指标	二级指标	三级指标
01 研究生培养及质量	0101 德育（专项评估）	
	0102 生源状况及在校生规模、效益	规模与效益（博士研究生数、硕士研究生数、每博士点平均培养博士研究生数、每硕士点平均培养硕士研究生数）
		生源（硕士生统考入学成绩）
	0103 研究生课程建设	正高职开课人数所占比例
		研究生教材及获奖情况
		研究生教学成果获奖情况
	0104 博士研究生在校期间发表论文情况	
	0105 博士学位论文水平	
	0106 对毕业研究生的评价	

续表

一级指标	二级指标	三级指标
02 学科建设及成果	0201 重点学科点及学位授权点	硕士点
		博士点
		博士后流动站
		国家重点学科
		国家重点实验室、工程中心
	0202 导师队伍	导师总数
		有博士学位的导师所占比例
		生师比
	0203 科研经费	总经费
		导师年人均科研经费
	0204 在国内外重要刊物发表论文情况	
	0205 获重大科研奖励情况	
03 研究生院机构建设	0301 研究生院职责履行情况	机构设置及职责范围
		研究生院统一管理使用的业务经费比例
	0302 干部队伍素质	学历结构
		职称结构
		学位与研究生教育管理方面公开发表的论文数
	0303 办公自动化水平	计算机台数
		3000 元以上设备数
	0304 规章制度及执行情况	
	0305 管理水平评价	

该次评估既是对我国十年试办研究生院工作进展的全面检查，也是对十多年来博士、硕士学位授予质量的重点抽查。评估结果显示，我国试办研究生院的成效显著，为保证博士、硕士学位授予质量打下了坚实基础，已经成为国家重要的高层次人才培养基地。1995 年 10 月 12 日，国家教育委员会研究生工作办公室公布对 33 所试办研究生院的评估结果，并颁布《关于表彰清华大学等十所普通高等学校研究生院（试办）的决定》，还对清华大学、北京大学、南京大学、复旦大学、西安交通大学、浙江大学、哈尔滨工业大学、上海交通大学、华中理工大学、中国科学技术大学评估前十名的研究生院进行了奖励。此外，本次评估结果还针对随机抽取博士学位论文成绩、学校优选博士学位论文成绩、博士研究生在校期间发表论文情况、导师队伍情况、课程建设、中文重要期刊发表论文数、SCI/ISTP/EI 检索发表论文数、重大科研奖励情况、研究

生院管理水平等部分主要单项指标进行了排名。

此次评估工作也为正式建立研究生院提供了重要依据。1996年1月25日，国家教育委员会批准清华大学、北京大学等11所高等学校正式建立研究生院，3月28日，国家教育委员会批准天津大学、国防科技大学等22所高等学校正式建立研究生院。

（2）5个一级学科评估

1995年9月8日，国务院学位委员会办公室发布《关于按一级学科进行学位与研究生教育评估和按一级学科行使博士学位授予权审核试点工作的通知》，并委托评估所开展本次评估工作。本次评估是在1995年9月至1996年1月开展的，评估的对象是数学、化学、力学、电气工程、计算机科学与技术5个一级学科下1992年前批准的所有二级学科博士学位授权点。本次评估的内容包括合格评估和选优评估。

其中，合格评估是对上述5个一级学科下的所有二级学科博士点进行评估，评估结果分为合格和不合格，属于合格的继续招收和培养博士研究生，不合格的根据具体情况，采取暂停或者撤销其博士学位授予权的处理办法（表2-21）。截至1995年9月，数学、化学、力学、电气工程、计算机科学与技术5个一级学科下共设置了37个二级学科，共批准259个博士学位授权点。本次评估工作涵盖了全部二级学科和博士学位授权点。在评估所的组织下，经过各相关学科评议组审核，共有244个博士学位授权点达到了合格标准，合格率为94.21%，不合格博士学位授权点为15个，不合格率为5.79%。1996年6月10日，国务院学位委员会第十四次会议对不合格博士学位授权点提出了3种处理意见：暂停博士学位授予权、限期整改（两年）和责其改进。

表2-21 对未通过合格评估的博士学位授权点的处理意见

处理意见	学科专业名称	所属单位名称
暂停博士学位授予权	基础数学	中国科学院软件研究所
	有机化学	北京师范大学
	运筹学与控制论	上海大学
限期整改（两年）	流体力学	中国科学院渗流流体力学研究所
	岩土力学	中国科学院力学研究所
	结构力学	中国建筑科学研究院
	分析化学	兰州大学
	应用数学	内蒙古大学

续表

处理意见	学科专业名称	所属单位名称
限期整改（两年）	电器	福州大学
	计算机应用	合肥工业大学
	计算数学	中国航天工业总公司第二研究院（204所）
责其改进	分析化学	中国科学院兰州化学物理研究所
	运筹学与控制论	浙江大学
	计算机科学理论	武汉大学
	物理化学	福州大学

1996年，我国首次开展按一级学科进行博士学位授权的试点工作。在此背景下，选优评估范围是数学、化学、力学、电气工程、计算机科学与技术5个一级学科，对有关申报单位的一级学科整体水平进行评估排名，然后提出按一级学科行使博士学位授予权单位的建议名单，报国务院学位委员会审定批准。同时，本次5个一级学科评估结果将作为1996年第六批次5个一级学科下增列二级学科博士、硕士学位授权点工作的重要依据。本次选优评估共有82个一级学科点自愿参加，涉及50个单位。此次评估在客观评价与专家评价结合的基础上对82个参评的一级学科点进行了选优排序。之后，国务院学位委员会组织相关学科评议组对按一级学科授权进行了审核，最终批准了其中的22个一级学科点具有一级学科博士学位授予权。本次5个一级学科的评估指标体系见表2-22。

表2-22 一级学科评估指标体系

一级指标	二级指标
学科状况	学位授权点及重点学科
	重点实验室
	教学及科研队伍
	教学及科研条件
	科研项目及经费
科研成果	科研获奖情况
	发表论文、专著数
研究生培养	招生及授予学位情况
	课程建设
	博士论文综合评价

(3)前四批学位授权点合格评估

国务院学位委员会第十四次会议强调,要把我国学位与研究生教育工作的重点切实转变到以提高质量为中心的轨道上来。1997年1月28日,国务院学位委员会发布《关于对前四批博士、硕士学位授权点进行基本条件合格评估工作的通知》,决定对前四批博士、硕士学位授权点进行合格评估(表2-23),以促进学位授予单位加强学科建设,巩固和提高学位授权点的水平,配合新专业目录的实施,为已有授权点的对应调整打下基础,促进授权学科结构的合理调整,逐步建立授权审核有上有下的运行机制。

表2-23 前四批博士、硕士学位点合格评估指标体系

一级指标	二级指标
学术队伍	学术梯队情况
	学术带头人情况
	研究方向
科学研究	在研项目及经费
	发表论文、专著情况
	获奖情况
培养研究生的物质条件	
研究生培养	招生及授予学位情况
	课程设置情况
	研究生培养质量
	研究生教材建设情况(仅硕士点评估使用)
思想政治工作及管理工作	

本次博士、硕士学位点评估工作是我国学位制度实施以来规模最大和范围最广的一次评估,由国务院学位办统筹安排,从1997年1月开始,7月结束。共有1718个博士学位点和3814个硕士学位点需要参加本次合格评估。具体合格评估工作分为三部分展开。其中,评估所负责全部博士学位授权点和河北省、内蒙古自治区、山西省、河南省、江西省、广西壮族自治区、贵州省、海南省、云南省、宁夏回族自治区、甘肃省、青海省、新疆维吾尔自治区13个省、自治区硕士学位点的评估工作;北京市、江苏省、陕西省、上海市、广东省、浙江省、山东省、黑龙江省、辽宁省、吉林省、福建省、四川省、湖北省、湖南省、天津市等省、直辖市学位委员会负责本地区硕士学位点评估工作;军队学位委员会负责军事学硕士点的评估工作。

本次合格评估工作分为学位授予单位自我评估、专家组初审、同行专家评议、专家组复审四个环节。1997年9月22日,国务院学位委员会下达了

前四批博士、硕士学位授权点合格评估结果（表2-24）。经过各环节的评估工作，最终结果显示，不合格博士学位点77个、不合格硕士学位点394个，不合格率分别为4.48%、10.33%。对不合格学位点的处理意见分为："责其改进""暂停招生或暂停授权""暂停招生和授权""撤销授权"4种，这些不合格学位点经过两年的整顿，可于1999年9月申请重新评估。对本次合格评估中不合格学位点占比过高（不合格学位点数量占本单位学位点总数）的部分学位授予单位，国务院学位委员会决定其在1997年的第七批次学位授权审核中不能申请新增学位点。

表2-24　前四批学位授权点合格评估处理意见

序号	不能申请新增硕士学位点单位	不能申请新增博士学位点单位
1	鲁迅美术学院	大连海事大学
2	北京机床研究所	北京真空电子技术研究所
3	上海化工研究院	中国建筑材料科学研究院
4	轻工业部科学研究院	北京市结核病胸部肿瘤研究所
5	卫生部上海生物制品研究所	解放军农牧大学
6	海洋环境预报中心	
7	北京市创伤骨科研究所	

本次合格评估对提升学位授予质量和研究生培养质量发挥了重要的促进作用，对各学位授予单位的学科建设起到了积极的推动作用，整体上实现预期的"以评促建"目的。

三、规范学位授予配套管理制度

学位证书是证明学位获得者专业知识和技术水平而授予的证书，具有重要的表征意义。学位是代表个人的终身学术称号，学位授予过程因此具有强烈的仪式感。根据国际惯例，学位获得者在学位授予仪式上需穿戴正式礼服，学位服就此应运而生，着学位服参加学位授予仪式逐渐成为学位授予过程中的重要环节。进入20世纪90年代，我国开始在学位证书、学位服等学位授予的配套制度方面做进一步的规范。

（一）学位证书

学位证书是学位获得者的学术或者技术达到相应水平的证明。《中华人民共和国学位条例实施办法》中规定，学士学位证书格式由教育部制定，硕士和博士学位证书格式由国务院学位委员会制定，学位证书统一由学位授予单位颁发。

20世纪80年代中期，随着高等教育事业不断发展，办学形式、专业类别、办学层次等呈现多样化趋势，为了适应高等教育新的发展形势，普通高等学校实行了两类毕业证书改革：一类是本科毕业与学士学位合一的证书，另一类是未获学士学位的单一毕业证书。经过几年的运行实施，引发的新问题较为突出。进入20世纪90年代后，为了进一步加强对学士学位授予工作的管理和保证所发学位证书的规格质量，国家统筹考虑后决定恢复分别制发学历证书和学位证书。1992年2月24日，国务院学位委员会办公室、国家教育委员会学位办公室联合发出了《关于制发学士学位证书的通知》，就高等学校本科毕业证书与学士学位证书分开制发的有关问题做了规定。本科学历证书仍由国家教育委员会高校学生司负责，学士学位证书的管理工作则由国家教育委员会学位办公室和国务院学位委员会办公室负责。全国统一印制的学士学位证书自1992年应届毕业生起使用。

进入20世纪90年代，随着省级学位委员会作为一个独立管理层级出现。为了积极发挥地方政府学位与研究生教育行政主管部门在学位证书管理工作中的职能作用，进一步加强学位证书的管理工作，1995年11月22日，国务院学位委员会办公室发出《关于进一步加强学位证书管理工作和改进学位证书发行办法的通知》。通知决定自1996年开始，学位证书实行国家、省（自治区、直辖市）、学位授予单位三级管理，学士学位证书格式由国家教育委员会制定，硕士学位和博士学位和各种专业学位的证书格式由国务院学位委员会制定，并改进学位证书征订发行办法。

90年代后期，北京市、广东省、上海市、湖北省、湖南省等地公安机关相继破获伪造、买卖学历、学位证书的案件，此类违法行为严重干扰到了国家学历、学位证书制度，损害了国家学历、学位的声誉。为了进一步加强学位证书管理，1998年8月17日，国务院学位委员会办公室下发《关于开展学位证书认证咨询工作的通知》，要求各学位授予单位的学位主管部门应建立健全本单位的学位授予情况基本数据库，并接受社会用人部门的有关查询工作；同时，国务院学位委员会办公室授权高等学校与科研院所学位与研究生教育评估所为国内学位的认证咨询机构。因此，用人部门在招聘、录用人员时，对应聘人员的学位证书如有疑问，可直接向有关学位授予单位查询，也可向评估所咨询，评估所将对送鉴的学位证书进行审查、鉴定，并及时向用人部门反馈认证结果。

为了强化学位证书的权威性，抵制社会不法分子对于学位证书的扰乱行为，国家在认真调查研究和广泛征求意见的基础上，1998年2月5日，国务院学位委员会、国家教育委员会下发《关于调整学位证书格式的通知》，决定自1998年起开始使用新式学位证书。为了加强对学位授予工作的管理和保证所发学位证书的规格质量，博士、硕士和学士三级学位证书由国务院学位委员会办公室统一印制，由学位授予单位颁发，并对新式学位证书的格式、学位证书的防伪、学位证书的编号和学位证书颁发工作做了说明和规定。

（1）博士学位证书格式

证书封面为紫红色，上部印有中华人民共和国国徽，下部印有"博士学位证书"字样；内部环衬为淡黄色绫子糊裱；内芯左侧印有中华人民共和国国徽和"博士学位证书"字样，右侧烫金方框内以黄色底纹衬托有关文字，右上角有粘贴学位获得者照片的方框。证书内页样本见图2-7。

（2）硕士学位证书格式

证书封面为藏蓝色，上部印有中华人民共和国国徽，下部印有"硕士学位证书"字样；内部为印金环衬；内页左侧印有中华人民共和国国徽，右侧烫金方框内以淡蓝色底纹衬托有关文字，右上角有粘贴学位获得者照片的方框。证书内页样本见图2-8。

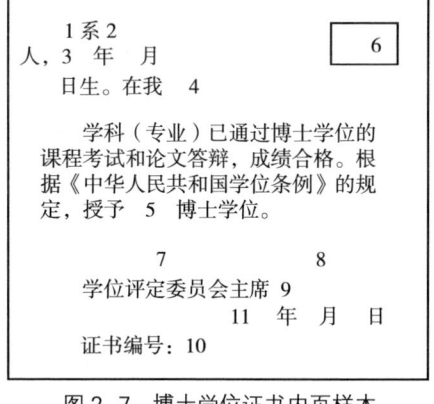

```
1 系 2                              6
人，3 年 月
日生。在我    4
    学科（专业）已通过博士学位的
课程考试和论文答辩，成绩合格。根
据《中华人民共和国学位条例》的规
定，授予  5  博士学位。
            7        8
     学位评定委员会主席 9
               11 年 月 日
     证书编号：10
```

图2-7 博士学位证书内页样本

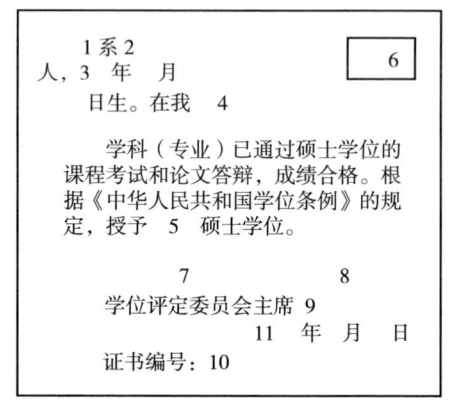

```
1 系 2                              6
人，3 年 月
日生。在我    4
    学科（专业）已通过硕士学位的
课程考试和论文答辩，成绩合格。根
据《中华人民共和国学位条例》的规
定，授予  5  硕士学位。
            7        8
     学位评定委员会主席 9
               11 年 月 日
     证书编号：10
```

图2-8 硕士学位证书内页样本

上图样本中注明的"编号"依次为：1代表学位获得者姓名的全称；2代表学位获得者的籍贯；3代表学位获得者的出生年月；4代表学位获得者所获学位的二级学科名称（按一级学科授权的学科、专业则代表一级学科名称）；5

代表学位获得者所获学位的学科门类；6代表学位获得者的近照；7代表学位授予单位全称和校（院、所）长的橡皮刻章（证书专用）；8代表校（院、所）长的签字或签字刻章；9代表学位评定委员会主席的签字或签字刻章；10代表证书编号；11代表学位授予单位学位评定委员会批准授予学位的日期。

特别需要指出的是新版证书在防伪和网络查询方面做了很大改进：①新格式学位证书增加了防伪措施，即在学位证书内页左下角采用无色油墨暗印"国务院学位委员会办公室印制"字样，可在验钞机荧光灯照射下显现；同时，还将采用计算机防伪技术，以保证防伪的可靠性和安全性；②为便于全国计算机联网检索查询和实现防伪检查，学位证书采取全国统一编号。证书编号为十二位数，前五位为学位授予单位代码；第六位为授权学位的级别，如：博士为2，硕士为3，学士为4；第七、八位数为授予学位的学年度，如：1998年为98、2000年为00；后四位为各校按授予人员排序的顺序号码。

（二）学位服

约翰·洛斯（John Ross）在撰写的《西方服装的发源》（*A History of Costume in the West*）中谈及，"大学是在13世纪的罗马获得了规定其装束的权利。"伴随着学位制的发展，学位服逐渐形成了独立的形态，并且蕴含了极其丰富的内涵。时至今日，学位服已经不局限于厚重的历史根源，而更侧重其社会内涵和现实意义。学位服不仅是获得学位的有形标志，而且是现代社会尊重知识、尊重人才的客观物质象征[①]。

为了进一步完善我国学位制度和适应改革开放的需要，根据学位授予单位工作的实际情况和要求，国务院学位委员会第十二次会议决定，制定一套既有中国特色又符合世界惯例、统一规范的学位服。1994年5月10日，国务院学位委员会办公室发出的《关于推荐使用学位服的通知》中指出，学位服是学位有形、可见的标志之一。实行学位服有利于进一步完善我国学位制度，有利于全社会进一步尊重知识和人才，有利于激发攻读学位者的学习积极性，有利于加强学位授予工作的管理和国际交流，因此推荐使用统一规范的学位服。该通知对学位服着装规范和简样进行了详细说明。其中着装规范选录如下。

（1）学位帽。学位帽为方形黑色；戴学位帽时，帽子开口的部位置于脑后正中，帽顶与着装人的视线平行。

（2）流苏。博士学位流苏为红色，硕士学位流苏为深蓝色，校（院、所）

---

① 马久成，李军. 中外学位服研究[M]. 北京：中国人民大学出版社，2003：7.

长帽流苏为黄色；流苏系挂在帽顶的帽结上，沿帽檐自然下垂。未获学位时，流苏垂在着装人所戴学位帽右前侧中部；学位授予仪式上，授予学位后，由学位评定委员会主席（或校、院、所长）把流苏从着装人的帽檐右前侧移到左前侧中部，并呈自然下垂状；校（院、所）长、学位评定委员会主席及委员（或导师）及已获得学位者，其流苏均垂在所戴学位帽的左前侧中部。

（3）学位袍。博士学位袍为黑、红两色（黑色为主色），硕士学位袍为蓝、深蓝两色，导师服为红、黑两色（红色为主色）；穿着学位袍，应自然合体。学位袍外不得加套其他服装。

（4）垂布。垂布为套头三角兜型，饰边处按文、理、工、农、医、军事六大类分别标为粉、灰、黄、绿、白、红颜色；垂布佩戴在学位袍外，套头披在肩背处，铺平过肩，扣绊扣在学位袍最上面纽扣上，三角兜自然垂在背后。垂布按授予学位的文、理、工、农、医、军事六大类分别佩戴。

（5）附属着装。内衣：应着白或浅色衬衫。男士系领带，女士可扎领结；裤子：男士着深色裤子，女士着深色或深、素色裙子；鞋子：应着深色皮鞋。

学位服简样包括导师服、博士服和硕士服，每类服装又由学位袍、学位帽、流苏和垂布（披肩）四部分组成，见图2-9。

导师服　　博士服　　硕士服

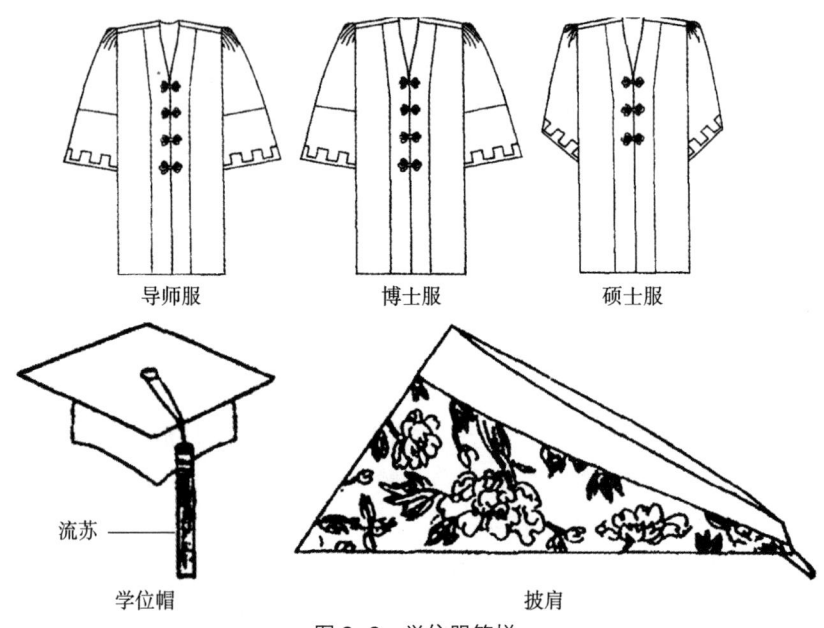

流苏　学位帽　　　披肩

图2-9　学位服简样

第五节　建立专业学位制度，服务社会需求

我国学位条例的实施为高等学校和科研院所培养教学、科研方面的高级专门人才做出了重要贡献。进入20世纪80年代中后期，随着改革开放的深入推进，教学和科研领域高层次人才匮乏的局面得到了缓解，我国高级专门人才的培养面临着转向。同时期，随着社会主义市场经济建设目标的确立，国民经济建设和改革主战场对高级专门人才的呼声愈发强烈，特别是工程技术、财政、医药等领域存在突出的人才需求和可利用人才不对称的问题。为此，国家围绕高层次人才培养过程中"生源单一""类型单一"和"流向单一"[1]的问题展开调研，并制定了一系列改革措施，取得了较为显著的效果。20世纪90年代，我国开始试办专业学位，以满足社会主义市场经济发展对大批高层次应用型人才的迫切需求。

一、探索高层次应用型人才培养

我国学位制度实施初期，学位工作的主要目标是培养教学和科研领域的高级专门人才，填补"文化大革命"后高等学校和科研机构出现的人才断层。20世纪80年代中期，随着我国自主培养的博士、硕士逐渐进入高等教育和科研领域，人才断层的窘境得以缓解。但是，随着中国特色社会主义市场经济建设的推进，以工矿企业为代表的生产领域对高层次应用型人才的需求日渐强烈。在此背景下，应用型、复合型人才培养成为当务之急。

（一）高层次应用型人才需求的时代背景

恢复招收研究生以后，为了支撑我国工业体系的建设和转型，工科类研究生在校人数占研究生在校总人数的比例达到了45%，工科类研究生教育擎起了我国研究生教育的半壁江山。但是，受"文化大革命"的影响，工厂停工，之前入厂的工科大学生技术退化严重，并与时代发展促使技术本身变化巨大叠加，整个企业界面临知识更新和技术更新的巨大挑战。此外，学位制度刚刚实施，高层次人才整体紧俏，应届毕业的工学博士、硕士，甚至本科生不愿意去大型厂矿企业就业，不能很好地适应社会经济发展的需求。同时，改革开放的

---

[1] 谢桂华. 学位与研究生教育工作实践及思考[M]. 北京：高等教育出版社，2002：259.

深入推进使中小企业也面临着高层次技术人才的短缺。因此，我国学位制度实施不久，清华大学、西安交通大学等高校率先开始探索工科研究生培养模式改革。西安交通大学研究生院原院长张文修在访谈中就此回忆说：

> 当时搞工程硕士，主要是回笼"文化大革命"前进入企业的大学生。当时对他们进行单独考试，成批培养。以采矿行业为例，根本没法对他们进行住校培养，只好到他们那里去，一次培养一个班，一个班一二十人，这下就基本能解决了厂里的技术人员培养问题。从课程开设到毕业论文设计，全部都是围绕厂里的实际问题展开的。

1984年11月，清华大学、西安交通大学等11所工科院校在西安交通大学召开了工程类型硕士培养研讨会，时任西安交通大学研究生院副院长张文修组织了会议讨论。会后，11所学校联合向国家教育委员会提出《关于培养工程类型硕士生的建议》，认为工科院校研究生培养工作中的一个重要任务是尽快培养出大批适应工矿企业、生产和应用研究单位需要的、能够独立担负专门技术工作的高级工程科技人才，并建议培养工程类型硕士生[①]。这一建议得到国家教育委员会的高度重视。12月，研究生工作办公室转发这一建议并开始着手部署部分高等学校试点工作。

之后，国务院学位委员会和国家教育委员会联合卫生部、中国人民银行总行教育局、最高人民法院教育厅、最高人民检察院干部教育局、司法部教育司等部门发布了《培养医学博士（临床医学）研究生试行办法》《关于下达〈"货币银行学""国际金融"两个专业硕士生（应用型）参考性培养方案〉的通知》《关于下达〈"刑法""民法""国家经济法"三个专业硕士生（应用型）参考性培养方案〉的通知》。上述文件均指出，为了满足工矿企业、货币金融领域、医疗卫生领域和国家司法机关等社会实际工作部门对高层次专门人才的需求，在继续培养学术型人才的同时，要积极探索应用型硕士学位类型人才的培养，并且在规格上进行了进一步明确，即学术型学位与应用型学位属于同一层次和同一水平，仅是培养目标各有侧重。同时，上述文件均强调要从招生、培养方案、教学过程、学位论文等环节体现应用型硕士学位的特点。此外，为了保证质量，继续采取传统的试点模式。

（二）开展高层次应用型人才培养试点的经验

1985年，工程类型硕士的试点工作率先展开。之后，临床医学博士和应

---

① 张文修. 研究生教育创新与创新教育[M]. 北京：清华大学出版社，2006：1.

用文科硕士的试点工作相继开展。到 1990 年，通过 5 年的试点工作，相关学位授予单位积累了大量经验，为后续专业学位的正式设置打下了良好的基础。这些经验主要包括以下三方面的内容。

一是招生对象主要面向在职人员。经过几年的试点工作，国家教育委员会 1989 年下发的《关于加强培养工程类型工学硕士研究生工作的通知》指出，要重视和提倡从用人单位录取研究生；《培养医学博士（临床医学）研究生试行办法》中要求临床医学招生时，除参加医学科学博士相同的考试，还要加考临床技术操作能力；应用文科硕士招生则要求以有实践经验的在职人员为主，一般应是业务骨干和领导干部的后备力量。

二是培养方式更加注重结合实践。《关于加强培养工程类型工学硕士研究生工作的通知》指出，培养过程务必要切实结合生产实际，在培养过程中要注意加强新产品设计和研制、新工艺、新技术的研究和开发应用能力培养；《培养医学博士（临床医学）研究生试行办法》中要求在培养方式上实行在第二级和第三级学科有关专科轮转培训；应用文科硕士则要求聘请实际工作部门中具有高级专业技术职务的专家与高校教师联合培养，同时让学生到实际工作部门进行挂职实践。

三是学位论文体现实际问题的解决能力。《关于加强培养工程类型工学硕士研究生工作的通知》指出，论文选题应该来源于生产实践之中，具有一定的技术难度、一定的工作量和较高的应用价值；《培养医学博士（临床医学）研究生试行办法》中要求论文选题要密切结合临床实际，对临床有一定的实用价值和指导意义，实践水平相当于新入职的主治医生的业务水平；应用文科硕士则要求学位论文要密切结合实际，专题研究和调查研究报告形式均可，具有一定的实用价值。

二、设置和试行专业学位制度

1990 年，国务院学位委员会办公室批准设置工商管理硕士学位，开启了专业学位制度实施的大幕，为专业学位制度和专业学位研究生教育体系的建立和发展积累了宝贵而丰富的经验。此后，又陆续设置和试办了建筑、教育、法律等国民经济发展急需的相关专业学位，有力地支撑了社会主义市场经济的建设和发展。

（一）我国设置的第一个专业学位

20 世纪 80 年代末，设置和试办职业学位被正式提上议事日程。1988 年

10月，国务院学位委员会第八次会议明确，我国将正式设置职业学位。1989年，国务院学位委员会办公室和国家教委研究生司发布《关于设立"培养中国式MBA研究小组"的通知》，正式成立了以南开大学钱荣教授为组长、天津大学印邦炎教授为副组长的"培养中国式MBA小组"。同年，国务院学位委员会发布《关于组建"医学职业学位研究小组"的报告的批复》，同意卫生部组建医学职业学位研究小组，由陈敏章任组长，曹泽毅、王忠烈任副组长。

1990年10月5—6日，国务院学位委员会第九次会议在北京举行，会议决定将"职业学位"的名称调整为"专业学位"，并原则同意在我国设置和试办工商管理硕士学位；会议通过了《关于设置和试办工商管理硕士学位的几点意见》，标志着专业学位制度在我国正式确立。该意见对设置工商管理硕士学位的必要性、工商管理硕士学位名称、试点开展问题等进行了说明。其中对设置工商管理硕士学位的必要性进行了明确。

我国学位条例实施十年来，为培养教学、科研方面的高级专门人才做出了重要贡献。当前，随着改革开放的深入发展，我国高级专门人才的培养必须面向日益发展的国民经济建设。

设置工商管理硕士学位和试行培养工商管理硕士研究生的工作，目的在于通过这条路径培养出一批具有坚定正确的政治方向，懂得专业，能卓有成效地组织和指挥社会化大生产，善于经营，能够适应社会主义有计划的商品经济发展需要的中、高级管理人才，为我国的经济建设、社会发展，以及改革、开放事业服务。同时，这种专业学位的设置将使我国的学位制度更趋完善，将推动我国高级专门人才培养的多样化，使学位制度进一步适应科学技术事业和经济建设发展的需要。

1991年3月12日，国家教育委员会研究生工作办公室遵照《关于设置和试办工商管理硕士学位的几点意见》下发了《关于进行工商管理硕士学位试点工作和进一步开展研讨会工作的通知》，就我国创办的第一个工商管理硕士专业学位，以及试点开展的指导思想进行了进一步明确。

随着国民经济建设和改革、开放事业的发展，我国高级专门人才的培养工作必须进行相应的改革，使人才的培养更好地适应社会的实际需要，为此国务院学位委员会原则批准设置和试办工商管理硕士专业学位。

试点工作必须从我国经济建设的实际出发，结合国情，根据工商企业和经济管理部门对高层次管理人才的需要开展工作。工商管理硕士的培养不应是现有研究生培养方式的简单移植，也不应是外国培养方式的机械模仿。应根据我国实际情况，在实践中不断总结经验，探索培养符合我国经济建设需要的工商企业和经济管理部门的中级以上管理人才的途径。

清华大学、中国人民大学、天津大学、南开大学、哈尔滨工业大学、复旦大学、上海财经大学、厦门大学、西安交通大学9所大学首批被批准开展工商管理专业学位硕士研究生培养试点单位。此外，通知还对试点单位做好工商管理硕士招生、培养、研讨等工作基本要求作了明确规定。

（二）扩大专业学位领域试点

我国第一个专业学位工商管理硕士的顺利试办和各领域对高层次应用型人才的迫切需求使各行各业对设置本领域专业学位的呼声日趋强烈。对此，时任国务院学位委员会办公室副主任谢桂华围绕哪些职业领域考虑设置专业学位和哪些职业领域不需要设置专业学位进行了解释和说明。

首先应当明确的是，并不是所有职业都有必要设置相应的专业学位。设置专业学位的职业应是专门技术层次较高，有独特的知识领域并有鲜明的实践性的专业技术职业；该职业要求从业者的学历起点要高，其主要专业人员既要掌握本职业所需的专业理论知识，又要接受高水平的专业训练。有些职业虽然有较高的专业训练，但是不需要很高的专业理论知识，如按摩师等，这些职业可以通过发放一些职业教育层次证书即可。

因此，我国在进一步扩大专业学位领域试点的过程中，充分考虑了该领域是否具有明确、特定的行业或职业背景，以及是否需要较高的复合型知识结构和能力结构。明确、特定的行业或职业背景主要含义有二：一是拟设置的专业学位必须对应某一行业或职业；二是该行业或职业在经济社会发展中具有重要作用，辐射面广泛。复合型知识结构和能力结构则要求根据行业或职业岗位对于相应人才培养规格和口径的需求设置专业学位，按照学科领域进行有针对性的课程设置，同时要区别于学术型人才的重理论轻实践的培养模式，着力培养分析问题和解决问题的综合能力。

在此基础上，国务院学位委员会先后通过调研、论证、试点的方式逐渐设置和试办了建筑学学士和硕士、教育硕士等10类专业学位。到20世纪90年代末，专业学位总类别达到了11种。专业学位类别的不断丰富和规范化发展为我国专业学位进入21世纪以后的快速发展打下了坚实的基础。

三、专业学位设置概况

经过十年的发展，我国专业学位经历了从无到有、快速发展的过程。我国专业学位设置领域由20世纪90年代初的1个领域扩展到11个领域，专业学位授予人数由零发展到15000多人。

（一）20世纪90年代专业学位设置领域

1991年我国试办工商管理硕士专业学位后，又相继在建筑学、法律领域设置和试办了专业学位。经过5年的试办运行，1996年7月22日，国务院学位委员会发布了《专业学位设置审批暂行办法》，在完善我国学位制度，加速培养经济建设和社会发展所需要的高层次应用型专业人才，促进专业学位的设置和管理等方面发挥重要作用。

《专业学位设置审批暂行办法》对于专业学位的设置条件和设置程序进行了如下明确规定。

（1）专业学位的设置，应本着积极稳定的方针进行，经过试点、积累经验、保证质量、逐步推广、健康发展的原则。

（2）由有关行业主管部门或高等学校联合行业主管部门提出专业学位的设置，由国务院学位委员会办公室会同有关单位组织专家进行论证，报国务院学位委员会审批。

（3）批准设置的专业学位，由国务院学位委员会办公室组织实施，并协调有关行业、部门成立全国性的专业学位教育指导委员会，制定培养方案和评估标准。

（4）授予专业学位的高等学校，与专业学位相关的学科、专业应有相应的学位授予权，有较高的教学水平和良好的办学基础，有长期稳定的专业实践场所。

（5）申请授予专业学位的高等学校经本单位学位评定委员会讨论通过及本单位主管部门批准后，向国务院学位委员会办公室报送有关材料。国务院学位委员会办公室组织有关方面的专家对申请单位的教学水平、办学条件、管理工作等方面进行评估。符合条件的高等学校由国务院学位委员会办公室批准进行试点。

（6）经批准可授予专业学位的有关高等学校须接受相应专业学位教育指导委员会的指导，在招生、培养和学位授予等方面执行国家有关规定，切实保证学位授予质量，并定期接受检查和评估。对学位授予质量达不到标准的单位，国务院学位委员会办公室将停止该单位进行此项工作。

1991—2000年，我国先后设置和试办了工商管理硕士、建筑学学士和硕士、法律硕士、教育硕士、工程硕士、临床医学硕士和博士、公共卫生硕士、口腔医学硕士和博士、兽医硕士、农业推广硕士、公共管理硕士共11类专业学位,极大地满足了经济社会发展对于应用型专门人才的需求,取得良好效果(表2-25)。

表2-25　1990—2000年专业学位设置情况

序号	专业学位类别	设置时间	培养目标
1	工商管理硕士	1990年	培养经济管理部门或者工商管理企业培养高层次综合性管理人才,是我国设置得第一个专业学位
2	建筑学学士 建筑学硕士	1992年	培养建筑行业具备建筑师知识和能力的高层次专业人才,是我国设置的第二个专业学位,分为学士和硕士两个层级。该专业学位的突出特点就是与建筑师注册制度密切衔接
3	法律硕士	1995年	培养律师、公证、审判、执法等相关领域培养高层次专门人才
4	教育硕士	1996年	培养基础教育教学和管理等相关领域培养高层次专门人才
5	工程硕士	1997年	培养工矿企业、工程建设部门等相关领域高层次应用型和复合型工程技术和工程管理专门人才
6	临床医学硕士 临床医学博士	1997年	培养具备扎实理论基础和系统的专业知识、具备较强的临床分析和思维能力,能独立处理本学科常见的临床病,同时具备可以指导下级医师的专门人才。临床医学专业学位分为博士和硕士两个层级
7	公共卫生硕士	1997年	培养适应社会主义市场经济需要的高素质、高层次公共卫生应用型专门人才
8	口腔医学硕士 口腔医学博士	1997年	培养具备扎实理论基础和系统的专业知识、具备较强的临床分析和思维能力,能独立处理本学科常见的临床病的专门人才。口腔医学专业学位分为博士和硕士两个层级
9	兽医硕士 兽医博士	1999年	培养全国动物医疗、动物检疫、动物保护、畜牧生产、兽医执法与管理等部门高层次复合型、应用型人才
10	农业推广硕士	1999年	培养农业技术研究、应用、开发及推广,农村发展,农业教育等企事业单位和管理部门应用型、复合型高层次人才
11	公共管理硕士	1999年	培养德才兼备、适应社会主义现代化建设需要的高层次、应用型、复合型的管理人才。是为适应社会公共管理的现代化、科学化和专业化的要求而设立的

(二)20世纪90年代专业学位授予规模

工商管理硕士是我国的第一个专业学位,1990年获准设置和试办,1991年正式开始招生培养。截至2000年年底,共有工商管理硕士、建筑学学士和硕士、法律硕士、教育硕士、工程硕士、临床医学硕士和博士6类专业学位开展了学位授予工作,共授予3501人学士学位、11926人硕士学位,授予45人博士学位(表2-26)。

表 2-26　1990—2000 年各专业学位类别学位授予情况（截至 2000 年年底）

序号	专业学位类别	开展时间	学位授予人数/人
1	工商管理硕士	1991 年	8067
2	建筑学学士 建筑学硕士	1992 年	3501 841
3	法律硕士	1995 年	1065
4	教育硕士	1996 年	395
5	工程硕士	1997 年	739
6	临床医学硕士 临床医学博士	1998 年	819 45
7	公共卫生硕士	2000 年前未开展	截至 2000 年年底 无毕业生
8	口腔医学硕士 口腔医学博士	2000 年	
9	兽医硕士 兽医博士	2000 年	
10	农业推广硕士	2000 年	
11	公共管理硕士	2000 年	
	合计		15472

数据来源：1990—2001 年历年中国教育年鉴

本章小结

20 世纪 90 年代是我国学位制度实施进程中至关重要的十年。这十年里，我国始终坚持以实施过程中的问题为导向，通过学位授权审核工作重心下移、修订学科专业目录、调整学位授予结构、加强学位管理体系建设和建立专业学位制度等措施不断完善和规范各项学位制度的实施规章，取得了较为明显的成效。

一是学位授权审核工作重心下移。我国学位制度建立之初，学位制度的实施是国家统一和集中开展的。在特定的历史背景下，这种体制与当时高度集中统一的计划经济体制相适应，发挥了积极的作用。随着社会主义市场经济体制的不断完善和我国高等教育事业的蓬勃发展，计划体制下高等学校办学活力不足等问题逐渐显露。国务院学位委员会先后通过拓宽学位授权的学科口径，按一级学科进行授权，下放博士研究生导师审核权、硕士学位点审核权和学士学位审核权，以及实施学位授权审核动态管理等手段，推动学位授权审核工作重心下移，极大地增强了高等学校的办学活力。

二是修订学科专业目录。我国学位制度实施的最初十年里，受计划经济体制和苏联高等教育理念的影响，学科专业目录设置存在较为突出的"专业对口"思想。伴随着知识体系更新的和经济社会的发展，原有学科专业目录在学位授权审核、高层次人才培养和学位授予过程中的功能和作用逐渐衰减。进入20世纪90年代，国务院学位委员会本着"科学、规范和拓宽"的原则，历时一年半，先后经过学科评议组讨论、专题专项讨论和广泛征求意见等环节，最终完成了1997年版《授予博士、硕士学位和培养研究生学科专业目录》的修订工作。本版学科专业目录新增了管理学学科门类，一级学科增幅明显，由72个一级学科增加至89个一级学科；二级学科大幅度减少，由620个二级学科减少至386个二级学科。此外，1993年和1998年分别修订了本科专业目录，实现了与博士、硕士学科专业目录的对接。

三是调整学位授予结构。我国学位制度建立以后，硕士学位授予规模的稳步发展极大地缓减了高层次教学和科研人才短缺。随着经济社会的快速发展，硕士和博士学位的不均衡发展对经济社会发展支撑不足、学位授予类型单一等问题进一步凸显。进入20世纪90年代，我国先后通过积极发展硕士、博士学位，优化学位授予结构，增设专业学位丰富学位授予类型，规范成人本科毕业生、同等学力申请硕士、博士学位人员、来华留学生、中外合作办学等其他形式学位授予完善学位授予结构，取得了较为显著的成效。1991—2000年共授予3720505人学士学位，其中授予3501人学士专业学位；共授予363610人硕士学位，其中授予11971人硕士专业学位、授予25407人在职人员硕士学位；共授予57596人博士学位，其中授予713人在职人员博士学位。经过十年的发展，博士、硕士和学士学位授予比例由80年代的1∶26∶295变为1∶6∶65，学位授予结构得到了优化。

四是加强学位管理体系建设。20世纪90年代，伴随着政府职能的转变，我国通过设立省级学位委员会，成立中国学位与研究生教育学会、中国研究生院院长联席会等社会组织健全学位管理体系；建立学位管理干部研修制度、表彰学位管理先进集体、探索信息化管理机制等加强学位授予管理机构建设；表彰有突出贡献的中国博士和硕士学位获得者，开展优秀博士学位论文评选等加强学位授予质量激励机制；成立高等学校与科研院所学位与研究生教育评估所、中国学位与研究生教育学会评估工作委员会等，以形成学位授予质量第三方评估机制；召开研究生培养工作会议、研究生教育座谈会等建立政府调节机制等系列机制保障学位授予质量。此外，学位证书、学位服等学位相关制度也得到了进一步完善。

五是建立专业学位制度。我国学位制度实施初期，主要聚焦学术型人才培养，教学、科研人才短缺得到了极大的缓解，而经济建设主战场和各行各业对应用型人才的需求呼声日益强烈，特别是工程技术、财经政法和医药等领域急需一大批高层次应用人才。进入20世纪90年代，为了进一步满足经济社会对应用型人才的需求，我国建立了专业学位制度，并率先在工商管理领域开展了试点工作。开辟了高层次毕业生流向实际工作岗位的新渠道，服务于我国由高度集权的计划经济体制向社会主义市场经济的转型。

到20世纪末，我国学位制度经过20年的实施，基本形成了中国特色的学位制度实施体系，基本建立了学科门类与类型齐全、结构布局相对合理的学位授权和学位授予体系，共授予5787126人学士学位、542272人硕士学位、64595人博士学位，基本实现了立足国内自主培养高层次人才的战略目标。

第三章

我国学位制度实施体系的发展

我国学位制度经过20年的实施和完善，制度体系逐步成熟，为高层次人才培养、科技水平的提高、经济社会发展做出了巨大贡献，取得了世人瞩目的成就[1]。进入21世纪，科学技术突飞猛进，新技术广泛应用，世界各国为了提高国家创新能力和国际竞争力，纷纷对高层次人才培养制度和学位制度进行了改革。我国在新世纪实施现代化建设发展战略，确立了全面建设小康社会的奋斗目标，学位制度实施在国家"科教兴国"和"人才强国"战略中的地位和作用更加突出。

第一节 21世纪学位制度实施的新变化

21世纪，以计算机网络技术、生物医学工程技术、航空航天技术、核能技术为代表的新技术迅速崛起，快速渗透经济社会的各个领域。随着科技的发展、国家改革开放的深化和我国社会主义市场经济体制的初步确立，学位制度实施面临着新世纪社会需求的新变化和环境发生重大变化的挑战，学位制度体系需要根据经济社会发展和国家战略进行改革。

---

[1] 赵沁平. 勇于创新积极探索，大力推进研究生培养工作的改革[J]. 学位与研究生教育，2000（1）：3-8.

一、21世纪对高层次人才培养的新要求

高层次创新人才是一个国家教育和科技发展水平的重要标志。为了提高人才培养质量，1999年国务院下发了教育部制定的《面向21世纪教育振兴行动计划》，提出要实施"高层次创造性人才工程""瞄准国家创新体系的目标，培养造就一批高水平的具有创新能力的人才"这一新世纪高层次创新人才培养的目标。新世纪我国经济发展和社会进步的需要及高层次创新人才培养目标，对学位制度实施提出了新要求。

第一，我国加入世界贸易组织以后，经济结构和产业结构发生了变化，国家发展对高水平科学技术和高素质人才培养提出新要求。一方面，随着国际交流越来越多，国内教育市场的开放度将越来越大，高等教育面对的国际竞争也将越来越激烈。另一方面，落实"科教兴国"战略，实现2000年战略目标和2010年远景目标，必须改革和完善我国的学位制度，加快学科建设步伐，继续实行多学科渗透和融合，根据我国经济建设和社会发展需要，为学位授予单位提高自身竞争力和拓展发展空间提供更有利的制度保障，培养具有高尚情操和创新品质的高素质人才。

第二，信息技术渗透社会、经济、文化、教育各领域，改变着人们的生活、生存条件和方式，学位制度实施作为高层次人才培养的主要途径，受到的影响更突出。在技术快速发展的背景下，多学科交叉综合发展成为一种新的发展趋势。通过学科的交叉综合，形成了一批新的新兴交叉学科和边缘学科。与此同时，原有学科间的界限正在逐步淡化，高新技术的发展，为学科设置、学科整合提供了发展导向。在各学科发展过程中，生命科学、信息科学、系统科学等新的学科正在迅速崛起。学位制度实施面临学科边界模糊和新兴学科特殊性等问题。同时，技术的进步和研究设备的升级，尤其是在高超技术环境条件下对微观和宏观物质运动规律研究的技术条件的改善，微电子学、计算机技术、激光技术、新材料技术、新能源工程技术、航天技术、海洋技术和生物工程技术等方面的研究成为21世纪科学技术发展的主体。科学研究成果的转化为国家经济发展提供了新动能。科研成果转换的周期日趋缩短将会在短期内实现应用产品的开发，以高技术产业化为主体的新经济成为新世纪世界经济发展的主要特征。各国为了适应日益剧烈的经济竞争，都十分重视区域的国家间的优势互补，企业为了自身的生存与发展，也加大了研究的投入和对人才的争夺。

第三，国家"人才强国"战略对高层次人才培养提出了更加迫切的需求，高等教育承担着培养数以千万计的专门人才的重要使命，因而对学位工作提出了更加迫切的要求。2003年召开的全国人才工作会议，下发了《中共中央国务院关于进一步加强人才工作的决定》，明确提出要把实施人才强国战略放在关系党和国家事业发展全局的重要地位，指出要抓紧培养造就一批忠诚实践"三个代表"重要思想、善于治党治国治军的政治家，培养造就一批熟悉国际国内市场、具有参与国际竞争能力和水平的优秀企业家，培养造就一批具有世界前沿水平的各类高级专家，特别是要抓紧培养造就一批中青年高级专家。高层次人才不仅要掌握本学科发展的前沿知识，而且要具有本学科坚实基础理论和较为广博的相邻学科的知识，同时要富有求异创新的探索精神和极强的研发能力，以适应未来国际经济、科技竞争日趋剧烈的趋势。

二、21世纪学位制度实施面临的新挑战

跨入21世纪后，国际环境的变化、教育国际化和国家发展对高层次人才需求的重大变化，是学位制度实施面临的新挑战。

第一，提高人才培养与学位授予质量，需要不断完善学位管理制度。质量是学位授予工作的生命线，已成为社会各界普遍关心的问题。只有规范管理、加强监督保证质量，学位制度实施体系改革才能顺利进行。保证和提高学位授予质量，既有赖于国家整体科学技术和教育水平的提高，有赖于国家经济实力的增强和对研究生教育投入的增长，也有赖于学位自身管理水平的提高。进入新世纪，我国学位授予规模不断增长，学位授予种类不断增多，学位授予单位的办学自主权不断扩大。在快速发展的同时如何保证学位授予质量，是新时代的新命题。保障和提高学位授予质量需要进一步强化质量意识，加强教风学风建设，建立质量保障机制，规范各学位授予单位管理，建立全方位质量保障体系。

第二，发展学位制度实施体系，需要加强学位法制建设。《中华人民共和国学位条例》是在我国恢复研究生教育不久，国内尚无其他教育法律可供依照的情况下制定的，对建立我国学位制度、保证学位与研究生教育工作的顺利开展发挥了重要作用。经过20多年的不断改革和发展，国际形势和国内经济社会各方面都发生了深刻的变化。随着全社会法制观念和权益保障意识的增强，学位制度实施过程中涉及学位的纠纷和法律案件越来越多，学位工作实践中长期存在和积累的问题也需要通过完善法律来加以解决。与此同时，我国学位制

度实施过程中积累的许多成功经验,也需要通过立法形式予以确定。从1994年开始,国务院学位委员会开始着手组织《中华人民共和国学位条例》及其暂行实施办法的修订工作。1997年,原国家教委就将修订《学位条例》列入立法计划,开始启动修法工作。进入新世纪以后,《学位条例》的修订和《学位法》的立法工作继续推进,2001年开始连续多年被列入国务院学位委员会年度工作要点。在此期间,国务院学位委员会设立《中华人民共和国学位法》草案制订专家小组并展开研讨,有很多专家参与了立法研究并提出了修订草案。

第三,适应经济社会快速发展,需要进一步优化学科结构和布局。伴随着我国科学技术的进步,社会的不断发展和经济体制改革的深化,社会对高层次人才的要求也在不断发生变化,结构优化问题日益凸显。一是交叉学科、边缘学科、新兴学科的不断涌现,改革专业划分过细、专业设置不够规范,都要求重新审视我们的学科目录。因此,选择适当时机对现行的专业目录进行一次修订是必要的。二是我国经济近年快速发展的过程中,地区间经济发展不平衡明显加大,区域协调发展的区域布局问题是涉及国家宏观发展战略的大问题,要适应国家西部大开发战略的需要。学位授权审核要重点扶持西部和欠发达地区,包括民族地区的学位制度实施工作。三是我国需要摆脱学位类型单一、人才培养规格单一的局面,开始建立具有我国特色的专业学位体系,转变原来的教学型和科研型培养,将培养的方向瞄准社会经济战场,加强对应用型、复合型人才的培养,同时发展多种专业学位,进一步完善学位授权体系。

三、21世纪学位制度实施的新发展

21世纪,全面适应现代化建设对各类人才培养的需要、面向国内外科技和经济的发展,积极稳步发展学位与研究生教育,须进一步完善学位制度体系。

一是适应经济社会新发展,加强学位制度实施体系建设。我国学位制度经过20年多年的发展与完善,已形成符合我国研究生教育发展实际,支撑研究生教育的健康发展,并具有鲜明特色的制度体系。但在实施过程中还存在许多问题,需要根据新的形势全面深入地研究,对原有法规进行修订和完善,进一步明确国家、地方政府、学位授予单位和社会中介机构在学位制度体系中的责权和定位。国务院学位委员会和教育部根据学位实施需要完善了法律法规,规划和宏观管理学位授予规模、质量、结构和效益的关系。2003年,国务院学位委员会关于对《中华人民共和国学位条例》等有关法规、规定进行了复函解释，对实施过程中的法规问题进行规定和解释。2005年，国务院学位委员会下发《关于调整增设马克思主义理论一级学科及所属二级学科的通知》，增设了马克思主义理论一级学科；2008年下发《关于增设"中国近现代史基本问题研究"二级学科的通知》，增设了中国近现代史基本问题研究二级学科。地方政府对区域研究生教育进行了统筹规划，支持本区域学位与研究生教育工作的发展，促进学位制度体系为地方经济社会发展服务。2010年国务院学位委员会下发《关于同意实施2008—2015年新增博士、硕士学位授予单位立项建设规划的通知》，各省、自治区、直辖市及中国人民解放军确定了拟立项建设博士学位授予单位和拟立项建设硕士学位授予单位数量。学位授予单位要按照国家和地方政府的规划，加强学科水平建设，提高人才培养质量，形成自己的特色。同时，鼓励社会中介机构对学位授予质量进行科学合理的评价，促进学校提高质量，为政府管理部门和社会公众提供公正、客观的信息。

二是进一步优化学位授权单位和授予规模的布局和结构，引导和鼓励分层次办学，使人才培养的层次结构与经济社会发展的需要相适应。丰富学位类型，在培养理论水平高、创新能力强的拔尖人才的同时，构建完整的高水平应用型专业人才培养体系。加强学科建设，尊重创新活动和学科建设的规律，支持学科交叉融合，促进新兴学科发展。实施分类指导，整合区域力量，加强资源共享，明确学位授予的区域定位和结构，根据区域实际鼓励建设特色学科，办出学校和学科特色。贯彻落实《面向21世纪教育振兴行动计划》，集中力量建设高水平的重点学科，学位授权审核向信息技术、生物工程、新材料、环境保护、生态农业等高新技术学科倾斜，促进我国高等教育的学科结构更好地适应世界科技、经济竞争的需要，形成一批高层次创造性人才培养和知识创新的基地，不断提高博士研究生的创新能力。加大高等教育学科专业和人才培养结构的调整力度，优先发展新兴学科，努力扩大信息技术、生物技术等高新技术类专业的人才培养规模。加大用信息科学提升和改造传统学科的力度。加快培养与世界贸易接轨的高层次经营管理人才。完善政策导向，在新增教育资源、重点学科建设等方面向结构调整倾斜。面向第一线，加大应用型人才的培养，促使高等职业教育与普通高等教育协调发展。

三是提高学位授予质量。一方面，建立健全学位质量评估体系，加强导师队伍建设，通过以科学研究为主导的导师责任制和资助制，强化导师责任，带动培养机制改革，保障学位授予质量。另一方面，重视硕士和博士创新能力的培养。高层次人才培养是一个教育与科研紧密结合的过程，学位授予单位要重视硕士和博士基本能力的培养，增强获取新知识、创造新知识的活力和能力。要重视打牢理论基础，加强基本实验能力训练。要注意理论联系实际，培养学生发现、分析和解决问题的能力。理工科研究生要重视数学和科学能力训练，提高逻辑推理能力；重视学习与科研相结合，课堂教学与工程实践相结合，提高解决实际问题的能力。哲学社会科学的研究生尤其要学会运用辩证唯物主义和历史唯物主义的立场、观点、方法，研究重大理论和现实问题。同时，我国要以加入世界贸易组织为契机，进一步扩大教育国际交流与合作，采取更加灵活有效的措施，积极促进双边和多边教育交流与合作，努力为西部教育发展争取更多的境外资源。研究和推动与国外互认学历、学位的工作。

四是加强学位制度实施保障监督机制建设。在国务院学位委员会的指导下，学位工作实行省级统筹、属地管理，大部分省、自治区、直辖市成立了省级学位委员会，各研究生培养单位成立了学位评定委员会，基本形成了中央、省级地方政府和学位授予单位三级学位管理体制。同时，提高管理工作水平，强化管理干部队伍建设，逐步建立了学位与研究生教育的检查评估制度。国务院学位委员会从1985年开始，进行学位与研究生教育检查和评估试点。进入21世纪，又持续开展了优秀博士论文评选、研究生论文抽查等工作，在评估的实践中建立了一套评估指标体系和评估方法，学位质量的检查和评估工作的方式不断丰富和完善，学位制度实施保障监督的相关法规、制度也逐步建立和完善[1]。

第二节 学位授权审核机制改革稳步推进

学位授权审核是学位制度实施的重要环节，是国家高层次人才的选拔和培养的保障[2]。依据学位条例，学位授予单位必须经国务院学位委员会审定并取得授权，才能在某一学科专业授予学位。我国学位制度经过20年的实施，学位授权审核机制不断完善，初步形成了学科门类齐全、学位质量能够得到基本保证的学位授权体系，学位授权审核工作逐步进入科学化、规范化、制度化的轨道。

---

[1] 王战军. 新世纪的研究生教育[J]. 清华大学教育研究，2000（4）：21-24.
[2] 袁本涛，王孙禺. 我国实施学位授权审核制度的反思与改革刍议[J]. 高等工程教育研究，2005（2）：72-75.

一、学位授权审核开展情况

截至 2000 年，我国有学士学位授权单位 665 个、硕士学位授权单位 655 个、博士学位授权单位 303 个；硕士学位授权学科、专业点共 8361 个，博士学位授权学科、专业点 1769 个，博士学位授权一级学科点 388 个。进入 21 世纪，面对经济社会发展的新形势，国务院学位委员会开展了两次学位授权审核。学位授权审核中开始尝试一系列循序渐进的改革，以科学发展观为指导，坚持标准、优化结构，努力满足国家经济建设、科技进步、社会发展和国家安全的需要。学位授权审核中扩大了一级学科授权，加强了省级学位委员会的统筹权，下放了部分研究生培养单位的自主权。

（一）学士学位授权审核

学士学位是本科层次高等教育所达到的学术水平的标志。进入 21 世纪，受市场经济发展新形势的影响，一方面为了拉动内需刺激经济增长，缓解国内就业市场压力，国家实施了高等教育扩招政策，学士学位授予人数大幅增加。另一方面，随着市场经济的繁荣和发展，国家、地方政府和企业急需大量不同类型的应用型人才，对学士学位授权审核提出了扩张规模的现实需求。

为了促进学位工作更好地服务经济建设和社会发展，国务院学位委员会将学士学位授权审核的权力下放，进一步加强省级政府对本地区学位工作的统筹权。《关于下放学士学位授予单位审批权的通知》明确了地方政府所属高等学校和国务院有关部门所属高等学校申请列为学士学位授予单位，以及有学士学位授予权的高等学校申请新增学士学位授予专业，由高等学校所在地的省、自治区、直辖市学位委员会负责审批；没有成立学位委员会的，由省、自治区、直辖市教委（教育厅）负责审批。审批结果报国务院学位委员会备案[1]。通过审批权下放，省级政府根据地方经济建设和社会发展需要，有效调节学士学位授予的布局和规模，提高了高校服务地方建设的能力。

从学士学位授予的专业设置情况看，1998 年版专业目录共有专业 249 种，其中工学和文学最多，占总专业数的 55%。2007 年我国实际设置专业种数为 641 种[2]。从实际设置情况来看，工学和文学占总设置总数的 47%，农学和历史

---

[1] 国务院学位委员会. 关于下放学士学位授予单位审批权的通知［EB/OL］.（1999-02-23）［2021-04-20］. http://www.moe.gov.cn/srcsite/A22/s7065/199902/t19990223_163532.html.
[2] 周光礼，吴越. 我国高校专业设置政策六十年回顾与反思——基于历史制度主义的分析［J］. 高等工程教育研究，2009（5）：62-75.

学的设置比例较低，医学、教育学和经济学的设置比例较高，如表3-1所示。

表3-1 学士学位授予专业目录与设置情况对比

项目	1998年（目录）数量/个	比例/%	2007年（实际设置）数量/个	比例/%
合计	249	100	641	100
工学	70	28.11	206	32.14
文学	66	26.51	97	15.13
理学	30	12.05	82	12.79
管理学	18	7.23	57	8.89
农学	16	6.43	35	5.46
医学	16	6.43	50	7.8
法学	12	4.82	38	5.93
教育学	9	3.61	45	7.02
历史学	5	2.01	8	1.25
经济学	4	1.61	18	2.81
哲学	3	1.2	5	0.78

数据来源：根据教育部官网数据整理

为了主动回应社会需求，更好适应产业结构和服务经济发展，我国通过本科专业设置，为国家培养了大批急需的应用型人才。尤其是高等教育步入大众化阶段以后，大学管理、办学模式与社会经济的联系更加紧密，本科专业新增规模加大。对比各个学科门类，2000—2010年工学、文学、理学、管理学新增专业数最多，如表3-2所示。

表3-2 2000—2010年本科专业新增情况

单位：个

年度	法学	工学	管理学	教育学	经济学	理学	历史学	农学	文学	医学	哲学	合计
2000	120	560	—	103	66	408	22	39	311	114	6	1749
2002	254	1157	423	249	251	918	27	90	840	141	9	4359
2003	103	688	443	161	104	447	9	63	460	36	7	2521
2004	82	652	—	153	75	335	19	51	461	96	3	1927
2005	81	755	488	124	123	364	8	67	557	19	8	2594
2006	39	733	361	88	83	286	8	38	521	23	7	2187
2007	36	561	273	74	67	230	11	34	412	11	2	1711
2008	30	572	284	85	61	188	6	29	395	9	3	1662

续表

年度	法学	工学	管理学	教育学	经济学	理学	历史学	农学	文学	医学	哲学	合计
2009	47	632	297	66	75	175	8	41	375	13	4	1733
2010	36	779	257	94	54	217	12	25	406	5	2	1887
合计	828	7089	2826	1197	959	3568	130	477	4738	467	51	22330

数据来源：根据教育部官网发布新增专业名单统计整理

2001—2010年，学士学位授予单位快速增长，由599所增加到1112所，增长率达到85%。年度学士学位授予人数急剧增长，由40多万人增加到240多万人，增长率达到500%，为国家建设与发展培养了大批高素质人才。同时，我国先后与新西兰、爱尔兰、蒙古国、丹麦、奥地利等国家或地区达成相互承认高等教育学位的协议，学士学位的国际影响力逐步扩大。

（二）第九次博士、硕士学位授权审核

截至2001年，国务院学位委员会先后进行了8次博士、硕士学位授权审核[1]。随着学位点规模相对稳定和结构的优化，国家进行了一系列循序渐进的改革，开始注重按需求引导申报、扩大一级学科授权、加强了省级学位委员会在本地区的统筹权、扩大部分研究生培养单位的自主权等。通过学位授权机制改革，将学位授权与国家发展战略相结合，适应社会对高层次创新人才的需求，力争满足国家经济社会发展与建设、国家安全的需要。国务院学位委员会在2001—2010年共进行了两次博士、硕士学位授权审核，优化了我国学位授权学科结构和地区布局，有利于学位授予质量提高，有利于培养更多符合社会需求的高层次人才，对学科建设起到了重要的作用[2]。

2002年11月，国务院学位委员会下发《关于进行第九次博士、硕士学位授权审核工作的通知》和《关于第九次博士、硕士学位授权审核工作中新增学位授予单位审核工作的通知》，开始第九次博士、硕士学位授权审核工作。

第九次博士、硕士学位授权审核从经济建设、社会发展和科技进步的需要出发，体现了分层次办学的指导思想，严格控制新增博士学位授予单位数量，根据申请单位的条件和地区布局适度把握新增硕士学位授予单位数量，促进学位授予单位分布的结构和布局调整。按照原则，新增博士、硕士学位授予

---

[1] 王红乾. 新中国学位与研究生教育史上的十次学位授权审核回顾[J]. 文教资料，2008(11)：154-158.
[2] 王亚杰. 正确认识学位授权审核推动研究生教育的健康稳定和可持续发展[J]. 学位与研究生教育，2003(3)：1-3+9.

单位整体水平审核获得通过的单位数量控制在现有博士、硕士学位授予单位的10%左右，特别是对新增博士单位实行了比较严格的控制[1]。学位授予单位授权审核以高等学校为主体，主要面向普通高等学校和军队高等学校，一般不接受科研机构的申请。对审核申请新增博士、硕士学位授予单位特别强调整体条件的考察。在第九次博士、硕士学位授权审核工作共有149个单位申请新增硕士学位授权单位，156个单位申请新增博士学位授权单位。

在审核程序上，第九次博士、硕士学位授权审核对新增单位进行了整体条件评估和学位授权点复审两个阶段的审核评估。对新增单位从整体条件通讯评议、申报学科点通讯评议、客观数据评估、申请博士单位的硕士论文抽查四方面进行，并综合四方面的评估结果，得出申请单位整体水平评估结果。对整体水平审核获得通过的新增学位授权单位所申报的博士点、硕士点的复审，按照与已是学位授权单位申报的博士点、硕士点同样标准和程序进行审核，保证了评审标准的一致性。

同时，国务院学位委员会委托部分学位授予单位进行自行审批本单位硕士学位授权点的工作。部分学位授予单位可在哲学、经济学、法学、教育学、文学、历史学、理学、工学、农学、医学、管理学门类的学科范围内，按照国务院学位委员会学位有关原则、标准和条件，将拟增列本单位的硕士学位授权点上报国务院学位委员会审批。

2003年7月，国务院学位委员会第二十次会议审议通过了第九批学位授权审核结果，新增31个博士学位授予单位，新增一级学科博士学位授权点291个、博士点728个；新增硕士学位授予单位59个、硕士点4170个。被批准为新增博士、硕士学位授予单位及其授权学科、专业的，便相应取得了招收、培养博士生或硕士生，以及授予博士、硕士学位的资格。

第九次学位授权审核后，我国博士一级学科学位数量增长到了974个，博士点为1707个、硕士点为12590个，博士学位授权单位增长到341个，硕士学位授权单位增长到775个[2]。

（三）第十次博士、硕士学位授权审核

2005年1月，国务院学位委员会第二十一次会议审议通过了《关于进行第十次博士、硕士学位授权审核工作的意见》，下发了《关于进行第十次博士、

---

[1] 刘桔. 第九次学位授权审核工作落下帷幕新增一批学位授予单位[J]. 中国研究生, 2003(5): 12.

[2] 王茹, 崔丹. 我国学术学位授权审核的发展过程[J]. 教育教学论坛, 2017(42): 36-37.

硕士学位授权审核工作的通知》《关于第十次博士、硕士学位授权审核工作中新增学位授予单位审核工作的通知》，启动了包括新增博士、硕士学位授予单位在内的第十次学位授权审核工作。

第十次博士、硕士学位授权审核工作的指导思想是，以科学发展观为指导，坚持标准、深化改革、优化结构，努力满足国家经济建设、科技进步、社会发展和国家安全的需要。在审核中着力调整学位授权的学科结构和层次结构，积极推动新兴学科、交叉学科的建设和发展，优先发展对国民经济建设有直接影响的能源、交通等支柱产业，以及农、林、水、地、矿、油等艰苦行业的相关学科，促进学位授权审核的协调和可持续发展，促进西部地区高层次人才培养基地的建设与发展，博士学位授权审核坚持在保证质量的基础上，实行同等条件下西部优先的政策。

第十次博士、硕士学位授权审核在学位授权审核在机制方面进行了一系列改革。

一是博士学位授权按一级学科进行的申报和审核，允许按照二级学科申报和审核博士学位授权。硕士学位授权试行按一级学科进行的申报和审核，同时保留按二级学科申报和审核硕士学位授权。

二是继续加强地方对本地区学位与研究生教育的统筹。委托各省级学位委员会审核本省、自治区、直辖市区域内学位授予单位申请增列的二级学科硕士学位授权点；对已经设有二级学科硕士点的一级学科，可以自行审核增列一级学科硕士学位授权点（均不含军事学门类，不含经教育部批准设置研究生院的学位授予单位和中国社会科学院研究生院），结果报国务院学位委员会审批。委托军队学位委员会审核各学位授予单位申请增列的军事学门类二级学科硕士学位授权点；对已经设有二级学科硕士点的一级学科，可以自行审核增列一级学科硕士学位授权点，结果报国务院学位委员会审批。委托经教育部批准设置研究生院的学位授予单位和中国社会科学院研究生院自行审核本单位增列的二级学科硕士学位授权点（不含军事学门类）；对已经设有二级学科硕士点的一级学科，可以自行审核增列一级学科硕士学位授权点，结果报国务院学位委员会审批。同时，新增博士、硕士学位授予单位采取立项建设—评估—审核的方式，新增单位的立项和评估以省、自治区、直辖市为单位进行，并要求主管部门对同意立项的单位增加投入，加强建设。

三是进一步扩大高等学校的办学自主权，强化研究生培养基地的建设，在一部分高等学校探索自行审核设置博士点的可行性，使审核工作的改革和建设一流大学的战略部署相匹配，初步考虑首先在北京大学和清华大学试点，对其已有二级学科博士点，但还没有得到相应一级学科博士学位授权的，可以申请增列为一级学科的博士学位授权点，由学校自行审核。同时，要求试点高校建立学校内部审核程序，完善学位授权的质量保证机制。

四是第十批博士、硕士学位受权审核增设了硕士授权一级学科的授权类别，对博士一级授权和硕士一级授权分开审核。另外，北京大学和清华大学试点开展高校自行审核一级学科博士学位授权工作，健全了学位授权层次结构。授权审核还通过控制指标、网上公示等措施削弱非学术因素对审核公平性的影响。

五是为保证授权审核工作的公正合理和质量，所有申请博士、硕士学位授权的一级学科点和二级学科点均须参加通讯评议初审。对省级学位委员会、军队学位委员会和有关学位授予单位审批增列的硕士学位授权一级学科点和二级学科硕士点的规模实施总量控制。考虑到博士、硕士学位授予单位数量已达到相当规模，为了加强省级学位委员会对学校建设的指导作用，同时对申报学位授予单位的数量进行限制，各省级学位委员会每次最多推荐2所申请新增博士单位和2所申请新增硕士单位，新增普通高等学校博士学位授予单位不超过15个，新增硕士学位授予单位不超过30个。

2006年1月，国务院学位委员会第二十二次会议审议并原则通过了《第十批博士和硕士学位授权学科、专业名单》。全国增列博士学位授予单位15个，通过单独投票增列军事院校1所、民族院校2所、西部院校1所；增列硕士学位授予单位29所，通过单独投票增列军事院校2所、西部院校1所。增列一级学科博士点371个；清华大学、北京大学自主设置一级学科博士点16个、二级博士点605个，被一级学科博士点覆盖605个；增列一级学科硕士点2087个，二级学科硕士点3830个，被一级学科硕士点覆盖5356个。另外，新增21个马克思主义理论一级学科博士点、73个马克思主义理论一级学科硕士点、95个马克思主义基本理论硕士点、6个马克思主义发展史硕士点、95个马克思主义中国化研究硕士点、2个国外马克思主义研究硕士点、144个思想政治教育硕士点。

二、学位授权审核机制改革的探索

学位授权审核事关高校办学向高层次发展和省级高校资源配置等重要问题，备受高校重视。同时，它又关系到区域优质高等教育布局和科技平台搭建与人才竞争的大问题，颇受社会和地方政府关注。自1981年《中华人民共和国学位条例》开始实施以来，我国先后对学位授权审核制度进行了不同程度的探索和变革，既坚持国家宏观调控，又逐渐扩大地方统筹和培养单位自主发展的空间，不断推动学位授权体系的发展和优化。

（一）学位授权审核分类管理

在综合分析各省、自治区、直辖市学位授权体系和学位授予规模、结构与当地经济社会发展协调程度的基础上，根据经济社会发展需要，按照"国家分类管理、加强省级统筹、重在规划建设、优化结构布局"的原则，国务院学位委员会将全国各省、自治区、直辖市划分为四类。Ⅰ类省份研究生教育发达，学位授权体系能够满足需要；Ⅱ类省份：研究生教育比较发达，学位授权体系基本满足需要；Ⅲ类省份：研究生教育欠发达，学位授权体系尚不满足需要；Ⅳ类省份：研究生教育发展滞后，学位授权体系层次或类型上存在较多空白。

按照分类管理和指导的思想，国务院学位委员会根据国家教育发展总体规划和调整结构、优化布局的实际需要，确定相应规划周期内各省、自治区、直辖市的所属类别和新增单位的数量限额。省级政府及其学位委员会加强对区域内新增单位规划，编制了2008—2015年新增博士、硕士学位授予单位立项建设规划。规划按照授权学科、支撑学科、公共服务体系三类项目分别制订。要求授权学科应该具备较好的基础，能够经过立项建设，形成若干个水平较高、比较稳定、能够相互支撑的二级学科或学科方向；支撑学科应该具有一定的基础，能够为授权学科提供较好的学科发展和人才培养支撑；图书文献保障、共享的大型仪器设备和教学科研设施等公共服务体系能够较好满足学科发展和研究生培养需要。授权学科和支撑学科除Ⅳ类地区内的单位和外国语言文学、艺术学、临床医学、口腔医学4个一级学科，其余均按一级学科进行规划、立项、建设、验收。每个单位立项建设的授权学科数不少于2个，原则上不超过3个；支撑学科数不得少于2个。音乐、美术、艺术、体育等单科类院校，授权学科和支撑学科数可根据实际情况确定。

经过各地区审议、公示，国务院学位委员会批准，确定了新增博士、硕士学位授予单位建设规划。2010年2月，国务院学位委员会第27次会议审议并下发了《关同意实施2008—2015年新增博士、硕士学位授予单位立项建设规划的通知》[1]，各地区2008—2015年新增博士、硕士学位授予单位建设规划情况如表3-3所示。

---

[1] 国务院学位委员会. 关于同意实施2008—2015年新增博士、硕士学位授予单位立项建设规划的通知 [EB/OL]. （2012-06-26）[2021-04-20]. http://old.moe.gov.cn/publicfiles/business/htmlfiles/moe/moe_821/201206/xxgk_138270.html.

表 3-3 各地区 2008—2015 年新增博士、硕士学位授予单位建设规划情况

地 区	拟立项建设博士学位授予单位	拟立项建设硕士学位授予单位
天津市	天津理工大学、天津体育学院	—
河北省	河北理工大学（与华北煤炭医学院合并进行立项建设）、石家庄铁道学院	河北建筑工程学院
山西省	—	太原师范学院
内蒙古自治区	内蒙古科技大学	—
辽宁省	沈阳建筑大学、大连工业大学	沈阳医学院
吉林省	东北电力大学、长春工业大学	长春大学、吉林化工学院
黑龙江省	佳木斯大学	牡丹江医学院
江苏省	南通大学、徐州医学院	淮海工学院、南京审计学院
浙江省	浙江师范大学、杭州电子科技大学	浙江科技学院、绍兴文理学院
安徽省	安徽工业大学、安徽中医学院	阜阳师范学院
福建省	集美大学	福建工程学院
江西省	景德镇陶瓷学院、江西中医学院、华东交通大学	赣南医学院
山东省	山东理工大学、济南大学、山东财经大学（暂定名，由山东经济学院与山东财政学院合并进行立项建设）	山东工商学院
河南省	河南科技大学、华北水利水电学院、河南中医学院	郑州航空工业管理学院
湖北省	三峡大学、武汉工程大学	郧阳医学院、湖北汽车工业学院
湖南省	湖南科技大学	湖南商学院、湖南理工学院
广东省	广东海洋大学、广东医学院	佛山科学技术学院
广西壮族自治区	桂林电子科技大学、广西民族大学、桂林理工大学	右江民族医学院
四川省	西南科技大学、成都体育学院	—
贵州省	贵州师范大学	
云南省	云南民族大学、西南林学院、云南财经大学	
西藏自治区	西藏大学	—
陕西省	西安工业大学、西安外国语大学	宝鸡文理学院
甘肃省	甘肃中医学院	
青海省	青海师范大学	
宁夏回族自治区	宁夏医科大学	—
新疆维吾尔自治区	新疆师范大学	新疆艺术学院
海南省	海南师范大学	海南医学院
重庆市	四川外语学院、重庆邮电大学	重庆三峡学院

学位授权审核在综合各地学位授予规模、结构与当地经济社会发展协调程度的基础上，对学位授权审核进行分类管理，体现了国家对学位授权审核的宏观调控，满足地方经济社会发展的需要，调动了地方学位委员会和学位授予单位的积极性，促进了国家、地方和学位授予单位对学位点建设的投入，起到了提高质量和优化结构布局的目的。

（二）强化省级政府对学位工作的统筹权

为较好地协调解决学位授权审核工作与各地区各单位发展需求之间的矛盾，增强学位授予单位适应国家和区域经济社会需求进行结构调整的主动性，国务院学位委员会强化了省级政府对学位工作的统筹功能。学位授权审核管理的重心不断下移，省级政府对学位工作的统筹权和高等学校的办学自主权不断扩大，部分学位授权单位开展了按一级学科进行学位授权审核工作，有力地促进了合并院校学科的融合和交叉学科、边缘学科的发展，综合性大学学科综合的优势进一步显现。

早在1995年，国务院学位委员会委托已成立省级学位委员会的上海市、江苏省、湖北省、广东省、四川省、陕西省，在一定的范围内审批已是硕士学位授予单位增列硕士点。此后，获得审批硕士授予单位增列硕士点的地方学位委员会范围不断扩大，到2000年27个省、自治区、直辖市学位委员会可以审批已是硕士学位授予单位增列硕士点。2002年，国务院学位委员会改革学位授权审核制度，除博士、硕士学位授予单位，博士学位授权学科、专业由国家统一审核，硕士学位授权学科和专业委托省级学位委员会、军队学位委员会和设有研究生院的高等学校自行审批。

2008年，国务院学位委员会审议通过了《博士、硕士学位授权审核办法改革方案》，对学位授予单位及授权学科专业审核办法进行改革。进一步发挥省级政府在优化学位授予单位布局、促进学位授权审核工作与国家经济建设及社会发展相协调等方面的指导和规划作用。同年发布的《关于做好新增博士、硕士学位授予单位工作的指导意见》要求在国家分类管理和指导下，省级人民政府及其学位委员会要加强对区域内新增单位规划、建设工作的统筹管理[①]。省级学位委员会制定本地区学位与研究生教育发展规划，将已有学位授予单位与新增单位、自行审核的单位与其他学位授予单位、部委属单位和省属单位统

---

① 国务院学位委员会. 关于做好新增博士、硕士学位授予单位工作的指导意见［EB/OL］.（2008-10-21）［2021-04-20］. http://www.moe.gov.cn/s78/A22/xwb_left/zcywlm_xwgl/moe_818/tnull_40655.html.

筹考虑，优化资源配置，全面合理规划。在国家总体规划指导和规模控制下，各省级人民政府及其学位委员会按照"科学分工、合理定位、统筹规划、保证质量、提高效益"的原则，制定本地区新增学位授予单位发展建设规划。

学位授权审核分类管理需要省级政府更多参与，调动了省级政府的积极性，强化了省级政府对本地区各级各类学位授权审核工作的统一规划与初审职能，充分发挥其统筹作用[①]。

（三）扩大部分学位授予单位自主权

从2000年开始，部分学位授予单位的自主权进一步加强。博士研究生指导教师全部由学位授予单位自行审定，设有研究生院的高等学校可以自行审批硕士学位授权学科和专业，硕士学位授权审核的管理下放到部分有条件的学位授予单位。

2005年，国务院学位委员会第二十一次会议审议通过的《关于进行第十次博士、硕士学位授权审核工作的通知》提出："委托经教育部批准设置研究生院的学位授予单位和中国社会科学院研究生院自行审核本单位增列的二级学科硕士学位授权点（不含军事学门类），对已经设有二级学科硕士点的一级学科，可以自行审核增列一级学科硕士学位授权点，结果报国务院学位委员会审批"。同时，委托北京大学、清华大学自行审核已有二级学科博士点所在一级学科的博士学位授权，并将结果报国务院学位委员会审批。这次管理重心下移把博士学位审核权下移到高校，把一级学科硕士学位审核权下放到设有研究生院的56所高校和中国社会科学院，学位授予单位的审批权变成了审核权，审批权仍在教育部，体现了分级管理的思想。

2008年，国务院学位委员会审议通过了《博士、硕士学位授权审核办法改革方案》，对学位授予单位及授权学科专业审核办法进行改革，进一步扩大学位授予单位在授权审核工作中的自主权，增强学位授予单位适应社会需求和科技发展需要调整学科结构，创建自身办学特色和优势等方面的主动性，并促使其把主要精力和工作重点转到提高培养质量上来；进一步加强并完善学位授权监管和评估体系，促进研究生教育质量的全面提升。

2010年，学位授权审核工作管理制度改革，进一步明确了分级管理的思想，学位授权审核权力进一步下放。国家层面侧重于制订标准、确定限额、过

---

① 陈渝，崔延强，张陈．谈学位授权审核制度中省级政府职能的转换[J]．中国高等教育，2009（Z3）：28-31．

程监督、最终审核审批，而地方政府、高等学校的管理侧重于制订规划、组织申报、专家审核。通过对学位制度实施改革，学位授权审核管理重心下移，学位管理的制度化、科学化、简约化、程序化、公开化、公平性有了较大发展。

2010年5月，国务院学位委员会颁布了《关于开展新增硕士专业学位授权点审核工作的通知》，委托各省、自治区、直辖市学位委员会组织审核所属院校新增硕士专业学位授权点，第一次把博士、硕士授权单位、一级学科硕士点、博士点审核权真正下放到省级人民政府、设有研究生院的重点高校，通过严格标准、过程监督、结果审核审批，实现了对地方政府、高等学校学位工作的宏观管理和过程监管，调动了多方面办好研究生教育的积极性和主动性。

三、学位授权审核机制改革的经验

学位授权审核机制作为国家宏观调控的有效手段，是学位授予质量的有效保证，对保证我国重点学科建设、学位结构的调整、高层次人才的培养等具有重大意义。三次学位授权审核为学位制度实施积累了宝贵的实践经验，梳理总结授权审核经验，对下一步的改革有较强的借鉴和启示意义。

（一）先试点、再分层推进学位授权审核权机制改革

硕士、博士学位授权审核，在机制方面最明显的改革趋势主要表现在权力的下放上。通过不断扩大省级学位委员会的统筹权，简化了审批程序，提高了审批效率，扩大了学校的办学自主权，增强了学科发展与社会需求的适应性。硕士学位授予权和博士研究生指导教师评审权的下放，以及一级学科授权审核等，都是经过了充分的试点，在积累经验后逐步推广的。分层推进下放学位授权审核一般是先选择基础好、实力强的高校和省份进行试点，积累经验后逐步推广，最后到条件完备时再全面普及。先行试点，稳步推进，在全局上保障了改革的稳定有序进行，是行之有效的改革和发展策略。

第4次授权审核选择了部分条件较好、管理制度较健全的学位授予单位授予其自行审批硕士点的权力，随后又开展了博士学位授予单位自行审批增列博士研究生指导教师的试点工作。第6次授权审核开始尝试授权建立省级学位委员会的6省、直辖市在一定学科范围内、一定的总量控制数内进行自审硕士点的试点工作。到第10次授权审核，硕士学位授权完全下放。每次审核，都在更好地完善授权审核体制这一问题上进行着尝试，使我国硕士、博士学位授权审核制度更加灵活。2009年国务院学位委员会下发的《授权部分学位授予单位审批硕士学位授权学科、专业的试行办法》中，明确将硕士学位授权学科和

专业审定权逐渐下放。

在稳步下放管理权力的同时，整体上保证了研究生培养的质量。第10次学位授权审核中，国务院学位委员会委托省级学位委员会审核本省、自治区、直辖市内博士、硕士学位授予单位（不含经教育部批准设置研究生院的学位授予单位及中国社会科学院研究生院）申请增列硕士学位授权一级学科点和硕士点时，对各省、自治区、直辖市下达硕士学位授权一级学科点和硕士点总量控制指标，省级学位委员会根据这一总量指标组织评审和批准，有利于避免权力下放和管理方式转换的失控，整体上保证了学位授予的质量。

（二）坚持按需建设原则开展学位授权审核

在博士、硕士学位授权审核的过程中，国务院学位委员会对学位授权审核工作进行了及时的调整，适当增加了国家急需发展的学科，特别是那些直接为国家经济建设和社会发展服务的学科和新兴、边缘学科。例如，2000年进行第8次审核时，就专门发布了申报博士点的学科、专业指南，将专业目录中的382种二级学科划分为"急需和优先发展""可以申报"和"不增列"三类，以达到结构调整的目的。第9次学位授权审核时充分考虑了科技发展新趋势、国家建设和国家安全的需要，及时推进了学位授权的学科专业结构的调整，重点对信息技术、生命科学、新材料、新能源、资源环境、空间、海洋、农业和经济、法律、管理等关系我国未来国际竞争力和可持续发展的学科进行了倾斜。同时，服务我国西部大开发战略，对西部地区的高等学校也实行了适当倾斜的政策。

按需原则从宏观上及时促进了我国学科点的区域布局和学科方向的调整，形成了学科门类齐全的学位与研究生教育体系，并客观地反映了科技发展趋势和国家建设的需要。学位授权审核工作以服务国家经济建设、社会发展、国防建设为宗旨，必须与社会、经济和教育、就业等协调发展。逐步优化学位授权的地区布局，积极促进西部地区高层次人才培养基地的建设与发展，进一步深化学位授权审核制度的改革，扩大高等学校的办学自主权。

学位授权审核对促进学科发展、加快重点学科建设亦起到了积极作用。国务院学位委员会及时根据社会发展和经济建设对学科专业的需求，调整和控制学科门类设置。在硕士、博士学位授权审核的过程始终坚持"按需建设"的原则，按照当时的社会需要及时调整学科结构，适时增加了国家经济建设和社会发展急需的学科，以及优先发展一些重点学科。与此同时，重点学科建设也取得了可喜的成就。第10次博士、硕士学位授权审核工作以科学发展观为指导，着力调整学位授权的学科结构和层次结构，积极推动重点学科的建设和发展，优先发展农业、林业、水利、地质、矿产、石油、交通等关系我国未来国际竞争力和可持续发展的重点学科。同时，对西部地区的高等院校建设也给予了适当倾斜的政策。通过这些措施，从宏观上不断促进了我国学科点的区域布局和学科方向的科学发展。

（三）国家宏观调控、省级统筹规划、授予单位自主发展相结合

我国的学位授权审核机制改革充分发挥了国家宏观调控的作用，加强了省级政府区域统筹指导和规划的职能，扩大了学位授予单位的自主权，并将三者有机结合，形成了良好的学位授权审核机制。

国家对学位授权审核的宏观调控包括规模、质量、结构等方面。随着学位制度实施机制改革和政府职能的转变，宏观调控即成为国家管理学位发展的重要职责和重要手段。为优化学位授予单位和学科点的区域布局，促使学位授权审核工作与区域经济和社会发展更紧密结合，满足地区经济发展对高层次人才的需求，国家对新增博士、硕士学位授权单位和博士、硕士学位授予点进行总量控制，将审核权下放到省级学位委员会，鼓励学位授予单位分层次、分类办学。

省级政府统筹主要是省级政府对区域学位发展、优化学位点布局的统筹指导和规划。省级政府根据本省的产业政策、经济发展战略规划、人才需求现状，以及本省高等院校的学科布局状况等因素，制定具有前瞻性的学位授权审核工作规划，对区域内硕士和学士学位授权进行审核，明确未来一段时期内学位授权审核工作的重点与发展方向，促进地区高校的准确定位、科学发展。

随着学位授予单位自主权的扩大，学位授予单位需不断增强自我发展、自我评估、自我约束的能力，定期开展针对自身办学条件和办学水平的自我评估活动，逐步形成高校学科点自我发展、自我评估、自我约束的良性运行机制，以促进学科结构更适合区域经济社会发展的需要，形成学科特色。

第三节　学位授予规模扩大、结构优化

学位制度正式实施 20 多年来，在国家与政府部门的调控下，我国学位与研究生教育体系有计划、有步骤地建立和完善。跨入 21 世纪，人才结构向自主化与多元化发展，学位制度实施同社会经济发展联系越来越紧密。依据《学

位条例》和国家关于高等教育体制改革的精神，国务院学位委员会根据经济发展需要积极扩大学位授予规模，加大了学科结构调整力度，大幅度调整应用型人才和学术型人才数量的比例和层次结构，大力发展硕士学位特别是专业硕士学位的授予规模，稳步发展博士学位授予规模，加快培养信息、生物、新材料、新能源、环保、航天、海洋等高新技术学科领域的高素质、高层次创新人才。通过不断努力，依靠自己的力量培养了数百万高层次专门人才，基本实现了立足国内培养大批学士、硕士和博士的目标。

一、学位授予规模快速增长

亚洲金融危机对我国经济产生的影响，使高等教育成为拉动经济增长的一个重要领域，并由此拉开了高校扩招的序幕。20世纪90年代末国家政策支持银行大量贷款给高校兴建新的校舍，以适应迅速膨胀的办学需求。

（一）学士学位授予情况

从学士学位授予的规模看，2002年以前我国高等教育还处于精英教育阶段，学士学位授予人数相对较少；2002年我国高等教育毛入学率达到15%，高等教育进入大众化阶段，学士学位授予人数增长速度加快，普通本科授予学士学位人数每年增加约20万人。2002—2010年我国普通本科学士学位授予人数累计达1400万人，呈现逐年上升的快速发展趋势，10年间学士学位授予规模增长了近5倍，高等教育毛入学率增加了14.3%，如图3-1所示。

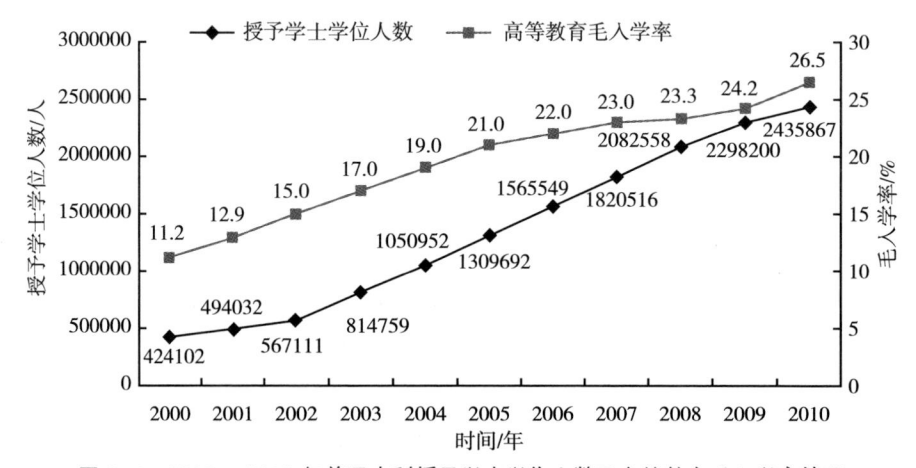

图3-1 2000—2010年普通本科授予学士学位人数及高等教育毛入学率情况
数据来源：教育部官网

（二）博士、硕士学位授予情况

21世纪初，我国授予博士学位1.1万人，授予硕士学位5.9万人。2001—2010年，我国学位授予规模不断增长，尤其是硕士学位授予规模增长迅速，到2010年，全国博士学位授予规模超过5万人，增长了3.6倍；硕士学位授予规模达到45.8万人，增长了6.7倍（图3-2）。基本实现了自主培养高层次人才的战略目标，有效满足了经济社会发展和国家现代化建设对高层次人才的需求。

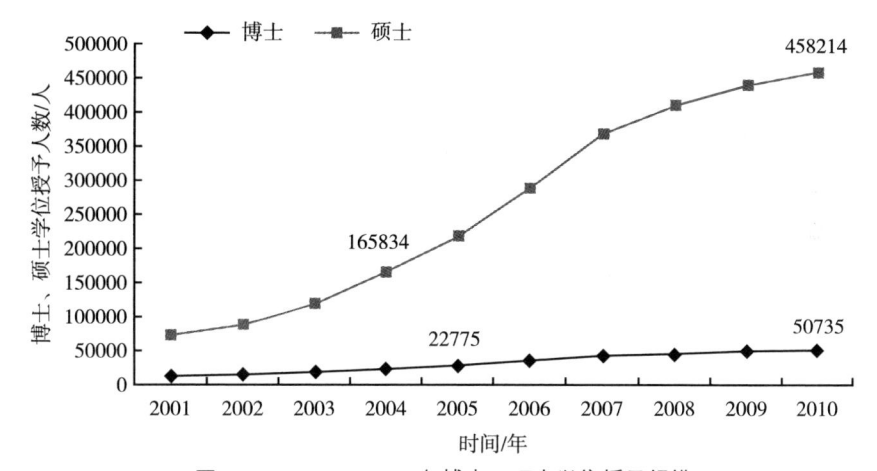

图3-2 2001—2010年博士、硕士学位授予规模

数据来源：博士、硕士数据来源于《中国教育统计年鉴（2000—2010）》，人民教育出版社. 2001—2010年，学士数据来源于教育部官网

2001—2010年，我国共授予295.5万人硕士、博士学位，与1991—2000年学位授予规模相比，增长了近4倍。从学位授予规模增长趋势看，自2004年开始，学位授予人数规模增长速度加快，2009年以后规模增长速度趋于稳定。

21世纪初，我国博士、硕士授予比例为1:5:43，经过10年的发展，博士、硕士、学士授予比例变为1:9:48，整体来看，我国学士、硕士、博士学位授予结构更趋不合理。

二、学位授予结构进一步优化

21世纪的现代化建设、高等教育改革发展，以及国际人才竞争给学位工作带来的新机遇新挑战。一方面要求进一步调整学位授予的层次结构、类型结构和区域布局，增强学位和研究生教育工作服务社会经济发展的能力。另一方面对学位授予质量提出了更高要求。国务院学位委员会对不同区域的学位授予实施分类指导，明确区域定位和结构，整合区域力量，使人才培养的层次结构与经济社会发展的需要相适应。根据国家发展和自身优势制定发展目标，并结合所在区域的产业特征和资源条件，突出学科特色，发展有区域特色学位类型。特别是加快培养信息、生物、新材料、新能源、环保、航天、海洋等高新技术学科领域的高素质、高层次创新人才，从而使学位和研究生教育得到更快更好的发展。

（一）学位授予层次结构

2000年授予60081人硕士学位，其中授予4554人专业学位，占授予学位总人数的7.58%；授予11383人博士学位，其中专业学位有63人；2006年硕士专业学位授予人数发展到60149人，占授予学位总人数比例增至21%。博士专业学位授予人数增至391人，如图3-3所示。

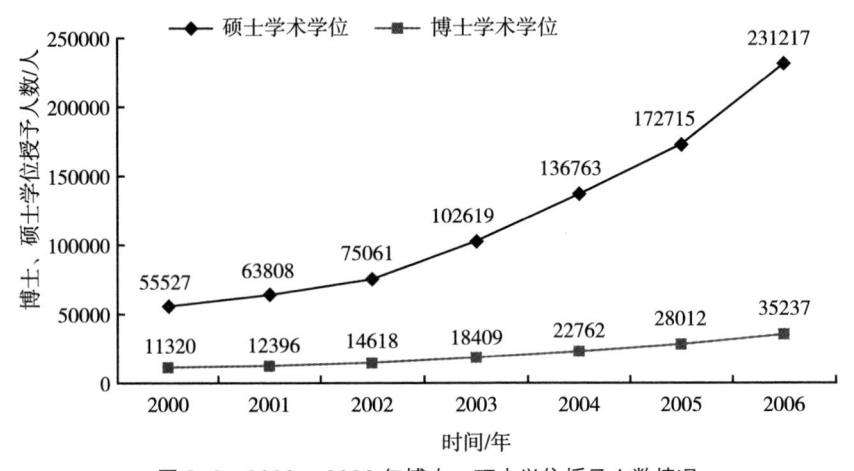

图3-3　2000—2006年博士、硕士学位授予人数情况
数据来源：教育部官网

（二）学位授予学科结构

2000—2006年授予的博士、硕士学位中，工学门类授予人数分别占总人数的34%和31%。哲学门类授予硕士学位人数最少，军事学门类授予博士学位人数最少。对比授予学位和博士学位人数占比情况，则可以发现医学门类授予硕士学位比例较大，经济学和农学门类授予博士比例较大。从历年不同学科门类学位授予规模变化趋势来看，我国学位结构比例变化逐渐平稳，学位授予结构不断完善优化，如表3-4所示。

表3-4　2000—2006年授予硕士、博士学位学科分布情况

单位：个

门类	2000年 硕士	2000年 博士	2001年 硕士	2001年 博士	2002年 硕士	2002年 博士	2003年 硕士	2003年 博士	2004年 硕士	2004年 博士	2005年 硕士	2005年 博士	2006年 硕士	2006年 博士
哲学	767	199	982	218	979	263	1379	323	1536	370	1937	439	3192	516
经济学	5038	514	5184	621	6067	855	6976	1040	9171	1266	11430	1508	16233	2030
法学	3665	330	4381	448	5065	615	7170	683	10216	917	12458	1122	18230	1624
教育学	1276	144	1743	172	1851	197	2845	276	3698	360	5526	437	8273	596
文学	4023	387	4997	491	5636	648	7715	829	11087	995	13721	1162	20668	1590
历史学	835	261	1012	272	1097	311	1467	428	1819	467	2150	527	3100	562
理学	5450	2306	7167	2655	7037	2813	9782	3580	12627	4293	17026	5269	21886	6667
工学	20563	4484	22143	4341	27845	4968	39813	6242	51950	7886	66984	9792	84862	11692
农学	1650	462	1766	536	2289	648	3137	742	4096	899	5054	1102	6868	1367
医学	5970	1758	7988	2100	9571	2444	12347	3073	15652	3714	18687	4583	23328	5825
军事学	646	65	761	61	1151	91	1553	98	2624	161	3119	228	3092	267
管理学	5644	410	5684	481	6473	765	8435	1095	12287	1434	14623	1843	21485	2501
合计	55527	11320	63808	12396	75061	14618	102619	18409	136763	22762	172715	28012	213217	35237

数据来源：教育部官网

从增长和变化的速度看，2000年以后，我国授予的硕士、博士学位中，人文学科增长所占比例由9.8%上升至12.3%，社会科学增长所占比例由25.7%下降至24.9%，自然科学增长所占比例由64.5%下降至62.8%[①]。法学、教育学、文学等学科门类的增速远高于平均增速，而工学、医学的增速则低于平均增速。

三、学位授予类型不断丰富

面对21世纪国际国内发展的新形势和新要求，以及科技和经济的发展和学位授权审核稳步推进，单一的学位授予形式不能满足国家发展的需要，丰富学位授予形式，开展第二学士学位，发展博士、硕士层次非全日制非学历教育中的同等学力申请学位，进行留学生学位教育等显得十分必要。

（一）第二学士学位

《中华人民共和国学位条例暂行实施办法》规定，凡是已修完一个学科门类中的某个本科专业课程，已准予毕业并获得学士学位，再攻读另一个学科门类中的某个本科专业，完成教学计划规定的各项要求，成绩合格，准予毕业的，可授予第二学士学位。如有特殊需要，经国家教育委员会批准，在同一学科门类中修完一个本科专业获得学士学位后，再攻读第二个本科专业，完成教学计划规定的各项要求，成绩合格，准予毕业的，也可以授予第二学士学位。

实际上，高校的容量有限，而人才培养任务又很重，第二学士学位生只能根据国家的特殊需要有计划地按需培养，原则上限定在部分办学历史较久，师资力量较强，教学科研水平较高的本科院校中试行[②]。自1984年以来，经教育部批准，由少数高等学校试办了第二学士学位班，有计划地培养应用学科的高层次专门人才。

2001—2010年，我国新增第二学士学位专业点277个，新增学位点每年招生人数1700余人（表3-5）。从学位授予门类看，新增第二学士学位点中，理学和工学新增数占总数45%，管理学占总数的21%，文学、教育学和农学最少。从学位授予单位看，大庆石油学院、苏州大学、辽宁工程技术大学、广西大学、中国矿业大学等理工类高校获批第二学士学位专业点较多，而吉林大学、南京大学、浙江大学等综合性重点大学新增较少。从新增学士学位专业来看，软件工程、工商管理、计算机科学与技术、国际经济与贸易等专业设置较多。

---

① 黄海军，李立国. 如何优化我国研究生教育学科结构［N］. 光明日报，2016-04-05（13）.
② 教育部. 高等学校培养第二学士学位生的试行办法［EB/OL］.（1987-06-06）［2021-04-20］. http://old.moe.gov.cn/publicfiles/business/htmlfiles/moe/moe_621/201001/81944.html.

表3-5 2001—2010年第二学士学位专业点增设情况

年度	第二学士学位专业点新增数/个	新增学位点每年招生人数/人
2001	36	—
2002	19	1590
2003	43	2800
2004	39	3300
2005	21	1430
2006	29	2080
2007	3	220
2008	15	1020
2009	31	2020
2010	41	2680
总计	277	17140

（二）同等学力申请学位

我国从1985年开始进行在职人员以研究生毕业同等学力申请博士、硕士学位的试点工作，1999年有79个单位开展授予同等学力在职人员博士学位工作，有578人获得博士学位，25599人获得硕士学位。2000—2010年，每年授予约1.5万名同等学力人员硕士学位，通过同等学力申请获得硕士学位人数占全国授予硕士学位总人数的10.8%，通过同等学力申请获得博士学位人数占全国授予博士学位总人数的2%。

（三）名誉博士学位

我国还对来自51个国家（地区）、不同领域的149名杰出人士授予了名誉博士学位。

名誉博士学位是由博士学位授予单位提名推荐、国务院学位委员会批准，再由博士学位授予单位授予的名誉学位，目的在于表彰国（境）外卓越的学者、科学家或者著名的政治家、社会活动家等在学术、经济、教育、科学、文化和卫生等领域，以及社会发展和人类进步事业中的突出贡献者。从1980年设立到2010年制度的不断完善，形成了符合我国国情和实际的名誉博士学位授予制度。随着我国国际地位的不断提高和国际交往的日益频繁，国内越来越多的单位开始重视通过名誉博士学位授予工作促进和扩大国际合作与交流，名誉博士学位授予工作在对外交往中发挥着积极的作用。2001—2010年，我国有 53 个博士授予单位共授予了 149 名来自 51 个国家（地区）、不同领域的杰出人士名誉博士学位（表 3-6）。学位授予单位授予名誉博士最多的是北京大学，共授予 27 个名誉博士学位，占总数的 18.12%；清华大学授予 14 个名誉博士学位，占总数的 9.4%。从授予对象的国家（地区）看，获得名誉博士学位最多的是美国、德国及中国香港，分别占总人数的 27.5%、8.72% 和 7.38%。

表 3-6　2000—2010 年授予名誉博士情况

年度	授予名誉博士学位人数 / 人	授予对象国家（地区）数 / 个	人数占比 /%
2001	10	9	6.71
2002	17	12	11.41
2003	12	8	8.05
2004	15	9	10.07
2005	16	13	10.74
2006	13	9	8.72
2007	12	5	8.05
2008	9	6	6.04
2009	23	15	15.44
2010	22	11	14.77

数据来源：教育部官网

（四）来华留学生就读学位

进入 21 世纪，随着中国国际影响的不断扩大，越来越多的外国留学生将留学的目标地聚焦于中国，来华留学生总人数由 2000 年的 5 万人发展到 2009 年的 23 万人，10 年间来华留学生年平均增幅达 15.9%，总数增长了 3.6 倍。自 2004 年以来，来华留学就读学位的外国留学生就读学位的人数不断增多，且在总体留学生中所占比重不断增加。

第四节　专业学位加快发展

随着我国社会主义市场经济的发展和知识经济的来临，各行各业的知识、技术含量和从业标准日益提高，对应用型高层次专门人才的需求在量上和质上都提出了更高的要求。农、林、地、矿、油、交通、核能等方面急需大批高层次人才，为了满足国家战略紧迫的人才需求，国务院学位委员会加快了发展专业学位的步伐。一方面，加快培养大批社会主义现代化建设需要的各种类型的应用型高层次专门人才，满足和适应国家和社会的发展需求。另一方面，完善我国学位制度体系，提高我国学位和专门人才培养的质量与国际竞争力。

一、21世纪专业学位发展

我国自1991年开始实行专业学位教育制度以来，专业学位教育发展迅速，取得了显著的成绩。进入21世纪，我国已基本形成了以硕士学位为主，博士、硕士、学士三个层次并存的专业学位体系，初步建立了具有我国特色的专业学位制度，培养了一批合格的专业学位人才。由于我国专业学位教育起步较晚，在发展过程中还存在一些问题。针对存在的问题，2001年，教育部、国务院学位委员会召开首次全国专业学位教育工作会议并下发了《关于加强和改进专业学位教育的若干意见》，明确了专业学位教育的地位和作用，确立了专业学位教育发展的指导思想和基本要求。

（一）提高发展专业学位的认识

随着我国社会主义市场经济的发展和知识经济的来临，各行各业对应用型高层次专门人才的需求在量上和质上都提出了迫切的、更高的要求。

培养大批社会主义现代化建设需要的各种类型的应用型高层次专门人才，是社会主义现代化建设的需要。我国高等教育要提高国际竞争力，就必须重视和加强应用型高层次人才的培养。进一步调整和优化学科结构，发展专业学位。

（二）加强专业学位发展主要措施

加强专业学位发展，一方面加强专业学位发展的国家统筹规划，制定专业学位教育发展的政策、法规，统筹规划专业学位教育的发展，指导、协调与专业学位教育有关的活动，不断扩大专业学位人才的培养规模，为地方经济建设和社会发展服务。

另一方面重视专业学位授予质量，规范专业学位论文的规格和标准，强调理论在实践中的应用，体现运用知识分析问题和解决问题的能力及调查研究的能力。同时，逐步建立和完善科学、合理的专业学位教育评估制度，加强管理和服务，促进专业学位授予质量不断提高。同时，积极与有关主管部门协调，根据职业或岗位任职资格的实际需要和发展趋势，制定切实可行的、具有一定先导性的与职业或岗位任职资格相互衔接的相关政策。

随着专业学位类型的不断丰富和专业学位规模的不断扩大，国务院学位委员会设立了工科专业学位教学指导委员会、农科专业学位教学指导委员会、医科专业学位教学指导委员会，按专业学位类别组建专业学位教学指导委员会等，吸收更多实践部门中有丰富经验的专业人士担任委员，充分发挥其在专业学位改革发展、学位授权审核、学位授予、质量保障、监督评估等方面的重要作用。专业学位的社会影响不断增强，成为学位体系的重要组成部分，我国初步建立了具有中国特色的专业学位教育制度[①]。

（三）增招全日制硕士专业学位

2009年3月，教育部下发《关于做好2009年全日制专业学位硕士研究生招生计划安排工作的通知》。通知指出，为更好地适应国家经济社会发展对高层次、多类型人才的需要，增强研究生教育服务经济社会发展的能力，当前和今后一个时期要加快研究生教育结构调整优化的步伐，决定在2009年已下达的研究生招生计划基础上，增加全日制专业学位硕士研究生招生规模，主要用于招收应届本科毕业生。增招硕士专业学位研究生，既为大学生就业提供更多选择，也能加快调整和优化硕士研究生的类型结构。

自2010年始，国务院学位委员会审批通过的硕士专业学位类别，全部可以纳入全国硕士研究生统一招生安排。一直以来，硕士专业学位研究生教育一般不招收应届毕业生并以在职攻读学位为主的局面改变了，进入了研究生招生的主渠道，成为研究生教育的重要组成部分，从而确立了专业学位研究生教育在整个研究生教育中的重要地位。

2009年8月，教育部下发《关于做好2010年招收攻读硕士学位研究生工作的通知》。通知明确，凡经国务院学位委员会批准设立的专业学位类别和领域均可安排招生，全日制专业学位研究生招生范围进一步扩大。同时要求在相对稳定招生总规模的前提下，各招生单位要逐步减少学术型研究生招生数量，在2009年学术型研究生招生规模的基础上调减5%—10%，用于增加专业学位研究生招生，并不断增加专业学位研究生招生规模。

2010年1月，国务院学位委员会第二十七次会议审议通过了19种新增硕士专业学位类别。这次会议是国务院学位委员会历史上审议专业学位文件最多、新增研究生专业学位类别最多、讨论专业学位研究生教育最深入的一次重

---

① 加大力度，调整硕士研究生教育结构——国务院学位办主任、中科院院士杨玉良答记者问[EB/OL].（2009-03-18）[2021-04-20]. http://www.moe.gov.cn/jyb_xwfb/gzdt_gzdt/moe_1485/tnull_44638.html.

要会议，对我国专业学位研究生教育的发展产生了历史性的重大影响。

二、专业学位制度实施情况

进入 21 世纪，为了适应我国经济建设对应用型、复合型高层次人才需要，同时丰富、完善和发展我国学位制度体系，我国专业学位教育发展加快，随着专业学位类型不断丰富和专业学位规模不断扩大，以及专业学位授予单位的审批不断增加，形成了以硕士学位为主，博士、硕士、学士三个层次并存的专业学位体系，初步建立了具有我国特色的专业学位教育制度。

（一）专业学位授权审核稳步推进

2001 年，我国开始学士专业学位授权工作试点。根据国务院学位委员会第十一次会议批准的《建筑学专业学位设置方案》和全国高等学校建筑学专业学位教育评估委员会的评估结果，建筑学专业学位设置分建筑学学士、建筑学硕士两级，并由昆明理工大学开展授予建筑学学士学位的试点工作[①]。建筑学学士专业学位也是专业学位中唯一的学士专业学位。

2002 年，根据国务院学位委员会第十一次会议批准的《建筑学专业学位设置方案》和全国高等学校建筑学专业学位教育评估委员会的评估结果，批准北京工业大学、西南交通大学、湖南大学、华侨大学四所高等学校继续行使建筑学专业学位授予权[②]。

2004 年国务院学位委员会共接受了 169 所高校新增专业学位研究生培养单位的申请，其中包括工商管理硕士、公共管理硕士、法律硕士、教育硕士、工程硕士、临床医学硕士等 10 种专业学位。

2008 年，国务院学位委员会第二十六次会议审议通过《教育博士专业学位设置方案》，指出为深入贯彻落实科学发展观，适应我国经济社会和教育事业发展需要，实现建设人力资源强国和创新型国家的战略目标，进一步调整和优化教育学科类型、结构和层次，培养教育实践领域高层次专门人才，设置教育博士专业学位，培养造就教育、教学和教育管理领域的复合型、职业型的高级专门

---

① 国务院学位委员会. 关于批准昆明理工大学开展授予建筑学专业学位试点工作的通知［EB/OL］.（2001-06-18）［2021-04-20］. http://www.moe.gov.cn/srcsite/A22/s7065/200106/t20010618_65227.html.

② 国务院学位委员会. 关于批准北京工业大学等四所高等学校继续行使建筑学专业学位授予权的通知［EB/OL］.（2002-06-12）［2021-04-20］. http://www.moe.gov.cn/srcsite/A22/s7065/200206/t20020612_162673.html.

人才。教育博士是继1998年设置临床医学、口腔医学和兽医3个博士专业学位后新增的博士专业学位，为进一步扩大博士专业学位类别做出了新的尝试。

截至2010年，国务院学位委员会已批准设置了38种专业硕士学位，4种专业博士学位。其中，21世纪以来设置的专业硕士学位类别有29种，已经开展试点的专业硕士学位19种，具有专业学位授予权的培养单位已达476所，累计招收硕士专业学位研究生85万人。

（二）专业学位类别不断丰富

21世纪社会经济高速发展和高校的扩招为整个专业学位教育的快速发展奠定了基础。2002年，国务院学位委员会发布《关于加强和改进专业学位教育工作的若干意见》，针对专业学位发展中存在的对重要性认识不到位、专业学位授予规模偏小、专业学位与职业或岗位任职资格衔接不够等问题提出解决措施[①]。参照国外的成功经验，我国陆续设立了专业学位，开展了公共卫生硕士专业学位教育等试点。

2004年，为了完善我国口腔医学学位制度，加速培养口腔医学高层次人才，以适应社会对高层次口腔临床医师的要求，设置了口腔医学专业学位。同年，为适应建立社会主义市场经济体制的需要，进一步改变法律高层次人才培养规格比较单一的状况，加快培养国家急需的高层次法律专业人才和管理人才，设置了法律专业硕士学位。

2005年，为了培养高层次、应用型体育和艺术专门人才，国务院学位委员会批准清华大学等21所培养单位开展体育专业学位试点工作，批准北京大学等32所培养单位开展艺术硕士专业学位试点工作。

2008年，为了完善我国医学学位制度，加速培养临床医学高层次人才，提高临床医疗队伍的素质和临床医疗工作水平，适应社会对高层次临床医师的需要，国务院学位委员会设置了临床医学专业学位，临床医学专业学位分临床医学硕士专业学位和临床医学博士专业学位。

2010年1月，国务院学位委员会第二十七会议审议通过了金融硕士等19种硕士专业学位设置方案，决定设置金融、应用统计、税务、国际商务、保险、资产评估、警务、应用心理、新闻与传播、出版、文物与博物馆、城市规划、林业、护理、药学、中药学、旅游管理、图书情报、工程管理硕士专业学

---

① 国务院学位委员会，教育部. 关于加强和改进专业学位教育工作的若干意见[EB/OL]. (2002-01-09)[2021-04-20]. http://www.moe.gov.cn/srcsite/A22/s7065/200201/t20020109_162658.html.

位。此次设置的专业学位数量为之前所有设置专业学位数量之和,标志着我国专业学位教育进入新阶段。

2000—2010年,我国新增设立专业学位29种,新增数量占所有专业学位类别总数比例为74%(表3-7)。专业学位类别的丰富支撑了经济社会发展的需要,专业学位开始进入整体推进、制度创新、提高质量、较快发展阶段。

表3-7 2000—2010年设立的专业学位类别情况

序号	学位类别	年度
1	口腔医学硕士	2000
2	公共卫生硕士	2001
3	军事硕士	2002
4	会计硕士	2004
5	艺术硕士	2005
6	体育硕士	2005
7	翻译硕士	2007
8	汉语国际教育硕士	2007
9	风景园林硕士	2005
10	社会工作硕士	2008
11	新闻与传播硕士	2010
12	应用心理硕士	2010
13	警务硕士	2010
14	金融硕士	2010
15	应用统计硕士	2010
16	税务硕士	2010
17	国际商务硕士	2010
18	保险硕士	2010
19	资产评估硕士	2010
20	出版硕士	2010
21	文物与博物馆硕士	2010
22	城市规划硕士	2010
23	林业硕士	2010
24	护理硕士	2010

续表

序号	学位类别	年度
25	药学硕士	2010
26	中药学硕士	2010
27	图书情报硕士	2010
28	工程管理硕士	2010
29	旅游管理硕士	2010

（三）专业学位授予人数快速增加

随着国家对专业学位人才需求的增加，授予单位积极参与专业学位工作，探索和创新专业人才培养，专业学位类别不断丰富，专业学位授予规模不断扩大，社会影响不断增强。2000—2003年增长比较平稳，虽然增长率从134%降低到了73%，但是专业学位硕士学位授予人数从4554人增加到了2003年的17569人。2003—2009年为快速增长阶段。这个阶段，年均增长率39%，专业学位硕士学位授予数增加到了118804人。

专业学位授予人数的快速增长，逐渐缩小了与学术学位授予人数的差距。硕士专业学位授予人数与学术学位授予人数比例由2000年的1:13增加到2006年的1:8，博士专业学位授予人数与学术学位授予人数比例由2000年的1:160增加到2006年的1:130，专业学位授予人数在学位授予体系中的比例逐步加大，成为学位授予体系中的重要组成部分，初步形成了与经济社会发展需要相适应的专业学位教育体系。

2009年，教育部下发《关于做好全日制硕士专业学位研究生培养工作的若干意见》，决定扩大招收以应届本科毕业生为主的全日制硕士专业学位范围，开展全日制硕士专业学位研究生教育。新增招生计划向专业学位倾斜，其中2009年全国新增硕士研究生招生指标全部用于专业学位研究生的招生。

三、完善专业学位管理制度

为促进专业学位健康发展，进一步推动学位设置和授权审核制度改革，国家不断完善专业学位管理制度，引导并着力保证专业学位在总体规模和比例不断扩大的情况下，质量和水平不断提高，社会影响不断扩大。

2002年，为促进专业学位发展适应国家经济建设、科技进步和社会发展需要，进一步明确了专业学位教育的地位和作用，教育部、国务院学位委员会召开首次全国专业学位教育工作会议并下发了《关于加强和改进专业学位教育的若干意见》，确立了专业学位教育发展的指导思想和基本要求。一方面，统筹规划专业学位发展，制定专业学位教育发展的政策、法规，分类指导和协调专业学位教育有关活动，深化专业学位教育制度改革，提高学位授予质量。另一方面，充分发挥专业学位教育指导委员会的作用，在专业学位教育标准制定、教学改革、教材与案例建设、师资培训、国际交流与合作、加强有关主管部门的协调、参与评估、开展研究等方面进行研究、指导与协调。

2010年5月，教育部发布《教育部关于开展研究生专业学位教育综合改革试点工作的通知》，明确要求提高培养单位对研究生专业学位教育的科学认识，引导合理定位，充分发挥学校自身办学优势，改变研究生专业学位教育学术化倾向，营造有利于研究生专业学位教育科学发展的良好环境，构建和完善与经济社会发展需要相适应的研究生专业学位教育体系[1]，在国家宏观政策的引导下，专业学位授予单位充分发挥自身办学优势，改变研究生专业学位教育学术化倾向。

（一）改革硕士、博士专业学位授权审核办法

2010年5月，国务院学位委员会下发《关于开展新增硕士专业学位授权点审核工作的通知》，决定开展新增硕士专业学位授权点审核工作。新增硕士专业学位授权点审核工作，以适应需求、坚持标准、保证质量、宁缺毋滥为基本原则。这次授权审核工作有两大变化。

一是审核主体的变化。以往审核工作由有关全国专业学位研究生教育指导委员会受国务院学位委员会办公室委托，对申请院校进行审核；这次审核，部委属高等院校及中国科学院研究生院、中国社会科学院研究生院自行审核本校（院）新增硕士专业学位授权点；各省、自治区、直辖市学位委员会组织审核所属院校新增硕士专业学位授权点。

二是审批主体的变化。以往新增硕士专业学位授权点，由国务院学位委员会办公室审核批准；此后，由国务院学位委员会进行统一部署并审批。同时，要求各省、自治区、直辖市学位委员会和有关学位授予单位根据本地区或本校（院）研究生教育总体发展规划，研究并制定今后6年（2010—2015年）本地区或本校（院）专业学位研究生教育发展规划。

---

[1] 教育部. 教育部关于开展研究生专业学位教育综合改革试点工作的通知[EB/OL].（2010-05-07）[2021-04-20]. http://www.moe.gov.cn/srcsite/A22/moe_826/201005/t20100507_91987.html

审批主体的变化，有利于扩大硕士专业学位授权点规模，方便深化硕士专业学位授权审核制度改革，进一步扩大高等院校办学自主权，增强省级教育主管部门统筹力度，积极主动适应国家和区域经济社会发展需要。

（二）完善硕士、博士专业学位设置办法

1996年7月，为完善我国学位制度，加速培养经济建设和社会发展所需要的高层次应用型专业人才，促进专业学位的设置和管理，国务院学位委员会十四次会议审议通过《专业学位设置审批暂行办法》。该办法成为开展专业学位实施的基本依据，对完善学位制度，推进专业学位研究生教育发展，培养高层次应用型专门才发挥了积极作用。专业学位类别具有了明确的职业指向，所对应职业领域的人才培养，已形成相对完整、系统的知识体系和相对独立的专业技术标准和相对成熟的职业规范，具有持久的人才需求。

随着我国经济社会快速发展，社会各领域对高层次应用型专门人才的需求在规模、类别和质量等方面有了更高的要求，专业学位发展对专业学位设置办法、专业学位的设置标准、设置的科学性等提出要求。

2010年，国务院学位委员会第二十七次会议审议通过了《硕士、博士专业学位研究生教育发展总体方案》。该方案规定了专业学位设置的标准和程序，硕士、博士专业学位类别设置由有关行业主管部门、行业协会或有关学位授予单位提出设置与调整专业学位的建议，国务院学位委员会办公室组织专家进行论证，统一规划、动态调整；硕士层次专业学位类别设置一般每5年调整一次，博士层次专业学位设置，根据实际需要，按照"成熟一个，发展一个"的原则，逐一论证，适度发展；新设置的硕士、博士专业学位类别，经国务院学位委员会审议通过后，统一编入硕士、博士专业学位授予与人才培养目录，作为专业学位授权审核、学位授予、人才培养和教育统计分类等工作的依据。调整后的设置办法体现了国家统一规划、动态调整的思想，有力地促进了专业学位的健康发展，标志着我国专业学位研究生教育进入了加快发展、全面提高的新的新阶段。

第五节 学位管理体系不断完善

依据《中华人民共和国学位条例》，我国建立了国务院学位委员会，省、自治区、直辖市学位委员会和各学位授予单位构成的三级学位管理体制。国务

院学会委员会审批新增博士、硕士学位授予单位和博士点，学士学位授予单位和学科、专业及硕士点的审核由国家授权省级学位委员会或部分学位授予单位根据统一规定的办法组织审核、批准，博士研究生指导教师由学位授予单位进行遴选。随着三级学位管理体制的完善，各省对学位工作的统筹权进一步加强，学校办学自主权进一步扩大，同时也促进了质量监督机制的形成，为我国全面实施学位制度，保证学位授予质量，推动学位工作的改革和发展提供了组织保障。

一、完善三级学位管理体系

经过20年的发展和探索，我国在学位制度实施过程中不断积累经验，逐步形成了国家、省级和学位授予单位三级学位管理体制，学位管理体系日益完善。这使学位管理工作分别由国务院学位委员会、省级学位委员会、学位授予单位学位评定委员会承担。

（一）加强国家级学位管理机构建设

国务院学位委员会负责贯彻实施《中华人民共和国学位条例》，领导全国的学位工作，贯彻国务院关于学位工作的重大方针和政策，统筹规划学位工作的发展和改革，指导、组织和协调各部门，各省、自治区、直辖市的有关学位工作。国家层面的学位管理制度为全国的学位工作提供法律依据和普遍性要求，主要表现为法律、法规、规章三种形态。法律形态的学位管理制度是经全国人民代表大会审议通过后颁布实施的，如《中华人民共和国学位条例》；法规形态的学位制度主要是意见、办法等，经国务院学位委员会审议通过后颁布实施，如《中华人民共和国学位条例暂行实施办法》；规章形态的学位制度主要指教育部、国务院学位委员会办公室制订的规章、文件、通知，由部长会议、主管部长、司局领导批准后颁布实施，如《关于按〈学位授予和人才培养学科目录〉进行学位授权点对应调整的通知》等。

在学位制度实施过程中，国务院学位委员会相关制度不断完善。在工作程序方面，2001年2月根据学位条例和工作需要，国务院学位委员会发布了修改后的《国务院学位委员会议事规则》。在管理机构方面，2004年教育部根据中央机构编制委员会办公室《关于在国务院学位委员会办公室加挂学位管理与研究生教育司牌子的批复》，设立了学位管理与研究生教育司，与国务院学位委员会办公室合署办公。同时，还加强了管理制度的修订，如2009年1月国务院学位委员会下发了修订的《国务院学位委员会学科评议组组织章程》，对国务院学位委员会学科评议组成员组成、主要任务和工作等作了明确规定，以有利于相关学位工作的推进和学位制度的完善。

（二）加强省级学位统筹规划

省级学位委员会负责实施国家的学位制度，统筹规划全省、自治区、直辖市的学位工作；承担省学位委员会日常工作。截至2002年，31个省、自治区、直辖市成立了省级学位委员会并获得了学位授权审批的部分职能。在1995年前，省级相关机构的职责仅是汇集材料并上报。1995年后，省级相关机构有了更大的统筹权力，他们可以在全国通讯评审的基础上，在一定数额内给予大学某些专业的硕士学位授予权。按照学位条例和行政许可法，学位的批准还是留在国务院学位委员会，通过试点逐渐将学位的审核权逐步转给地方主管部门和部分培养单位。省级学位委员会根据国家总体规划，结合国家和区域的社会、经济、教育、科技发展需求，对本地区学位工作进行统筹规划，进行中观层面的管理和指导，出台地方相关学位规章制度，在提高学位授予质量、优化学位授予单位和学科布局方面发挥主动性和能动性，促进学位与区域经济社会协调发展。

随着我国学位管理体制的改革，省级学位委员会在统筹学位管理工作方面探索实施了一系列举措，学位管理职能不断加强，地方学位管理制度不断丰富和完善。《国家中长期教育改革和发展规划纲要（2010—2020年）》提出，完善以省级政府为主管理高等教育的体制，合理设置和调整高等学校及学科、专业布局，提高管理水平和办学质量。① 为了加强省级学位委员会的交流沟通，在国务院学位委员会的支持下，2002年成立了地方学位委员会办公室主任联席会，全国30个省、自治区、直辖市的学位委员会办公室负责人参加，探讨如何进一步发挥省级学位办的管理职能、学位管理工作的思路与举措、学士学位管理工作的改革等工作。2008年，第二十五次国务院学位委员会审议通过了《博士、硕士学位授权审核办法改革方案》，提出进一步调整和优化布局，发挥地区学位委员会的作用，扩大学位授予单位的自主权，强调学位授权单位的自我监督，建设权责分工更加合理、调整和适应能力进一步增强、调控和监督机制更加完善的学位授权审核制度。该方案进一步增强了省级学位委员会对本地区学位工作的统筹权，各省级学位委员会在国家总体规划指导和规模控制

---

① 国家中长期教育改革和发展规划纲要（2010—2020年）[EB/OL]．（2010-07-29）[2021-04-20]．http://www.gov.cn/jrzg/2010-07/29/content_1667143.htm．

下，制定本地区新增学位授权单位发展建设规划，统筹考虑，优化资源本地区配置①，初步形成了科学化、法制化、规范化、学术化的管理体制机制。

21世纪，在我国学位授权审核中加大省级政府的权力是高等教育多样化发展的需要，也是对高等教育功能反思的结果。在这种背景下，省级政府为了更好地开展学位授权审核工作，需要切实转变其职能。第一需要重新审视和明确省级政府与中央政府、高等学校（学位授予单位）间的关系；第二要明确省级政府自身的职能和行使职能的合理方式。

一是明确中央政府、省级政府和高等学校间的关系。我国行政体系是高度内聚的结构，省级政府执行中央政府的指令，同时接受相关机构的监督，有着高度的决策统一性和连贯性。中央政府与省级政府各司其职、各尽所能、合理分工是处理区域平衡与共同发展的需要，两级组织形成授权关系将大大提高区域发展的灵活性与积极性。在学位授权审核体系中，中央政府保障学位授权资源的合理布局，省级政府负责根据地方经济社会发展需要全面统筹规划本地区的高等教育发展与学位授权规划。在中央政府最低标准和政策优先权的共识框架内，将学位授权审核中的权力和资源从中央集中控制向省级政府转移。它为处理学位授权审核中复杂事务提供了治理弹性，并为更多学术人员和管理人员直接参与学位授权审核工作提供了解决机制。2008年学位授权制度改革的一个重点就是加强省级政府统筹职能，其中要求省级政府提供5年规划并按规划实施学位授权工作。

省级政府与高等学校是监督与被监督关系。根据授权理论，省级政府与高校要确立伙伴关系，提供更多服务，鼓励富有挑战性的高校，采取积极措施，改变消极的行为方式。面对21世纪的挑战，省级政府除了承担战略性规划，还有许多更具体的任务，关键是政府发挥作用的方式是提供区域领导，而不是直接干预。省级政府应把重心由控制转为监督，代表国家和纳税人发挥监督功能，充分尊重高校的独立法人地位和面向社会依法自主办学的权限，健全教育法规和规章制度，变微观管理为宏观管理。省级政府对高等教育的管理如果陷入微观管理，不仅会削弱甚至于损害政府的宏观管理职能，同时也削弱和损害高等学校应有的学术自由与办学自主权。

二是省级学位委员会职能向"以统筹规划领导监督为重点"转变。省级

---

① 陈渝，崔延强，张陈. 谈学位授权审核制度中省级政府职能的转换［J］. 中国高等教育，2009（15-16）：28-31.

学位委员会在统筹省级学位管理工作过程中，根据当地实际，制定促进本地区教育发展的地方性法规和规章。按照全面实施依法治国基本方略的要求，加快教育法制建设进程，完善中国特色社会主义教育法律法规。根据经济社会发展和教育改革的需要，修订教育法、职业教育法、高等教育法、学位条例、教师法、民办教育促进法，制定有关考试、学校、终身学习、学前教育、家庭教育等法律。[1]通过制定地方性法规和规章，规范区域内相关学位工作，为学位管理提供法律保障。

（三）规范学位授予单位学位管理制度

学位授予单位依据国家和地方政府颁布的法律、法规、规章，结合自身办学定位等制订相关文件，在微观层面对本单位学位工作进行规划和管理，经校学位评定委员会、校长办公会审议通过后实施。

随着学位体制改革的深入，学位授予规模不断增长，学位种类不断增多，学位授予单位办学自主权不断扩大，学位管理的重心逐步转移到地方政府和学位授予单位。学位授权单位的职责和权力也逐步加强，由最初的提出学位评定委员会名单报主管部门批准和国务院学位委员会备案、组织有关学科的学位论文答辩委员会等简单职责，发展到负责本单位的学位授予工作并面向社会自主发展[2]，并在本单位学位评定委员会成员任命等领域享有自主决策和管理权[3]。2005年，国务院学位委员会委托北京大学、清华大学开展自行审核一级学科博士学位授权试点，两校在若干学科范围内可自行增设本单位的博士学位一级学科点；同时，一批高校可自行开展审核本单位硕士学位授权一级学科点和硕士点。

由于学位授予单位学位管理制度的实践性、约束性强，直接影响学位授予和研究生教育质量，学位授予单位学位管理制度建设得到广泛的重视。另外，在强化质量意识，强调规范管理，不断提高管理工作的水平和保证学位质量的要求下，学位授予单位学位委员会开始将把工作重点从审核新增单位和学位点转向对各单位和学科点进行质量监控和监督。

2001—2010年，学位管理制度进一步明确了中央、地方、学校和中介机构在学位制度实施中的定位。国务院学位委员会和教育部主要负责完善法律法

---

[1] 国家中长期教育改革和发展规划纲要（2010—2020年）[EB/OL].（2010-07-29）[2021-04-20]. http://www.gov.cn/jrzg/2010-07/29/content_1667143.htm.
[2] 谢桂华. 改革开放30年——我国学位与研究生教育的历史性跨越[J]. 中国高教研究，2008（12）：6-10.
[3] 茶世俊，郭建如."渐进调整"策略与我国研究生教育管理体制变革[J]. 中国高等教育，2006（19）：39-41.

规，做好规划和宏观管理，处理好研究生教育的规模、质量、结构和效益的关系。地方主要做好区域学位制度实施的统筹规划，支持本区域研究生教育的发展，促进学位制度为地方经济社会发展服务。学校要按照国家和地方的规划，致力于学科建设和人才培养，办出特色，提高质量。政府管理部门依法对学位授予质量进行监督。鼓励社会中介机构对研究生教育质量做科学、合理的评价，为政府管理部门和社会公众提供公正、客观的信息，促进学校提高质量。

同时，加强高校与科研院所及企业的紧密联系。现代科技和社会发展要求高校、科研机构、企业及社会之间实现越来越紧密的结合，学位制度的实施是这种紧密结合的重要纽带。高校既开展高水平的科学研究，又具有学科齐全、培养体系完整、文化氛围浓厚的优势，所培养人才具有较宽广理论基础和复合型知识结构。科研院所培养研究生具有自身的优势和特点，既可以结合科研任务培养专业人才，又可以通过研究生培养及时将新的知识成果向社会扩散。企业是技术创新的主体，在培养研究生解决实际问题能力方面具有重要作用。高校要积极主动与科研机构、企业在科学研究和技术创新中加强合作，共同培养人才。要鼓励高校和科研院所在学科建设和研究生培养方面紧密联系，加强合作，共享优质教育资源。要转变观念，建立共享机制，提高资源利用和人才培养效益，实现互相促进、共同发展。

二、建立学位授予质量保障体系

学位质量是学位工作的生命线，学位授权点规模快速增长引起了社会对人才培养质量的担忧，保证人才培养水平和质量迫在眉睫。为此，国务院学位委员会建立了学位质量保障体系，健全评估监督机制，在完善政府评估职能的同时，鼓励和发挥社会监督，特别是社会中介机构或组织的评估、监督作用，确保学位授予质量。

（一）建立国家学位点评估制度

2000年，国务院学位委员会提出建立健全学位点评估制度，完善质量保证体系，包括建立学位授权点定期评估制度，培养单位开展经常性的自我评估工作[1]。对专业学位，国务院学位委员会办公室发布了《关于开展中国高校工商管理硕士学位教学合格评估工作的通知》，首次正式开展专业学位研究生教

---

① [1] 黄宝印，徐维清，郝彤亮. 建立自我评估制度健全质量保证体系[J]. 中国高等教育，2015（11）：7-9.

育领域的评估，开始探索专业学位合格评估制度。学位点评估分为合格评估和水平评估两种类型，覆盖学位授权点定期评估、专业学位教学合格评估、博士学位论文抽查优秀博士学位论文评选等。

一是学位授权点定期评估。学位授权点定期评估属于合格评估。学位授权点定期评估一方面针对部分学科、专业学位点开展零散性的检查性评价及试点评估，另一方面对学位授权点基本条件合格评估。2005年，国务院学位委员会出台《关于开展对博士、硕士学位授权点定期评估工作的几点意见》，评估内容包括学位点授权以来学术队伍、人才培养质量、科研项目及成果等情况，评估周期为6年；博士点由国务院学位办组织，硕士点评估委托省级及军队学位委员会实施。国务院学位委员会2006年下发《关于委托省级学位委员会和军队学位委员会开展硕士学位授权点的定期评估工作的通知》，对硕士学位授权点定期评估。

二是博士学位论文抽查。博士学位论文抽查是指对已经获得博士学位作者的学位论文进行随机抽样，并进行合格性质量评价的过程。博士学位论文是博士研究生申请学位的重要依据，博士学位论文质量是衡量学位授予单位博士研究生培养质量的重要指标，科学、合理地通过抽查，加强过程监督，能够促进学位授予单位研究生教育内部质量保障体系建设，强化质量观念，保证和提高博士学位授予质量。博士学位论文抽查评价属于合格评估，衡量研究生培养单位博士学位授予质量。博士学位论文抽查重在加强博士培养产出的监督，促进研究生培养单位质量保障机制的建设，提高博士生培养质量意识和观念，推动研究生培养单位质量文化的形成。1999年，时任教育部部长陈至立在第一次全国优秀博士学位论文评选专家会上要求不仅要评选优秀博士学位论文，还要抽查部分其他学位论文，以保证我国博士学位整体质量不断提高。

博士学位论文抽查从2000年开始，每年度开展一次。此项工作由教育部学位管理与研究生教育司（教育部研究生工作办公室）负责，委托教育部学位与研究生教育发展中心组织（前身是全国学位与研究生教育发展中心）；军事学学位论文抽查委托军队学位委员会办公室组织。抽查评价内容包括论文选题与综述、论文创新性、论文体现的理论基础和专门知识，以及科学研究能力等方面进行评价，按照人文社会科学类和自然科学类分类评价，评价结论按质量高低分为"A、B、C、D"四档。2004年，教育部学位管理与研究生教育司发布《关于开展2004年博士学位论文抽查工作的通知》，要求各学位授予单位报送学位论文材料，并发布《关于报送2004年抽查博士学位论文有关材料的通知》，对学位论文抽查作了详细规定。

2010年，博士学位论文抽检政策做了调整：①适当提高抽检数量，并实现抽检工作常态化；②改革抽检方式，实现对被查单位"零干扰"。主要是指不再要求学位授予单位上报论文材料，而是按相应规则抽取后直接从国家图书馆调取；③加大对抽检结果的使用，形成良性的质量监督机制。

三是全国优秀博士论文评选。全国优秀博士学位论文的评选活动作为教育部《面向21世纪教育振兴行动计划》中"高层次创造性人才工程"的重要组成部分[1]，是提高研究生培养质量，鼓励创新，促进高层次创造性人才脱颖而出的重要措施。全国优秀博士论文评选属于水平评估，旨在通过评估博士学位论文学术水平达到培养高层次创造型人才、激发博士生创新精神、提高博士生培养质量、完善质量保障机制。全国优秀博士学位论文评选是对博士培养质量进行监督和激励的一项重要举措，对培养和激励在学博士生的创新精神，促进我国博士生培养质量的提高具有积极的作用。

根据《全国优秀博士学位论文评选办法》，全国优秀博士学位论文入选名单经过推荐、初选和复评后产生。参评论文由学位授予单位向其所在省、自治区、直辖市的学位委员会推荐；省级学位委员会对推荐学位论文进行初选。教育部学位管理与研究生教育司负责组织对初选出的论文进行复评，复评工作包括同行专家通讯评议和专家审定会审定。教育部学位与研究生教育发展中心受教育部学位管理与研究生教育司委托，承担同行专家通讯评议工作。为鼓励、支持全国优秀博士学位论文作者在高等学校不断产出创造性成果，教育部还设立了"高等学校全国优秀博士学位论文作者专项资金"，对在中国内地高等学校工作的全国优秀博士学位论文作者给予5年的研究资金资助。全国优秀博士学位论文的评选活动开展以来，对强化我国博士生教育的质量意识，激励博士生创新精神，促进高层次创新性人才的成长，带动、促进学科建设和导师队伍建设，改善研究生教育的管理等方面发挥了极其重要的作用。

2001—2010年，各省级学位委员会累计推荐了5000余篇论文参加全国优秀博士学位论文评选，共评选出全国优秀博士学位论文982篇，提名论文1646篇，如表3-8所示。同时，教育部学位管理与研究生教育司委托教育部学位与研究生教育发展中心组织"优博论文资助项目"的专家评议和管理工作。

---

[1] 谢安邦，潘武玲. 提高博士生培养质量的重大举措——全国优秀博士学位论文评选的回顾与思考[J]. 中国高教研究，2003（7）：37-40.

表 3-8　2001—2010 年优秀博士学位论文情况

年份	获奖论文/篇	提名论文/篇
2010	100	334
2009	98	363
2008	100	177
2007	98	158
2006	99	137
2005	96	159
2004	97	139
2003	97	179
2002	97	—
2001	100	—

数据来源：中国学位与研究生教育信息网

按学位授予单位类型统计，高等学校和中国科学院分别占 82.3% 和 15.5%，其中清华大学和北京大学占 15.1%；按区域统计，北京市、上海市分别占 37.2%、14.8%；按学科统计，工学、理学学科分别占 37.1%、29%。

2001—2010 年，有 17 个学位授予单位获得 10 篇及以上优秀博士学位论文。其中，中国科学院研究生院、清华大学、北京大学最多，每年有 5 篇以上优秀博士学位论文。复旦大学、浙江大学、中国科学技术大学和南京大学平均每年获得优秀博士学位论文在 3 篇以上，如表 3-9 所示。

表 3-9　2001—2010 年获得 10 篇及以上优秀博士学位论文的学位授予单位

序号	博士学位授予单位	2001年	2002年	2003年	2004年	2005年	2006年	2007年	2008年	2009年	2010年	合计
1	中国科学院研究生院	15	18	13	13	14	19	14	12	18	9	145
2	清华大学	5	8	8	10	7	10	11	9	6	8	82
3	北京大学	8	9	4	9	8	5	3	6	5	4	61
4	复旦大学	8	3	5	6	3	5	4	2	1	3	40
5	浙江大学	2	2	3	2	3	5	3	4	2	4	30
5	中国科学技术大学	2	2	3	2	3	3	1	5	5	4	30
5	南京大学	3	2	5	4	3	3	1	2	1	6	30
8	上海交通大学	3	4	2	2	1	1	2	3	3	4	25
9	中国人民大学	3	2	3	1	3	1	2	3	2	1	21
10	中山大学	2	2	3	2	2	3	2	2		1	19
11	西安交通大学	1	1	4	2	2	3	2	1	1	1	18
12	山东大学	2	3	2	2	3		2	1	1	1	17

续表

序号	博士学位授予单位	2001年	2002年	2003年	2004年	2005年	2006年	2007年	2008年	2009年	2010年	合计
13	四川大学		1	2		1	2	4	1	3	3	17
14	南开大学	1	3			4	2		2	3	1	16
14	国防科学技术大学	3			2	2		1	3	2	3	16
16	中国农业大学	1			1	2		2	3	2	2	15
17	北京航空航天大学	1	4	1	2			2	2	1	1	14
18	北京师范大学	2	1	1			2	1	2	2		13
19	中国矿业大学	1	1		1		2	1	2	2	2	12
19	武汉大学	2	1	1		3		2	1	1	1	12
19	第二军医大学	1	3	1		1	2	1	1	1	1	12
22	中南大学	2	1		2	3	1	1		1		11
23	西北工业大学	2	2			1	1	1	1	1	1	10
23	天津大学			1	2	1	2		2		2	10

数据来源：根据中国学位与研究生教育信息网信息统计；空格表示该年度该校没有优秀博士论文

（二）开展学科评估

学科评估属于水平评估，是由教育部学位与研究生教育发展中心创立的评估项目，是按照国务院学位委员会和教育部颁布的《学位授予和人才培养学科目录》的学科划分，对具有研究生培养和学位授予资格的一级学科进行的整体水平评估，直观反映学位授权点发展的水平和实力。目的是通过科学、客观的评估，使各学科点找准优势和不足，推动学科建设，提高研究生培养和学位授予质量，为社会人才流动和学生选报学科专业提供可靠信息；为政府教育主管部门提供决策参考。学科评估是学位中心以第三方方式开展的非行政性、服务性评估项目，2002年首次开展，2006年开展了第二轮学科评估。

学科评估按照自愿申请参评的原则，采用客观评价与主观评价相结合的方式，所需数据由相关政府部门、社会组织公布的公共数据和参评单位报送的材料构成。除了对相关数据的公示、核查，还同时邀请了学科专家、政府部门及企业界人士进行主观评价，在此基础上形成最终评价结果。评估结果分高校和科研院所两类培养单位展示，并以百分制计分排名。公布评估结果旨在为参评单位了解学科现状，促进学科内涵建设，提高研究生培养和学位授予质量提供客观信息；为学生选报学科、专业提供参考；同时，也便于社会各界了解有关学校和科研机构学科建设状况。

第一轮学科评估于2002年启动，分三次完成。第一次评估有309个有权授予博士、硕士学位的学科参加。其中，博士学位授予权的学科点有176个参加了评估，参与率为84%；具有博士学位授予权，但不具有一级学科博士学位授予权的学科点共有84个参加了评估，参与率为39%；具有硕士学位授予权，但不具有博士学位授予权的学科点有49个参加了评估，参与率为6%。

在学科评估试点工作的基础上，评估所于2003年7月开展了第二次学科评估工作，共涉及哲学等42个一级学科。此次评估在广泛征求专家意见的基础上，对指标体系进行了修改，按学科门类分为文学、理学、工学、农学、医学、管理学六类，采用客观评估与主观评估相结合的方法进行。

在2002年、2003年两年学科评估工作经验的基础上，评估所于2004年4月开展了第三次学科评估工作，完成了第一轮除军事学门类的全部80个一级学科的评估，共有229个单位的1366个学科参评。本次评估进行了两项重大改进。一是为了公正、公平，将评估数据公开，首次将参加评估学科的数据在网上适度公布，接受相关单位的查询与质疑，全面核实评估信息，提高评估信息的可靠性；二是扩大学术声誉调查的专家数。专家数由原来的每学科50人拓展到每学科100人。

第一轮评估结果从整体水平和分项指标两方面对学位授予单位的一级学科进行评价，并根据评价得分进行排名。分项指标包含学术队伍、科学研究、人才培养和学术声誉四方面。表3-10是第一轮学科评估哲学一级学科的评估结果。

表3-10 第一轮学科评估哲学一级学科评估结果（整体水平排名前10）

学位授予单位名称	整体水平 排名	整体水平 得分	学术队伍 排名	学术队伍 得分	科学研究 排名	科学研究 得分	人才培养 排名	人才培养 得分	学术声誉 排名	学术声誉 得分
北京大学	1	91.47	3	86.99	1	88.96	1	90.38	1	100
武汉大学	2	85.32	2	87.09	3	78.22	2	86.05	3	92.83
复旦大学	3	81.29	6	83.91	4	75.06	7	73.38	2	94.38
中国社会科学院研究生院	4	80.93	10	79.66	5	74.74	3	83.83	6	88.05
中山大学	5	80.66	7	83.83	2	82.51	17	65.89	5	88.12
南京大学	6	79.86	11	78.73	6	74.40	9	77.52	4	90.44
北京师范大学	7	79.10	13	76.68	7	73.87	4	80.12	7	87.63
南开大学	8	77.25	5	83.94	10	70.66	9	70.91	9	85.73
浙江大学	9	76.05	1	89.22	8	72.92	15	66.88	13	76.31
吉林大学	10	75.32	12	77.65	13	66.39	6	74.68	8	86.01

在总结历次学科评估工作经验的基础上，教育部学位中心于2006年启动第二轮学科评估，共有331个学位授予单位的2369个一级学科参加，参评学科数比第一轮增加了77%（表3-11）。第二轮学科评估分两批进行，第一批完成了31个一级学科的评价工作；2008年4月启动了第二轮第二批学科评估工作，对哲学等50个一级学科进行了评估。

表3-11 第二轮学科评估中高等学校参评学科点统计

单位：个

项目	一级学科博士点 参评	一级学科博士点 共计	博士点 参评	博士点 共计	一级学科硕士点参评	硕士点参评
人文社科类	174	202	160	370	88	198
理学	148	183	82	188	32	65
工学	462	558	181	465	96	157
农学	64	91	31	69	14	27
医学	67	124	40	116	16	18
管理学	64	91	31	69	14	27
总计	979	1249	525	1277	260	492

第二轮学科评估指标体系分为理学类、农学类、工学类和管理类四种类型，评价结果对高等学校和科研院所按照一级学科参与单位整体水平排名。

（三）第三方评估机构快速发展

第三方评估在高等教育发达国家的已相当成熟，在实践中也取得了良好实效。法国早在1987年就颁布相关法律文件规定了高等教育第三方评估机构（当时称之为国家评估委员会）的法律地位，规定它是"一个独立的国家行政权力执行机构。它享有完全的行政自由经费来自国家的财政拨款，有独立的预算"[1]，在实际工作中可以独立于教育行政主管部门乃至高校，自主地开展评估工作，是政府授权型的评估模式，带有半官方的色彩。美国通过市场化竞争的方式，依靠非营利的民间团体来对整个美国高等教育的质量进行评估。评估机构的经费来源于被评估高校，评估机构享有充分的自主性，政府不能任意地干涉评估机构的内部工作。日本在2003年新修改的《学校教育法》中将大学评

[1] 漆玲玲. 我国高等教育质量第三方评估模式研究[D]. 武汉：武汉大学，2011.

价与学位授予机构、大学基准协会、短期大学基准协会、私立大学联盟、私立大学协会等规定为第三方评价机构，独立开展评价工作[①]。

我国在《中国教育改革和发展纲要》明确提出了第三方评估的职能与要求，要求政府适当下放权力，由直接的行政管理逐步转变宏观管理，使社会评估机构的建立具备了基本的指导思想与条件。

在国家层面，2003年成立了教育部学位与研究生教育发展中心，作为教育部直属事业单位，主要承担教育部、国务院学位委员会委托开展的学位评审工作、学位证书及相关材料的认证、鉴定和咨询工作。教育部学位与研究生教育发展中心还根据政府授权，承担我国学位与外国学位、我国内地学位与港澳台地区学位的对等研究，以及相互承认学位协议有关咨询工作。

省级第三方评估机构在实现评估机构主体的权力下放的过程中逐渐出现，非官方或半官方社会群体的力量与价值逐渐体现。2001—2010年，有11个省成立了省级评估组织，根据不同区域的实际情况满足当地学位质量评估需要，展开学位授予质量评估，为地方学位授予质量提供保障（表3-12）。

表3-12　2001—2010年我国成立的省级第三方评估组织情况

成立时间	组织名称	成立时间	组织名称
2001年	广东省教育发展研究与评估中心	2006年	重庆市教科院教育政策与评价研究中心
2002年	江西省高等教育评估所	2006年	北京市教育评估院
2003年	陕西省高等教育研究与评估中心	2008年	天津市教育发展与办学水平评估中心
2004年	上海市教育评估协会	2009年	重庆市教育评估院
2005年	黑龙江省教育评估院	2009年	福建省教育评估研究中心
2006年	云南省高等教育评估中心	2010年	云南省教育科学研究院（教育评估院）

注：表格内容来自各省、直辖市的民政厅、社会组织信息网、教育厅等网站资料整理而成

（四）国家重点学科建设

国家重点学科是国家根据发展战略与重大需求，择优确定并重点建设的培养创新人才、开展科学研究的重要基地，在高等教育学科体系中居于骨干和引领地位，满足经济建设和社会发展对高层次创新人才的需求，为建设创新型

[①] 闫飞龙. 以自我评价为基础的日本大学多元化评价体系研究[J]. 复旦教育论坛，2008（2）：13-17.

国家提供高层次人才和智力支撑，充分体现全国各高校科学研究和人才培养的实力和水平。国家重点学科建设有效地增强了高校的竞争理念，提升了高校的办学水平，促进了学科的合理布局。

1985年，中共中央颁布《关于教育体制改革的决定》，提出"根据同行评议、择优扶植的原则，有计划地建设一批重点学科"，国家教育委员会于1987年8月下发《国家教育委员会关于做好评选高等学校重点学科申报工作的通知》，拉开了国家重点学科评选的序幕。第一次国家重点学科评选共选出416个重点学科。其中，文科78个、理科86个、工科163个、农科36个、医科53个，涉及108所高等学校。随着"211工程"和"985工程"建设项目的启动，高校重点学科建设得到进一步的发展。

进入21世纪以后，2001年，根据《教育部关于开展高等学校重点学科评选工作的通知》的要求，第二次国家重点学科评选工作在第一次评选的基础上展开。评选重点学科的主要目的是要进一步提高我国高校的教学科研能力，形成一批立足国内培养高层次专门人才、解决经济建设和社会发展重大问题的基地，使高校学科建设进一步适应现代化建设的需要。此次共评选出964个国家重点学科。

2006年，根据建设创新型国家的战略部署，以及《教育部关于加强国家重点学科建设的意见》的精神，第三次国家重点学科评选工作展开。在前期建设成就的基础上，此次评选工作强调在按二级学科设计的基础上，增设一级学科国家重点学科。第三次评选共评选出286个一级学科国家重点学科、677个二级学科国家重点学科、217个国家重点（培育）学科。

通过国家重点学科的建设，学位制度实施的条件得到了明显改善，学位授予质量和高层次人才培养能力显著提高，承担国家重大任务的能力得到了显著提升。同时，通过重点建设推动我国学科结构和布局的优化与调整，形成以国家重点学科为骨干的学科体系，引领全国高等学校进行学科建设，提升人才培养质量、科技创新水平和社会服务能力，带动我国高等教育整体水平全面提高。

三、形成学位信息管理体系

21世纪的发展形势对学位管理工作提出了新要求。2000年以后，中国网民规模突破1亿人，互联网的概念深入人心并在各领域中得到广泛应用。另外，我国研究生的招生规模每年以20%—30%的速度递增，学位授予规模的增长速度远远高于学位管理人员的增长速度。学位管理部门如何从繁重的、重复性的手工劳动中解放出来，提高学位管理工作的效率，已成为学位管理工作中一个重要问题。我国开始利用信息技术提高管理工作效率，建立学位信息管理体系，及时了解学位与研究生教育发展动态，制订学位政策，提高管理水平，支撑科学决策。

为了适应新要求，提高管理水平，2007年，国务院学位委员会办公室在以前信息管理工作的经验基础上，进一步规范并加强学位信息管理工作，建立三级管理、分级负责的信息管理体系，及时有效地收集、分析和利用信息[①]。

信息管理体系由国务院学位委员会、省级学位委员会和学位授予单位共同参与。国务院学位委员会办公室主要负责制定信息管理工作的方针、政策和办法，制定和发布信息标准，部署信息年报工作。具体事务委托教育部学位与研究生教育发展中心承担。教育部学位与研究生教育发展中心负责建立全国学位与研究生教育管理信息系统，建设和管理"全国学位与研究生教育数据中心"，汇总和管理省级和军队学位委员会办公室报送的各类信息，开发相应的信息管理软件，提供技术支持等具体工作。

2007年，我国首次建立学位授予信息年报制度。推行了学位授予信息年报工作，重新开发了全国学位授予信息年报系统，各学位授予单位（军队系统除外）按照属地原则，将本单位的学位授予信息报送到省级学位委员会办公室；军队系统学位授予单位的学位授予信息报送到军队学位委员会办公室；各省级和军队学位委员会办公室将汇总后的本地区（系统）学位授予信息报送到全国学位与研究生教育数据中心。2008年又对学位授予信息年报工作中的年报信息标准、上报方式等进行了调整，并推行了"学位获得者国家备案制度"，学位授予年报信息标准变得更加科学。

2009年，全国学位与研究生教育数据中心构建了中国学位与研究生教育信息网（简称学位网），以权威性和专业性的全方位的信息服务，吸引了研究生教育战线与社会的广泛关注，是中国唯一的学位与研究生教育综合信息门户网站。

省级和军队学位委员会办公室是全国学位与研究生教育信息管理体系中的重要环节，负责统筹管理本地区（或部门）学位与研究生教育信息工作；监督、审查、汇总和报送本地区（或部门）内各学位授予单位学位与研究生教育

---

① 国务院学位委员会. 关于加强学位与研究生教育信息管理工作的通知[EB/OL]. (2007-10-23)[2021-04-20]. http://www.moe.gov.cn/srcsite/A22/moe_839/200710/t20071023_82751.html.

信息，以及其他相关信息的收集工作；对所辖区域内各学位授予单位相关部门进行业务培训和技术指导。同时在学位工作中不断完善和强化激励机制，表彰奖励在学位信息管理中取得突出成绩的集体和个人，进一步调动工作积极性，促进学位信息管理工作持续、健康发展。

各学位授予单位是全国学位与研究生教育信息管理体系中的基础部门，接受所在省级或军队学位委员会办公室的管理，负责本单位学位与研究生教育相关信息的收集、管理和年报工作，对本单位学位与研究生教育信息年报工作的质量负责。学位授予单位作为学位信息产生的基础单位，为提高学位管理工作的效率和资源共享水平，开发了各种学位管理信息系统，采用SQL、B/S与C/S等运行模式，自动收集、汇总、筛选、分析、反馈和资源共享数据信息，系统实现各类数据的上报和统计，突出了人性化管理的理念，提高了管理的科学性和规范性。

本章小结

21世纪头10年是我国全面建设小康社会，实现社会主义现代化战略目标的关键阶段。国家发展急需大批具有创新意识、创新精神、创新能力与创业能力的人才。经过20世纪20多年的发展，学位授予规模不断扩大，为科技、教育、经济、文化、国防建设和各项事业的发展输送大批急需的高层次专门人才，我国学位与研究生教育发展开始由"大"向"强"转变。

一是学位制度实施面临着新世纪的挑战。随着科技的发展、国家改革开放的深化和我国社会主义市场经济体制的初步确立，需要培养造就一批高水平的具有创新能力的人才，学位制度实施面临着新世纪社会需求的新变化和环境发生重大变化的挑战。站在新世纪的起点上，全面适应现代化建设需要，学位制度实施加强了学位制度的法律法规建设，进一步优化学位授权单位和授予规模的布局和结构，引导和鼓励分层次办学，不断提高学位授予质量，实施保障监督机制，使人才培养的层次结构与经济社会发展的需要相适应。

二是学位授权审核稳步推进。面对新世纪国际、国内发展的新形势和新要求，适应现代化建设对各类人才培养的需要，2001—2010年，经过两次的硕士、博士学位授权审核，我国博士学位授予单位由303增加到346所，硕士授权单位由655所增加到795所，学士学位授予单位由599所增加到1112所。

我国进行了两次硕士、博士学位授权审核。在稳步推进学位授权审核工作的同时，逐渐扩大地方统筹权和学位授予单位办学自主权，不断推动学位授权体系的发展和优化，为学位制度实施积累了宝贵的实践经验。

三是学位授予规模扩大、结构优化。进入21世纪，高等教育被列为拉动经济增长的一个重要领域，并由此拉开了高校扩招的序幕。学位制度的实施顺应了国家发展的需求，学位授予规模逐年扩大，培养了大批经济建设和社会发展所需的高层次人才。2001—2010年，我国共授予1443.9万人学士学位，2010年授予人数相比2001年增长了2.5倍；共授予295.5万人硕士、博士学位，2010年授予人数相比2001年增长了近4倍。面对新世纪国际、国内发展的新形势和新要求，单一的学位授予形式不能满足国家发展的需要，第二学士学位、同等学力申请学位，留学生学位等成为学位授予形式得到发展。

四是专业学位加快发展。进入21世纪，我国基本形成了以硕士学位为主，博士、硕士、学士三个层次并存的专业学位体系，初步建立了具有我国特色的专业学位制度，培养了一批优秀的高层次专业学位人才。2000—2010年，我国新增设立专业学位29种，新增数量占所有专业学位类别总数比例为74%，专业学位类别的丰富支撑了经济社会发展的需要，初步形成了与经济社会发展需要相适应的专业学位教育体系。

五是学位管理体系不断完善。经过20年的发展和探索，我国在学位制度实施过程中不断积累经验，逐步形成了国家、省级和学位授予单位三级学位管理体制，国家、地方和学校的职责定位得以明确，省级学位统筹规划作用得到加强，学位授予单位学位管理制度进一步规范，形成了科学合理的学位授予质量评估机制，开展学科评估工作，推进学科重点建设，促进和保障了学位授予质量。此外，根据新世纪学位管理工作的特点和需要，结合学位管理实际，国家建立研究生教育信息综合服务体系，提高学位信息管理水平和效率。

经过10年的发展，我国学位制度适应现代化建设的能力不断增强，学位制度的法律法规更加规范，学位制度实施体系进一步完善，形成了符合我国发展实际并具有鲜明特色的制度体系，学位授予的质量和水平不断提高、社会影响不断扩大。

第四章

我国学位制度实施体系的形成

2011年,我国进入21世纪的第二个10年,开启了我国的"十二五"规划,学位制度实施进入第四个10年。前30年,我国学位制度实施经历了制定、改进、完善等过程,不断积极推进学位授权审核制度改革、优化学位授予规模结构、丰富学科专业目录、形成并完善了国家三级学位管理体系。

2020年,是"十三五"规划的收官之年,也是"十四五规划"的开局之年,中国面临着百年未有之大变局,形成中国特色学位制度,服务中华民族复兴是时代重任。2011—2020年,国家政治、经济、文化发展取得显著成就,中国特色社会主义进入新时代,各行各业对高层次创新人才需求更加迫切,国家对学位授予体系、学科专业目录、学位管理体系也提出了更新更高的要求。10年间,我国学位制度实施体系的形成,主要体现于学位授权体系形成、满足需求的学科专业目录的调整、提供人才支撑的学位授予规模增加和授予体系更加丰富,以及中国特色学位管理体系的完善四方面。

第一节 完善学位制度,形成学位授权体系

经过40年的努力,我国形成了中国特色的、基本满足国家需求的学位授权体系。本节梳理了2011—2020年博士、硕士学位授权审核和专业学位授权体系的发展,研究分析了学位授权审核政策变化和学位授权体系形成的脉络。

一、开展三次博士、硕士学位授权审核

近10年,随着国家对高端创新人才需求紧迫、社会对学位授权质量要求提升,国务院学位委员会不断调整研究生学位授权单位和授权点,以更好地适应国家和社会发展需求,以及在学人员的职业需求。

2011—2020年,我国先后开展三次学位授权审核:2010年启动第十一次学位授权审核工作,2011年下达审核增列的博士和硕士学位授权一级学科名单;2017年印发《博士硕士学位授权审核办法》,开展第十二次学位授权审核工作,2018年印发增列博士、硕士授予单位及其学位授权点名单;2020年启动第十三次学位授权审核工作。

表4-1为三次博士、硕士学位授权审核工作的指导思想和工作方向对比。10年间,学位授权审核坚定贯彻党和国家的最新思想,紧密围绕国家战略和经济社会发展需求,统筹规划,科学布局,优先新增国家区域发展重点领域、空白领域和急需领域的学位授权,在指导思想上逐步强调特色和分类,在工作方向上大力推动专业学位的发展。

表4-1 三次博士、硕士学位授权审核工作的指导思想和工作方向

批次	时间	指导思想	工作方向
第十一次	2010年	认真贯彻《博士、硕士学位授权审核办法改革方案》确定的改革指导思想、目标和要求,切实发挥省、自治区、直辖市人民政府对本地区学位和研究生教育发展的规划、统筹作用	以学科水平为基础,以经济社会发展、科技进步,以及国防建设需要为导向,结合本单位的办学特色和目标定位,着力优化学科结构,建设优势特色学科。新增博士学位授权一级学科点和硕士学位授权一级学科点
第十二次	2017年	全面贯彻党的教育方针,以推动研究生教育内涵发展为目的,以激发活力为导向,以优化结构为重点,坚持服务需求、提高质量,加强省级统筹,强化自律监管,依法依规开展	坚持需求优先,紧密围绕国家战略和经济社会发展,统筹规划,科学布局,优先新增国家区域发展重点领域、空白领域和急需领域的学位授权。新增硕士学位授权点以应用型为主,重点新增硕士专业学位授权点
第十三次	2020年	以习近平新时代中国特色社会主义思想为指导,全面贯彻落实党和国家的重要会议精神,坚持服务需求、提高质量、特色引导、分类发展,加强省级统筹,强化自律监管,依法依规开展	紧密围绕国家战略和经济社会发展,统筹规划,科学布局,优先新增国家发展重点领域、空白领域和急需领域的一级学科和专业学位类别。新增硕士学位授予单位原则上只开展专业学位研究生教育,新增博士学位授权点向专业学位倾斜

（一）第十一次博士、硕士学位授权审核

第十一次博士、硕士学位授权审核是在 2010 年启动的，与之前十次学位授权审核工作有不小的区别。一方面，只审核一级学科的学位授予权，授予单位获得更大的办学自主权，在一级学科授权下可自主设置二级学科；二是省级人民政府获得更多的教育统筹权，省级学位委员首次获得审核全部硕士学位授权点，初审博士授权点的权力。[①]

2010 年 4 月 19 日，国务院学位委员会发布关于委托省、自治区、直辖市学位委员会，中国人民解放军学位委员会进行博士学位授权一级学科点初审和硕士学位授权一级学科点审核工作的通知。为解决学位授予单位学科结构调整空间较小、调整自主权不够等问题，加快实现对学位授权点主要按一级学科进行管理，该次审核对象主要是已有二级学科博士点的一级学科申请增列一级学科博士点和已有二级学科硕士点的一级学科申请增列一级学科硕士点，同时也允许学位授予单位申请增列少量现无二级学科博士点（二级学科硕士点）的一级学科为一级学科博士点（一级学科硕士点）。同年 5 月 7 日，国务院学位委员会下发关于开展新增硕士专业学位授权点审核工作的通知，委托各省、自治区、直辖市学位委员会组织审核所属院校新增硕士专业学位授权点，把硕士专业学位授权点审核权下放到省级人民政府，深化了硕士专业学位授权点审核制度改革，进一步扩大了高等院校办学自主权，增强了省级教育主管部门的统筹力度。

2011 年 3 月 15 日，国务院学位委员会发布《关于下达 2010 年审核增列的博士和硕士学位授权一级学科名单的通知》，批准第十一次审核增列的博士和硕士学位授权一级学科名单。同日，国务院学位委员会办公室下发了对 27 个申请增列博士学位授权一级学科加强建设的通知。在 2010 年增列申请中，这些学科未被国务院学位委员会学科评议组复审通过，要求学位授予单位进一步改进和加强学科建设工作，并于适当时间再次复审。

该次共批准 1004 个一级学科博士点（632 个一级学科博士点由各省级学位委员会初审并经国务院学位委员会学科评议组复审通过，372 个一级学科博士点由可自行审核的部分学位授予单位自行审核通过），3806 个一级学科硕士点（3262 个硕士点由各省级学位委员会审核通过，544 个硕士点由可自

[①] 国务院学位委员会. 国务院学位委员会下达 2010 年审核增列的博士和硕士学位授权一级学科名单 [EB/OL]．（2011-03-15）[2021-03-27]．http://www.cdgdc.edu.cn/xwyyjsjyxx/sy/syzhxw/272665.shtml．

行审核的部分学位授予单位自行审核通过)。2011年7月,国务院学位委员会发文确认上海政法学院的法学理论、宪法学与行政法学和刑法学,成都医学院的人体解剖与组织胚胎学、病理学与病理生理学为硕士学位授权学科;北京交通大学、上海财经大学、江西师范大学和武汉理工大学获得马克思主义理论博士学位授权,北京工业大学等55所高校获得马克思主义理论硕士学位授权。

(二)第十二次博士、硕士学位授权审核

2017年3月13日,国务院学位委员会印发《博士硕士学位授权审核办法》,从组织实施、新增博士硕士学位授予单位审核、新增博士硕士学位点审核、自主审核单位新增学位点审核、质量监管等方面规范了博士、硕士学位授权审核工作。

同年3月17日,国务院学位委员会颁布《关于开展2017年博士硕士学位授权审核工作的通知》,标志着我国第十二次博士硕士学位授权审核工作正式启动。

值得注意的是,随学位授权审核工作启动通知还发布了《学位授权审核申请基本条件(试行)》。《学位授权审核基本条件(试行)》由国务院学位委员会制定,从办学定位、师资队伍、人才培养、科学研究、条件支撑等方面分别确定了新增博士硕士学位授予单位申请的基本条件、新增博士硕士学位点申请的基本条件及自主审核单位申请的基本条件。今后,学位授权审核严格按照《学位授权审核基本条件(试行)》执行。《博士硕士学位授权审核办法》中规定《学位授权审核基本条件(试行)》每6年修订一次。

第十二次学位授权审核包含新增博士、硕士学位授予单位审核,学位授予单位新增博士、硕士一级学科与专业学位类别审核,自主审核单位确定,各省域基于国家和当地经济社会发展对高层次人才的实际需求开展工作。

为了更好地服务西部高校和少数民族高校高层次办学需求,授权审核对西部地区、民族高校和单科性等高校有一定政策倾斜,允许西部地区、民族高校达到新增学位授予单位和学位授权点申请标准的80%即可。在申请新增博士学位授权单位时,艺术、体育类高校专任教师中具有博士学位教师的比例由普通高校不低于45%下调为艺术、体育类高校比例不低于20%,全日制在校学生人数与专任教师比例应不超过12∶1;允许近5年师年均科研经费由普通高校不低于10万元下调为农医类高校不低于6万元,文科单科性高校和艺术、体育类高校不低于2万元等。①

2018年5月2日,国务院学位办印发《增列博士、硕士授予单位及其学位授权点名单的通知》,本次博士、硕士学位授权审核增列655个一级学科博士点。其中,有283个由原二级学科博士点升级而来,324个一级学科博士点和48个专业学位博士点是完全新增的。马克思主义理论、生物学、物理学、机械工程在新增的一级学科博士点中增列最多,工学门类是增列最多的学科门类。

（三）启动第十三次博士、硕士学位授权审核

2020年9月,国务院学位委员会发布《关于开展2020年博士硕士学位授权审核工作的通知》。通知指出,审核工作要从国家战略和经济社会发展出发,统筹规划、科学布局,对国家发展重点领域、空白领域和急需领域的一级学科和专业学位类别的新增予以倾斜。原则上,新增的硕士学位授予单位只能进行专业学位研究生教育工作,新增的博士学位授权点关注专业博士学位的发展。与第十二次相同,西部地区、民族高校可低于标准1/5申请新增学位授予单位和授权点。为保证质量,国家严格控制了博士硕士学位授予单位新增数量和自主审核单位数量。②

二、动态调整学位授权点

为使研究生教育更好地适应经济社会发展需要,提高人才培养质量,国务院学位委员会出台相关文件,对博士、硕士学位授权点进行了以服务需求、提高质量为主线,以优化人才培养的学科和类型结构为重点,推动学位与研究生教育内涵式发展的学位授权点动态调整工作。

（一）明确学位授权点动态调整的要求

近10年,国务院学位委员会先后出台多个文件,建立学位授权点"总量不变,有上有下"的动态调整制度,确定了稳定规模、优化结构,以单位自主调整为基础,发挥省级统筹作用,实现调整工作常态化的动态调整原则,以及学位授予单位自主调整和省级学位委员会统筹调整两种动态调整方式。

---

① 姚云,钟秉林. 第十二次博士硕士学位授权审核政策解析[J]. 研究生教育研究,2018(4):9-13.
② 国务院学位委员会. 国务院学位委员会关于开展2020年博士硕士学位授权审核工作的通知[EB/OL].（2020-09-30）[2021-03-27]. http://www.moe.gov.cn/srcsite/A22/yjss_xwgl/moe_818/202009/t20200930_492604.html.

2013年，国务院学位委员会通过《关于开展博士、硕士学位授权学科和专业学位授权类别动态调整试点工作的意见》。2014年1月，国务院学位委员会向上海市、江苏省、安徽省和广东省下发该意见和《博士、硕士学位授权学科和专业学位授权类别动态调整办法（试行）》，开展动态调整试点工作。2015年11月，在总结试点工作经验基础上，国务院学位委员会发布《关于开展博士、硕士学位授权学科和专业学位授权类别动态调整工作的通知》和《博士、硕士学位授权学科和专业学位授权类别动态调整办法》，决定从2016年起在全国范围内实施学位授权点动态调整工作，组织实施方是各省、自治区、直辖市学位委员会和中国人民解放军学位委员会，调整结果须最晚于当年6月底报送至国务院学位委员会办公室。2017年5月19日，《博士、硕士学位授权学科和专业学位授权类别动态调整办法》内容有所调整，省级学位委员会对动态调整工作的统筹指导得到进一步加强，明确调整标准、调整范围和动态调整工作日程。

文件出台后，我国学位授权自主审核工作、学位授权点合格评估工作与学位授权点动态调整工作相互配合，共同构建全面深化和推进学位工作改革的新局面。2015—2020年，全国共有332所高校自主撤销1663个博士点和硕士点，增列了1046个博士点和硕士点，有力推动了学科专业结构的优化和研究生教育质量的提升。其中，马克思主义理论是2019年增列学位点最多的学科，体现了国家和各高校对马克思主义理论学科建设的高度重视，也是对中央要求办好高校思想政治理论课的要求、服务国家人才培养的发展战略的积极响应。

表4-2是2016—2019年动态调整增列和撤销学位授权点的情况。

表4-2　2016—2019年学位授权点动态调整情况

年份	新增学位授权点	撤销学位授权点
2016	178所高校或单位共增列366个学位点	175所高校或单位共撤销576个学位点
2017	87所高校或单位共增列184个学位点	129所高校或单位共撤销340个学位授权点
2018	147所高校或单位共增列218个学位点	182所高校或单位撤销489个学位授权点
2019	156所高校或单位共新增231个学位点	101所高校或单位共撤销193个学位点

在撤销的博士、硕士学位点中，软件工程是被撤销最多的学科（共撤销69个学位点），其次是工程硕士专业学位点（含项目管理、物流工程、工业工

程方向的工程硕士共撤销44个学位点），应用化学、管理科学与工程等学科撤销数紧跟其后。从省份来看，北京市撤销的最多。从学位点类型看，硕士学位点撤销最多，博士学位点较少。学位点被大幅撤销，较大原因是没有办出特色、办出质量。

2020年7月，全国研究生教育会议召开，国务院学位委员会再次修订《博士、硕士学位授权学科和专业学位授权类别动态调整办法》。修订后的文件规定，学位授权自主审核单位增列、撤销学位授权点全部纳入学位授权自主审核工作；明确在合格评估过程中的学位授权点参加动态调整的范围；优化工程硕士、博士授权领域的解释，以及对撤销授权点等有关问题的应对方式。[①] 修订后的文件更加强调质量意识，为深入推进学科专业结构调整、优化学位授权点布局、建设高质量研究生教育体系，为经济社会发展提供更加有力的人才支撑。

（二）推进高校学位授权自主审核

学位授权自主审核工作对激发高校办学活力、提高学科水平、发展交叉学科、形成特色优势、加快创新人才培养、开展高水平研究生教育、提升服务需求能力等具有重大意义。国家现已批准31所高校根据需求自主审核新增博士、硕士学位授权，自主撤销已有博士、硕士学位授权点。研究生学位授权管理从国家统一要求、统一领导，逐步下放到省级政府、教育行政主管部门和学位授予单位。

2018年4月19日，国务院学位委员会发布《关于高等学校开展学位授权自主审核工作的意见》，对稳步推进高等学校开展学位授权自主审核工作中的意义、原则、内容、制定学校发展规划和学科建设与发展规划、新增学位授权点标准、制订本单位学位授权审核实施办法、交叉学科、自主审核节奏、质量管理、专项评估等方面提出了十点意见。该文件要求新增学位授权点要符合国家发展需求和本单位办学定位，要严格按照标准新增、体现办学水平、反映学科发展趋势、发挥示范引领作用，做到程序规范、科学严谨、稳步有序，防止一哄而上。

高校的自主审核程序须包括几个环节：学位授权点建设主责院系提出书面申请、学位点管理部门初步审核、按提纲编写论证报告、国内外同行专家论

---

① 国务院学位委员会修订印发《博士、硕士学位授权学科和专业学位授权类别动态调整办法》[J]. 研究生教育研究，2021（1）：2.

证、拟新增学位授权点校内公示、学位评定委员会审议、党委常委会会议研究决定、上报国务院学位委员会批准。随后，国务院学位委员会先后于2018年和2019年发布两批可开展学位授权自主审核的单位名单（表4-3）。

表4-3 两批可开展学位授权自主审核的单位名单

批次	时间	数量	高校名单
第一批	2018年4月19日	20所	北京大学、中国人民大学、清华大学、北京航空航天大学、中国农业大学、北京师范大学、南开大学、天津大学、吉林大学、哈尔滨工业大学、复旦大学、同济大学、上海交通大学、南京大学、浙江大学、中国科学技术大学、厦门大学、武汉大学、西安交通大学、中国科学院大学
第二批	2019年5月6日	11所	北京理工大学、华东师范大学、东南大学、山东大学、华中科技大学、中南大学、中山大学、四川大学、重庆大学、西北工业大学、兰州大学

目前，我国共有31所高校获批开展学位授权自主审核工作，在原则性与灵活性结合下，高校根据国务院学位委员会出台的《博士硕士学位授权审核办法》和《关于高等学校开展学位授权自主审核工作的意见》，也制定了本单位学位授权自主审核实施办法。以浙江大学为例，依据2018年8月17日印发的《浙江大学博士硕士学位授权自主审核实施办法》，成立学位授权审核工作领导小组，对新增学位授权点授权审核、撤销学位授权点审核和质量监管等方面工作的实施制定了具体准则，同时按照国家要求制定了《浙江大学新增博士硕士学位授权点自主审核标准》和《浙江大学学科建设与发展规划》等相关文件。浙江大学学位授权自主审核工作流程如图4-1所示，工作流程图既满足了该意见的要求，也符合学校的实际。

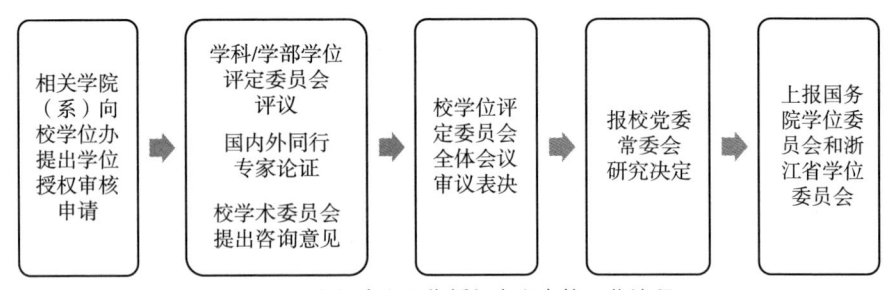

相关学院（系）向校学位办提出学位授权审核申请 → 学科/学部学位评定委员会评议 国内外同行专家论证 校学术委员会提出咨询意见 → 校学位评定委员会全体会议审议表决 → 报校党委常委会研究决定 → 上报国务院学位委员会和浙江省学位委员会

图4-1 浙江大学学位授权自主审核工作流程

目前，浙江大学是国内学科门类齐全的知名综合性大学，可在哲学、经济学、法学、教育学、文学、历史学、理学、工学、农学、医学、管理学和艺术学 12 个学科门类授予学术型学位。

（三）学位授权点动态调整工作的推进

学位授权点动态调整分为学位授予单位自主调整和省级学位委员会统筹调整两种方式。2011—2020 年，因学科目录的修订、国务院学位委员会定期审核评估、学位授予单位自主审核等，学位授权点发生了多次调整。

1. 基于学科目录修订对应调整学位授权点

2011 年 3 月，国务院学位委员会和教育部批准印发《学位授予和人才培养学科目录（2011 年）》。该目录在 1997 年颁布的学科专业目录基础上做了不少修订。为保证研究生招生、培养和学位授予工作的有序进行，博士、硕士学位授权点须依据新目录进行调整。

2011 年 4 月 26 日，国务院学位委员会办公室发布《关于按〈学位授予和人才培养学科目录〉进行学位授权点对应调整的通知》[①]，重点调整 2011 年版目录中由 1997 年版目录一级学科拆分或以二级学科为基础新增的，且与原目录相关学科有明确对应关系的一级学科的学位授权点。通知要求调整工作严守标准、保证学位授予质量、基于学科内涵，从各单位学科水平出发规范调整。同时还发布了《新目录有关学科与原目录学科的对应关系表》《申请对应调整博士学位授权一级学科点最低要求》《申请对应调整硕士学位授权一级学科点最低要求》《博士学位授权一级学科点基本条件》《硕士学位授权一级学科点基本条件》《学位授权点对应调整申请表》等文件供各高校参照。

2. 国务院学位委员会定期审核发布增删名单

国务院学位委员会会定期发布增列与删减的学科点名单。一方面，肯定学位授予单位建设质量，结合实际发展需求新增学位授权单位。例如，2012 年 3 月，中央民族大学等 21 个学位授予单位的 23 个一级学科被增列为博士学位授权一级学科。2013 年 7 月 19 日，国务院学位委员会下达 2008—2015 年立项建设博士、硕士学位授予单位及其授权学科的名单，其中博士学位授予单位有天津理工大学等 53 所高校，硕士学位授予单位有河北建筑工程学院等 30 所高校。2018 年 5 月，国务院学位委员会印发 2017 年审核增列的博士、硕士学位授予单位及其学位授权点名单，自批准之日起，北京工商大学等 7 个博士学位授予单位和北京石油化工学院等 4 个硕士学位授予单位可开展招生、培

---

① 国务院学位委员会办公室. 关于按《学位授予和人才培养学科目录》进行学位授权点对应调整的通知［EB/OL］.（2011-04-26）［2021-02-22］. http://www.cdgdc.edu.cn/xwyyjsjyxx/zxkb/hyxx/zhxxc/273133.shtml.

养、学位授予工作。

另一方面，提升学位授权质量，国务院学位委员会先后撤销了多个学位授权学科和学位授权点。例如，2013年与2014年，中国人民解放军学位委员会先后申请撤销4所院校有关学位授权学科、15个博士学位授权点和190个硕士学位授权点，被国务院学位委员会批复同意。撤销博士学位授予权的学科，不再招收博士研究生，待在学博士研究生毕业后，其博士学位授予权即予终止，硕士学位授予权继续保留；撤销硕士学位授予权的学科，不再招收硕士研究生，待在学硕士研究生毕业后，其硕士学位授予权即予终止。

此外，对还有希望改善现状的学位授予单位，除撤项外，会给予加强建设的机会。2018年，国务院学位委员会认为，中国民航大学等21个博士学位授予单位、山西大同大学等25个硕士学位授予单位需进一步加强建设，补短板强弱项，待办学水平和研究生培养能力达到相应要求，并通过国务院学位委员会核查后，再开展招生、培养、授予学位工作[1]。

3. 学位授予单位管理模式调整，引起学位授权点变更

高等教育机构学科结构、管理组织架构的变化会引起学位授权点的变更。

2012年10月，中国人民解放军国际关系学院作战指挥学和兵种战术学的硕士学位授予权转由特种作战学院行使的申请，被国务院学位委员会批准。2013年8月，武警工程大学军事后勤学、应用经济学的硕士学位授予权转由武警后勤学院行使。2013年9月，中国工程物理研究院的应用电子学研究所等8个单位原有的博士、硕士学位授权学科全部划转到中国工程物理研究院；批复同意中国煤炭科工集团有限公司将所属的煤炭科学研究总院（重庆分院）等8个博士、硕士学位授予单位的授权学科划转至煤炭科学研究总院。2013年11月，四川抗菌素工业研究所并入成都学院后，硕士学位授予单位名称变更为成都学院，药学与生物化工为硕士学位授权学科专业。2014年2月，武警工程大学军事训练学的硕士学位授予权转由武警指挥学院行使。同年7月，上海医药工业研究院药学学科博士、硕士学位授予权，以及生物化工学科硕士学位授予权划转至中国医药工业研究总院。2018年2月，原属西藏大学的林学、作物学、水利水电工程、预防兽医学学科的硕士学位授予权，以及农业、兽医硕士专业学位类别的学位授予权转由西藏农牧学院行使。同年9月，中国社会

---

[1] 国务院学位委员会. 国务院学位委员会关于下达2017年审核增列的博士、硕士学位授予单位及其学位授权点名单的通知［EB/OL］.（2018-05-08）［2021-02-14］. http://www.moe.gov.cn/srcsite/A22/yjss_xwgl/moe_818/201805/t20180509_335457.html.

科学院研究生院的学位授予权被调整至中国社会科学院大学。

（四）印发《学士学位授权与授予管理办法》

中华人民共和国学士学位制度建立40年来，高等教育快速发展，本科教育质量提高。但是，随着本科教育规模不断扩大，也产生了一些亟待解决的新问题，如部分学士学位授权审核不规范、部分学位授予程序不完善、制度设计对复合型人才培养支持不足、学位授予质量监管处置有空白等。①

2019年7月9日，国务院学位委员会印发《学士学位授权与授予管理办法》，进一步加强学士学位工作，提升本科教育质量。该办法提到，学士学位授权与授予工作应以习近平新时代中国特色社会主义思想为指导，牢牢抓住提高人才培养质量这个核心点，坚持完善制度、依法管理、保证质量、激发活力的原则。

该办法分为五章26条，分别阐述改进和加强学士学位工作的指导思想和基本原则，明确学士学位授权审核的权责，强化授予学士学位程序、标准的要求，明确国务院学位委员会、省级学位委员会和学士学位授予单位各自的职责，对信息公开提出要求，提出建立完善学士学位质量监督和学位授予救济制度等，对中外合作办学中学士学位授予问题和第二学士学位作出规定。②

与以往相比，该办法有以下两个突出特点：一是为分类推动复合型人才培养，提出设置辅修学士学位、双学士学位、联合学士学位三种学士学位类型。二是提出建立完善学士学位的质量评估制度和抽查制度。③

该办法也明确了不再招收第二学士学位。不过，2020年5月，为应对新型冠状病毒肺炎疫情影响，强化稳就业，进一步优化人才培养结构，为高校毕业生创造更多再学习机会，教育部印发《关于在普通高校继续开展第二学士学位教育的通知》，鼓励高校开展第二学士学位教育，为高校毕业生创造更多再学习机会，增强学生就业创业能力。

---

① 教育部. 完善本科人才培养机制 提升学士学位授予质量——国务院学位委员会办公室负责人就《学士学位授权与授予管理办法》答记者问［EB/OL］.（2019-07-26）［2020-12-15］. http://www.moe.gov.cn/jyb_xwfb/s271/201907/t20190726_392376.html.
② 国务院学位委员会. 国务院学位委员会关于印发《学士学位授权与授予管理办法》的通知［EB/OL］.（2019-07-26）［2020-12-15］. http://www.moe.gov.cn/srcsite/A22/yjss_xwgl/moe_818/201907/t20190726_392378.html.
③ 教育部. 完善本科人才培养机制 提升学士学位授予质量——国务院学位委员会办公室负责人就《学士学位授权与授予管理办法》答记者问［EB/OL］.（2019-07-26）［2020-12-15］. http://www.moe.gov.cn/jyb_xwfb/s271/201907/t20190726_392376.html.

三、形成比较完善的专业学位授权体系

专业学位是顺应国家和社会发展需求而产生的事物，对支撑我国各行各业稳步发展具有不可或缺的作用。自1991年起，国家针对经济建设和社会发展对不同行业背景、不同类型、不同规格高级专门人才的需要，批准设置了一批专业学位。我国专业学位种类不断丰富、授予单位数量不断增加，逐步构建了具有中国特色的高层次应用型专门人才培养体系，完善了我国的学位制度，开辟了高层次应用型专门人才的培养通道，探索建立了以实践能力培养为重点、以产教融合为途径的中国特色专业学位培养模式，为各行各业培养输送了一大批人才，有力地支撑了行业产业发展，并形成了国家主导、行业指导、社会参与、高校主体的专业学位研究生教育发展格局，为经济社会发展做出了重要贡献。

截至2019年，我国累计授予321.8万人硕士专业学位、4.8万人博士专业学位；针对行业产业需求设置了47个专业学位类别，共有硕士专业学位授权点5996个、博士专业学位授权点278个，基本覆盖了我国主要行业产业，部分专业学位类别实现了与职业资格的紧密衔接。①

（一）增列硕士专业学位授权点审核

《国家教育事业发展第十二个五年规划》提出，加快培养经济社会发展重点领域急需紧缺人才，扩大应用复合型技能型人才培养规模，加快发展专业学位。

2013年11月18日，国务院学位委员会下发通知，决定面向具有博士、硕士学位授予权的普通高等学校和军队院校开展增列硕士专业学位授权点审核工作。根据通知精神，即使高校没有二级学科、一级学科的支撑，有必要设置且有相应的发展基础，能够达到设置要求，可直接申请设置专业学位。增列硕士专业学位授权点的类别包括金融、国际商务等36种专业学位。本次授权审核实行限额审核、总量控制，根据高等学校的归属情况，分别委托省级学位委员会、中国人民解放军学位委员会、部委属普通高等学校开展增列硕士专业学位授权点审核工作，审核结果报国务院学位委员会审批。

2014年5月29日，2014年审核增列的硕士专业学位授权点及经动态调整撤销的硕士学位授权点名单中，专业学位授权点新增1209个，撤销136个。

---

① 国务院学位委员会，教育部. 国务院学位委员会、教育部印发《专业学位研究生教育发展方案（2020—2025）》[EB/OL].（2020-09-30）[2020-12-15]. http://www.moe.gov.cn/srcsite/A22/moe_826/202009/t20200930_492590.html.

（二）丰富与规范专业学位的授予

2011—2020年，国务院学位委员会对工程、建筑学、审计硕士、会计硕士、城市规划硕士、临床医学硕士、工商管理硕士，以及"服务国家特殊需求人才培养项目"硕士等专业学位的设置与学位授权进行了规范。值得注意的是，2011年，经国务院学位委员会第二十八次会议审议通过，我国设置工程博士专业学位。至此，我国博士层次专业学位已经增加到5个种类，工程博士于2012年正式开始招生。2011—2020年专业学位设置与学位授权规范举措见表4-4。

表4-4　2011—2020年专业学位设置与学位授权规范举措

专业学位类别	专业学位设置与学位授权规范举措
工程专业学位	2011年2月，《工程博士专业学位设置方案》通过，同年10月，国务院学位委员会下达含清华大学在内的25所工程博士专业学位授予单位名单。2018年3月14日，国务院学位委员会决定对工程专业学位类别进行调整，将工程专业学位类别调整为电子信息、机械、材料与化工、资源与环境、能源动力、土木水利、生物与医药、交通运输8个专业学位类别。工程硕士领域中的项目管理、物流工程、工业工程3个领域调整到工程管理专业学位类别。工程专业学位类别（代码0852）待相关学位授权点对应调整完成后不再保留
建筑学专业学位	2011—2020年，国务院学位委员会先后审核批准60所高等学校新增或继续开展建筑学学士或硕士专业学位授予工作，新增24所高等学校开展城市规划硕士专业学位授予工作，批准近10所高校继续开展城市规划硕士专业学位授予工作。2018年2月11日，国务院学位委员会办公室对现行建筑学硕士、建筑学学士和城市规划硕士专业学位授权审核工作进行了调整：通过专业评估的单位，可通过学位授权点动态调整工作，申请将建筑学一级学科硕士学位授权点调整为建筑学硕士专业学位授权点、将城乡规划学一级学科硕士学位授权点调整为城市规划硕士专业学位授权点；通过建筑评估委员会本科专业评估的单位，可直接向所在省级学位委员会申请建筑学学士专业学位授权
审计硕士专业学位	2011年2月，国务院学位委员会召开第二十八次会议，通过了《审计硕士专业学位设置方案》，方案对审计硕士专业学位的中、英文名称，审计硕士的培养目标、课程设置、实践教学、学位论文和学位授予等做了说明。同年8月，新增32个审计硕士专业学位授权点名单，列入2012年全国研究生统一招生专业目录
会计硕士专业学位	2011年2月，国务院学位委员会第二十八次会议同意北京市、上海市、厦门市国家会计学院新增为硕士专业学位授予单位，开展会计硕士专业学位研究生教育
工商管理硕士	2014年3月5日，国务院学位委员会发函，决定撤销哈尔滨理工大学工商管理硕士专业学位授权。2016年3月4日，教育部通报了部属非中管高校工商管理硕士（MBA）专业学位研究生教育专项调查和自查自纠的情况。国务院学位委员会办公室发文撤销武汉理工大学高级管理人员工商管理硕士（EMBA）专业学位研究生招生权
临床医学硕士专业学位	2012年3月，国务院学位委员会办公室发文同意北京大学等100个学位授予单位在临床医学硕士专业学位授权，下达了经再次复审后列入的博士学位授权一级学科名单。2014年9月5日，国务院学位委员会同意北京联合大学新增临床医学（中医）硕士专业学位授权点，明确培养领域仅限于针灸推拿，招生、培养对象仅限于视障人员并按照国家有关规定，纳入盲人医疗按摩人员管理。2015年6月10日，国务院学位委员会下达调整确认后的临床医学、中医专业学位授权点名单。中医专业学位从临床医学专业学位中分离，独立设置了中医博士、硕士专业学位。调整后，35所院校为临床医学硕士、硕士专业学位授权单位；17所高校为中医博士、硕士专业学位授权单位，75所院校为临床医学硕士专业学位授权单位；28所高校为中医硕士专业学位授权单位

续表

专业学位类别	专业学位设置与学位授权规范举措
"服务国家特殊需求人才培养项目"专业学位	基于国家发展需求,"服务国家特殊需求人才培养项目"启动。2011年8月,国务院学位委员会下发通知,决定开展"服务国家特殊需求人才培养项目"中学士学位授予单位培养硕士专业学位研究生的试点工作和授予博士学位的"服务国家特殊需求人才培养项目"申报工作。试点工作的指导思想是"服务需求、突出特色、创新模式、严格标准",着眼于国家行业发展的特殊需求。这是国家对专业学位的一种新的尝试,也体现了专业学位在为国家发展战略服务中的重要作用

(三)印发《专业学位研究生教育发展方案(2020—2025)》

2020年9月25日,国务院学位委员会、教育部印发《专业学位研究生教育发展方案(2020—2025)》,肯定了过去30年我国专业学位发展的成就,明确了发展专业学位研究生教育对经济社会高质量发展、服务创新型国家建设、学位与研究生教育改革发展的重大意义。表4-5是专业学位研究生教育发展的指导思想、发展目标和具体发展方向。

表4-5 专业学位研究生教育发展的指导思想、发展目标和具体发展方向

指导思想	以习近平新时代中国特色社会主义思想为指导,全面贯彻落实全国教育大会和全国研究生教育会议精神,面向国家发展重大战略,面向行业产业当前及未来人才重大需求,面向教育现代化,进一步凸显专业学位研究生教育重要地位,以立德树人、服务需求、提高质量、追求卓越为主线,按照需求导向、尊重规律、协同育人、统筹推进的基本原则,加强顶层设计,完善发展机制,优化规模结构,夯实支撑条件,全面提高质量,为行业产业转型升级和创新发展提供强有力的人才支撑
发展目标	到2025年,以国家重大战略、关键领域和社会重大需求为重点,增设一批硕士、博士专业学位类别,将硕士专业学位研究生招生规模扩大到硕士研究生招生总规模的2/3左右,大幅增加博士专业学位研究生招生数量,进一步创新专业学位研究生培养模式,使产教融合培养机制更加健全,专业学位与职业资格衔接更加紧密,发展机制和环境更加优化,教育质量水平显著提升,建成灵活规范、产教融合、优质高效、符合规律的专业学位研究生教育体系
硕士专业学位发展方向	着力优化硕士专业学位研究生教育结构:①完善硕士专业学位类别设置和授予标准。②健全更加灵活的硕士专业学位类别管理机制。③推动硕士专业学位研究生教育规模稳健增长
博士专业学位发展方向	加快发展博士专业学位研究生教育:①明确博士专业学位研究生教育的定位。②完善博士专业学位类别设置标准、博士专业学位类别。③健全博士专业学位类别设置程序。④扩大博士专业学位研究生教育规模
质量保障发展方向	大力提升专业学位研究生教育质量:①加强专业学位研究生导师队伍建设。②深化产教融合专业学位研究生培养模式改革。③完善专业学位研究生教育评价机制

基于以上专业学位研究生教育发展的明确的指导思想、发展目标和具体发展方向,国务院学位委员会将通过组织实施编制专业学位类别目录、推进与

职业资格衔接、强化行业产业协同、建立需求与就业动态反馈机制、构建多元投入机制、发挥专家组织作用、强化督导落实和加强组织领导等工作发展专业学位。

2011—2020年,在国家发展战略和社会发展需求的引导下,经历了三次学位授权审核,加快实现了对学位授权点主要按一级学科进行管理,推动应用型硕士学位和专业学位研究生教育的发展;多次动态调整学位授权点,推进高校学位授权自主审核,推动了学科专业结构的优化和研究生教育质量的提升。现在已经形成基本满足国家需求的中国特色学位授权体系,即由国家统一组织、省级统筹、部分学位授予单位可自主审核,专业学位快速发展,严格准入、动态调整、监管健全并存的学位授权体系。

同时,2011年新设置了工程博士专业学位,丰富了博士层次专业学位种类,国家区域发展重点领域、空白领域和急需领域的学位授权点在近10年也有明显增加,专业学位研究生教育发展方向更加明确。具有中国特色的高层次应用型专门人才培养体系和专业学位授权体系逐步形成,基本覆盖我国主要行业产业,为国家和社会发展培养了大批创新型、复合型人才,探索形成了国家、行业、社会、高校多主体协同助力的专业学位研究生教育发展格局,成为国家经济社会发展的助推器。

第二节　适应经济社会发展,调整学科专业目录

学位制度实施40年间,基于学科发展和人才培养的需要,经专家反复论证,我国先后于1983年、1990年、1997年和2011年调整修订四次学科目录,并于2018年对学科目录进行一次更新。2021年,"交叉学科"成为我国第14个学科门类,"集成电路科学与工程""国家安全学"成为该门类下的一级学科,现共计14个学科门类,113个一级学科,47个专业学位类别。在不断调整过程中,中国特色的人才培养与学位授权学科目录体系基本形成。

2011—2020年,国家先后于2011年修订、2018年更新学位授予和人才培养学科目录,既体现了国家与社会对人才结构的最新需求,也展现了国家大力发展专业学位、不断完善学科结构的决心(表4-6)。

表4-6 两次《学位授予和人才培养学科目录》公布的背景、意义和适用范围

年份	背景	意义	适用范围
2011	为适应我国经济、社会、科技和高等教育的发展	是贯彻落实《国家中长期教育改革和发展规划纲要（2010—2020年）》，建立动态调整机制，优化学科结构的重要举措，推动了学位授权审核办法改革，扩大学位授予单位办学自主权，使学位与研究生教育更好地适应经济、社会发展	适用于硕士、博士的学位授予、招生和培养，并用于学科建设和教育统计分类等工作。学士学位按新目录的学科门类授予
2018	经济、社会、科技和高等教育发展，科技革命不断向前推进，国内经济面临着转型升级，原有学科目录在7年间有所调整	更新学科目录，使学位与研究生教育制度更好地适应电子、物流、医药、能源、机械、环境等相关产业的快速发展	适用于硕士、博士的学位授予、招生和培养，并用于学科建设和教育统计分类等工作。学士学位按新目录的学科门类授予

一、2011年学科目录调整

2011年3月，为进一步发挥学科专业目录在人才培养和学科建设中的指导作用，规范学科专业的设置与管理，依据《中华人民共和国学位条例》和《中华人民共和国高等教育法》，国务院学位委员会发布《学位授予和人才培养学科目录（2011年）》。2011年版目录共有13个学科门类（新增了"艺术学"门类）和110个一级学科。

（一）新增学科门类，支持艺术学科发展

随着我国人民对精神生活需要的日益增强，为了进一步发展艺术学科，2011年，国务院学位委员会、教育部颁布了新的《学位授予和人才培养学科目录》，艺术学告别文学门类，成为第13个学科门类。艺术学门类下设艺术学理论、音乐与舞蹈学、戏剧与影视学、美术学和设计学5个一级学科，艺术史论等29个基本专业和影视摄影与制作、书法学、中国画、艺术与科技4个特设专业。从2013年招生起，艺术专业的本科学生毕业时将被授予艺术学学士学位，而非文学学士学位。

2011年艺术学升格为学科门类后，艺术学得到快速发展。以北京大学为例。北京大学艺术学院为了适应艺术学升格为门类之后的新形势，开始实施艺术学大类招生，分为影视编导和艺术史论两个方向，现已获批艺术学理论一级学科博士点，以及艺术学理论、戏剧与影视学、美术学3个一级学科硕士点。2020年年底，北京大学艺术学院有本科生156人（含留学生45人）、研究生116人（含留学生、中国港澳台学生24人），MFA（艺术硕士）150人，

总计 422 人。[①]

（二）依据人才培养需求，调整一级学科目录

2011 年的学科专业目录是在《授予博士、硕士学位和培养研究生的学科、专业目录（1997 年颁布）》基础上修订形成的。依据人才培养需求和学科结构优化需求，一些一级学科被拆分、新增和更名。表 4-7 是 2011 年版学科目录一级学科在 1997 年版目录基础上调整的内容。

表 4-7　2011 年版学科目录中一级学科的调整

调整方式	调整内容
拆分	历史学→考古学、中国史、世界史； 建筑学→建筑学、城乡规划学、风景园林学； 艺术学→艺术学理论、音乐与舞蹈学、戏剧与影视学、美术学、设计学； 军队指挥学及下设的作战指挥学、军事运筹学、军事通信学、军事情报学、密码学→军队指挥学； 军队指挥学及下设的军事教育训练学（含军事体育学）→军事教育训练学（含军事体育学）； 军事后勤学与军事装备学及下属的军事后勤学和后方专业勤务→军事后勤学； 军事后勤学与军事装备学及下属的军事装备学→军事装备学
新增	生物学及下属生态学→生态学； 应用经济学、统计学、数学、概率论与数理统计→统计学（可授理学、经济学学位）； 计算机科学与技术、计算机软件与理论→软件工程； 矿业工程、安全技术及工程→安全科学与工程； 畜牧学、草业科学→草学； 基础医学、航空、航天与航海医学→特种医学； 临床医学、护理学→护理学
更名	农业资源利用→农业资源与环境； 图书馆、情报与档案管理→图书情报与档案管理

在实际操作中，学位授予单位可根据学位授权点的拥有情况申请调整学位授权。例如，A 单位有 1997 年版目录一级学科学位授权，可按已获学位授权级别，申请对应调整为新目录拆分后的 1 个或多个一级学科学位授权；若没有 1997 年版目录一级学科学位授权，但有新目录拆分后的一级学科下属的二级学科学位授权，可以现有的二级学科为基础，按已获学位授权级别，申请对应的调整为新目录中的一级学科学位授权。

一级学科调整的原因有很多。有因为上级学科目录调整的，例如艺术学因升级为学科门类，其下属的二级学科被相应调整为一级学科；也有因为学

[①] 北京大学艺术学院. 学院简介 [EB/OL]. [2020-12-16]. https://www.art.pku.edu.cn/xxgk/xyjj/index.htm.

科发展的迫切需要，例如历史学的拆分。1997年学科目录调整，将世界史的3个二级学科合并为1个，成了历史学一级学科下8个二级学科中的一个。但13年来，随着中国与世界的关系越来越紧密，世界史原有的学科地位开始受到越来越多的质疑。2009年"全国两会"期间，中国社会科学院世界历史研究所研究员俞金尧以政协委员身份提交了《关于建设与大国地位相称的世界历史学科的提案》。在征求学科目录修订意见时，包括北京大学、南开大学、武汉大学在内的20所高校及研究所提议将世界史升级为一级学科。据悉，此项提议获得了"论证充分，学科内涵清晰，学科基础好，社会发展强烈要求"的A类评价。[①]最终，在中国史学界的共同努力下，世界史升级为一级学科。

可以看到，不论是何种原因，学科专业目录中一级学科的调整使学位授予类别更加清晰，学科结构得到优化，考古学、中国史、世界史、城乡规划学、风景园林学、军事训练学、军事装备学等学科建设和相关类别人才培养的强化得到了进一步的重视。

（三）主动适应社会发展，激发大学办学活力，推动学科发展

为使高等教育更好地适应经济社会发展，国家将二级学科设置与调整的权力重心下移，发布二级学科自主设置的实施细则，突出社会贡献，支持具有鲜明特色的二级学科发展。

2011年3月，国家出台《授予博士、硕士学位和培养研究生的二级学科自主设置实施细则》并正式实施，规范了对二级学科的自主设置与调整的原则、二级学科设置的基本条件、对学位授予单位自主设置与调整学科的基本要求和交叉学科的自主设置与调整等。

实施细则对二级学科设置的基本条件、目录内二级学科的自主设置与调整、目录外二级学科的自主设置与调整、交叉学科的自主设置与调整，以及增设与撤并作出具体规范。例如，学位授予单位可在本单位具有博士学位授权的一级学科下，自主设置与调整授予博士学位的二级学科；在具有硕士学位授权的一级学科下，自主设置与调整授予硕士学位的二级学科；学位授予单位自主设置与调整可分为目录内二级学科自主设置与调整和目录外二级学科自主设置与调整；学位授予单位自主设置的目录内二级学科、目录外二级学科、交叉学科，都应纳入本单位学科建设规划，其设置清单由教育部定期向社会公布；教

---

① 刘潇潇. 世界史升级为一级学科 开启历史学科发展新阶段[J]. 中国社会科学报，2011（4）：3.

育部将视各二级学科的人才培养、社会需求和学科发展情况，不定期地向有关单位提出调整（包括增设、更名和撤销）二级学科的建议等。

二级学科由学位授予单位自主设置与调整，是贯彻落实《国家中长期教育改革和发展规划纲要（2010—2020年）》，优化学科结构，加快学位与研究生教育发展的一项重要改革举措。这将进一步扩大学位授予单位的办学自主权，有利于高等教育与经济社会发展相适应，有利于创新人才的培养，有利于学科结构的调整，有利于学科特色的形成。

二、2018年学科目录更新

2011年后，社会发展迅猛，科技革命不断向前推进，国内经济面临着转型升级，人们对高新技术和生态环境比以往任何时候都更加关注，电子、物流、医药、能源、机械、环境等相关产业的快速发展对学科目录的更新提出了迫切需求。为更好地适应国家与社会发展的需要，我国的一级学科目录在2011—2018年经历了一些调整，这些调整最终公布于2018年更新的学科目录中。

2018年4月，国务院学位委员会、教育部更新了《学位授予和人才培养学科目录（2018年）》。更新后的目录依旧保持13个学科门类的体系，但确实根据近年来国务院学位委员会作出的相关决议、审批、批准等意见，在具体学科门类下做了相应更新。在学科目录的调整中，除增设"网络空间安全"一级学科和将"军制学"更名为"军事管理学"，其余更新均在附录"专业学位授予和人才培养目录"中。在专业学位学科目录调整中，较为突出的是对"工学"门类的调整，不再保留"工程"专业学位类别。

表4-8是2018年学科目录在2011版目录基础上调整的内容。

表4-8　2018年学科目录的调整

调整方式	调　整　内　容
新增	"工学"（08）门类下增设了"网络空间安全"一级学科； 新增"电子信息""机械""材料与化工""资源与环境""能源动力""土木水利""生物与医药""交通运输"，这些专业可授予硕士、博士专业学位； 独立设置"中医"专业学位（代码1057），按规定，既可授予中医博士专业学位，又可授予中医硕士专业学位
去除	"工程"专业学位类别不再保留
更名	"军事学"门类下的一级学科"军制学"更名为"军事管理学"； 专业学位"农业推广"改为"农业"

（一）对学术学位学科目录的更新

在2018年学科目录中，增设了"网络空间安全"一级学科和将"军制学"更名为"军事管理学"。

"互联网+"时代来临，网络空间安全在国家政治经济建设中具有十分重要的战略地位，国家对系统掌握网络空间安全的基本理论和关键技术，具有强烈的社会责任感和使命感、宽广的国际视野、勇于探索的创新精神和实践能力的拔尖创新人才和行业高级工程人才需求十分迫切。

为实施国家安全战略，加快网络空间安全高层次人才培养，2015年6月11日，根据《学位授予和人才培养学科目录设置与管理办法》的规定和程序，经专家论证，国务院学位委员会学科评议组评议，国务院学位委员会决定在"工学"门类下增设"网络空间安全"一级学科，学科代码为"0839"，授予"工学"学位。[①]10月30日，国务院学位委员会下发了《关于开展增列网络空间安全一级学科博士学位授权点工作的通知》，增列"网络空间安全"一级学科博士学位授权点，公布申请新增"网络空间安全"一级学科博士学位授权点的学位授予单位应具备的基本条件。展开增列学位授权点工作的通知一经发布，众多高校积极响应，2016年1月，经国务院学位委员会同意，29所高校增列网络空间安全一级学科博士学位授权点。截至2020年，已有80余所高等院校开设了网络空间安全专业。

为主动适应军队信息化建设和军事斗争准备的实际需要，2013年12月2日，国务院学位委员会、教育部下发通知，决定将"军制学"一级学科更名为"军事管理学"，明确"军事管理学"仍为"军事学"门类下的一级学科，学科代码为"1106"，授予"军事学"学位。原"军制学"博士、硕士学位授权点自动对应调整为"军事管理学"博士、硕士学位授权点，自更名之日起，其研究生招生、培养和学位授予等工作按照"军事管理学"进行。[②]

（二）对专业学位学科目录的更新

在2018年学科目录中，专业学位授予和人才培养目录中新增、删除和更名了若干专业学位类别。

[①] 国务院学位委员会，教育部. 国务院学位委员会 教育部关于增设网络空间安全一级学科的通知［EB/OL］.（2015-6-11）［2021-3-20］. http://www.moe.gov.cn/jyb_xxgk/moe_1777/moe_1778/201511/t20151127_221423.html.

[②] 国务院学位委员会，教育部. 国务院学位委员会 教育部关于将军制学一级学科更名为军事管理学的通知［EB/OL］.（2013-12-2）［2021-3-20］. http://www.moe.gov.cn/s78/A22/xwb_left/moe_833/201804/t20180423_333992.html.

自 1991 年后，应对社会发展需求，国家大力发展专业学位。在专业学位的快速发展中也显现出学科结构不合理、已有学科类别不能适应社会新要求等问题。工程专业学位自 1997 年设置以来先后设置了 40 个领域，工程博士设置了 4 个领域，已成为培养规模全球最大、影响最为广泛且按领域授权的专业学位类别，为创新型国家建设做出了重要贡献。我国现已建立起了工程科技人才的培养体系，累计授予 80 余万人工程专业学位，为我国制造业的发展、升级培养了大批高层次、应用型、复合式工程科技人才。但随着事业发展形势的变化和自身改革的深入，工程专业学位出现领域固化和滞后、与其他类别专业学位的培养范围存在部分重复、博士和硕士衔接不够、部分工程领域培养特色不够鲜明、管理机制不适应现实需要等问题①。

为贯彻落实党的十九大精神，实现高等教育内涵式发展，加快建设创新型国家，更好服务国家工程科技与产业发展需要，2018 年 3 月 4 日，《国务院学位委员会、教育部关于对工程专业学位类别进行调整的通知》下发，将"工程"（代码 0852）专业学位类别调整为电子信息（代码 0854）、机械（代码 0855）、材料与化工（代码 0856）、资源与环境（代码 0857）、能源动力（代码 0858）、土木水利（代码 0859）、生物与医药（代码 0860）、交通运输（代码 0861）等 8 个专业学位类别。工程硕士领域中的项目管理、物流工程、工业工程 3 个领域调整到工程管理专业学位类别（代码 1256）。调整后，"工程"专业学位类别不再保留。②

为服务我国中医药事业发展对中医专门人才的迫切需求，完善中医人才培养体系，创新中医人才培养模式，提高中医人才培养质量，国务院学位委员会于 2014 年 12 月 11 日印发《中医专业学位设置方案》，独立设置中医专业学位，代码为"1057"。中医专业学位可授予博士专业学位和硕士专业学位，含中西医结合及民族医。③

农业推广硕士（曾用名）是国务院学位委员会 1999 年批准设立的专业学

---

① 教育部.工程专业学位调整为 8 个专业学位类别——国务院学位委员会办公室、教育部学位管理与研究生教育司负责人就调整工程专业学位类别答记者问［EB/OL］.（2018-03-27）［2021-3-20］. http://www.moe.gov.cn/jyb_xwfb/s271/201803/t20180326_331237.html.
② 国务院学位委员会，教育部. 国务院学位委员会、教育部关于对工程专业学位类别进行调整的通知［EB/OL］.（2018-3-14）［2021-3-20］. http://www.moe.gov.cn/srcsite/A22/yjss_xwgl/moe_818/201803/t20180326_331244.html.
③ 教育部. 关于印发《中医专业学位设置方案》的通知［EB/OL］.（2014-12-11）［2021-3-20］. http://www.moe.gov.cn/srcsite/A22/moe_833/201501/t20150120_183210.html.

位，培养方向涉及种养殖技术类、农业与食品工程类、农村发展与服务管理类3个学科类别，培养了数以万计的高层次农业领域的复合型、应用型人才。2014年7月，第三届农业推广专业学位教学指导委员会第三次会议对定名问题进行了专题审议，并向国务院学位办提出了定名为"农业硕士"的建议报告。同年12月11日，国务院学位委员会办公室下发《关于将农业推广硕士（暂用名）定名为农业硕士的通知》，决定将"农业推广硕士专业学位"（暂用名）正式定名为"农业硕士专业学位"。

学科目录调整是深化高等教育改革、提高高等教育质量、建设高等教育强国的重要课题，每一次学科目录的变化都是经过决策者和专家深思熟虑后做出的决定。在两次学科目录的变化中，一方面，学科的增设和名称变更，体现了国家和社会发展对专业性人才的需要，体现了劳动力市场对人才结构的最新需求；另一方面，专业学位新增较多，展现了国家大力发展专业学位的决心，以及对国内一些新兴产业发展的支持。同时，"工程"专业学位的不再保留也是国家坚持加强学科建设、优化学科结构的体现。由上可见，学科专业目录的调整缘由无外乎顺应需求，无论是顺应国家战略需求，抑或是社会发展需求，都是扎根中国大地办教育的体现。2011—2020年，根据国家和社会发展需求，国务院学位委员会不断调整学科专业目录，新增了艺术学学科门类，并对一级学科和二级学科作出调整完善，使学位结构更加贴合和服务国家发展战略，体现中国特色。10年间，学科专业目录与国家社会发展双向推动，在满足社会发展和国家战略需求的道路上不断调整，同时发挥作用，服务于国家与社会发展，形成学科专业目录与国家社会双向促进、共同科学发展的良好局面。

第三节　扩大学位授予规模，提供人力智力支撑

学位授予规模指获得学位的人数，学位授予结构指学位授予种类构成。2011—2020年，我国学士学位授予规模、硕士学位授予规模和博士学位授予规模都在不断扩张，授予结构更加优化，名誉博士学位为国际交流助力，与具有强实践性的专业学位一同为国家战略发展和经济社会发展输送了丰富的高端顶尖人才。

一、学位授予规模持续扩张，结构更加优化

进入 21 世纪以来，随着我国经济社会的快速发展，提高高等教育毛入学率写进了国家教育事业发展目标。经过多年高校扩招，我国高等教育毛入学率提升很快，促使我国迅速进入高等教育大众化发展阶段，成为世界高等教育大国。2011 年，全国高等教育毛入学率达 26.9%；9 年后，2019 年我国高等教育毛入学率超过 50% 进入高等教育普及化阶段。全国高等教育毛入学率提升，学位授予总数也在持续上涨。其中，学士学位授予规模在近 10 年扩大了 41.16%，博士学位授予总数上升了 24.44%，硕士学位授予总数上升了 51.98%。

（一）学士学位授予规模持续扩张

学士学位授予规模与国家经济发展水平息息相关。近 10 年，我国国家经济发展水平稳步提升，人民对高等教育的需求和各行各业对接受过高等教育的劳动力的需求大幅提升，我国学士学位授予规模呈现持续扩张的状态。

根据每一年度教育部官网发布的教育统计数据得知，从 2011 年的 270.79 万人至 2019 年的 389.18 万人，学士学位授予数量上升 43.72%，即 2019 年比 2011 年的学士学位授予规模扩张了近一半。图 4-2 是近 10 年我国学士学位授予规模折线图。

图 4-2　2011—2019 年我国学士学位授予规模折线图

（二）硕士学位授予人数快速增长

根据每一年度教育部官网发布的教育统计数据得知，硕士学位在近 10 年加速发展，授予规模大幅扩张。其中，学术硕士学位授予总数呈紧缩状态，专

业硕士学位授予规模急剧扩张。

图 4-3 是近 10 年我国硕士学位授予规模折线图。从图中可看出，近 10 年我国硕士学位授予规模中，硕士学术学位自 2012 年起有所下降，但硕士专业学位规模扩张幅度很大，硕士学位授予规模整体呈上升态势。2011—2019 年，硕士学位授予人数从 2011 年 37.82 万人跃升至 2019 年 65.45 万人，上升了 73.06%。2011—2018 年，学术硕士学位授予总数下降了 12.04%，呈紧缩状态。专业硕士学位授予规模急剧扩张，近 8 年上升了 133.48%，2018 年专业硕士授予规模是 2011 年的 2.3 倍。

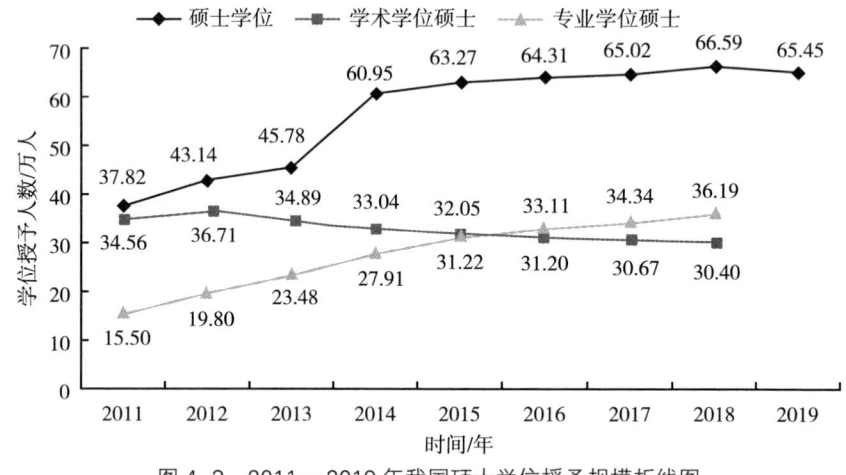

图 4-3 2011—2019 年我国硕士学位授予规模折线图

相较学士学位授予，硕士学位的授予更加关注学生从业技能和科研能力的培养。学术硕士学位获得者须具有从事科学研究工作的能力，专业硕士学位获得者须具有担负专业技术工作的能力。一般而言，学术硕士学位的授予比专业硕士学位对学术科研水平要求更高，获得者的修学年限也更长一些。这 10 年间，国家对学术硕士学位的发展有所控制，目的是保证学术硕士学位的授予质量，但大力发展专业硕士学位，基于相对培养年限短的特征，以更好地满足社会经济发展对专业人才的需求。同时，由于学士学位授予规模扩张，对更高学历需求的人群逐年增多，雇主的要求也水涨船高，国内就业形势愈加严峻。在此情形下，硕士扩招是缓解就业压力的有效途径，也成了近 10 年硕士学位授予规模大幅扩张的一个原因。

（三）博士学位授予人数稳步上升

根据教育部官网发布的教育统计数据得知，博士学位在近 10 年呈平稳发展态势，授予规模稳步上升，主要是依靠学术博士学位的发展，相对重视艺术学、医学、理学、工学、农学等博士学位的发展，同时也缩小了历史学、文学、经济学、哲学、管理学和军事学的博士学位授予规模。

图 4-4 是近 10 年我国博士学位授予规模折线图。其中，带菱形黑实线为博士学位授予总数，带方块灰实线为博士学术学位授予数，带三角形灰实线为博士专业学位授予数。2011—2019 年，博士学位授予总数从 48551 人上升为 61060 人，上升了 25.76%。2011—2018 年，学术博士学位授予总数上升了 29.05%，与博士学位授予总数上升幅度相似。专业博士学位授予的占比虽然小，但是其总数的上升幅度最大，近 8 年上升了 158.91%。

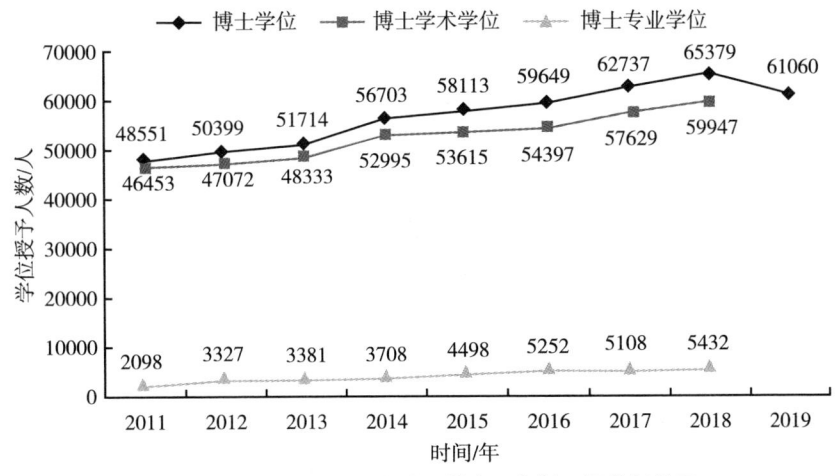

图 4-4 2011—2019 年我国博士学位授予规模折线图

博士学位的授予要求学位获得者在本门学科专业上掌握坚实宽广的基础理论和系统深入的专门知识，学术博士学位获得者须具有独立从事科学研究工作的能力，且在科学研究方面取得创新性成果；专业博士学位获得者须具有独立担负专业技术工作的能力，并在专业技术方面取得创新性成果。近 10 年我国博士学位授予规模中，专业学位占比非常少，是国家在有意控制专业博士学位授予规模，保障专业博士学位的授予质量。学术博士学位授予总数在 10 年中一直在平稳上升，扩张幅度远低于学士学位规模和硕士学位规模。

（四）学位授予结构更加优化

随着学位授予规模持续扩张，学位授予结构也更加优化。授予学位层次中学士比重增加，工学是各级学位中授予量占比最多的，北京市是我国学位授予数量最多的城市。

在授予学位层次中，2011年，全国授予学位的学士、硕士、博士比例约为59∶10∶1。其中，学术学位学士、硕士、博士比例约为62∶7∶1。学术学位的硕士与博士比为6∶1，学士与硕士比为13∶1。2019年，全国授予学位的学士、硕士、博士比例约为64∶11∶1。其中，学术学位学士、硕士、博士比例约为65∶5∶1。

在授予学位总量中，2011年学士、硕士、博士比重分别为85%、14%、1%，学术学位的学士、硕士、博士比重分别为89%、10%、1%。2019年，学士、硕士和博士学位占比分别为85%、14%、1%，其中学术学位学士、硕士、博士比例约为92∶7∶1。

在授予学位学科中，2011年授予学士学位、硕士学术学位和博士学术学位人数最多的都是工学，均占比在30%以上；专业学位人数最多的是工程硕士（约37%），其他依次为工商管理硕士、法律硕士、临床医学专业学位、教育硕士、公共管理硕士、农业推广硕士，这7个专业学位占硕士专业学位总授予量的93.1%。2016年，授予学士学位、硕士学术学位和博士学术学位人数最多的也是工学，均占比在30%以上；工学、理学、医学、管理学这4个学科类别的博士学位授予量所占比重之和为78.19%；工学、理学、医学、管理学这4个学科门类的硕士学位授予量所占比重之和为66.30%；工学、理学、医学、管理学这4个学科门类的学士学位授予量所占比重之和为65.53%。

在区域结构中，2011年全国博士学位授予数量最多的省份为北京市（约占全国的31.99%），以下依次为上海市、湖北省、江苏省和广东省，占比均低于9%；硕士学位授予数最多的是北京市（约占全国的14.11%），以下依次为江苏省、上海市、湖北省和辽宁省，占比均低于8%。2016年，博士学位授予量最多的五个省、直辖市分别为：北京市（约占全国的29.98%），以下依次为上海市、江苏省、湖北省和广东省，占比均低于9%；硕士学位授予最多的5个省份分别为：北京市（约占全国15.10%）、江苏省、上海市、湖北省和辽宁省，占比均低于8%。从分布看，北京市是我国研究生教育尤其是博士研究生教育的中心；这些省份主要分布于华北、华东和中南3个地区。这些地区既是我国研究生教育发展水平较高、学位授权点布局多的地区，也是我国经济发展水平较高地区。

二、学位授予体系更加丰富

2011—2020年，我国各类学位都有所发展，名誉博士学位和专业学位的发展丰富了学位授予结构，为国家经济社会发展输出了大量优秀人才。同时，来华留学生的学位授予也促进了国际交流与合作。

（一）名誉博士学位的授予

名誉博士学位，在于表彰国内外卓越的学者、科学家或著名的政治家、社会活动家在不同领域，以及社会发展和人类进步事业中的突出贡献。[1] 名誉博士学位成为我国高校扩大国际交流合作的一种重要形式，在国家对外交往中发挥着积极作用。

2011—2020年，我国高校共授予境外杰出人士（含港澳台人士）名誉博士学位110位。表4-9是2011—2020年名誉博士学位授予数量表。

表4-9 2011—2020年名誉博士学位授予数量

年份	授予学校	授予数量
2011	清华大学、中国科学院研究生院、北京师范大学、上海交通大学、北京语言大学、中国矿业大学、北京外国语大学、中国人民大学、华中科技大学、浙江大学、华侨大学、山东大学、北京航空航天大学、山东大学、四川大学、华中师范大学、复旦大学	21
2012	清华大学、复旦大学、南京大学、北京大学、上海外国语大学、南京农业大学、大连理工大学、西北农林科技大学、北京协和医学院、中国政法大学、上海交通大学、南开大学	15
2013	华东师范大学、新疆大学、上海交通大学、清华大学、同济大学、复旦大学、浙江大学、华东师范大学、重庆大学、上海大学、中国科学技术大学、山东大学	12
2014	山东大学、上海交通大学、上海理工大学、清华大学、南京大学、北京大学、中国科学院大学、江南大学、北京外国语大学	12
2015	中国人民大学、上海交通大学、上海外国语大学、南开大学、天津大学、广西民族大学、浙江大学	8
2016	上海交通大学、南开大学、南京大学、上海大学、南京医科大学、中国科学院大学、北京大学、西安交通大学、北京师范大学、中南大学、清华大学	14
2017	广西民族大学、北京大学、上海交通大学、清华大学、湖南大学、清华大学、武汉大学、中国人民大学	8
2018	武汉大学、北京大学、甘肃农业大学、大连海事大学、福建师范大学、清华大学、上海外国语大学、北京交通大学	8
2019	清华大学、山东大学、中南财经政法大学、成都中医药大学、兰州大学、中国政法大学、北京外国语大学	7
2020（截止于2020年6月）	中国政法大学、清华大学、北京大学	5

注：表格内容整理于教育部学位管理与研究生教育司公开资料

---

[1] 教育部学位与研究生教育发展中心. 名誉博士学位［EB/OL］.［2021-03-20］. http://www.chinadegrees.cn/xwyyjsjyxx/xwbl/cdsy/260636.shtml.

通过对近10年我国名誉博士学位高校授予情况的整理发现，共有47所高等教育机构在2011—2020年对境外杰出人士授予了名誉博士学位。按授予数量从高到低分别为：清华大学（12位）、上海交通大学（12位）、北京大学（9位）、山东大学（7位）、南京大学（4位）、复旦大学（4位）、中国政法大学（3位）、中国人民大学（3位）、浙江大学（3位）、上海外国语大学（3位）、南开大学（3位）、北京外国语大学（3位）、武汉大学（2位）、上海大学（2位）、华中科技大学（2位）、华东师范大学（2位）、广西民族大学（2位）、北京师范大学（2位），以及重庆大学、中南大学、中南财经政法大学、中国矿业大学、中国科学院研究生院、中国科学技术大学、新疆大学、西北农林科技大学、西安交通大学、同济大学、天津大学、四川大学、上海理工大学、南京医科大学、南京农业大学、兰州大学、江南大学、华中师范大学、华侨大学、湖南大学、甘肃农业大学、福建师范大学、大连理工大学、大连海事大学、成都中医药大学、北京语言大学、北京协和医学院、北京交通大学、北京航空航天大学各授予1人名誉博士学位。

近10年，超过80%的名誉博士学位授予机构为"双一流"建设高校，剩余不到20%的高校也是在某一专业领域十分突出，独具特色。例如，与东盟国家联系紧密的广西民族大学是广西壮族自治区开设东盟语种最早和最多的高校，有包括柬埔寨语在内的外国语言文学3个一级学科博士学位授权点。2015年和2017年，广西民族大学先后向柬埔寨首相及其夫人授予名誉博士学位，为中国与东盟的外交助力。

又如，在中俄建交70周年之际，俄罗斯联邦总统普京于2019年4月底访华。4月26日，清华大学授予普京名誉博士学位。中俄两国元首的大学母校分别向对方国家元首颁授名誉博士学位，既是双方教育和人文领域密切交流的例证，更是中俄关系高水平发展的重要体现。

（二）专业学位的快速发展

截至2011年，我国已设置专业学位达到39种。其中，5种可授予博士专业学位，基本覆盖了国民经济和社会发展的主干领域。

2014年招收在职人员攻读硕士专业学位类别包括法律、教育、体育、工程、农业推广、兽医、风景园林、公共卫生、军事、工商管理、公共管理、会计和艺术硕士13个专业学位类别，以及示范性软件学院软件工程领域工程硕士、高级管理人员工商管理硕士（EMBA）。2015年，在职人员攻读的硕士专业学位中，增加了职业学校教师在职攻读硕士专业学位。同年12月11日，国务院学位委员会印发了《中医专业学位设置方案》。方案共9条，对于中医专业学位名称、设置学位的目的、人才培养目标、教学方式、学位论文等进行了规定。此外，"农业推广硕士专业学位"正式定名为"农业硕士专业学位"。

2015年4月27日，国务院学位委员会印发了修订后的《教育硕士专业学位设置方案（2015年修订）》，1996年发布的原设置方案同时废止。新方案将教育硕士的培养目标扩展到了中等职业技术教育教学人员及管理人员。

学位授权对西部高校、民族高校实施制度倾斜，申请标准降低20%。2018年授权审核结果显示，西部地区博士学位授权审核通过比例较高，研究生学位授予单位在全国各省份均有布点。

2020年9月20日，《关于加快新时代研究生教育改革发展的意见》中提出优化研究生培养类型结构，大力发展专业学位研究生教育。其中，稳步发展学术学位研究生教育，以国家重大战略、关键领域和社会重大需求为重点，增设一批硕士、博士专业学位类别；新增硕士学位授予单位原则上只开展专业学位研究生教育，新增硕士学位授权点以专业学位授权点为主，这些意见也在第十三次博士、硕士学位授权审核工作的工作方案中被提及。

（三）来华留学生的学位授予

同时，国家也在不断规范来华留学生的学位授予。

2012年9月，教育部学位管理与研究生教育司委托上海交通大学高等教育研究院研究生教育研究中心开展《关于普通高等学校授予来华留学生我国学位试行办法》修订及相关问题研究工作。2016年12月30日，《关于来华留学生攻读临床医学类硕士专业学位的意见》出台，明确了攻读临床医学类（含临床医学、口腔、中医）硕士专业学位来华留学生的招生对象、学制及培养方式、申请学位的条件与学历和学位证书等内容。2020年出台的《关于加快新时代研究生教育改革发展的意见》也强调，打造"留学中国"品牌，吸引优秀学生来华攻读硕士、博士学位，保障来华留学生的学位授予质量，支持培养单位与国际高水平大学互授联授学位。预计"十四五"期间，来华留学生的学位授予规模会得到进一步发展，授予方式会更加多样，授予质量会得到提升。

回顾学位授予规模和结构的调整历程，主要有两个诱发因素。一是劳动力市场对调整学位授予规模和结构提出迫切需要。随着经济社会发展，劳动力市场对人才结构的要求发生变化，企业等用人单位对专业人才的需求量大幅增加，一些在职人员为了更好地适应工作岗位，在职业发展中有更广阔的前景，对学历学位的需求也日益提升。劳动力市场对各类人才的需求催生了学位授予规模和结构的变化。二是国家政策的布局引导着学位授予规模和结构的调整。学士学位、硕士学位、博士学位规模在近10年呈现不同的发展态势，离不开国家的整体布局。一方面，为了更好地满足具有中国特色的社会主义现代化国家建设需求，国家近年来在本科招生中不断扩招，满足人民对高等教育的需求，并大力发展专业硕士学位，满足各行各业发展的需求，但同时控制博士学位和学术硕士学位的数量，保证教育质量。另一方面，受教育人口大幅扩张，就业市场供过于求的情况持续存在，为了稳定社会发展，缓解就业压力，减少失业人群，研究生群体的扩招是一种有效方式，招生规模的扩张也会带来学位授予规模的扩张。

综上可知，2011—2020年，在劳动力市场需求和国家政策布局下，我国学位授予规模不断扩张，结构逐步优化。其中，学士学位授予规模和硕士学位授予规模大幅扩张，名誉博士学位、专业学位等在国际外交和行业发展中发挥了重要作用，为国家战略发展和经济社会发展提供了强有力的人力与智力支撑。同时，落实国家西部大开发，学位授权体现倾斜，也有效地保障了我国高等教育的均衡发展。一方面，2011—2020年，我国学位在类别上更加丰富，名誉博士学位在国际外交中发挥着重要作用，专业学位加速发展，为各行各业输送专业人才。基于国家与社会发展需求来看，在接下来的10年中，国家发展急需的一些基础性学科专业的学位授予规模会有所增加，与社会科技发展相关的一些信息科技相关专业的学位授予规模会有所增加。另一方面，2011—2020年，国家相关政策在区域分布、重点学科、专业学位发展上有所倾斜，在政策倾斜中体现中国特色。国家通过降低20%的申请标准鼓励西部地区和少数民族地区学科发展，通过鼓励马克思主义相关学科发展推动我国思政教育发展，鼓励外交相关学科、军事相关学科发展支撑国家现代化建设，将具有鲜明特色、社会贡献突出的学科批准为重点学科，大力发展专业学位优化劳动力市场人才结构，为中国特色社会主义现代化建设服务。

第四节　保障质量，形成中国特色的学位管理体系

国家通过多种方式完善学位管理体系，形成具有中国特色的中央政府主导、省级地方政府统筹的"中央政府—省级地方政府—学位授予单位"三级学位管理体制，初步构建一个多质量主体共同参与、相互配合、积极有效，以学

位授予单位为质量保障主体，政府主管部门、学术组织、行业部门、社会机构"五位一体"的学位授予质量保障体系。同时，通过成立质量保证和监督工作组、出台系列文件加强质量保障和监督体系建设，发布《一级学科博士、硕士学位基本要求》和《专业学位类别（领域）博士、硕士学位基本要求》等系列具有较强指导性和针对性的文件严守论文质量底线，启动全国专业学位水平评估，通过平台建设和队伍建设推动学位管理信息化建设，推进法制建设，确保学位授权审核科学公正，保障学位授予质量，不断提升学位授予质量。

一、中国特色的三级学位管理体制形成

学位管理体制具体指在学位授权、学位授予、学位监督检查等过程中相关主体的权限划分及相互关系的总称。[①] 经过40年的演变，我国已形成具有中国特色的中央政府、省级地方政府和学位授予单位的三级学位管理体制，这个学位管理体制是依据管理主体划分而言的。其中，三级分别为中央政府、省级地方政府和学位授予单位，国务院学位委员会，省、自治区、直辖市人民政府学位委员会，学位授予单位学位评定委员会分别是三级管理的主管部门。图4-5为我国三级学位管理体制架构。

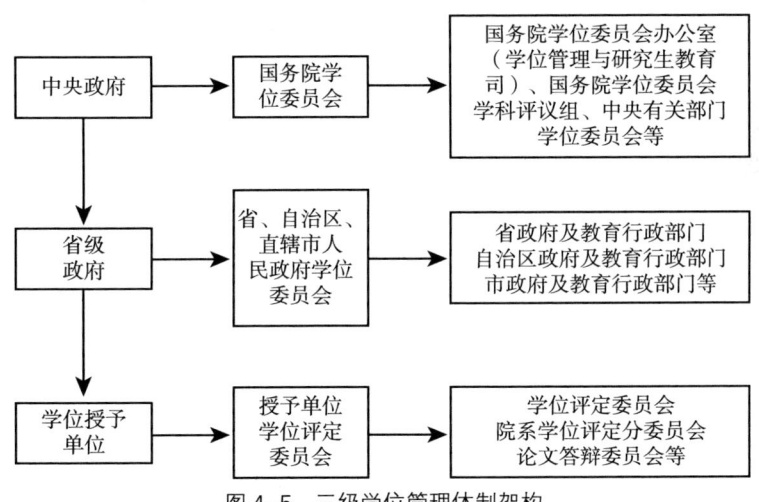

图 4-5　三级学位管理体制架构

（一）国务院学位委员会

在国家层面，国务院设立国务院学位委员会，负责贯彻实施《中华人民

---

① 马怀德，林华. 论学位管理体制的立法逻辑[J]. 教育研究，2014，35（7）：15-21.

共和国学位条例》，领导全国学位授予工作。国务院学位委员会办公室和学位管理与研究生教育司是"一队人马，两套牌子"，负责规划全国学位与研究生教育改革与发展、指导与管理研究生培养和学科建设，承担"双一流"建设等项目的实施和协调等。有关学位与研究生教育的国家级文件通知或相关组织工作基本都是由国务院学位委员会发布和实施，例如《专业学位研究生教育发展方案（2020—2025）》、博士硕士学位授权审核工作等。

多年来，中央层面学位管理部门不断分化。随着国务院学位委员会办公室等部门的成立，以及学位证书与学历证书分离模式的实施，我国学位管理部门趋于多元。[1] 国务院学位委员会在三级管理体制中始终处于主导位置，引导省级地方政府和学位授予单位科学规范地开展学位工作。例如，2018年5月7日，国务院学位委员会、教育部发布《关于进一步发挥国务院学位委员会学科评议组和专业学位研究生教育指导委员会作用的意见》，要求国务院学位委员会学科评议组和专业学位研究生教育指导委员会在依照《国务院学位委员会学科评议组组织章程》《专业学位研究生教育指导委员会工作规程》组织运行的过程中，进一步把握政治方向，围绕国家与社会发展需求强化职责作用、完善工作机制、严守纪律规矩、加强支持力度。2014年1月29日，国务院学位委员会、教育部印发《关于加强学位与研究生教育质量保证和监督体系建设的意见》，对学位授予单位提出强化质量保证，对教育行政部门提出加强质量监管，充分发挥学术组织、行业部门和社会机构的监督作用等意见。[2]

（二）省级学位委员会

省级学位委员会审核权力增大是近10年我国三级学位管理体制发展较大的变化。省级学位委员会位于三级学位管理体制的中间层位置，起着承上启下的作用。随着省、自治区、直辖市学位委员会陆续成立，我国学位管理重心有所下移，以中央有关部门学位委员会为主要衔接的三级学位管理体制逐渐转变为以省级学位委员会为主要衔接的三级学位管理体制。

省级学位委员会工作会议每年定期召开，深入贯彻落实党和国家的指导思想、政策、方针，深入推动学位与研究生教育内涵式发展，部署年度重点工作，为学位授予单位有重点、有秩序地开展学位管理工作提供指导。

---

[1] 林华. 论我国学位管理体制的困境与革新 [J]. 学位与研究生教育，2014（5）：37-41.
[2] 国务院学位委员会，教育部. 国务院学位委员会 教育部关于加强学位与研究生教育质量保证和监督体系建设的意见 [EB/OL].（2014-02-12）[2021-02-25］. http://old.moe.gov.cn//publicfiles/business/htmlfiles/moe/s7065/201403/xxgk_165554.html.

2010年启动的第十一次学位授权审核开展新增硕士专业学位授权点审核工作后，省级人民政府和设有研究生院重点高校拥有了博士、硕士授权单位、一级学科硕士点、博士点审核权。第十二次和第十三次学位授权审核是国务院学位委员会确定新增博士、硕士学位授予单位申请基本条件和博士、硕士授予点基本条件，委托各省级学位委员会组织实施新增博士学位授予单位授权初审。省级学位委员会根据国家和区域经济社会发展对高层次人才的需求，统筹制定本地区新增学位授予单位规划，确定立项建设单位，按照立项、建设、评估和验收的程序分批安排。

2013年，国务院学位委员会通过《关于开展博士、硕士学位授权学科和专业学位授权类别动态调整试点工作的意见》，2016年起在全国范围内实施学位授权点动态调整工作，各省、自治区、直辖市学位委员会和中国人民解放军学位委员会成为动态调整工作的组织实施方。

2011—2020年，随着高等教育发展、学位授予规模扩张、学位授予类别更加丰富、学位授权单位和授权点增多，学位管理体制中权力重心有所下移。省级学位委员会作为学位管理体制中的独立一级，在学位管理实践当中发挥着越来越重要的作用，其地位与功能也是显性的[①]，拥有了更加自主的学位审核权、统筹调控权和学位管理权，形成了承上启下、相对独立、具有统筹调控权的省级学位管理体制。

（三）学位授予单位学位评定委员会

学位授予单位是学位与研究生教育质量保证的主体，是学位管理体制中的基层组织，一般是高等学校或科研机构。学位授予单位下设学位评定委员会、学术委员会等学术组织，相当程度上影响着我国学位工作开展的质量与水平，影响着我国学位授予质量和学位获得者人才培养水平。

2020年9月8日，国务院学位委员会、教育部发布《关于进一步严格规范学位与研究生教育质量管理的若干意见》，对学位授予单位提出强化落实质量保证主体责任、严格规范研究生考试招生工作、严抓培养全过程监控与质量保证、加强学位论文和学位授予管理、强化指导教师质量管控责任、健全处置学术不端的有效机制、加强教育行政部门督导监管等意见，以应对目前国内部分学位授予单位仍存在的培养条件建设滞后、管理制度不健全、制度

---

① 魏文松，龚向和. 学位管理权能的划分模式及其优化逻辑[J]. 大学教育科学，2021（1）：85-95.

执行不严格、导师责任不明确、学生思想政治教育弱化、学术道德教育缺失等问题。①

二、强化质量监管，建设质保监督体系

2011—2020年，国务院学位委员会通过多种措施，保障学位授予质量，初步构建起多质量主体共同参与、相互配合、积极有效，以学位授予单位为质量保障主体，政府主管部门、学术组织、行业部门、社会机构"五位一体"的学位授予质量保障体系。一方面，通过成立"建立健全学位与研究生教育质量保证与监督体系作组"，下发《关于加强学位与研究生教育质量保证和监督体系建设的意见》和《学位授予单位研究生教育质量保证体系建设基本规范》等文件加强质量保障和监督体系建设；另一方面，分别根据学术学位和专业学位特点制定了具有较强指导性和针对性的《一级学科博士、硕士学位基本要求》和《专业学位类别（领域）博士、硕士学位基本要求》，成为学位的"国家标准"。此外，通过发布《学位论文作假行为处理办法》《博士硕士学位论文抽检办法》《教育部办公厅关于进一步规范和加强研究生培养管理的通知》等文件应对学术不端，严守论文质量底线。

（一）加强质量保障和监督体系建设

质量保障和监督是学位与研究生教育事业改革和发展最核心、最紧迫的任务。2012年3月，国务院学位委员会办公室发文决定成立"建立健全学位与研究生教育质量保证与监督体系工作组"。工作组的主要任务是：在全面总结学位与研究生教育质量保证与监督体系建设的基础上，借鉴国外成功经验，以促进研究生教育质量提高为目的，提出建立健全学位与研究生教育质量保证与监督体系的对策，制订相关政策文件。

2014年1月29日，《关于加强学位与研究生教育质量保证和监督体系建设的意见》出台，旨在保证学位授予单位质量，由教育行政部门监管引导，构建学术组织、行业部门和社会机构多质量主体积极参与的学位与研究生教育内部质量保证和外部质量监督体系。同时，《学位授予单位研究生教育质量保证体系建设基本规范》发布，对学位授予单位研究生教育目标与学位授予标准、招生管理、培养过程与学位授予管理、导师岗位管理、研究生管理与服务、条件

---

① 国务院学位委员会，教育部. 国务院学位委员会、教育部发布《关于进一步严格规范学位与研究生教育质量管理的若干意见》[EB/OL].（2020-09-28）[2021-04-20]. http://www.moe.gov.cn/srcsite/A22/moe_826/202009/t20200928_492182.html.

保障与质量监督、质量管理与质量文化等方面提出要求。其中，质量文化是指通过质量制度建设、规范研究生教育过程管理，加强导师、研究生和管理人员的质量意识，形成体现自身发展定位、学术传统与特色的质量文化。

2020年9月，《关于加快新时代研究生教育改革发展的意见》中强调，健全内部质量管理体系，压实培养单位主体责任。培养单位要完善质量控制和保证制度，抓住学位论文开题、中期考核、论文评阅和答辩、学位评定等关键环节，细化强化导师、学位论文答辩委员会和学位评定委员会权责，杜绝学位"注水"。同时，加强外部质量监督，严格规范管理。统筹运用学位授权点合格评估、质量专项检查、学位论文抽检等手段，强化对培养制度及其执行的评价诊断。严格规范培养档案管理，探索建立学术论文、学位论文校际馆际共享机制，将学位论文作假行为作为信用记录，纳入全国信用信息共享平台。扩大学位论文抽检比例，提升抽检科学化、精细化水平。对无法保证质量的学科或专业学位类别，撤销学位授权。对问题严重的培养单位，视情况限制申请新增学位授权。

（二）为学位基本要求制定"国家标准"

国家先后根据学术学位和专业学位特点制定了具有较强指导性与针对性的基本要求，成为各类研究所学位授予应该达到的基本标准。

2013年9月，国务院学位委员会、教育部委托国务院学位委员会第六届学科评议组编写了《一级学科博士、硕士学位基本要求》，建立了学位基本要求的"国家标准"。该文件对保证我国研究生培养和学位授予基本质量，推进研究生教育分类评价，提高学科建设水平，促进学术交流等起了重要推动作用，同时也有助于帮助社会了解研究生教育质量标准，开展质量监督。

2015年4月1日，由各专业学位研究生教育指导委员会编写的、按专业学位类别制订的《专业学位类别（领域）博士、硕士学位基本要求》出版，为学位授予单位制订研究生培养方案和学位授予标准提供依据，为教育行政部门开展质量监督提供了标准。

表4-10为学术学位和专业学位的博士、硕士学位基本要求的对比。从中可以看出，两份基本要求都是在贯彻落实《国家中长期教育改革和发展规划纲要（2010—2020年）》、提高教育质量的背景下，按照保证质量、体现特色、突出能力的要求，综合考虑研究生培养实际研究制定，目的是为导师指导研究生学习、教育行政部门开展质量监督等工作提供标准。与学术学位相比，专业学位类别（领域）的基本要求更加强调专业学位特色，在具体的基本要求中将

应具备的基本素质放置在应掌握的基本知识之前，增加应接受的实践训练一项，突出与职业资格的相互衔接、突出实践训练与能力。

表4-10 学术学位和专业学位的博士、硕士学位基本要求对比

名称	一级学科博士、硕士学位基本要求	专业学位类别（领域）博士、硕士学位基本要求
适用类别	按一级学科制定，适用于学术学位	按专业学位类别（或领域）制定，适用于专业学位
研制背景	贯彻落实《国家中长期教育改革和发展规划纲要（2010—2020年）》"制定教育质量国家标准"的有关要求，实施《关于深化研究生教育改革的意见》，建立健全研究生教育质量监督体系	贯彻落实《国家中长期教育改革和发展规划纲要（2010—2020年）》，保证我国专业学位授予质量
研制目的	为研究生培养单位制订研究生培养方案和学位授予标准提供依据，为导师指导研究生提供参考，为教育行政部门开展质量监督和评估工作提供标准	为教育行政部门开展质量监督、学位授予单位保证学位授予质量、导师指导研究生学习提供参考依据
受委托制定方	国务院学位委员会第六届学科评议组	全国专业学位研究生教育指导委员会
制定依据	保证质量、体现特色、突出能力，从学科前沿、社会需求、知识结构、综合素养与能力、基本规范等方面研究制定	根据专业学位人才培养的特点，保证质量、体现特色、突出能力，强化与职业资格的相互衔接，从社会需求、知识结构、综合素养、实践训练与能力等方面研究制定
学科/专业数量	分为上下册，共计110个一级学科	100个专业
包含内容	学科概况和发展趋势 博士学位的基本要求 硕士学位的基本要求 编写成员	概况 博士/硕士专业学位基本要求 编写成员
基本要求内容	获本学科博士/硕士学位应掌握的基本知识、应具备的基本素质、应具备的基本学术能力、学位论文基本要求	获本专业博士/硕士学位应具备的基本素质、应掌握的基本知识、应接受的实践训练、应具备的基本能力、学位论文基本要求

（三）学术不端零容忍，严守论文质量底线

学位论文质量是学位授予质量的核心体现。各级教育部门采取一系列措施提高学位论文质量。

1. 全国优秀博士学位论文评选

"全国优秀博士学位论文评选"是对博士培养质量进行监督和激励的一项重要举措,旨在加强高层次创造性人才的培养工作,鼓励创新,提高博士生教育质量。

2013年4月15日,教育部学位管理与研究生教育司通知,自2013年起,全国优秀博士学位论文评选分为突出原始创新的"基础研究类"和突出服务需求的"应用基础研究类"。"高等学校全国优秀博士学位论文作者资助项目"对每个资助项目的年资助金额一般为5万—15万元,资助期为5年,由教育部和高等学校按1∶1比例配套支持。2014年3月14日,教育部、国务院学位委员会发文批准了《〈中观心论〉及其古注〈思择炎〉对外道思想批判的研究》等100篇学位论文为2013年全国优秀博士学位论文,这也是最后一批全国优秀博士论文。

表4-11为2011—2013年优秀博士论文数及提名数。从表中可看出,国家对博士学位论文一直保持着高要求,严格控制着优秀博士论文的获选率,每年占提名数量的35%左右。

表4-11 2011—2013年优秀博士学位论文数及提名数[①]

年份	优秀博士学位论文数/篇	优秀博士学位论文提名数/篇	获选率(获奖数/提名数)/%
2011	97	256	37.89
2012	90	278	32.37
2013	100	273	36.63

注:表格数据来源于中国学位与研究生教育信息网

全国优秀博士学位论文评选历时14年。14年间,我国博士学位论文质量显著提升,博士人才培养进入高质量发展阶段,全国优秀博士学位论文评选发挥了重要作用。2013年,国务院先后取消多批评比达标表彰评估项目,要求各地区、各部门切实做好取消评比达标表彰评估项目的落实和衔接工作,加强后续监管,接受社会监督。[②] 同时,在全国优秀博士论文评选后期,也出现了

---

① 教育部学位与研究生教育发展中心. 历年全国优秀博士学位论文评选结果[EB/OL].(2010-06-03)[2020-12-18]. http://www.cdgdc.edu.cn/xwyyjsjyxx/zlpj/yblwpm/yblwpxgs/265490.shtml.
② 国务院. 国务院关于取消76项评比达标表彰评估项目的决定[EB/OL].(2013-09-05)[2020-12-18]. http://www.gov.cn/zwgk/2013/09-11/content_2485964.htm.

形式化、功利化等问题，一些高校参评学位论文的初衷出现异化。多种因素发酵下，全国优秀博士论文圆满完成历史使命，退出历史舞台，但各学科各领域自行组织的优秀博士论文评选依然在杜绝学术不端，严守论文质量底线的道路上稳步前行。

2. 对学术不端零容忍

长期以来，教育部高度重视学术道德和学风建设。近10年，教育部更是陆续出台重要措施，严惩论文造假行为，向学术不端宣战，对学术不端零容忍。

针对时有发生的高校学生买卖、代写学位论文等作假行为，2012年11月，教育部发布《学位论文作假行为处理办法》，明确了学位申请人员、指导教师、学生培养单位、学位授予单位及相关人员的责任，规定了学位论文作假行为5种情形及处理措施等。出现论文买卖等弄虚作假行为的学位申请人员，将会被取消其学位申请资格或撤销学位，且处理决定之日起至少3年内，各学位授予单位不得接受其学位申请，于2013年1月1日起实施。[①]2013年3月5日教育部办公厅下发通知，要求各部门和各单位结合本单位实际情况，制订《学位论文作假行为处理办法》的实施细则，细化表述学位论文作假行为，明确指导教师的职责，落实学位论文作假行为的调查和处理机构，规范调查和处理程序，做好《学位论文作假行为处理办法》的实施工作。

虽然国家层面不再评选全国优秀博士论文，但对论文抽检、保密等问题下发了相关文件加以规范。2014年1月29日，国务院学位委员会、教育部印发《博士硕士学位论文抽检办法》，共12条，对学位论文抽检比例、抽检方式、评议方式、评议意见的使用等加以规定。各高校各学科依据国家发布的办法，基于学科特色，根据自身需求因校制宜设计了自己的论文抽检办法。例如，清华大学教育研究院于2019年起要求所有博士学位论文都需经过4位校内外专家的双向盲审。清华大学经济管理学院则是对博士学位论文的创新性提出额外要求。此外，清华大学对学位论文的文字重复率合格的一般要求在5%以下。学位论文评审与检查愈加严格，体现了国家、高校、学院各层面对学术质量的高要求和对学术不端的零容忍。图4-6为大多数高校使用的知网学位论文学术不端行为检测系统界面。

---

① 教育部学位与研究生教育发展中心. 向学术不端宣战！——教育出台重要措施 严惩论文造假行为[EB/OL].（2013-01-01）[2020-12-18]. http://www.cdgdc.edu.cn/xwyyjsjyxx/hyxsdd/.

图 4-6　知网学位论文学术不端行为检测系统界面

对学术不端零容忍是个十分严肃的问题，但依然有很多不断触碰甚至越过红线的案例，当事人也都付出了惨痛的教训。2019 年 2 月 8 日，某演员在网络直播与网友互动时，不知知网为何物，引发了社会对其博士学位真实性的质疑。2 月 15 日，教育部要求有关方面就其涉嫌学术不端事件迅速进行核查；2 月 16 日，某大学发布相关调查说明，同意其退出博士后流动站；2 月 19 日，学位授予单位宣布撤销其博士学位，取消其博士研究生导师的资格。

2019 年 2 月 26 日，教育部办公厅下发《教育部办公厅关于进一步规范和加强研究生培养管理的通知》，要求教育行政部门加强督导监管责任，强化学位论文抽检结果使用，加大评估力度和对问题单位的惩戒力度。2016 年 11 月 25 日，针对涉密研究生管理、涉密学位论文的定密与管理、涉密研究生的权益保障、奖励与处罚等内容，国务院学位委员会、教育部、国家保密局联合下发了《涉密研究生与涉密学位论文管理办法》。

各类针对学术不端等问题的办法出台，有利于规范学位论文、学术成果的管理，维护我国学位制度的严肃性，推动学术诚信建设，提升学位授予单位的科学研究水平和人才培养质量。在未来的学位制度实施过程中，与学术不端的斗争还会持续，惩罚会更加严厉，优良学风建设永远在路上。

三、完善评估制度，保障学位授予质量

学位授予质量是学位授予的生命线，是学位制度实施的重要内容，关乎着学位制度是否顺畅实施，是否实施有效。我国学位点评估分为合格评估和水平

评估两种类型。国务院学位委员会于2014年开展首轮学位授权点的合格评估，2016年开展首次专业学位水平评估。教育部学位与研究生教育发展中心以第三方的方式于2012年和2016年开展了第三轮与第四轮一级学科整体水平评估。

（一）学位授权点的合格评估

国务院学位委员会对学位授予单位进行合格评估，确保学位授予质量。2014年1月29日，国务院学位委员会、教育部印发了《学位授权点合格评估办法》。《学位授权点合格评估办法》共18条，规定了学位授权点评估每6年进行一轮，其中前5年为自我评估阶段，最后1年为随机抽评阶段。合格评估是遵循科学、客观、公正的原则，以人才培养为核心，重点评估研究生教育质量和学位授予质量。评估结果为"合格"和"不合格"，国务院学位委员会根据学位授权点合格评估结果和处理意见，依据《中华人民共和国学位条例》第十八条之规定，分别做出限期整改或撤销学位授权的处理决定。被撤销授权的学位授权点，5年内不得申请学位授权。此文件既是贯彻落实《关于深化研究生教育改革的意见》的配套文件，也是学位与研究生教育质量保证和监督体系建设的指导性文件。

第一轮学位授权点合格评估共抽评普通高校和科研机构现有学位授权点2292个。其中，2251个学位授权点抽评结果为"合格"，8个学位授权点抽评结果为"不合格"，33个学位授权点抽评结果为"限期整改"。根据合格评估结果，撤销地球物理地球化学勘查研究所、鞍山热能研究院的硕士学位授权。从评估结果看，一些未达到"合格"的学位授权点，主要反映出师资力量薄弱、生源缺乏保障、培养效果不彰、发展后劲不足等问题。[1] 第一轮学位授权点合格评估在很大程度上促使高校加强对学位授权点和学位授予质量的严格把关，也总体上达到了促进学位授予单位加强质量保证体系建设、落实质量保证主体责任、打破学位授权点终身制的目标。

在《关于开展学位授权点合格评估工作的通知》中提出，2009年以后批准的其他新增学位授权点（不含服务国家特殊需求人才培养项目，其评估工作按项目批复文件执行）须进行专项评估。2014年后，国务院学位委员会每年开展学位授权点专项评估工作。

一般学位授权点专项评估的范围为：以发布当年计算的4年前获得授权且未调整的学术学位授权点和专业学位授权点。主要检查参评点研究生培养体系

---

[1] 万玉凤. 2014年—2019年学位授权点合格评估结果公布［EB/OL］.（2020-04-30）［2021-04-10］. http://www.moe.gov.cn/jyb_xwfb/s5147/202005/t20200501_449250.html.

的完备性，包括师资队伍（队伍结构、导师水平）、人才培养（招生选拔、培养方案、课程教学、学术训练或实践教学、学位授予）和质量保证（制度建设、过程管理、学风教育）等。专项评估工作由国务院学位委员会办公室负责，委托国务院学位委员会学科评议组和全国专业学位研究生教育指导委员会组织实施。学位授权点专项评估结果及处理意见有"合格""不合格""限期整改"，也有学位授予单位主动放弃学位授权点的授权。获得"合格"的可继续行使学位授权，"限期整改"的要进行为期2年的整改并停止招生，整改结束后接受复评，复评结果为"合格"的恢复招生，复评依然未获得"合格"的撤销学位授权。主动放弃授权的和"不合格"的撤销学位授权，5年之内不得重新申请并停止招生，在学研究生按原渠道培养、授予学位。

（二）启动全国专业学位水平评估

专业学位水平评估是受国务院教育督导委员会办公室委托，由教育部学位与研究生教育发展中心以第三方方式组织实施，按专业学位类别进行的水平评估项目。

2016年3月11日，国务院教育督导委员会办公室发布《关于开展专业学位水平评估试点工作的通知》，附《专业学位水平评估试点工作实施方案》，以充分发挥教育督导评估作用，推动专业学位内涵建设。全国专业学位水平评估试点工作根据"先试点、后推广"的原则，选取部分设置时间较早、社会关注度较高的法律、教育、临床医学（不含中医）、口腔医学、工商管理、公共管理、会计、艺术（音乐）8个专业学位类别进行试点评估。2018年，教育部学位与研究生教育发展中心公布了全国首次专业学位水平评估结果，全国符合条件的293个单位的650个专业学位授权点全部参评。

2020年11月，为深入贯彻习近平总书记关于教育的重要论述和研究生教育会议的重要指示精神，落实《深化新时代教育评价改革总体方案》《关于深化新时代教育督导体制机制改革的意见》等文件要求，发挥教育督导评估作用，引导学位授予单位全面落实立德树人根本任务，遵循专业学位教育发展规律，加快推进新时代专业学位研究生教育高质量发展，在总结试点工作经验的基础上，经广泛调研、科学论证，国务院教育督导委员会办公室印发《全国专业学位水平评估实施方案》，决定全面启动全国专业学位水平评估工作，重点对金融等30个专业学位类别开展评估。即将开展的全国专业学位水平评估将紧紧围绕立德树人根本任务，坚持"四为"方针，坚决破除"五唯"顽瘴痼疾，以"质量、成效、特色、贡献"为导向，以人才培养质量为核心，以评估"体检""诊断"为目标，坚持"三个聚焦"的评估理念，着力构建和完善符合专业学位发展规律、具有时代特征、彰显中国特色的专业学位水平评估体系。①

（三）一级学科整体水平评估

一级学科进行的整体水平评估，也称为学科评估，区别于国家主导的强制性评估，是教育部学位中心以第三方的方式开展的非行政性、服务性评估项目，由具有博士或硕士学位授予权的一级学科（含一级学科和二级学科授权）的单位自愿申请参评，2002年、2008年、2012年、2016年先后开展四轮学科评估。第三轮和第四轮学科评估都是在95个一级学科范围内开展（不含军事学门类）。表4-12是2012年第三轮学科评估和2016年第四轮学科评估工作对比。

表4-12　第三轮和第四轮学科评估工作对比

轮次	第 三 轮	第 四 轮
年份	2012	2016
参评单位和学科数	391个单位的4235个学科参评（比第二轮增长79%）	513个单位的7449个学科参评（比第三轮增长76%）
指标体系	"客观评价与主观评价相结合、以客观评价为主"，包括"师资队伍与资源""科学研究水平""人才培养质量"和"学科声誉"4个一级指标 指标设置突出"质量、成效、特色"，在各方普遍关注的"学生评价、论文评价、科研评价、特色评价"等方面进行改革创新，倡导新的"学科评价质量文化"	"人才为先、质量为要、中国特色、国际影响"的价值导向。指标体系保持"师资队伍与资源""人才培养质量""科学研究水平""社会服务与学科声誉"4个一级指标框架基本不变，共设置人文、社科、理工、农学、医学、管理、艺术、建筑、体育等9套指标体系框架，每个一级学科设置不同的权重
评估工作程序	数据采集、数据核实、信息公示、专家问卷调查、结果统计与发布	信息采集、信息核实与公示、主观评价、权重确定、结果产生、结果公布、咨询服务
改革与创新	1. 评估指标体系上：强调质量，淡化规模，树立学科评价的正确导向；创新学生质量评价模式，开创学生质量评价的新视角；创新学术论文评价模式，营造学术论文评价的良好氛围；改革科研成果评价模式，强调学科的社会服务能力；分类设置指标体系，突出学科特色，强化分类指导。 2. 数据可靠性保障上：优化数据获取模式，明确数据采集标准；使用专门系统，进行重复数据检查；利用公共信息，全面核查填报数据；部分数据网上公示，接受各方异议	1. 强化"五个引导"，建立学科评价体系的"中国标准"：着力构建"培养过程质量""在校生质量""毕业生质量"三维度评价人才培养质量、"代表性骨干教师"和"师资队伍结构"相结合评价师资队伍、质量导向评价学术论文、服务贡献成果评价、体现学科特色的学科分类评价。 2. 突出"五大创新"，建立学科评估方法的"中国模式"：主观与客观评价相结合、归属度认定成果、绑定参评、全过程严格审慎的核查、国际同行评价。 3. 注重"三个效应"，建立评估结果发布的"中国方式"：公布"分档"结果、提供"学科优秀率"、公布学科建设整体情况

---

① 陈晶晶，陈康清. 全国专业学位水平评估如何实施？国务院教育督导办详解［EB/OL］.（2020-11-27）［2021-01-12］. http://gz.people.com.cn/n2/2020/1127/c344102-34441956.html.

学科评估有别于政府开展的合格性评估，重点关注成效和质量。从第三轮与第四轮学科评估工作对比中可看出，学科评估的辐射面越来越大，参评单位和学科数量高速增长，评估指标体系不断完善，强调一级学科的内涵建设，强调突出学科特色，评估方式更加科学合理，评估结果更加客观公正。第三轮的评估指标体系的指标权重全部由约5000名参与学科声誉调查的专家确定。

两轮评估相较于以往都有不同程度的改革与创新。第三轮学科评估按"新学科目录"进行，要求"拆分学科"（如原"历史学""建筑学"）相关学科必须同时申请参评，以客观反映学科拆分后的真实情况。在评估指标体系构建上，全面改革排名性评估的一般做法，采用多项代表性指标代替总量指标，同时对规模指标设置数量上限，克服单纯追求规模的倾向，在"比总量"和"比人均"之间找到"比质量"这个平衡点；在学生质量评价上，引入用人单位对"学生毕业后质量跟踪评价"，新增学生派出留学、交流指标，首次引入全国博士学位论文抽检情况指标；在学术论文评价上，首次采用"定量与定性、质量与数量、国内与国外"相结合的"多维度学术论文评价"方法；在科研成果评价上，强调专利成果的转化与应用，在主观评价部分增加了社会服务和学术道德等内涵；在分类评价上，进一步分门类、分学科设置指标体系，对特色一级学科设置特色指标等。[1]

第四轮学科评估进一步强调了人才培养、师资队伍、学术论文、社会服务贡献、学科特色等方面的质量提升。[2] 例如，着力构建"代表性骨干教师"和"师资队伍结构"相结合的师资队伍评价方法，摒弃仅"以学术头衔评价学术水平"（俗称"数帽子"）的片面做法，由专家综合考虑教师水平、队伍结构、国际影响程度等进行评价。特别规定，教师成果按"产权单位"认定，不随人移，抑制"抢帽子"等人才无序流动现象。在论文认定上，除部分学科，不再统计发表论文总数，在统计"中国版高被引论文数"的基础上，更加注重对各学科提供的"代表性论文"进行同行评议，强化中国期刊在评价中的重要作用，并特别规定代表性论文必须包含一定比例的中国期刊论文（特别是哲学社会科学学科）。在社会服务贡献上，首次单独设置"社会服务贡献"指标，

---

[1] 教育部学位与研究生教育发展中心. 全国第三轮学科评估指标体系五大改革措施 [EB/OL].（2013-01-29）[2021-04-15]. http://www.chinadegrees.cn/xwyyjsjyxx/xxsbdxz/zjgd/276982.shtml.

[2] 教育部学位与研究生教育发展中心. 全国第四轮学科评估改革与创新 [EB/OL].（2020-01-02）[2021-04-15]. http://www.cdgdc.edu.cn/xwyyjsjyxx/xkpgjg/283496.shtml.

通过同行专家评价，综合考察本学科社会服务贡献的总体情况和"代表性案例"。在第三轮评估基础上，第四轮分别设置了人文学科和社会科学的指标体系，农科、医科、理工、管理、艺术、建筑、体育分别设置指标体系（共设置9套指标体系框架）。同时，每个学科分别设置指标权重（共设置95套权重）。

学科评估的不断改革和创新，鼓励了对学生培养的投入，促进博士学位论文质量全面提高，创立学术论文评价的新质量文化。鼓励专利成果为社会经济建设服务，形成了"崇尚创新、重视质量、社会参与"的科研评价新模式。克服了评估趋同导向，引导学科建设更加关注服务国家和地区经济社会发展的实际贡献。

四、推进法制建设，起草"学位法（草案）"

《中华人民共和国学位条例》是我国首部教育立法，奠定了我国学位制度的法律基础，对于重建全社会对知识的尊重具有标志性的意义。[①] 在学位制度实施的40年中，该条例持续发挥作用，为我国培养社会主义建设所需的高层次人才发挥了不可替代的作用。然而，《学位制度》也不可避免地表现出了时代的局限性。

首先，该条例确立了国家主导的学位制度，强调行政力量对学位管理诸项工作的主动权，但缺乏对学位本身作为衡量学术标准所具备的学术性的考虑。20世纪80年代，我国还没有自己培养的研究生，高层次人才的规模也比较小，无法形成广泛的学术氛围。再加上中国开展高等教育的基础薄弱，学术力量在当时的中国还没有形成如同行政力量那样广泛的影响力，更无法如同行政力量那样拥有对高校资源的整合能力。因此，在1981年批准实施的《学位条例》中，《学位条例》本身所应具有的学术性质就被忽视了。

其次，该条例具有明显的管理主义和计划特点，忽视其主体作用。同时，内容的粗略导致缺乏对少数学位申请者权利的保护。近10年间，高校学位纠纷法案时有发生，对学位授予和学位撤销等相关立法的需求愈发迫切。例一：2014年8月，北京大学某博士毕业生被认定抄袭，2015年1月10日该校通报决定撤销其博士学位。10天后该生正式向法院提出申诉。2017年，北京市第一中级人民法院对该生起诉母校案作出终审判决，认定该校作出的撤销学位决定程序违法，也缺乏明确法律依据，撤销北京大学撤销学位的决定。例二：上

---

① 王大泉. 中国学位法律制度修订完善的历史回顾与现实展望[J]. 复旦教育论坛，2020，18（2）：24-31.

海大学某博士研究生在取得《博士研究生毕业证书》之后,却因"发表的核心期刊学术论文数量不符合他所在学院规定的 3 篇"为由,被上海大学拒绝对博士学位申请进行审核评定。2019 年 3 月 20 日,该生正式向上海市浦东新区人民法院提起行政诉讼,请求法院判令被告履行法定职责,组织学校的学位评定委员会对其博士学位申请进行审核评定、颁发博士学位,同时承担此案的诉讼费用。以上两案都在一定程度上推动了学位纠纷案件中的司法完善,"有违正当程序原则"是"例一案"裁判文书的重要内容,这一表述推动了学位纠纷案件中正当程序原则司法适用的实践创新。"不能证明程序正当性"是"例二案"中法院关于正当程序原则的适用解读,进一步拓展了学位纠纷案件中正当程序原则司法适用的解释空间。① 但也暴露了学位纠纷案件中相关的法律制度并不足以为法院处理学位纠纷案件提供充分的规范依据的问题,学位纠纷案件涉及权利义务复杂,法院处理学位纠纷案件要考量的法律要素也较为复杂,教育法制建设面临的诸多挑战。

最后,《学位条例》在立法技术上还不够成熟,对学位授权和学位授予两个在目前看来属性不同的概念,没有在《学位条例》中进行明显的区分,这导致学位制度实施过程中概念模糊。

一项长期未修订的法律必然会具有时代的局限性。我们用今天的眼光看待昔日的立法,必然会发现它的不完善之处。2011—2020 年,国家一直在制订《学位法》的道路上不断探索,2011 年,国务院学位委员会将"推动《学位条例》修改为《学位法》的工作"作为 2011 年的工作要点。2020 年 10 月,为培养德智体美劳全面发展的高层次人才,规范学位授予活动,保障学位制度实施,促进教育、文化和科学技术事业的发展,服务社会主义现代化建设,教育部根据宪法和教育法,制定《中华人民共和国学位法草案(征求意见稿)》。该草案包含总则、学位管理体制、学位授予权的取得、学位授予条件、学位授予程序、质量监督与救济、附则七部分内容。学位法草案的起草和意见征求展现了国家在学位制度实施中追求法制化的决心。

五、搭建信息平台,科学构建学位管理体系

科学与现代化是我国学位管理体系的发展趋势,国务院学位委员会不仅从构建三级管理体制、建立健全学位质量保障体系、开展学位专业评估、起草

---

① 魏文松,龚向和. 学位纠纷案件中正当程序原则的司法适用[J]. 中国高教研究,2020(11):85-90.

相关法律，而且围绕学位管理工作搭建了各类信息平台，组建专家咨询队伍，从人、财、物等方面助力科学现代化的学位管理体系的构建。

（一）搭建信息平台，助力现代化建设

信息化建设是学位管理体系走向现代化的重要一步，国家搭建不同的信息平台，助力学位管理体系现代化建设。

其一，开展学位证书网上查询工作。2013年5月，国务院学位委员会办公室委托教育部学位与研究生教育发展中心开展学位证书网上查询工作，社会大众可查询2008年9月1日之后的全国各学位授予单位授予学位的信息。

其二，运行全国学位与研究生教育质量信息平台。2014年3月17日，国务院学位委员会办公室就全国学位与研究生教育质量信息平台试运行工作进行说明。2015年3月15日正式运行使用。该平台是我国学位与研究生教育的一个综合信息平台，具备信息公开、信息共享、信息服务和业务支撑四项基本功能，可查询学位与研究生教育的部分制度文件、学位授权数据、学位授予数据、学位论文抽检结果等。

其三，建立中国专业学位案例中心。随着我国专业学位教育大力发展，专业学位培养模式需要改革、专业学位研究生教育质量有待提高，2013年，由国务院学位委员会办公室和教育部指导，教育部学位与研究生教育发展中心牵头，建立中国专业学位案例中心。中国专业学位案例中心的目标是成为我国专业类别最全、案例数量最多、特色明显、获得广泛认可的国家级案例中心，从而有效支撑我国相关专业学位课程案例教学，促进我国专业学位案例教学的普及和提高，推动专业学位研究生培养模式改革创新。目前，中国专业学位案例中心共建有27个案例库，共计5590个案例，专业涵盖会计、公共管理、教育、工商管理、法律等学科。[①] 中国专业学位案例中心遵循"广泛征集，资源共享，公益为主，成本分担"的原则，采用会员制方式向国内高校（院、系）及其师生提供案例资源的上传、检索、浏览以及案例教学培训、经验推广等服务，期望推动专业学位研究生培养模式的改革与创新，促进专业学位研究生培养质量的提高。

其四，学位授予管理信息化。2015年6月26日，国务院学位委员会、教育部印发《学位证书和学位授予信息管理办法》，规定学位证书自2016年1月

---

① 教育部学位与研究生教育发展中心. 中国专业学位案例中心［EB/OL］.［2021-04-15］. https://case.cdgdc.edu.cn/list/enterList.do?columnId=402881e646f61c660146f640c7680004.

1日起由各学位授予单位自行印制,停用国务院学位委员会办公室印制的学位证书。同年9月12日,国务院学位委员会办公室印发了《关于开展2016年学位证书制发工作检查的通知》,要求各省级学位办对本地区(本系统)学位授予单位证书制发工作进行自查和总结。

(二)依靠专家组织,提供政策咨询建议

成立专业学位研究生教育指导委员会是我国完善学位管理体系的一项重要内容,推动学位管理体系主动适应经济发展方式转变对各类高层次人才的需要。

目前,我国已有30多个专业学位研究生教育指导委员会。2011年1月30日,国务院学位委员会、教育部、人力资源和社会保障部联合发出通知,决定成立17个专业学位研究生教育指导委员会,同时对11个专业学位研究生教育指导委员会进行换届。同年3月,全国专业学位研究生教育指导委员会成立大会召开,共成立金融、审计、统计等29个专业学位研究生教育指导委员会。5月,国务院学位委员会、教育部发文决定成立全国工程博士专业学位研究生教育咨询专家组,其主要职责是对如何做好工程博士专业学位研究生教育工作提供政策咨询和建议。

为规范全国专业学位研究生教育指导委员会的工作,国家制定印发了《专业学位研究生教育指导委员会工作规程》,并根据需求设立专业学位研究生教育指导委员会建设项目。2011年9月21日,《专业学位研究生教育指导委员会工作规程》发布,以规范专业学位研究生教育指导委员会的工作,充分发挥教育指导委员会作用。规程规定,教育指导委员会委员每届任期5年。2017年7月和2019年6月,国务院学位委员会、教育部、人力资源和社会保障部先后两次修订了《专业学位研究生教育指导委员会工作规程》。其中,2017年增加了有关教育指导委员会人员调整的内容,2019年对受聘者年龄、教育指导委员会承担任务、表决方式等做了调整。2013年4月,教育部学位管理与研究生教育司发文决定设立专业学位研究生教育指导委员会建设项目,主要用于支持教育指导委员会开展专业学位研究生教育领域具有共性的专项工作和建设项目,以推动各培养单位专业学位研究生质量的提升。项目周期一般为1年,教育部以定额补助方式对项目予以资助。

各专业学位委员会积极践行职责,依据学科发展需求开展工作,就本专业学位发展提出调整建议。例如,鉴于学科目录变更,2014年1月20日,"全国临床医学(中医学)、中药学专业学位研究生教育指导委员会"更名为"全

国中医、中药学专业学位研究生教育指导委员会","全国农业推广专业学位研究生教育指导委员会"更名为"全国农业专业学位研究生教育指导委员会"。2017年3月，工程专业学位研究生教育指导委员会先后赴多地调研并召开咨询研讨会，通过深入调查、国际比较，形成《工程专业学位类别调整优化研究报告》，提出将工程硕士、博士研究生教育领域调整为电子信息、机械、材料与化工、资源与环境、能源动力、土木水利、生物与医药、交通运输8种专业学位类别的建议。

本章小结

2011—2020年，我国学位制度实施稳步推进，逐步形成具有中国特色的学位管理体系。这10年中，以"艺术学"增设为代表的学科目录修订、加强学位与研究生教育质量保证和监督体系建设、搭建全国学位与研究生教育质量信息平台、《学位论文作假行为处理办法》应对学术不端文件的出台，以及《中华人民共和国学位法草案（征求意见稿）》的制定等是国家规范学位制度的重要举措，对提高我国学位授予质量，推动学位制度法制化具有重大的历史意义。

2011—2020年，形成满足国家和社会发展需求，由国家统一组织、宏观管理，省级统筹，赋予部分学位授予单位自主审核的权力，严格的准入制度、动态调整制度与健全的监管制度相结合的中国特色学位授权审核体系。为满足国家对高质量高等教育的迫切需求体现于国家对人才储备质量和人才培养结构提出的新要求，学位授权体系不断强化，权力逐步下放，省域、高校在学位授权、评估等领域拥有了更多的自主权，三次博士、硕士学位授权审核也是坚定地贯彻党和国家的方针、政策，紧密围绕国家战略和经济社会发展需求，统筹规划，科学布局，优先新增国家区域发展重点领域、空白领域和急需领域的学位授权。2016年，在全国范围内实施学位授权点动态调整工作后，共有332所高校自主撤销1663个博士点、硕士点，增列1046个博士点、硕士点，有力推动了学科专业结构的优化和研究生教育质量的提升。同时，我国大力发展专业学位，根据行业发展需求不断丰富专业学位种类，完善专业学位授权体系，针对行业产业需求设置了47个专业学位类别，共有硕士专业学位授权点5996个，博士专业学位授权点278个，逐步形成了具有中国特色的高层次应用型专门人才培养体系和专业学位授权体系。

2011—2020年，国家先后于2011年修订、2018年更新学科专业目录，既体现了国家和社会发展对专业性人才的需要，也体现了劳动力市场对人才结构的最新需求，以及国内一些新兴产业的发展。目前，学科专业目录中共计14个学科门类，113个一级学科，47个专业学位类别，发挥了促进科学发展的作用。一方面，学科专业结构增强了社会适应性。例如，艺术学科在2011年版学科目录中独立正是国家对艺术发展需求的回应，是社会发展背景下人民对物质以外美好精神生活追求的体现。学科专业目录的不断变化为国家和社会的某些行业领域填补了缺口，输送了高素质高水平的人才，支撑了行业或领域的发展。另一方面，学科专业结构增强了国家发展战略服务性。例如，2018年学科目录新增的"网络空间安全"一级学科的定位就是培养系统掌握基本理论和关键技术、能够从事各类网络空间安全相关工作的拔尖创新人才和行业高级工程人才。同时，国家近年来对马克思主义相关专业学位授权单位的增设及对相关学科的重点建设，体现了马克思主义相关专业学科在为国家发展战略服务中的重要地位。

2011—2020年，学位授予规模不断扩大，授予结构日趋优化，不断满足人民对高等教育的需求和社会经济发展对高等教育的需求，其中名誉博士更是为我国国际交流助力。近10年，学士学位、硕士学位和博士学位授予规模分别扩大了41.16%、51.98%和24.44%，授予学位层次中学士比重增加，工学是各级学位中授予量占比最多的，北京是我国学位授予数量最多的城市。学位授予规模和结构受国家宏观调控，博士学位和学术硕士学位为了保证质量，规模有所控制，并未显著扩张，但专业硕士学位得到大力发展（授予规模10年内增加了约3倍）；学位授予结构则一直在优化，在区域分布、重点学科、专业学位发展上有所倾斜，以服务区域、学科之间的发展，同时学位授予规模与结构的变化在一定程度上也缓解了就业压力。

2011—2020年，形成具有中国特色的中央政府主导、省级地方政府统筹的"中央政府—省级地方政府—学位授予单位"三级学位管理体制，初步构建一个多质量主体共同参与、相互配合、积极有效，以学位授予单位为质量保障主体，政府主管部门、学术组织、行业部门、社会机构"五位一体"的学位授予质量保障体系。在具有中国特色的三级学位管理体系中，国务院学位委员会、省级学位委员会、学位授予单位学位委员会三级权责分明，从顶层设计到基层实践各司其职。从1980年12月第一次会议召开，到2020年，国务院学位委员会已召开35次会议，对学位工作进行战略部署，在学位制度实施过程中发挥重要作用。省级政府审核权力加大，31个省份均已成立省级学位委员会，在学位管理工作稳步实施中起着重要的统筹协调、承上启下的作用。学位授予单位学位评定委员会自主权逐渐加大，在遵守国家政策和省级政府指导下，从立德树人、师德师风、学位论文质量等维度结合本校实际全方位培养人才、授予学位。

第五章

我国学位制度实施的中国特色

我国学位制度实施40年来，伴随国家综合实力的增强，以及高等教育质量的提升，学位制度的建立及其实施经历了从借鉴外国经验，到形成中国特色的学位制度实施体系，再到不断凸显国际影响力的转变过程。本章延续之前章节的讨论，添加国际视角，详细论述我国学位制度的实施是如何立足本土国情，参考国际经验，逐步形成中国特色的学位制度实施模式，并实现学历学位的国际互认，大规模吸引来华留学生，从而不断扩大中国学位制度实施的国际影响力的发展过程。本章还对世界范围内学位制度实施的主要模式：宏观调控多元自主、国家集中管理、地方政府管理、大学自主审核4种模式及其特征加以解析并举例说明，从而通过提炼各个模式的优势与不足，对我国学位制度实施模式中的中国特色进行诠释。

第一节 借鉴国际经验，建立中国学位制度实施模式

我国建立学位制度是为了满足我国社会经济发展，以及走向世界的需要。我国学位制度建立与实施初期，借鉴了欧洲、北美的多个发达国家的经验，探索、发展中国特色的学位制度实施模式。为了更好地适应社会分工的细化，以及我国经济发展步伐的加快，我国建立了专业学位制度，且授予规模不断发展扩大，逐步满足社会发展需求。

一、适应本土国情，借鉴国际模式

《中华人民共和国学位条例》以立法的形式构建了中国的学位制度。我国现代学位制度的建立在一定程度上借鉴并引进了西方学位制度的部分理念。学位制度产生于中世纪的欧洲，而学位制度中的等级制效仿的是欧洲手工业和商业中行会的制度。出于保护贸易安全和利益的目的，中世纪欧洲的手工业者和商人分别在各自的行业中建立起行会，并在行会内部实行学徒、帮工、师傅的三级制度和严格的技术考核体系。[①] 在当时教师团体中，获得硕士学位是成为师傅并且可以独立授课的先决条件。因此，当时的学位是对教学资格的认可凭证。然而，随着社会和大学内部的发展与变化，学位制度的内涵也发生了变化。学位从教师资格凭证逐步转化为知识水平的凭证，成为衡量学生受教育水平与学力的标尺。从此学位授予开始兴起，学位授予权由大学掌控。直至15世纪，资本主义发展促使服务于民族国家的崛起成为教育的首要任务。政府开始对大学和学位的颁发进行不同程度的干预，并通过立法和颁布政策对学位制度及其实施进行规范，现代学位制度因此形成。该制度也是国家进行人才培养与选拔的重要机制，也因此被现代国家在高等教育领域普遍设立并实施。[②]

中华人民共和国成立初期的《学位条例（草案）》参照苏联模式。由于三级学位制度主要在英国、美国等资本主义国家实施，考虑到中国与这些国家在国情和教育体制，尤其是意识形态方面的差异与冲突，出于对国际政治环境的考量，我国决定避免采用和英国、美国相似的学位制度，并借鉴了苏联的两级学位制度。苏联模式将学位分为硕士和博士两级，对大学本科毕业生不授予学位。除了学位制度的层级，我国在专业学科门类的设置方式上也曾效仿苏联，采用了比英国和美国等国家按照学科大类划分更详细的23种学科门类设置，从而达到和英国、美国等资本主义国家划清界限的政治目的。[③]

1978年，中国共产党第十一届三中全会在北京召开。会议全面纠正了"文化大革命"中及其以前的"左"倾错误，将国家发展的重点从阶级斗争转向经济建设。1979年，我国教育和科学事业人才严重匮乏、青黄不接。在这种情况下，如何做到"早出人才，快出人才，出好人才"是当时亟待解决的关键问题。

---

① 杨少琳. 法国学位制度研究［D］. 重庆：西南大学，2009.
② 范奇. 我国学位制度研究［D］. 重庆：西南政法大学，2016.
③ 苏兆斌. 我国学位制度的历史与现状研究［D］. 长春：东北师范大学，2013.

作为参与起草学位条例及其实施过程的亲历者，吴本厦在《我国建立学位制度的决策和立法过程》一文中详述了我国建立学位制度的决策与立法过程。他提到我国外交部原部长乔木（乔冠华，乔木系其笔名）在1979年曾写信给时任教育部部长蒋南翔。在信中，他正式提出应参考国际制度和国内情况，建立完善学位制度，并将设立学士学位正式纳入工作议程。于是，《学位条例》起草小组除了收集我国两次草拟《学位条例（草案）》的档案材料，还对20世纪60年代中期以来国外学位制度的实施与发展情况进行了调查，收集了多个国家的学位制度相关法规与条例。1979年9月起草小组完成了《中华人民共和国学位条例（草案）》（初稿），并在北京召开两次座谈会，听取专家意见。吴本厦还提到1979年10月间，起草小组成员分别到上海市等地开展了实地调研。历时约7个月的时间《学位条例（草案）》的初稿完成。

1980年2月7—12日，全国人民代表大会常务委员会第十三次会议召开，《学位条例（草案）》的审议被列入议程。2月7日，蒋南翔向全体会议做了《〈中华人民共和国学位条例（草案）〉的说明》。会议围绕是否设立学士学位的问题展开分组审议与讨论。当时参加会议的委员们提出设立并不断完善学位制度具有三方面的核心作用：一是规范大学本科教育体系。二是保障并提高本科教育质量。三是通过设立学士学位推进我国高等教育体系与国际高等教育体系接轨。从设置学士学位来看，向来华留学生本科毕业后授予学士学位，有利于他们后续的学习与工作。此外，改革开放后，更多的本科毕业生可能会选择出国留学。拥有学士学位可以使有意向出国深造的学习者能更好地和外国学位制度衔接，从而促进我国与世界其他国家之间的人才流动。1979年3月，国家已经正式同意批准向本科毕业的在华留学生授予学士学位。若继续在学士学位的授予问题上对本国学生和来华留学生区别对待，一则不利于调动我国大学生的学习积极性，二则会对我国高等教育的质量与信誉在国际上产生不利影响。

为了进一步说明建立、实施学位制度并借鉴外国经验对我国对外交流的重要意义，吴本厦在他的文章中还提到一个故事。中华人民共和国成立后，我国和印度尼西亚建立了外交关系。在1961年改派第三任驻印度尼西亚大使时，我国派出的是新中国成立后第一代外交家，曾任外交部条法司司长、文化部副部长的姚仲明。当时的印度尼西亚总统苏加诺曾来电询问，姚仲明大使"是将军还是博士"。国务院"研究后认为，姚仲明同志长期在革命队伍中从事的是文艺工作，写了几部有影响力的作品，有一定成就，可以告诉印度尼西亚方面，新大使是'博士'。印度尼西亚方面接到答复，十分高兴，表示这是我国对印度尼西亚的尊重和支持，派了一个有博士头衔的大使来。在讲了上述故事后，李（先念）副总理严肃地说，全国人大常委会通过了《学位条例》，我国建立了学位制度，今后任何组织或者个人未按照国家学位制度的规定，不得授予任何学位。我们一定要依法办事。"①

由此可见，学位制度的建立、规范与实施不仅涉及一个国家高等教育的改革与发展，还关系着一个国家与其他国家在交往、合作过程中的往来关系。首先，学位制度代表着一个国家高等教育制度体系的完整性，在一定程度上彰显国家的综合实力。其次，博士学位不仅仅是代表学历和学力达成度的头衔，更是一种个人荣誉。因此，在改派第三任驻印度尼西亚大使的故事中，印度尼西亚总统苏加诺认为由拥有博士学位的人担任驻印度尼西亚大使是对本国的尊重，以及对双方外交关系的重视。与印度尼西亚外交关系中这一个"小插曲"也在一定程度上推进并加快了我国学位制度建立与实施的步伐。

为了顺应世界主要国家高等教育发展趋势，促进人才交流，提升我国高等教育质量的国际认可度，我国从以下三方面借鉴了国际经验并对中华人民共和国成立初期的学位制度草案做出了调整：第一，注重学位层级。我国的学位分为学士、硕士和博士三层，并由《学位条例》明确规定，是由国家认可的正式学位，并对学位层级进行明确的规范。

第二，将学位制度与研究生教育制度紧密结合。② 学位制度实施以来，对于学士学位、硕士学位和博士学位三个层级学位的授予标准逐步明确，并通过出台细化硕士学位授予标准和博士学位授予标准的相关文件，将学位制度与研究生教育制度紧密结合。例如，1981年颁布的《关于无权授予学位的学科、专业应届毕业研究生申请硕士学位问题的通知》，针对部分高等院校和科研机构无硕士学位授予权，却有应届研究生毕业生的问题做出了明确规定。分别于1982年和1984年颁布的《关于进行博士学位授予工作的复文》和《关于做好博士研究生学位授予工作的通知》也对博士学位授予的标准进行了更清晰的规范。

第三，为了满足社会主义市场经济体制建设对应用型高层次人才的需求，我国借鉴了以美国为主的西方国家所盛行的专业学位研究生教育，对学术学位与专业学位进行了明确区分，并在20世纪90年代初期，开始探索符合我国国情，具有中国特色的专业学位制度。

---

① 吴本厦. 我国建立学位制度的决策和立法过程[J]. 学位与研究生教育，2007（4）：1-4.
② 苏兆斌. 我国学位制度的历史与现状研究[D]. 长春：东北师范大学，2013.

二、适应经济发展，设置专业学位

在我国学位制度实施的过程中，专业学位制度的创立是对国际经验的借鉴中最显著的举措。专业学位的产生是为了适应社会分工的细化和社会职业发展对专业应用型人才的需求。在我国，专业学位作为一种舶来品，其引进初衷也是为了满足社会主义市场经济体制建设对应用型高层次人才的迫切需求。

美国是专业学位发展过程中的引领者。该国专业学位制度的产生与发展和美国本土社会经济的转型、美国主导思潮的变迁、美国高等教育本质的转变息息相关。正是这些历史、政治、经济、文化因素孕育了美国成熟发达的专业学位制度与实施体系。20世纪初，专业学位开始发展。美国内战结束以后，社会处于从农业经济向工业经济转型阶段。同一时期，国家主义思想在美国盛行，代替了受英国影响的宗教思想。为了满足工业经济社会转型的需求，联邦政府于1862年颁布了《莫里尔法案》，即赠地法案，通过赠送土地鼓励、支持在各州开办农工业和机械学院。最重要的是，这些学院的兴建以政府资助的形式实现了美国高等教育从宗教教育和古典教育到注重应用知识和专业教育的转变，并且为现代高等教育服务于社会经济发展的职能奠定了基础。

19世纪末20世纪初，效仿欧洲将大学和中学相结合的"大学联盟"体制，初级学院运动在美国兴起。这些初级学院，或者后来被称为社区学院的学校在一定程度上推动了美国高等教育大众化的进程。在这一阶段内，初级学院和社区学院为受教育者提供职业化或半职业化的课程。副学位的产生就是对初级学院或社区大学所颁发的文凭进行规范化与标准化的措施。由于初级学院和社区学院通常提供职业化的课程与培训，副学士学位为更高一级专业学位教育的发展提供了基础。[1]

与此同时，由杜威引领的实验主义哲学导引社会发展，并对美国社会、经济、政治和文化等方面产生了深刻的影响。该学派主张以问题为导向，一切观念都应立足于对实际问题的探索与解决，且应能经得起实验的检验和证明。于是，在高等教育领域，美国的大学开始重视人才培养与社会经济发展需求的对接，强调高等教育与社会发展的适应性。正是在这样的背景下，专业学位教育开始发展。1908年，哈佛大学创立工商管理硕士，标志着美国专业学位制

---

[1] 梁博雅. 美国学位制度变迁及启示——以高等教育机构分层为视角[J]. 当代教育科学, 2016（9）：43-47.

度的建立。1920年,哈佛大学设立了首个专业博士学位:教育博士。在培养模式上,该学位与传统的学术博士学位存在明显区别,在科研训练外,更加注重实践技能的培养。

第二次世界大战后,美国的科技、军事实力均有较大程度的提升。高等教育规模也随之扩大。这些发展在很大程度上促进了专业学位的发展。继工商管理硕士学位和教育博士学位之后,美国又先后设立了教育硕士、社会工作硕士、工程硕士、公共卫生硕士等专业硕士学位。除了哲学博士学位,美国可授予的专业博士学位已多达47种。专业学位的发展随着社会经济发展的需求呈现出日渐多样化的趋势。受到美国专业学位发展经验的启发,世界其他国家也开始根据各自的需求加大专业学位的发展力度。20世纪90年代至今,专业学位的规模已经在美国、英国和法国等西方发达国家逐步扩大,而专业学位的类别也在伴随着经济社会发展对多样化人才需求的增加而不断增加。专业学位得到了进一步的发展与完善。[①]

20世纪90年代初期,我国在向西方发达国家学习的同时,开始研究、探索符合本国国情,能有效推动我国社会经济发展的专业学位制度。1990年,国务院学位委员会第9次会议审议通过了《关于设置和试办工商管理硕士学位的几点意见》,设立了我国的第一个专业学位:工商管理硕士。并且于1991年开始正式招生。自我国专业学位制度实施以来,专业学位试办范围逐步扩大,涉及的专业和学位层级不断扩展。仅1991—2000年这10年间,我国就先后设置并试办了工商管理硕士、教育硕士、法律硕士、工程硕士、临床医学硕士,以及博士等11类专业学位。25年间,国务院学位委员会先后批设了40种硕士专业学位、6种博士专业学位。[②]

其次,虽然中国特色社会主义市场经济建设的成果已经有目共睹,但是高等教育体制中仍存有计划经济体制的痕迹。例如,"自上而下"的管理方式致使我国专业学科目录的设置对市场需求的反映存在着一定的延迟,且匹配度和呼应程度与英国、美国等发达国家相比较弱。这一点极其不利于与市场需求和经济发展紧密结合的专业学位的发展。纵观发达国家专业学位制度的发展与现状,有值得我国学习与借鉴之处。例如,加强专业学位研究生教育与职业准入制度之间的衔接,建立、加强专业学位人才培养质量保障与职业资格认定标

---

① 陈静. 我国专业学位研究生教育发展问题研究[D]. 重庆:西南大学,2013.
② 黄宝印,唐继卫,郝彤亮. 我国专业学位研究生教育的发展历程[J]. 中国高等教育,2017(2):18-24.

准之间的联系。美国通过专业认证来保障专业学位授予质量的做法就为我国专业学位制度的发展与改革提供了思路。而行业协会作为非政府性质的社会组织在专业认证中发挥积极作用，也有助于专业学位适应相应行业的发展变革与人才需求。[①] 美国专业学位的种类繁多，充分体现了其专业学位制度的高度专业性和先进水平。且从不同层次专业学位的发展规模和发展速度来看，都真实地反映出美国经济社会对不同层次、不同类型专业人才的需求特点。总而言之，专业学位制度的发展趋势应与经济社会发展的需求相适应。

虽然我国专业学位制度的建立借鉴了国外经验，但是在发展与实施的过程中演变出了鲜明的特色。其中最突出的特色就是成立专业学位全国教育指导委员会。专业学位全国教育指导委员会是由国务院学位委员会、教育部，以及专业学位相关业务指导部门联合成立的专业组织。委员会的构成包括专业领域相关的专家和学者，其主要作用是加强对专业学位发展的指导与协调。委员会的职责涉及推进专业学位相关的研究工作，推动专业学位教育教学改革，促进专业学位发展中的国际交流与合作。到目前为止，我国已经成立的专业学位全国教育指导委员会包括全国法律硕士专业教育指导委员会、全国教育专业学位教育指导委员会、全国工程硕士专业学位教育指导委员会、全国建筑学专业教育评估委员会、全国医学专业学位教育指导委员会、全国工商管理硕士教育指导委员会、全国农业推广硕士教育指导委员会、全国兽医专业学位教育指导委员会、全国公共管理硕士专业学位教育指导委员会、全国军事硕士专业学位教育指导委员会、全国会计硕士专业学位教育指导委员会、全国体育硕士专业学位教育指导委员会、全国艺术硕士专业学位教育指导委员会、全国风景园林硕士专业学位教育指导委员会、全国汉语国际教育硕士专业学位教育指导委员会、全国翻译硕士专业学位教育指导委员会和全国社会工作专业学位教育指导委员会等。

回顾我国学位制度的建立，借鉴外国经验的痕迹十分明显。从早期对苏联学位制度的学习借鉴，到为服务我国经济建设综合参考英国、美国等西方发达国家的学位制度实施，再到为了满足社会主义市场经济建设对应用型高层次人才的迫切需求而建立专业学位制度，我国的学位制度及其实施在探索中形成了独特的模式。除了成立专业学位全国教育指导委员会，我国学位制度的实施逐渐形成了中国特色的学位授权体系、学位管理体系，以及质量保障体系。从

---

① 陈静. 我国专业学位研究生教育发展问题研究 [D]. 重庆：西南大学，2013.

学位授权体系来看，我国学位授权审核具有国家宏观管理，省级统筹协调，部分学位授予单位自主审核的特征。从学位管理体系来看，我国逐步形成了较完善的由国家，省、自治区、直辖市，学位授予单位构成的三级学位管理体系。从质量保障体系来看，逐步形成了多质量主体共同参与、相互配合、积极有效、"五位一体"的学位与研究生教育质量保证和监督体系。

第二节 中国学位获得世界认可，影响力不断扩大

我国学位制度的实施模式正逐步在世界范围内获得更广泛的认可，具体表现为我国与越来越多的国家及地区签署了学历学位互认协议，以及来华留学人员的数量飞速增长。目前为止，我国已签署《亚太地区高等教育学历、文凭与学位相互承认地区公约》《亚太地区高等教育资质认证公约》，并与54个国家签署了学历学位互认协议。一方面，我国高等教育质量正在被越来越多的国家认可。另一方面，伴随着来华留学人员规模的不断扩大，我国高等教育的国际影响力也日渐显著。

一、签署联合认证公约，促进区域共同发展

为了促进区域高等教育的联动发展，推进学术流动，联合国教科文组织先后通过了拉丁美洲加勒比海地区、欧洲地区、亚太地区和非洲国家的高等教育资历认证公约。早在1974年，联合国教科文组织就通过了《拉丁美洲加勒比海地区文凭、证书、学位以及其他高等教育学术资质认证公约》。[1]1997年，《欧洲区域高等教育资质认可公约》在里斯本通过，先后有47个国家签署了该条约。2011年，包括中国在内的10个国家（亚美尼亚、孟加拉国、柬埔寨、梵蒂冈、老挝、马绍尔群岛、韩国、东帝汶、土耳其）签订了《亚太地区高等教育资质认证公约》[2]，即"东京公约"。2014年，联合国教科文组织对1981年通过的非洲国家学术资质认证公约进行了修订，并通过了《非洲国家文凭、证书、学位以及其他高等教育学术资质认证公约》，签订的国家和地区共达18

---

[1] UNESCO. Regional Convention on the Recognition of Studies, Diplomas and Degrees in Higher Education in Latin America and the Caribbean 1974 [Z]. 1974, 7.
[2] UNESCO. Asia-Pacific Regional Convention on the Recognition of Qualifications in Higher Education 2011 [Z]. 2011, 11.

个。① 2019年，联合国教科文组织通过了《全球高等教育资质认证公约》，旨在消除因颁发教育资质的国家、地区不同而带来的学术流动障碍，并且逐步发展成为以资质框架为依托的国际高等教育质量保障的新图景。②

2011年的《亚太地区高等教育资质认证公约》并不是我国签署的第一个区域高等教育资质联合认证公约。1983年12月，联合国教科文组织亚太地区办事处泰国首都曼谷召开会议。来自亚太地区的33个国家的代表参加了会议。该会议通过了《亚太地区高等教育学历、文凭与学位相互承认地区公约》，由中国、澳大利亚、不丹、韩国、印度、印度尼西亚、老挝、尼泊尔、菲律宾、越南、斯里兰卡、泰国、土耳其和苏联等国家共同签署。③ 该公约由8部分组成，共包含23条内容，于1985年10月23日正式生效。其目的与必要性可以总结为三方面：第一，为了实现区域共同利益最大化，各缔约国高等教育资源与投入可以更有效地得以利用；第二，推动并保障教师、学生科研人员进行更大范围的跨境流动；第三，减少留学人员归国就业所遇到的屏障。截至2003年，签署该公约的国家已经增加到了20个。④

值得注意的是，1983年的曼谷会议是推进我国学位制度实施的一个重要催化剂。吴本厦在他的文章中曾特别提到《学位条例》起草小组已经意识到"当时联合国教科文组织准备制定一个各国相互承认学历、文凭、学位的国际公约，在1976年、1978年、1979年三年已组织制定了三个地区性的公约，1979—1980年还将组织草拟亚洲和大洋洲地区的公约（后来我国参加了这个公约的签订），这些情况必须进行了解和研究"。⑤ 这也再一次证实想要深刻理解我国学位制度的建立与实施及其内涵必须着眼于世界。

与欧洲地区高等教育共同发展的态势相比，亚太地区公约的实施存在一定的问题：首先，亚太地区政治经济一体化的程度较低。不同于欧洲各国，亚太地区各个国家的经济发展水平差距较大，且在政治、文化和宗教方面多样化

---

① UNESCO. Revised Convention on the Recognition of Studies, Certificates, Diplomas, Degrees and Other Academic Qualifications in Higher Education in African States [Z]. 2014, 12.
② 阚阅. 从单一功能到多重互动：国际高等教育资历承认的发展与展望 [J]. 中国高教研究, 2019 (7): 39-46.
③ UNESCO. Regional Convention on the Recognition of Studies, Diplomas and Degrees in Higher Education in Asia and the Pacific 1983 [Z]. 1983, 12.
④ 汪利兵, 梁金慧.《亚太地区高等教育学历、文凭和学位相互承认地区公约》的内容、实施进展及问题 [J]. 比较教育研究, 2005 (10): 81-85+90.
⑤ 吴本厦. 我国建立学位制度的决策和立法过程 [J]. 学位与研究生教育, 2007 (4): 1-4.

的特征突出。高等教育体制模式更是涵盖了美国模式、英国模式、德国模式及苏联模式等。这些都为亚太地区高等教育的协同发展带来了挑战。其次，与欧洲、北美地区相比，亚太地区仍处于世界高等教育的边缘。除了澳大利亚和日本等少数国家，亚太地区国家仍是高等教育服务的主要输入国。在《亚太地区高等教育学历、文凭与学位相互承认地区公约》的实施过程中，亚太地区各国相互利用区域内教育资源的意愿并不强烈，来自西方发达国家的高等教育院校与机构仍然是各国交流与合作的理想目标。最后，在公约的实施过程中，国际组织和非政府组织较为活跃，是促进各国在高等教育方面交流协作的主导力量。然而，各国政府和教育职能部门缺乏合作动力，亚太地区各个国家之间凝聚力较弱。在实施过程中缺乏组织保障大大削弱了公约的效力和实施力度。[①]也正是因为这些原因，亚太地区高等教育学位、学历、文凭互认的公约难以像欧洲多国共同签署的《博洛尼亚进程》一样具有较强的影响力。

此外，2016年6月2日，在吉隆坡召开的国际工程联盟大会上，经过投票，我国成为国际本科工程学位互认协议《华盛顿协议》的正式成员。《华盛顿协议》是工程教育本科专业学位的国际互认协议，其宗旨是通过多边认可工程教育资格，促进工程学位互认和工程技术人员的国际流动。1989年，美国、英国、加拿大、爱尔兰、澳大利亚和新西兰6个国家的民间工程专业团体共同发起并签署了《华盛顿协议》。该协议由工程教育认证机构共同签署。协议的各个签署成员必须是本国政府授权的，但独立于政府机构的非政府专业性团体。我国由中国工程教育专业认证协会参会并签署了协议。

二、深化学历学位互认，加强国家间文化交流

20世纪80年代，为了加速我国高等教育质量的提升，与国际水平接轨，我国开始就学历、学位互认问题与其他国家进行磋商。继1983年签署《亚太地区高等教育学历、文凭与学位相互承认地区公约》以后，我国于1988年与斯里兰卡签署了《中华人民共和国和斯里兰卡民主社会主义共和国互相承认学位及其他教育证书相当的协议书》。1990—2002年，我国相继与保加利亚、秘鲁、乌兹别克斯坦、喀麦隆、俄罗斯、埃及、匈牙利和乌克兰等15个国家签署了高等教育学位、学历、文凭相互承认的双边协议（表5-1）。

---

① 汪利兵，梁金慧.《亚太地区高等教育学历、文凭和学位相互承认地区公约》的内容、实施进展及问题[J]. 比较教育研究，2005（10）：81-85+90.

表5-1 中国签订的国家间相互承认学位、学历和文凭的双边协议（1988—2002）

年份	协议签署国别	协议名称
1988	斯里兰卡	中华人民共和国和斯里兰卡民主社会主义共和国互相承认学位及其他教育证书相当的协定书
1990	保加利亚	中华人民共和国国家教育委员会和保加利亚人民共和国科学和高等教育部关于相互承认文凭、学位和证书的协议
1991	阿尔及利亚	中华人民共和国政府和阿尔及利亚民主人民共和国政府关于相互承认证书、学位和职称的协议
	秘鲁	中华人民共和国政府与秘鲁共和国政府关于互相承认高等学校的学位和学历证书的协定
1992	毛里求斯	中华人民共和国政府和毛里求斯共和国政府关于相互承认证书、学位和职称的协议
1993	乌兹别克斯坦	中华人民共和国国家教育委员会与乌兹别克斯坦共和国高等和中等专业教育部关于相互承认中华人民共和国和乌兹别克斯坦共和国高等院校及其科研机构颁发的高等教育学历证书（文凭）及学位的协议
1994	喀麦隆	中华人民共和国政府和喀麦隆共和国政府关于相互承认文凭、职称和学位证书的协议
1995	罗马尼亚	中华人民共和国国家教育委员会和罗马尼亚教育部关于相互承认高等教育学历、文凭和学位证书的协议
	俄罗斯	中华人民共和国政府和俄罗斯联邦政府关于相互承认学历、学位证书的协议
1997	埃及	中华人民共和国国家教育委员会和阿拉伯埃及共和国高教部关于相互承认学历、学位证书的协议
	匈牙利	中华人民共和国政府和匈牙利共和国政府关于相互承认学历、学位证书的协议
1998	乌克兰	中华人民共和国政府和乌克兰政府关于相互承认学历、学位证书的协议
	蒙古	中华人民共和国政府和蒙古国政府关于相互承认学历、学位证书的协议
2000	白俄罗斯	中华人民共和国政府和白俄罗斯共和国政府关于互相承认学位证书的协议
2002	吉尔吉斯斯坦	中华人民共和国政府和吉尔吉斯斯坦共和国政府关于相互承认学历、学位证书的协议
	德国	中华人民共和国政府与德意志联邦共和国政府关于互相承认高等教育等值的协议

资料来源：中华人民共和国教育部. 中国签定的国家（地区）间相互承认学位、学历和文凭的双边协议清单［EB/OL］.［2021-04-20］. http://www.cdgdc.edu.cn/xwyyjsjyxx/dwjl/xwhr/276318.shtml.

2002年是我国与其他国家达成学历学位互认的一个重要历史节点。当年，我国政府与德联邦政府签署了《中华人民共和国政府和德意志联邦共和国政府关于相互承认高等教育等值的协定》。这是我国与西方发达国家签订的第一个关于高等教育学位、学历和文凭互认的双边协议。该协议明确了对两国学习时间和学习成绩的认可，并针对文凭、考试和继续学习等相关事项达成协议，并对三级学位名称（学士bachelor、硕士master、博士doctor）分别在中文和德语中的使用，以及两国高校毕业生申请到另一方国家攻读博士学位的要求作出了明确的规定。①

在与德国签订学位、学历、文凭互认协议之后，我国在2003年分别与英国、法国、澳大利亚和新西兰签订了互认协议。②至2020年，签署了学历学位互认协议的国家和地区累计54个（表5-2）。③

表5-2　我国签订的国家（地区）间相互承认学位、学历和文凭的双边协议清单（2003年起）

年份	协议签署国家、地区	协议名称
2003	英国	中华人民共和国政府和大不列颠及北爱尔兰联合王国政府及托管政府关于相互承认高等教育学位证书的协议
	法国	中华人民共和国教育部与法国青年、国民教育和科研部高等教育学位和文凭互认行政协议
	澳大利亚	中华人民共和国政府与澳大利亚政府关于相互承认高等教育学历和学位的协议
	新西兰	中华人民共和国教育部与新西兰教育部关于在高等教育领域内相互承认学历和学位的协议
2004	中国香港	内地与香港关于相互承认高等教育学位证书的备忘录
	奥地利	中华人民共和国政府和奥地利共和国政府关于互相承认高等教育等值的协定
2005	荷兰	中华人民共和国政府与荷兰王国政府关于相互承认高等教育学位证书及入学的协议
	加拿大安大略省	中华人民共和国教育部与加拿大安大略省关于相互承认高等和高中后教育的谅解备忘录
	加拿大魁北克省	中华人民共和国教育部与加拿大魁北克省政府关于相互承认学历、学位和文凭的合作协议
	葡萄牙	中华人民共和国政府和葡萄牙共和国政府关于相互承认高等教育学历、学位证书的协定
	意大利	中华人民共和国政府和意大利共和国政府关于互相承认高等教育学位的协议

---

① 中华人民共和国政府代表，德意志联邦共和国政府代表. 中华人民共和国政府和德意志联邦共和国政府关于相互承认高等教育等值的协定［EB/OL］.（2002-04-04）［2021-01-04］. http://www.moe.gov.cn/s78/A20/gjs_left/moe_857/tnull_10013.html.
② 中华人民共和国教育部. 中国签订的国家间相互承认学位、学历和文凭的双边协议清单［EB/OL］.（2015-06）［2021-01-04］. http://old.moe.gov.cn/publicfiles/business/htmlfiles/moe/moe_857/200506/8732.html.
③ 中华人民共和国教育部. 全方位教育对外开放局面进一步形成，深入参与全球教育治理——"十三五"教育国际影响力迈上新台阶［EB/OL］.（2020-12-23）［2021-01-05］. http://www.moe.gov.cn/fbh/live/2020/52834/mtbd/202012/t20201223_507073.html.

续表

年份	协议签署国家、地区	协议名称
2006	爱尔兰	中华人民共和国政府与爱尔兰政府关于相互承认高等教育学位学历证书的协议
	墨西哥	墨西哥合众国公共教育部与中华人民共和国教育部关于签署《中墨学历学位互认协议》工作的谅解备忘录
	哈萨克斯坦	中华人民共和国政府和哈萨克斯坦共和国政府关于相互承认学历和学位证书的协定
	瑞典	中华人民共和国政府与瑞典王国政府关于高等教育领域合作的框架协议
	加拿大爱德华王子岛省	中华人民共和国教育部与加拿大爱德华王子岛省关于相互承认高等和高中后教育的谅解备忘录
	加拿大不列颠哥伦比亚省	中华人民共和国教育部与加拿大不列颠哥伦比亚省关于相互承认高等/高中后教育的谅解备忘录
	加拿大萨斯卡彻温省	中华人民共和国教育部与加拿大萨斯卡彻温省关于相互承认高中后学历、促进学术、研究交流及学生交换的谅解备忘录
	加拿大新不伦瑞克省	中华人民共和国教育部与加拿大新不伦瑞克省关于相互承认高等和高中后教育的谅解备忘录
2007	丹麦	中华人民共和国政府与丹麦王国政府关于相互承认高等教育学位的协议
	西班牙	中华人民共和国政府与西班牙王国政府关于相互承认学历学位的协议
	泰国	中华人民共和国教育部与泰王国教育部关于相互承认高等教育学历和学位的协定
	加拿大艾伯塔省	中华人民共和国教育部与加拿大艾伯塔省关于相互承认高等和高中后教育的谅解备忘录
	加拿大曼尼托巴省	中华人民共和国教育部与加拿大曼尼托巴省关于相互承认高等/高中后教育的谅解备忘录
	加拿大诺瓦斯科舍省	中华人民共和国教育部与加拿大诺瓦斯科舍省关于相互承认高等和高中后教育的谅解备忘录
	法国	中华人民共和国教育部与法国高等教育和科研部关于高等教育学位和文凭互认方式的行政协议
2008	新西兰	中华人民共和国政府与新西兰政府关于在高等教育领域内相互承认学历和学位的协议
	古巴	中华人民共和国政府和古巴共和国政府关于高等教育学历、文凭、证书的互认协议
	韩国	中华人民共和国教育部与大韩民国教育科学技术部关于高等教育领域学历学位互认谅解备忘录
2009	越南	中越关于相互承认高等教育学历和学位的协定
	菲律宾	中华人民共和国政府和菲律宾共和国政府关于相互承认高等教育学历和学位的协议

续表

年份	协议签署国家、地区	协议名称
2010	墨西哥	中华人民共和国政府和墨西哥合众国关于为学生继续学习而相互承认学历、文凭、学位的协议
	拉脱维亚	中华人民共和国政府教育部和拉脱维亚共和国教育和科学部关于互相承认高等教育学历和学位的协议
2011	马来西亚	2011年4月，温家宝总理访问马来西亚期间，中、马两国签署了《学历学位互认协议》

资料来源：教育部学位与研究生教育发展中心. 中国签订的国家（地区）间相互承认学位、学历和文凭的双边协议清单［EB/OL］.［2021-04-20］. http://www.cdgdc.edu.cn/xwyyjsjyxx/dwjl/xwhr/276318.shtml.

回顾我国与其他国家签署学历学位互认协议的历史进程可以看出，自2002年我国与德国签订《中华人民共和国政府与德意志联邦共和国政府关于互相承认高等教育等值的协议》以后，越来越多西方发达国家开始与我国签订高等教育学历学位互认的双边协议。考虑到政治、历史、文化以及学位制度实施模式的巨大差异，英国等大学高度自主的国家在与我国协商签订学历学位双边协议的过程中存在着一定程度的挑战。我国的学位属于国家学位形态，学位由国务院授权的高等院校或科研机构授予。英国高等教育管理制度的鲜明特征是分权和非集中化。该国的学位授予单位有极高的办学自主权，所授予的学位都属于大学学位形态。[①] 因此，在学位制度及实施情况迥异的情况下，更多西方发达国家与我国签署学历学位互认协议正说明了我国高等教育的质量与水平在世界范围内正在逐渐被认可。我国高等教育乃至综合国力的国际影响力也随着国际交流合作的加强体现得愈加明显。签署学历学位互认双边协议使不同国家之间学历、学位的衔接过程在极大程度上得以简化，从而推动包括人才在内的教育资源跨境共享与流动，以及国际交流与合作。

三、来华留学生规模稳步扩大，中国学位国际影响力增强

我国学位制度实施的初期阶段，《中华人民共和国学位条例》和《中华人民共和国学位条例暂行实施办法》均对在华留学生授予学位的相关事宜作出了说明。文件规定，在我国学习的外国留学生和从事研究工作的外国学者可以向学位授予单位提出申请，其学术水平在经过审定后，可获得相应的学位。

[①] 苏兆斌. 我国学位制度的历史与现状研究［D］. 长春：东北师范大学，2013.

1988年，国家教育委员会发布《关于招收和培养外国来华留学研究生的暂行规定》。该文件从以下几种情况和方面对在华留学研究生做出了说明：①大学应届本科毕业生，申请来华攻读硕士学位；②申请来华攻读博士学位；③研究生入学考试相关细则；④对汉语的要求；⑤硕士研究生和博士研究生的学时；⑥课程考试和论文答辩。在此之后，国务院学位委员会颁布了《关于普通高等学校授予来华留学生我国学位的试行办法》。为进一步促进我国高等教育的国际交流与合作，并保障我国高等院校授予来华留学生学位的授予质量，该办法分别对学士学位、硕士学位和博士学位的授予标准与要求做出了规定。

为了进一步促进我国高等教育的对外交流与合作，吸引来华留学生，我国开始探索、实施中外合作办学，并对在中外合作办学机构就读的留学生颁发学位。1995年和1996年，我国先后颁发了《中外合作办学暂行规定》和《关于加强中外合作办学活动中学位授予管理的通知》。《中外合作办学暂行规定》对中外合作办学的定义进行了诠释，并对合作办学机构的设置、运行、监督进行了规范。① 而《关于加强中外合作办学活动中学位授予管理的通知》则对中外合作办学机构授予中国学位的细则进行了规定。规定涉及学位授权的审核工作、中外双方合作者的办学条件，以及需要向国务院学位委员会办公室提交的审批材料等内容。②

2003年2月19日，国务院第68次常务会议通过《中华人民共和国中外合作办学条例》。该条例于2003年9月1日起实施，并从中外合作办学机构的设立，中外合作办学的组织与管理、教育教学和资产与财务四方面做出了详细的规定。为了进一步规范中外合作办学机构的设立、活动和管理，2004年7月1日，中华人民共和国教育部令第20号《中华人民共和国中外合作办学条例实施办法》开始实行。与此同时，原1995年颁布的《中外合作办学暂行规定》废止。③

截至2010年7月，教育部正式批准并承认国际合作办学硕士及以上教育中外合作办学机构与项目134项，合作办学的双方可以联合授予学位，共涉及

---

① 中华人民共和国教育部. 关于发布《中外合作办学暂行规定》的通知. [EB/OL]. (1995-01-26) [2021-06-08]. http://www.moe.gov.cn/s78/A20/s8359/moe_864/tnull_4510.html.
② 中华人民共和国教育部. 关于加强中外合作办学活动中学位授予管理的通知. [EB/OL]. (1996-01-22) [2021-06-08]. http://jsj.moe.gov.cn/n2/1/1002/33.shtml.
③ 中华人民共和国教育部. 中华人民共和国中外合作办学条例实施办法. [EB/OL]. (2004-06-02) [2021-06-08]. http://old.moe.gov.cn/publicfiles/business/htmlfiles/moe/moe_621/201412/180471.html.

国内 76 所大学。我国已经成为世界一流大学的重要合作对象。"十三五"期间，教育部共审批和备案中外合作办学机构与项目 580 个，其中本科以上 356 个。国内本科以上中外合作办学的在学人数已超过 30 万人；2016—2019 年期间，我国出国留学人数 251.8 万人，归国人数 201.3 万人，归国人数占比高达 79.9%。①

学位制度的实施为我国与世界其他国家和地区签署学历学位互认协议，以及开展中外合作办学提供了必要的条件与组织保障。我国综合实力、高等教育质量，以及国际影响力的增强在来华留学生人数和授予在华留学生学位的授予规模方面有最直观的体现。2002 年和 2003 年，我国分别与德国、英国、法国、澳大利亚等国家签订了学历学位互认的双边协议。随后，国务院针对中外合作办学发布了相关条例和实施办法。根据国家统计局数据整理得出图 5-1，呈现了我国学位制度实施以来，来华留学生数量变化的趋势。由图 5-1 可见，2003—2018 年，来华留学生数量稳步攀升。与 2003 年相比，2018 年来华留学生的数量增长高达 533%。

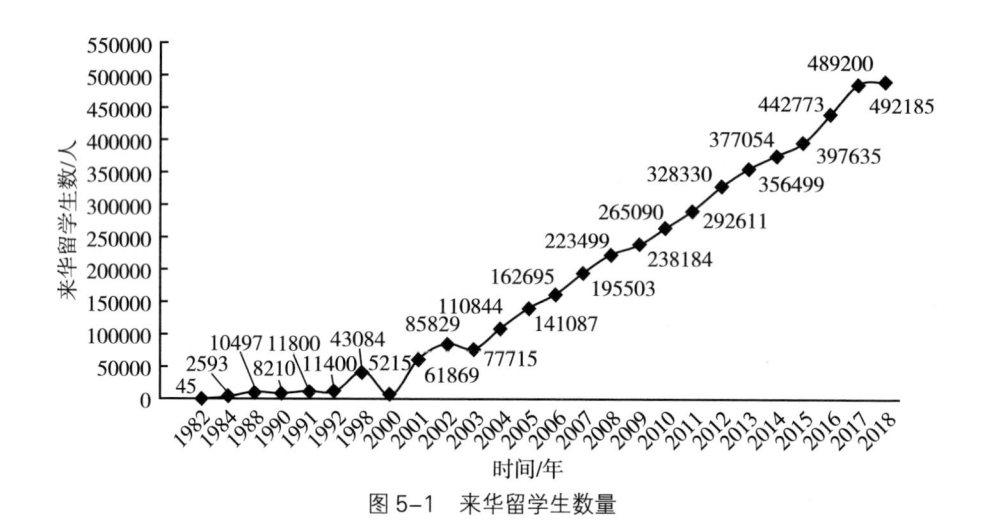

图 5-1 来华留学生数量

从留学生授予学位数量来看，2008 年，我国面向留学生授予学位 7406 个，2013 年已经增长到 19025 个，共增长了 157%（图 5-2）。从来华攻读硕士和博士学位的留学生组成来看，2017 年，来华留学生来自 204 个国家和地区，

---

① 王家源，焦以璇. 全方位教育对外开放局面进一步形成，深入参与全球教育治理——"十三五"教育国际影响力迈上新台阶［N］. 中国教育报，2020-12-23（1）.

就读于全国 31 个省、自治区、直辖市的 935 所高等院校，其中硕士和博士研究生共计约 7.58 万人，比 2016 年增加了 18.62%。从国别来看，2012—2016 年，来华留学生主要来自韩国、美国和泰国。以 2016 年为例，韩国来华留学生人数占来华留学生总人数近 16%，美国留学生占 5.3%，泰国留学生占 5.2%。

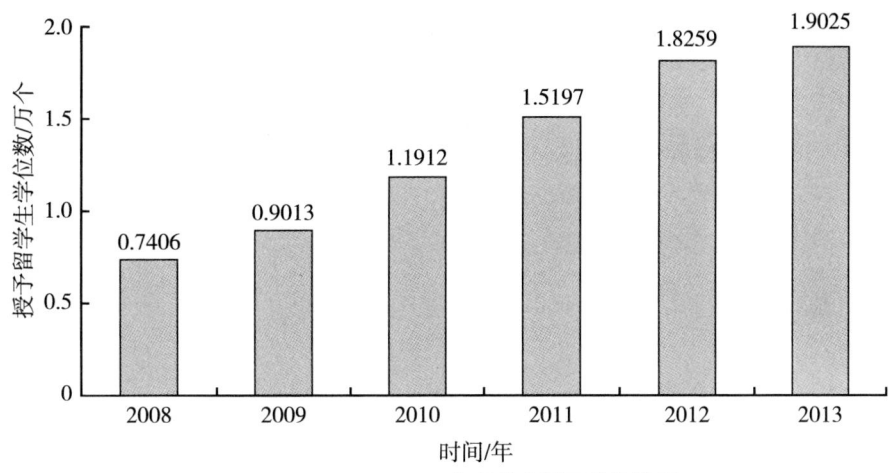

图 5-2 2008—2013 年留学生授予学位数量

吸引国际人才是我国的重大战略。因此，我国政府对吸引来华留学生给予了高度重视。2010 年，教育部出台了"留学中国计划"，并提出到 2020 年，我国要成为亚洲最大的留学目的国。"十三五"规划期间，教育部在中央的统一部署下，提出以科学发展观统领来华留学工作，坚持"扩大规模、优化结构、规范管理、保证质量"的工作方针，旨在保障来华留学生规模稳步扩大，形成生源国别日益多元的良好发展势态。①

2015 年，我国吸引的留学生已超过 37.7 万人次，连续多年成为继美国和英国之后的全球第三大留学目的国。值得关注的是，中国也是全球八大留学目的国之中唯一的发展中国家。有学者根据 2003—2014 年的来华留学生数据对我国吸引留学生来华的影响因素进行了分析。研究表明，对发展中国家来华留学生来说，双边地理距离较近，我国高等教育质量较高，以及两国签订了教育合作协议是吸引留学生到中国留学的主要因素。而对来自发达国家的来华留学生来说，国家奖学金的政策支持和两国是否签订了学历学位互认协议则是影响

---

① 教育部. 来华留学规模稳步扩大，学生结构不断优化 [EB/OL]. （2012-02-28）[2021-04-20]. http://www.gov.cn/gzdt/2012-02/28/content_2078179.htm.

来华留学生流入的主要因素。研究进一步表明，由于两国语言差异较大导致的文化吸引力、政府奖学金支持力度较大和中国高校教育质量高是吸引博士和硕士高层次学位留学生来华就读的主要因素。因此，加强与"一带一路"沿线国家的区域合作，积极扩展学历学位互认和联合认证公约的涉及范围，高度重视中文以及中国优秀传统文化的传播和持续提高中国高等教育质量是长期吸引来华留学生，以及增强我国国际影响力的有效手段。[①]

第三节　中国特色的学位制度实施模式

由于世界各国在历史、文化以及政治体制方面的差异，形成了风格迥异的学位制度实施模式。区别于世界范围内其他学位制度实施的主要模式，我国的学位制度实施独具特色。本节将世界范围内主要的学位制度实施模式归纳为宏观调控多元自主模式、国家集中管理模式、地方政府管理模式和大学自主审核模式，并对各个学位制度实施模式的特点进行简述并选取代表性国家举例说明。最后，本节分别对每种学位制度实施模式的优势和不足展开分析，并从国际视角呈现中国特色学位制度实施模式的特征、特点。

一、宏观调控多元自主模式

我国学位制度的实施模式是宏观调控多元自主模式，特色主要在于具备较完善的三级学位管理体系。三级学位管理体系由国务院学位委员会、省级学位委员会和学位授予单位的学位评定委员会组成。

在国家层面，国务院设立国务院学位委员会，负责贯彻实施《中华人民共和国学位条例》，领导全国的学位工作以及贯彻党和国家关于学位工作的重大方针和政策，对学位工作的管理与发展进行统筹规划。国家层面的学位管理制度为全国的学位工作提供法律依据和普遍性要求，以法律、法规和规章三种形态呈现。例如，2018年，国务院学位委员会和教育部联合发布了《关于进一步发挥国务院学位委员会学科评议组和专业学位研究生教育指导委员会作用的意见》。该文件要求国务院学位委员会学科评议组和专业学位研究生教育指

---

① 魏浩，袁然，赖德胜. 中国吸引留学生来华的影响因素研究——基于中国与全球172个国家双边数据的实证分析[J]. 教育研究，2018，39（11）：76-90.

导委员会在依照《国务院学位委员会学科评议组组织章程》《专业学位研究生教育指导委员会工作规程》组织工作的过程中，进一步把握政治方向，围绕国家与社会发展需求强化职责作用、完善工作机制、严守纪律规矩、加强支持力度。

省级学位委员会处于三级学位管理体制的中观位置。随着省、自治区、直辖市学位委员会的陆续成立，我国学位管理重心下移，我国三级学位管理体制从以中央有关部门为主逐渐转变为强调省级学位委员会区域统筹。省级学位委员会负责对全省（自治区、直辖市）区域的学位工作进行统筹规划，并承担国家学位授权审核的部分职能。历经40年的探索与发展，省级学位委员会的学位管理职能在中国特色的学位制度实施模式下不断加强，地方学位管理制度不断丰富与完善。完善以省级学位委员会为管理主体的学位管理体制，科学统筹，结合地方需求，合理统筹高等学校及学科、专业布局是提高我国高等教育办学质量和管理水平的重要举措。

学位授予单位是学位授予质量保障的主体，是我国学位三级管理体制中的微观组织。学位授予单位下设学位评定委员会、学术委员会等学术组织，在很大程度上保障了我国学位工作开展的质量与水平。学位授予单位依据国家和地方政府颁布的法律、法规和规章，结合自身办学定位与条件制定相关文件，对本单位学位工作开展规划和管理。随着我国学位制度实施与发展的深入，学位授予规模不断增长，学位种类不断增多，学位授予单位的自主权不断扩大，学位管理的重心逐步下移。中央政府、省级政府和高等院校间的关系进一步明确，合理分工，各司其职。高等院校在充分行使自主权的情况下受省级政府监督，为满足区域经济社会发展和教育改革的需求提供支撑。

在学位制度实施的40年的历程中，我国学位制度的实施经历了探索、改革与发展阶段，逐步形成了具有中国特色的完整的三级学位管理体系。我国学位授权体系建立初期，强化顶层设计，突出国家层面的质量保障是该时期学位制度实施中学位授权审核的鲜明特点。

1985年，经国务院正式批准，此后国务院学位委员会学科评议组复审通过的博士和硕士学位授予单位不再上报国务院批准，改为由国务院学位委员会批准并公布。1986年，经国务院同意，硕士和博士学位授予单位改为由国务院学位委员会批准公布。

在我国学位制度实施的第二个10年中，随着社会主义市场经济体制的不断完善和我国高等教育事业的蓬勃发展，国务院学位委员会先后通过下放学位授权审核，以及设立省级学位委员会等手段推动学位管理的重心下移，为形成中国特色的三级管理体系书写了浓墨重彩的一笔。1991年，我国开始试点设立省级学位委员会。同年3月23日，国务院学位委员会批准江苏省学位委员会作为第一批复建的省级学位委员会。1993年，中共中央、国务院发布了《中国教育改革和发展纲要》。该文件提出要改变高度集中统一的高等教育管理体制，同时加强省级统筹。在1995年第六批次博士、硕士学位授权审核过程中，江苏省、上海市、陕西省、四川省、湖北省、广东省6个率先成立省级学位委员会的省份自行审批硕士学位授权学科专业点。在早期试点基础上，国务院学位委员会在第七、第八批次学位授权审核将自主审批硕士点的权利下放至除海南省、贵州省、宁夏回族自治区和西藏自治区之外的27个省、自治区、直辖市和成立研究生院的高等学校，以及中国科学院部分研究所。随着政府职能的转变和高等教育形势的变化，省级学位委员会这一管理层级应运而生且逐渐发展完善。省级学位委员会的建立标志着我国形成了较为完整的由中央政府、省级政府和学位授权单位构成的三级管理体系。

学位授予单位在学位授权审核中权力的不断扩大进一步完善了我国特色的三级管理体系。第一，从1993年第五批次学位授权审核起，开展了自行审批增列博士研究生导师的试点工作。首次规定年龄在45岁以下具有博士学位的教授申请博士研究生导师可直接参加国家复审，一方面为博士研究生导师队伍增添了新鲜血液，另一方面有力地推动了博士研究生导师队伍的年轻化。第二，我国学位授权自主审核制度不断完善。除了将增列博士研究生导师的部分审核工作下放，国务院学位委员会逐步将硕士点授权审核工作下放至省级学位委员会和部分学位授权单位。2018年，国务院学位委员会发布《关于高等学校开展学位授权自主审核工作的意见》。该文件对稳步推进高等学校开展学位授权自主审核工作的意义、原则、新增学位授权点标准、质量管理和专项评估等内容提出了要求与意见。

高等学校自主审核程序首先由学位授权点建设主责院系提出书面申请，由学位点管理部门初步审核，按提纲编写论证报告、国内外同行专家论证、拟新增学位授权点校内公示，以及学位评定委员会审议、党委常委会会议研究决定，并最终上报国务院学位委员会批准。国务院学位委员会先后于2018年和2019年公布了两批可开展学位授权自主审核的单位名单，共涉及包括北京大学、中国人民大学、清华大学、南京大学、浙江大学等31所高等院校。各高校根据国务院学位委员会出台的《博士硕士学位授权审核办法》和《关于高等学校开展学位授权自主审核工作的意见》制定本单位学位授权自主审核的实施办法。

此外，2020年，全国研究生教育会议召开，国务院学位委员会修订《博士、硕士学位授权学科和专业学位授权类别动态调整办法》。修订后的文件提出将学位授权自主审核单位增列、撤销学位授权点全部纳入学位授权自主审核工作，并且明确了在合格评估过程中的学位授权点参加动态调整的范围。至今，我国现已形成国家统一组织、省级统一规划、部分学位授予单位可自主审核，严格准入、动态调整、监管健全并存的具有中国特色的宏观调控、多元自主的学位制度实施模式。

二、国家集中管理模式

国家集中管理的学位制度实施模式最显著的特征在于集权性。通常情况下，国家政权制度塑造高等教育管理体制，并在很大程度上体现在学位制度及其实施模式上。在学位制度实施模式上采用国家集中管理模式的国家大多是中央集权的政权制度，国家职权统一集中于中央政府。国家集中管理的学位制度实施模式下，国家对学位相关工作进行统一管理且颁发国家级学位。在该模式下，在国家层面制定学位制度相关的法律、法规。国家全权负责学位授权审核，对学位授予单位和学位点进行统一审核并进行严格的集中式监管。

国家集中管理的学位制度实施模式的另一个特征表现为较高的管理效率。由于中央权力通过行政管理机构深入到高等教育体系，由此形成国家集中管理的学位制度实施模式，具体表现在全国贯彻实行统一的教育法令，国家对学位事务实行集中的规划与管理，呈现出高度的统一性和规范性。

法国是国家集中管理模式的代表。法国学位制度创建于中世纪。中世纪的欧洲，社会等级严格且分明。这种等级制度根深蒂固，且体现在经济、政治、社会的方方面面，例如，行会的等级、王国的等级以及婚姻的等级。主导大学内部的就是学位等级。中世纪法国的学位等级效仿的是行会的等级制度。行会是在11—16世纪繁荣起来的手工业者和商人的协会，是一种以保护贸易安全和利益为目的创建并兴起的行业组织。行会内部实行学徒、帮工、师傅的三级制度和严格的技术考核体系。另外，在封建制度尚未完全瓦解的欧洲，因十字军东征而逐渐繁荣的手工业和商业促进了城市的出现，封建领主依然是城市里的强硬势力。手工业者和商人建立起行会，反抗封建领主的剥削与压迫。因此，行会的建立一方面提升了行业内部的专业水平，保护行业利益，避免内部竞争，增强对外竞争力。另一方面，以组织的形式与封建领主的势力进行周旋，从而保护和争取更大的经济利益。这一行业内部等级划分与考核晋升的制度被引入学术界，形成了欧洲学位制度的雏形。

法兰西第一帝国的建立开启了法国近代高等教育的开端，中央集权的教育管理体制从此建立。1808年，拿破仑政府颁布的《大学组织令》明确将法国的三级学位规定为国家级别的学位，与现代学位制度大体相近的学位制度体系在法国形成。法国学位制度最鲜明的特征是中央集权和强大的行政权力。法国大革命后，政治的不稳定催化了法国国家集权的加强。中央权力通过行政管理机构深入到国家的各个体系。全国贯彻实行统一的教育法令，意在提高教育体系的行政管理效率。[1] 国家对包括教育在内的公共事务统一管理，关于教育改革的决策由教育部统一制定、推进。全国的高等教育院校及其校长、教师都由国家职能部门统一管理。学校组织、教学计划、课程设置和学位制度的实施皆由中央统一规划。在这样的体制下，教育管理的效率高，国家制度的统一性也高。[2] 与此同时，因为缺少其他利益相关者的干预，人民对国家高度依赖，这也是间接导致中央集权化的体制在法国可以长久维持的原因之一。[3] 法国的高等院校以公立性质为主，私立院校只占到5%的比例。无论是公立院校还是私立院校，都由国家统一管理，学位授予权的审核也由国家负责。政府对学位授权进行严格监管的主要形式包括对学位授予单位和学位点的统一审核，以及每4年与各院校签订一次合同，并在进行财政拨款的同时对院校展开审核。[4] 国民教育部是法国国家级别的教育管理机构，负责相关法律和政策的制定，以及学位制度、专业设置和课程的管理等。学位授予权的审核由国家高等教育研究委员会负责。想要开设新项目并颁发国家学位的大学需要获得国家高等教育研究委员会的批准。[5] 与法国相似，我国实施的就是国家学位制度。学位管理是教育行政管理的一部分。学位管理部门与学位授予单位的关系以行政权力为主导。[6]

---

[1] 唐瑾，叶绍梁. 从学位形态演变看我国学位形态发展新趋势[J]. 学位与研究生教育，2007(8)：59-63.

[2] Ortiz E A, Dehon C. Roads to Success in the Belgian French Community's Higher Education System: Predictors of Dropout and Degree Completion at the Université Libre de Bruxelles [J]. Research in Higher Education, 2013, 54 (6): 693-723.

[3] 马晶. 法国高等教育"358"学制改革研究[D]. 石家庄：河北师范大学，2007.

[4] 陈子辰. 王家平. 我国学位授权体系结构研究[M]. 杭州：浙江大学出版社，2012：1-140.

[5] 杨少琳. 法国学位制度研究[D]. 重庆：西南大学，2009.

[6] 范奇. 我国学位制度研究[D]. 重庆：西南政法大学，2016.

法国高等教育的特色是"双轨制"。在双轨制下，学位授予单位分为两种：传统大学（Universités）和精英学院（Grandes Ecoles）。传统大学面向大部分学生群体，招生规模大，担负着高等教育普及化的责任。传统大学是综合型大学，人才培养以研究为重点。精英学院是针对部分专业的专业院校，常见的学院类型包括医务辅助和社会学院、高等工程学院及高等商学院等。法国目前的精英学院中，大多数是培养工程师的高等工程学院。[①] 与传统大学相比，精英学院有更严格、挑剔的入学政策。在进入精英学院之前，学生需要学习两年的预备课程（classes préparatoires），并且通过竞争极其激烈的入学考试才能进校学习。精英学院提供三年或以上的高水平专业教育。[②]

双轨制下的法国学位制度的结构与规模呈现分化发展的趋势。2018年，法国可授学位的传统大学共68所，精英学院合计1461所，包括医务辅助和社会学院602所、高等工程学院271所、高等商学院333，以及和高等商学院拥有同等资质的商学院255所。2009—2014年，精英学院的总数基本成持续上升的趋势，但是各类别的精英学院数量表现出不同的变化趋势。医务辅助和社会学院在2009—2015年的数量一直在增长。但是2015—2016年，该类型学院的数量有所减少，之后呈稳定不变的状态。高等工程学院的数量除2015年一直呈现稳定上升的态势。而高等商学院的数量在2011—2015年有所下降，却在2016年比前年增加了19%。与2015年相比，2018年高等商学院的数量已经增长了超过74%。与精英学院蓬勃发展的趋势不同，法国传统大学的数量在2010—2017年呈现出持续减少的趋势。与2010年相比，2018年传统大学的数量减少了近14%（表5-3）。

表5-3　2009—2018年法国传统大学和精英院校数量

单位：所

年份	精英院校					传统大学
	医务辅助和社会学院	高等工程学院	高等商学院	同等资质的高等商学院	精英学院合计	
2009	579	245	212		1036	79
2010	616	250	213		1079	79
2011	623	254	210		1087	75

---

① 许建领. 法国大学校及其借鉴意义［J］. 机械工业高教研究，1996（2）：86-88.
② International Universities Bureau, World Higher Education Database［EB/OL］（2021-01-01）［2021-04-20］. https://www.whed.net/results_systems.php.

续表

年份	精英院校					传统大学
	医务辅助和社会学院	高等工程学院	高等商学院	同等资质的高等商学院	精英学院合计	
2012	627	253	208		1088	76
2013	632	254	195		1081	74
2014	637	257	198		1092	74
2015	644	261	191	190	1286	72
2016	639	266	236	223	1364	71
2017	602	265	308	232	1407	68
2018	602	271	333	255	1461	68

注：空格处为未公布数据

2005年，法国对学位制度展开改革，试图将一直以来实施的学位制度改为与国际接轨的三级学制，即"358"学制。"358"学制指的是经过3年的学习后授予学士学位。硕士学位的授予需要2年（加上学士学位共5年）的学习。硕士学位又分为学术型硕士学位和专业型硕士学位。博士学位的授予则要求学生至少经过3年（学士、硕士、博士共8年）的学习与研究训练。

法国推行学位制度改革的目的主要是促进法国与欧洲其他国家高等教育的区域整合发展。[①] 在1991年联合国教科文组织发布了《欧洲地区高等教育相关资质认可公约》（又称为《里斯本认可公约》）之后，为了进一步推动成员国之间的人员流动并在欧洲形成较完善的高等教育质量保障体系，博洛尼亚进程在1999年正式启动，并且明确了具体的后续行动与措施。[②] 博洛尼亚进程构建了一个明确的，有可比性的，由学士、硕士和博士学位组成的三级学位制度。通过自愿签署参与，欧洲各国可以实现学分的转换、学位的互认，为欧洲范围内的高等教育机构、教师与学生之间的交流合作提供便捷的途径，并且最终实现欧洲高等教育的一体化，从而增强区域整体的竞争力和吸引力。[③]

三、地方政府管理模式

地方政府管理的学位制度实施模式通常由地方政府负责学位授权审核等学位管理事务。采用该模式的国家大多实行地方分权制的教育管理体制。在该

[①] 杨少琳. 法国学位制度研究 [D]. 重庆：西南大学，2009.
[②] 李兴业. 法国高等教育文凭与学位制度改革 [J]. 比较教育研究，2006（1）：1-4.
[③] 马晶. 法国高等教育"358"学制改革研究 [D]. 石家庄：河北师范大学，2007.

模式下，国家只行使有限的协调与服务的行政职能，具体的学位管理权责由州政府或省政府负责。以州政府或省政府为代表的地方政府在学位制度的实施过程中拥有主导权力。各个州或省等地方政府制定与学位制度相关的法律、法规，并进行学位授权审核。

地方政府管理的学位制度实施模式的典型国家是美国。在美国，对学位授予权力的审核由各州政府负责。州政府在学位授权制度中拥有主导权力。[1] 美国是联邦制国家，教育管理体制的类型属于地方分权制，也就是联邦政府只行使有限的协调与服务的行政职能，而具体的管理权责由州政府负责。具体来说，高等院校根据所在州的宪法和法规向州政府提出申请，只有通过州政府的审核并获得相应的认可以后，高校才被授予学位授予权。以加州为例，大学的设置和学位授权都在州政府的法定权限范围之内。已经获得设置许可并打算成为学位授予单位的学校，需先向州政府提出申请，并提供可以显示该校有能力向受教育者授予学位，并能够保障学位授予质量的一系列详细资料。在收到申报材料以后，州政府组织一个特别委员会对提出申报的大学进行评审，并根据该委员会提交的报告和建议作出是否审批该学校成为学位授予单位的决定。[2]

根据加利福尼亚州（以下简称加州）教育法规定，特别委员会向州政府提交的报告必须对16方面进行质性的审查与评估：①办学目的、任务和目标；②学校治理与管理；③课程设置；④教学水平；⑤师资队伍的构成及资历；⑥硬件设施和设备；⑦管理团队；⑧档案管理的流程；⑨学费和其他费用的情况，以及退款周期；⑩录取标准；⑪奖学金和补助的相关政策与实施；⑫学术规范与毕业要求；⑬伦理规范与实施情况；⑭图书馆和其他学习资源；⑮学生活动与服务；⑯拟授予的学位。同时，该法律还要求特别委员会在针对这16个维度开展审核与评估的时候，重点考察该申报单位是否可以提供高质量、创新型的，并且聚焦于新兴前沿领域的专业与学科教育教学体验。[3] 虽然每个州的法律、法规均有所不同，但学位授予权力的审核均由各州政府负责。

私立院校在加州高等教育系统内也扮演了重要的角色。著名的斯坦福大

---

[1] Polk O E, Armstrong D A. Higher education and law enforcement career paths: Is the road to success paved by degree? [J]. Journal of Criminal Justice Education, 2001, 12 (1): 77-99.
[2] 杨朝晖. 论美国研究生学位授予权管理 [D]. 石家庄：河北大学, 2006.
[3] California Education Code: Degree-Granting Institutions-Sections 94900-94905 [Z]. 2020, 12.

学和加州理工学院都是私立院校。20世纪80年代末，加州的私立院校由州教育部门管理。然而随着私立院校招生规模的扩张，以及加州"世界文凭工厂"现象的产生，加州政府采取了一系列举措，意在保障私立院校的学位授予质量。2009年，加州州议会和州长通过了《私立中等后教育法案》，设立了私立中等后教育局，负责审批加州私立高等教育机构的设立与管理。同时，私立中等后教育局对不同层次学位（包括副学士学位、专业副学士学位、学士学位、硕士学位、哲学博士学位和专业博士学位）的授予作出了要求与规定。获得副学士学位，受教育者需要接受两年的连续教育，至少修满60学分，其中包括25分的通识教育学分。专业副学士学位需要修满至少60学分，其中75%的学分需通过职业培训教育课程获得。学士学位的授予要求是受教育者接受4年的连续教育，至少修满包括25分通识教育学分的120学分。获得硕士学位，学生需修满至少30学分。哲学博士学位是研究型学位，需要至少3年的全日制或兼职学习，且受教育者必须完成原创性的研究，并通过相应的系统审查。专业博士学位的获得者也需要完成至少3年的学习，且授予学位的名称应包含相应专业或职业领域的名称（如法学博士等）。[①]

在美国学位制度的管理体系中，联邦政府通过认证机构间接影响学位制度的实施。美国实施的是地方政府管理的学位制度模式，因此，大学获得学位授予权需要按照法律规定程序并通过州高等教育管理机关的许可。各个大学所在州的法律对大学的设立（incorporation）和许可（licensing）进行规定。大学的"设立"针对的是组织独立法人主体地位的问题。要想从事高等教育活动并使用"大学"字眼或颁发学位，该组织必须经过高等教育管理机关的许可。起初，州政府机关对大学的设立与许可审核过程较为简洁。然而，从20世纪中叶开始，社会对高等教育质量的关注度逐渐增强，政府宏观调控的力度不断增大，州政府在许可审核的过程中才开始逐渐发挥实质性的作用。

通过州政府审核的大学就能以大学自己的名义颁发学位，并不一定需要通过认证机构的认证。然而，1998年颁布的《高等教育修正法案》规定，大学只有通过联邦教育部认可的认证机构的认证，才能获得联邦政府的拨款与财政资助。这也就意味着认证机构并不是学位授权制度中的主体。它的作用更多在于在学位管理体系中帮助联邦政府实现宏观调控。

从法律层面来说，这种通过认证机构认可从而获得联邦资助的行为是大

---

① 翁秋怡，于洋. 加利福尼亚州私立高等学校设置制度研究［J］. 高教发展与评估，2018，34（5）：72-82+116-117.

学的"自愿行为"。相应的《高等教育修正法案》也就属于资助性法律，区别于具有强制性的人权性法律。美国联邦政府通过认证机构持续加强对学位制度实施的宏观调控。继《高等教育修正法案》之后，联邦政府在2008年又通过了《高等教育机会法案》，要求认证机构除了承担质量监控的责任，还要在认证审核中引入问责指标。该法案的颁布在美国教育界引起了对于"认证联邦化（federalizing accreditation）"的担忧。虽然联邦政府无权直接影响作为非政府、非营利性组织的认证机构的认证决定，并且联邦政府的影响并不涉及未经认可的机构，但是认证机构从本质上来说并不是完全平行于联邦政府的、独立的。其主要原因在于认证机构首先需要联邦政府的认可，而该认可职能是通过联邦教育部及其部长实现的。更重要的是，不仅联邦政府通过认证机构实现其对学位制度管理体系的宏观调控，州政府也将认证机构对大学的认证结果作为决策依据。一些州政府会给予通过认证机构认证的大学一些优惠政策，例如，豁免对其进行管制或审查的部分要求，或在税收方面给予一定程度的优惠政策。[1]

四、大学自主审核模式

在大学自主审核的学位制度实施模式下，大学在学位制度实施的过程中拥有较高的自主权，通常由大学自主决定学位授予的学科和专业。在该模式下，由国家批准，学校独立行使学位授予权。学位授予单位可自行决定学位授予的学科和专业，并开展学位授予质量保障的具体工作。

英国是大学自主审核模式的代表。1992年起在该模式下，由高校向枢密院提出申请，枢密院委托独立于英国政府的高等教育质量保障署对高校进行评审。之后由高等教育质量保障署的学位授权咨询委员会决定是否进入下一个审核程序。一旦进入下一个审核程序，高等教育质量保障署将任命审议小组进行更详细的审议，并开展1—2天的实地考察调研。审议小组会先将调研与审议报告发送给提出申请的高校进行确认，确保报告中调研结果属实、精确，并允许高校给予反馈意见。在收到反馈意见以后，评议小组会结合高校的反馈，向学位授权咨询委员会提交审议报告。高等教育质量保障署根据审议报告向枢密院提供保密的意见，最终由枢密院进行审批并做出决定。获得学位授予权的高校可自行决定学位授予的学科、专业。

---

[1] 张冉，申素平. 国家学位制度与大学学位制度比较分析[J]. 学位与研究生教育，2013（9）：39-44.

一些历史悠久的英国大学通过皇家宪章获得学位授予权。例如，剑桥大学和牛津大学两所大学，在13世纪就获得了学位授予权。一些较新的大学伴随1992年颁布的两部议会法案成立。这两部议会法案分别是《延续教育和高等教育法案》和《延续教育和高等教育苏格兰法案》。这两部法案规定，枢密院负责对大学进行审核并决定他们是否可以授予学位。①

英国高校自主审核的学位授权模式是以质量保障为前提的。英国的学位由学位授予单位而非政府部门授予。这也就意味着学位授予单位自主制定、修订学位授予的相关标准，并且对所授学位的质量负责。虽然英国的高校享有极高的办学自主权，但是英国的高等教育质量保障署在2014年发布了两个平行的资质框架用于保障不同司法管辖区的学位授予质量。所有的学位授予单位都要参照这两个资质框架提出的标准进行人才培养，推进学位授予质量保障的相关工作。这两个资质框架分别是《英格兰、威尔士和北爱尔兰高等教育资质框架》和《苏格兰高等教育院校资质框架》。两个资质框架都对不同层次的学位、职业证书和其他学历文凭持有者应具备的知识和能力做出了详细的规定。

英国现今实施的高校自主的"单轨制"学位管理制度是经历了特定的历史时期，伴随政治变革而发展变化的结果。20世纪60年代中期至90年代早期，英国实施的是"双重制"的学位管理制度。在这种制度下，只有获得教皇训令或皇家宪章的高校才有学位授予权并且被称为"大学"，其他高校只能通过"挂靠"大学或根据国家学位授予委员会的决定授予学位。②"双重制"下的学位授予制度中的管理权力高度集中。

这一学位制度体系的特点与当时英国的国家发展改革方向一致。1945年，保守党下台，工党作为执政党从执政思想和政策导向上推崇"福利国家（welfare state）"的理念，大力推行医疗、教育等社会福利政策。建立福利国家的核心就是保障所有公民的经济安全和社会福利。在经济方面，国家发动了国有化改革，加强国家对经济的控制。煤炭、钢铁、铁路、电信等主要产业归为国有。同时，国家通过国民健康服务制度为公民提供免费的医疗服务。这也是英国历史上第一个免费的、向全民提供全民医疗服务的健康体系。③在教育方

---

① The Quality Assurance Agency. The Right to Award UK Degrees [R]. Gloucester: QAA, 2018.
② 叶林. 跨国学位项目的质量保障 [M]. 杭州：浙江大学出版社，2012：1-182.
③ 周晓菲. 英国工党与国民健康服务体系的形成（1900—1948）[D]. 北京：北京大学，2012.

面，英国通过三种类型的国有学校（语法学校、现代中学、技术中学）向国民提供免费的中学教育。在高等教育阶段，为了进一步解决第二次世界大战后出现的教育公平问题，国家向所有大学生发放奖学金用于支付学费和生活开销。出于第二次世界大战后经济复苏的需求，英国高等教育将人才培养的重心放在科学与技术上，可以推动经济增长的应用型知识受到更多重视。在这个阶段内，英国的学位制度并没有发生明显的变化。

1992年，英国颁布了《延续教育和高等教育法案》。该法案的颁布标志着英国学位制度的重大变革，学位制度的实施从"双重制"转向"单轨制"。延续教育由政府出资，为16—18岁的学生提供大学预科课程的教育阶段。延续教育将学术课程和职业技术类的课程结合为一体，可以颁发高等教育同等的资质文凭。部分延续教育学院还可以颁发学士学位。在《延续教育和高等教育法案》中，"双重制"下扮演学位授权审核重要角色的国家学位授予委员会被废除，这也标志着英国学位制度的实施转向"单轨制"，也就是今天的大学自主审核模式。

学位的管理制度从"双重制"到"单轨制"的转变只是英国高等教育整体改革的一部分。以学位制度改革和高等教育经费体系调整为主要内容的一系列措施依然是受到了英国执政党执政理念变化的影响。1979年，隶属于保守党的撒切尔夫人当选英国首相。面临诸如政府财政空缺等战后问题，撒切尔政府开始推行新自由主义的执政理念。与之前工党提倡的福利国家不同，新自由主义国家（neoliberal state）不再强调公民权利的平等和政府在提供社会福利方面的责任，转而开始推行新的政府管理模式——新公共管理模式。于是，为了在全球知识经济体系的竞争中胜出，英国大力在教育领域开展改革，审计文化（audit culture）在教育体系内盛行。高等教育相关的主导话语强调大学的效率，并且要求大学成果可以测试和衡量，并且通过媒体公开发布结果。高等教育的重点集中于学生技能的培养。[1]

以新自由主义和新公共管理模式为主导的高等教育改革包含三个主要举措[2]：一是加强政府宏观控制，减少预算。撒切尔政府在取消了来自欧洲共同体成员国以外国家留学生的补贴之后，削减了高达15%的高等教育经费。更

---

[1] COWEN R. 2016. Doctoring the doctorate in England [C]//CAPPA C, PALOMBA D. Knowledge Society and Doctoral Studies. Aracne editrice, Canterano, 2016: 81-112.
[2] 徐东波. 新自由主义背景下英国高等教育改革研究 [J]. 现代教育科学, 2019（6）: 16-20+34.

重要的是，英国政府通过对高等教育财政体系的调整大力加强了政府的宏观调控，以确保大学可以更有效地服务于国家发展。早在1919年，英国就成立了大学拨款委员会。建立其初衷是让大学体系可以免受政客的压力，根据高等教育的需求，直接向国会提出经费和预算的申请，从国库拨款。虽然大学拨款委员会在1964年的时候改组，将其归于教育与科学部管理，旨在将高等教育体系通过财政控制的形式与其他教育体系整合，同时起到均衡政府与大学权力关系的作用，但是由于大学拨款委员会的成员主要由学界人士组成，各大学对经费的分配和使用仍拥有极高的自主权，并没有落实教育与科学部颁发的政策指示。因此，英国政府认为大学没有充分起到服务国家经济建设的作用，于是在1985年明确提出并强调高等教育发展要契合国家发展重点，并开始逐步通过对财政拨款管理机制的调整加强对大学的宏观调控。

1989年，大学拨款委员会再次改组为大学基金委员会并成立新的经费管理机构，即多元技术学院基金委员会，成立该机构的目的是对技术类的高等院校经费进行独立管理。然而，这一次的经费管理机构改组实施的时间不长。在1992年《延续教育和高等教育法案》颁布后不久，英国政府同时撤销了大学基金委员会和多元技术学院基金委员会并设立高等教育基金委员会。撤销这两个委员会的目的是模糊传统"双重制"下大学与多元技术学院之间的界限，通过统一管理的方式使多元技术学院从经费补助上和大学享有同等的待遇，并且可以申请改名为"大学"。于是，近40多所多元技术学院升级为大学，并获得了独立的学位授予权。大学的数量也从45所增加到100所左右。[①]

成立高等教育基金委员会并在财政方面对大学和多元技术学院进行统一管理进一步体现了撒切尔政府的执政理念，也就是新自由主义和新公共管理模式主导的高等教育改革的第二个重要举措：面向市场，鼓励竞争。1992年颁布的《延续教育和高等教育法案》中将多元技术学院与大学定义为在高等教育体系中平等的地位，通过允许多元技术学院升级成为拥有学位授予权的大学直接引起了高校之间的竞争，并实现了英国高等教育准市场化的过程。[②] 撒切尔政府针对高等教育改革的第三个重要举措是加强监管，注重效益。这一点通过高等教

---

① LESTER J. Degrees of Choice: Social Class, Race and Gender in Higher Education (review)[J]. Review of Higher Education, 2006, 29(3): 412-413.
② D REAY, DAVIES J, DAVID M, et al. Choices of Degree or Degrees of Choice? Class, 'Race' and the Higher Education Choice Process[J]. Sociology, 2001, 35(4): 855-874.

育质量保障署的设立和本部分提到的用于保障学位授予质量的资质框架都有所体现。

五、四种学位制度实施模式的分析

国家集中管理的学位制度实施模式的主要优势体现在全国范围内的统一性和规范性,可以立足国家发展需求,有利于制定并实施全国统一的学位制度相关政策。这一模式下,国家对学位制度的政策性干预具有显著成效。国家为学位教育和学位政策的实施提供立法保障与经费支持,从宏观上为学位授予质量提供保障。此外,国家集中管理的学位制度实施模式可以确保国家在协调各地高等教育发展不均衡的前提下,推进学位授予质量相关的国家标准,对学位工作进行统一的规范性管理。

然而,国家集中管理的学位制度实施模式不利于调动地方和高校的办学积极性,更容易忽略地方和区域高等教育发展需求与特点,不利于制定适应地方高等教育发展规律,以及更能满足地方经济社会发展需求的学位工作相关发展规划。更重要的是,在国家集中管理模式下,地方政府和高等学校在学位管理工作中自主权薄弱,在一定程度上导致中观层面和微观层面的教育行政管理工作缺乏灵活性,从而降低高等学校内部的教育管理效率。

地方政府管理的学位制度实施模式的显著优势在于地方政府在学位工作的管理中享有较高程度的独立与自主权,因此学位的设置与管理可以紧密贴合各个州或省的社会经济发展需求。地方政府管理模式下通常不设置全国性的学位管理组织对学位工作进行实质性的管理与监督。在该模式下的学位授权审核体系中,高等学校根据所在州或省的宪法与法规向地方政府提出申请,通过地方政府的审核获得学位授予权。遵循该程序,学位授权审核着眼于地方政府的发展规划,因此对学位设置和对学位点申报的审批都充分反映了区域生产和经济、科技以及文化等方面发展的需求。

然而,地方政府管理的学位制度实施模式不利于国家的统筹规划和宏观调控。地方分权制的教育行政管理体制通常是影响学位制度实施采用地方政府管理模式的主要因素。该教育行政体制下,在联邦或中央一级的国家层面不设立教育管理部门。因此,国家不会对学位授权审核、学位授予质量保障,以及学科专业目录等学位相关工作进行统一的规范性管理。

大学自主审核的学位制度实施模式下高等学校享有较高的自主权。高等学校自行决定不同学科和专业的学位授予点。因此,该模式下的学位设置具有明显的多样化和灵活性。此外，大学自主审核的学位制度实施模式对劳动力市场的需求反应较为及时，能够在较短的周期内调整人才培养的方向与目标。然而，这种学位制度的实施模式缺乏实质性的、以政府为主体的外部质量保障体系。

宏观调控多元自主的模式，优势主要体现在两方面：高效的三级管理体系和有力的外部质量保障体系。我国学位制度实施的三级学位管理体系，具有层级清晰、执行力强和管理效率高的优势。我国在学位制度的实施过程中逐步形成了完善的国家、省级和学位授予单位三级学位管理体系，纵向关系明确，各级相关职能部门权责分明，学位制度的实施模式效率较高。

第一，我国三级学位管理体系在优化学士、硕士、博士三级学位授予结构的过程中充分发挥了其兼顾宏观统筹和各级协调的特色。学位的设置和授予规模反映了社会对不同层次、不同类型人才的需求，并且受到国家特定时期内政治、经济、文化、教育和科技等方面发展水平的影响。我国学位制度建立后，大力开展学士学位授予工作，为社会各行各业输送技术人才。与此同时，积极开展推进硕士学位和博士学位的授予工作，为高等院校和科研院所培养师资与科研力量。1990—1999年，我国共授予学士学位3720505人、硕士学位363610人、博士学位57596人。与前10年相比，博士层级学位授予人数增幅为722.9%，硕士层级和学士层级增幅分别为103.5%和80.0%。学位制度实施后，我国开始注重高层次人才的培养，促成了硕士学位和博士学位工作的快速发展。三级学位管理体系在硕士学位和博士学位的授予工作中在充分展现出了其效率高的优势。

第二，我国三级学位管理体系在学科专业目录的调整中充分发挥了作用。在学位制度实施的40年间，我国先后于1983年、1990年、1997年和2011年四次调整修订学科目录，并于2018年对学科目录进行了更新。截至2020年，我国共有14个学科门类、113个一级学科、47个专业学位类别。每一次学科目录的调整与更新都反映了国家与社会对人才结构的最新需求，以及相应的时代发展特征。例如2011年，国务院学位委员会、教育部颁布了新的《学位授予和人才培养学科目录》，艺术学成为新的第13个学科门类。这一学科目录的变化主要是为了满足我国人民日益增强的精神生活需求。在艺术学成为独立的学科门类后，艺术学得到快速发展。北京大学的艺术学院就顺应形势，面向艺术学大类招生。另外，2018年发布的学科目录面向国家战略需求进行了一系列的调整。例如，工学门类下增设了网络空间安全的一级学科，还另增设了电子信息、机械、材料与化工、资源与环境、能源动力等专业。

此外,我国学位制度实施模式在外部质量保障方面的优势明显。具体表现为形成了由中央政府主导、省级地方政府统筹的"中央政府—省级地方政府—学位授予单位"三级学位管理体制,逐步构建多质量主体共同参与、相互配合、积极有效,并且以学位授予单位为质量保障主体,政府主管部门、学术组织、行业部门和社会机构"五位一体"的学位授予质量保障体系。在以中央政府为代表的国家层面,我国通过制定国家标准、评选全国优秀博士学位论文、学位论文抽检等方式从外部对学位质量加以监督和保障。

首先,在国家层面,国家先后根据学术学位和专业学位特点制定了具有较强指导性和针对性的基本要求,为不同层次的学位制定基本的国家标准。例如,2013年,国务院学位委员会、教育部委托国务院学位委员会第六届学科评议组编写了《一级学科博士、硕士学位基本要求》,对我国博士和硕士生的培养,以及学位授予的基本标准提出了要求。

其次,国家对博士学位论文的质量严格把关,并一直保持着较高的要求。2013年,教育部学位管理与研究生教育司提出全国优秀博士学位论文的评选须以"基础研究类"和"应用基础研究类"作为分类,分别强调博士学位论文的原始创新性和服务需求性。虽然全国优秀博士论文的评选已经退出历史舞台,但是国家对于学位论文质量的监管并未放松,并以论文抽检等方式在国家层面加强外部质量保障。

最后,国家发布了一系列文件,针对论文质量抽检、评估,以及涉密论文的管理等学位论文相关问题进行了规定,旨在从外部加强对学位论文的质量保障。2014年,国务院学位委员会联合教育部印发了《博士硕士学位论文抽检办法》,对学位论文抽检比例、抽检方式、评议方式和评议意见等方面进行了明确的规定。该文件为各个高校和学科根据自身需求与特色制定相应的论文抽检办法提供了依据。例如,2019年,教育部办公厅下发《教育部办公厅关于进一步规范和加强研究生培养管理的通知》,明确提出教育行政部门加强督导监管责任,强化学位论文抽检结果的使用,并加大评估力度和对问题单位的惩戒力度。2016年,国务院学位委员会、教育部、国家保密局联合下发了《涉密研究生与涉密学位论文管理办法》,针对涉密学位论文的管理和涉密研究生的权益保障、奖励处罚等内容做了规定。

此外,随着学位管理工作重心的下移,我国建立了学位管理干部研修制度,不断加强学位授予管理机构的建设。20世纪90年代,随着省级学位委员会的设立和部分学位授予单位自主审核工作试点工作的开展，国务院学位委员会开始逐步将增列博士研究生导师和硕士点授权工作下放至省级学位委员会和学位授予单位。1992年起，国务院学位委员会开始实施学位管理干部研修制度，并于1994—1999年举办了六期学位与研究生教育管理干部研修班，对高校和科研机构的管理干部，新增博士、硕士授予单位的学位与研究生教育管理部门负责人进行培训。

在我国特色学位制度实施模式下，外部质量保障的明显优势与我国学位制度实施的历史密切相关。《中华人民共和国学位条例》以立法的形式构建了我国的学位制度，该制度的实施历经了40年风雨。

通过比较分析可见，世界范围内常见的4种学位制度实施模式各有特色（表5-4）。国家集中管理模式具有立足国家需求、政策性干预成效显著等优势，然而不利于调动高等学校的办学积极性。在地方政府管理模式下，地方政府在学位管理工作中享有较高的自主权，学位管理与地方社会经济发展需求紧密贴合。然而，该模式不利于国家开展统筹规划和宏观调控。在大学自主审核模式下，高校具有较高的自主权但缺少以政府为主体的外部学位授予质量保障体系。宏观调控多元自主模式的优势则体现在具有高效率的管理体系和强有力的外部学位授予质量保障体系。

表5-4　4种学位制度实施模式的优势与不足

学位制度实施模式	优　势	不　足
国家集中管理模式	1. 立足国家需求，全国统一管理； 2. 政策性干预成效显著； 3. 从宏观层面为学位授予质量提供有力保障； 4. 有利于推进学位授予质量相关的国家标准	1. 不利于调动高等学校的办学积极性； 2. 容易忽略地方高等教育和经济社会的发展规律与需求； 3. 地方政府和高等学校自主权较薄弱
地方政府管理模式	1. 地方政府在学位管理工作中享有较高自主权； 2. 学位设置与管理紧密贴合地方社会经济发展需求	1. 不利于国家开展统筹规划和宏观调控； 2. 不利于推行落实学位授予质量保障的标准
大学自主审核模式	1. 高等学校享有较高的自主权； 2. 对劳动力市场需求的反应较及时	缺乏实质性的以政府为主体的外部质量保障体系
宏观调控多元自主模式	1. 三级管理体系效率高； 2. 有强有力的外部学位授予质量保障体系	学科专业目录采用自上而下的规范型设置与管理模式，灵活度较低

第四节　学位授予和人才培养学科目录的国际比较

世界范围内，按照设置和管理方式可将国外现行专业学科目录大致划分为规范型、统计型和多元型。我国现行的学科专业目录属于规范型目录，由国务院学位委员会统一设置、管理、调整，并在全国范围内使用。学科目录的设置管理是学位制度实施的关键部分，按照知识发展逻辑、社会分工逻辑、社会发展逻辑延伸，包括学科目录的发展与调整受国家历史文化背景、政治行政体制和社会发展需求牵动。因此，世界范围内各国的学科目录管理设置存在着一定程度的差异。然而，随着全球经济合作的加强和高等教育区域协同发展的推进，各国学科目录也呈现出了不容忽视的趋同化趋势。因此，根据各国学科目录管理设置的主要特点、形成过程和基本功能，国内外现行的学科目录可大致划分为规范型、统计型和多元型。

一、规范型目录

规范型目录指教育行政主管部门根据需求制定学科目录，高等学校原则上按照目录进行学科设置，形成过程是自上而下的。这种类型的特点是可以充分体现国家战略需求，规范性强，学科设置与代码较为统一，但灵活性欠缺。俄罗斯、意大利和我国是规范型学科目录管理设置的代表国家。

我国现行的学科目录是由国务院学位委员会和教育部颁布的《学位授予和人才培养学科目录（2018年4月更新）》。该目录是典型的规范型目录，由国务院学位委员会统一设置、管理、调整，并在全国范围内使用。学科门类是对具有一定关联性质的学科的归类，其设置应符合学科发展和人才培养的需要。学科门类是国家进行学位授权审核与学科管理、学位授予单位开展学位授予与人才培养工作的基本依据。

我国所采用的规范型目录的主要特点包括形成过程是自上而下的，可以充分体现国家战略需求，规范性强，学科设置与代码较为统一。这一规范型的学科目录设置和管理与法国学科目录设置管理的类型在一定程度上存在相似性。法国采用的是多元的学科专业目录，既包括国家统一集中设置的学科，也包含统计出来的高等学校自行设置的学科。在国家层面通过强制手段对专业目录以及授予学位的学科领域进行规定与规范，是我国确保高等教育有效满足国家发展战略需求的显著相似之处。

与国外学科专业目录的设置与管理相比，我国现行学科目录设置与管理的最大特点在于集中管理的规范性。正是这种规范性确保了我国学科目录的调整能够对国家战略需求做出充分反应，同时满足国家宏观建设对人才的需求。然而，这种集中设置与规范管理的过程因其设置管理机制的特征而存在一定问题。第一，学科目录的设置与管理对社会发展需求的反应度存在延迟，战术性考虑较多，战略性研究欠缺；行政管理式工作较多，前瞻性研究不足。因此，在国家层次，应建立专职专业且具有战略眼光的长效研究机制，根据国际学科发展前沿动态和我国的实际需求定期修订我国学科目录和人才培养计划，使之与国家发展相适应。第二，学科设置周期较长。随着经济社会的快速发展，现代科学技术不断涌现，当前学科目录的调整周期难以适应社会需求的变化。学科目录的设置应以优化学科布局、满足社会需求，推进动态调整机制的制度化和常态化。总而言之，学科专业目录的设置建立动态调整新机制，学科专业目录的管理实现指导性与规范性相结合是我国学科专业目录未来的发展方向。

二、统计型目录

统计型目录通常是根据高等学校学科设置的情况统计生成的。其形成过程是自下而上的。这类目录以高校自主设置的人才培养或科学研究学科目录为基础，政府教育部门或统计部门根据需要进行统计，并向社会发布的学科专业目录。统计型目录一般不具有强制性，其重要作用之一是为其他学校学科设置和人才培养提供参考。各高等学校可根据需要，按照程序参照已有目录或自行设置目录外的新学科。统计型目录的显著优点是高校自主性得以充分体现。它的缺点则是国家战略规划难以直接体现。美国、英国、德国和新加坡等国采用的就是统计型目录。

美国采用的是统计型学科目录的设置和管理机制。统计型学科目录由高校自主设立，并经国家统计后发布。1980年，美国的教育部国家教育统计中心开发了美国高校学科专业目录（Classification of Instructional Programs，CIP），并分别在1985年、1990年、2000年、2010年和2020年进行了修订。CIP将学科专业分为三个级别，分别用两位数代码、四位数代码和六位数代码表示。其中，两位数代码代表相关学科专业群（summary groups）。以教育学科专业群为例，教育的两位数代码就是13。每个两位数代码还会附加若干个四位数代码，用于代表中介学科专业类别（intermediate aggregation）。"教育，综合类（Education, General）"的代码就是13.01，或"双语，多语种和多文化教育（Bilingual, Multilingual, and Multicultural Education）"的代码是13.02。而每个四位数代码下还有至少一个六位数代码用于表示具体的学科专业（specific instructional program）。根据美国国家教育统计中心的资料整理得出教育学科的代码示例（表5-5）。

表5-5 教育学科在CIP中的代码示例

两位数代码	四位数代码	六位数代码
13 教育		
	13.01 教育，综合类	
		13.0101 教育，综合类
	13.02 双语，多语种和多文化教育	
		13.0201 双语和多语种教育
		13.0202 多文化教育
		13.0203 印第安人/土著教育
		13.0299 双语，多语种和多文化教育，其他

与2010年公布的CIP相比，2020年的版本从数量、位置和名称三方面做出了改动。从数量上来说，2020年版本的CIP共列出两位数代码48个，四位数代码超过450个，六位数代码2130多个。其中包括与2010年的CIP相比，新增的两位数代码3个。这3个代码是"医疗住院医师/职业培养"，以及2个保留给加拿大统计局的代码。四位数代码新增76个，删除5个。新增六位数代码108个。从位置方面来看，二位代码、四位代码和六位代码中位置发生变化的共有149个。从名称上来说，有5个两位数代码发生了更名。①

从制定程序来看，美国学科目录的设置基于数据，原则明确，充分发挥专家作用，结果公开透明，从而体现出科学、严谨、民主的特征。CIP的制定程序包括6个步骤：收集数据、归总分类、征求意见、按照规定原则进行审定、完成定稿、公示目录。对学科专业的收录，美国教育部国家教育统计中心秉承三个原则：第一，已经有教育机构设置了该学科专业；新增学科一般不少于10所高校开设该专业。另外，必须有证据证明该学科专业的规模会快速扩

---

① 张炜. 美国学科专业分类目录2020版的新变化及中美比较分析[J]. 学位与研究生教育，2020（1）：59-64.

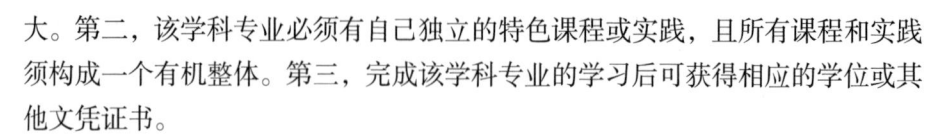

大。第二，该学科专业必须有自己独立的特色课程或实践，且所有课程和实践须构成一个有机整体。第三，完成该学科专业的学习后可获得相应的学位或其他文凭证书。

从整体发展趋势上来说，交叉学科发展迅猛。与 2000 年相比，交叉学科的学科目录已经从 22 个增加到 30 个，增加比例为 36.4%。另外，基础学科数量的增减幅度较小。人文学科的数量从 28 个减少到 25 个，理学的一级学科数量从 35 个增加到 38 个。另外，美国近年较重视应用学科的发展，工学和医学的发展速度较快。最后值得注意的是，美国近些年的学科设置针对其维持国际地位需求的发展趋势更加明显，具体表现为军事学科的快速增长。

三、多元型目录

多元型目录兼备规范型和统计型学科目录的特征。这种类型的目录囊括了国家根据需要设置的学科和统计出来的高等学校自行设置的学科。与其他两种学科目录相比，多元型目录既反映了国家战略需求，又尊重了高等学校学科设置的自主权。采用多元型学科目录的典型国家有法国、印度和日本。

法国采用的是多元型的学科专业目录。从学科目录的设置与管理来说，虽然法国政府为高校和研究单位预留了部分自主权，允许他们在一定程度上自主设置专业和确定学科领域，但是在设置培养研究生的学科专业时，法国政府在国家层面通过法令等手段强制规定专业目录及授予学位的学科领域，以确保高等教育满足国家发展的战略需求。因此，法国学科目录的设置与管理表现出集权与自治并存的特征。

这种类型的目录既囊括了国家设置的学科也包含了统计出来的高等学校自行设置的学科。《教育法》是法国学科专业目录编制的法律依据。《教育法》第 L. 613-1 条明确指出："经国家高等教育和研究委员会评估合格，高等教育主管部门通过的法令规定，国家教育框架对包括不同专业领域、不同等级的国家文凭名册以及相关的规章制度。"在国家层面，法国高等教育与研究委员会、两个有关学士及职业学士的委员会、一个有关硕士的委员会和大学全国常务委员会、院士大会，以及学术组织等机构经过细致的研究商讨，共同确定在国家层面发布的学科专业目录。最终由法国高等教育和科研部以法令的形式将其固定下来，形成正式的、具有法律效力的国家教育框架（Cadre National des Formations）。

2016 年开始，法国政府和社会对研究生培养中的网络经济学、财产管理、公司法和海洋科学，以及一些跨专业学科高度关注。在 2018 年的博士专业目录中增加了表 5-6 所示的专业。

表 5-6　2018 年法国博士培养新增专业

畜牧业	地理化学	欧洲法和国际法
动物健康	医药化学	公共政治
生物化学	环境化学	国际关系
海洋生物	生物物理	知识产权
水文学	物理生物	人工智能
海洋学	核物理	航空学
	火山学	机器人学
	地震学	宇宙生物学

这些新增专业主要应对法国自身独特的发展情况、日益激烈的全球竞争，以及错综复杂的国际政治格局。第一，法国三面临海，南邻地中海，西濒大西洋，西北则隔英吉利海峡与英国相望。这样的地理特点为法国在海洋学相关领域的研究提供了天然的优势。因此，海洋生物和水文学等成为博士培养的新增专业。第二，全球竞争日渐激烈，而新技术的发展是增强国家综合实力和国际竞争力的核心。因此，在人工智能、机器人学和航空学等专业培养高层次人才是法国国家发展战略布局中的重要内容。第三，当前国际政治格局复杂多变，只提升国家自身综合实力已不能保证国际影响力的提升。如何处理好自己与其他国家的关系，以及法国在欧洲区域联合发展中扮演的角色成为法国发展的重要议题。

本章小结

《中华人民共和国学位条例》的颁布标志着当代中国学位制度的建立。1978 年，党的十一届三中全会的召开标志着我国将发展的重心转向经济建设。我国综合借鉴了英国、美国等西方发达国家的学位制度制定了我国的学位制度。学位制度实施满足了社会主义市场经济建设对人才培养的需求，促进我国与世界其他国家之间的人才流动和国际交流。此外，我国在建立专业学位制度中借鉴了美国等国家的经验，并在发展过程中形成了诸如建立专业学位全国教育指导委员会等中国特色。

伴随着不断的探索与发展，我国学位制度及其实施模式正逐渐在世界范围内获得更广泛的认可。一方面，我国与越来越多的国家及地区共同签署了学位学位互认协议。另一方面，我国已与54个国家和地区签署了学历学位互认协议。与此同时，来华留学人员的规模稳步增长。中国特色的学位制度实施模式正被更多的国家所认可，我国高等教育的国际影响力也日渐显著。

各个国家在自己的历史、文化，以及政治体制因素的影响下形成了风格迥异的学位制度实施模式。在世界范围内，学位制度实施的主要模式包括宏观调控多元自主模式、国家集中管理模式、地方政府管理模式和大学自主审核模式4种模式。我国学位制度的实施采用的是宏观调控多元自主模式，其特色在于具备完整的三级管理体系。历经40年，我国学位制度的实施在不断的探索与发展过程中逐步形成了国家统一组织、省级统筹、部分学位授予单位可自主审核，严格准入、动态调整、监管健全并存的中国特色的学位授权体系。国家集中管理的学位制度实施模式具有显著的集权性，颁发国家级学位，由国家对学位授权审核和学位授予质量保障等学位相关工作进行统一管理。地方政府管理的学位制度实施模式下，地方政府在学位制度实施过程中拥有主导权力，并负责学位授权审核等学位工作。大学自主审核的学位制度实施模式最显著的特点是大学拥有较高的自主权，可独立决定学位授予的学科和专业。

通过比较研究可以发现，这4种学位制度实施的模式各有优势与不足：国家集中管理模式的优势包括学位制度的实施可以立足国家需求，便于国家统一管理，并从宏观层面为学位授予质量提供有力保障等。其不足为不利于调动高等学校的办学积极性，以及容易忽略地方高等教育和经济社会的发展规律与需求等。地方政府管理模式中地方政府在学位管理工作中享有较高自主权的优势较为突出，且学位设置与管理紧密贴合地方社会经济发展需求。然而，该模式不利于国家开展统筹规划和宏观调控，以及推行落实学位授予质量保障的国家标准。大学自主审核模式的优势体现在高等学校享有较高的自主权且学位制度实施对劳动力市场需求的反应比较及时。但是，该制度下缺乏实质性的、以政府为主体的外部质量保障体系；中国特色的宏观调控多元自主的学位制度实施模式的优势则表现为两方面。一是具有完整的三级管理体系且其效率较高。二是拥有强有力的外部学位授予质量保障体系。

第六章

面向未来的中国学位制度

学位制度是高层次创新人才培养和研究生教育强国建设的重要基石，是国家不同时期人才培养模式、培养规模、培养质量的集中体现，具有鲜明的时代特征。中国特色社会主义进入新时代，正处于世界百年未有之大变局，实现中华民族伟大复兴的关键时期。我国研究生教育正在经历从大到强的转变，我国学位制度进入新的发展阶段，面临新的机遇和挑战。我们必须从战略和全局的高度深刻认识学位制度的重大意义，把握学位制度的时代定位，在经济社会转型、产业结构升级、高校转型发展的语境下重新思考学位制度，不断完善学位制度，使学位制度在新时代更好地担负起服务国家和社会发展需求、支撑自主创新、培养高层次人才的重要使命。展望未来，我国学位制度的改革与发展中有四方面的问题值得我们认真研究。一是我国的学位制度如何适应国际、国内发展新形势，紧密对接科技革命和产业变革态势，培养适应社会主义现代化强国建设的高层次科技创新人才；二是学位授权体系如何优化布局，进而服务国家区域发展战略需求，加快建设区域研究生教育高地；三是按照单位自主调、市场调节调、国家引导调的思路，优化学科专业结构，构建学科目录新机制；四是加快《中华人民共和国学位法》出台，依靠法律手段和信息化手段加强质量监测与管理，健全学位质量保障体系。

第一节　中国学位制度实施 40 年的成就与经验

2021 年是中国学位制度实施 40 年。从 40 年的实践来看，我国学位制度不断探索完善，取得了显著的成绩。作为中华人民共和国第一部教育类法律，《中华人民共和国学位条例》自 1980 年经全国人大常委会审议通过以来，以立法形式构建了中国特色的学位制度，基本实现了立足我国国情和发展需求自主培养高层次人才的战略目标。我国学位制度的建立，对培养、选拔、使用专门人才，特别是高层次专门人才起了很大作用；对国家经济、科技、教育和文化各方面的发展有促进作用。

一、中国学位制度实施 40 年的成就

我国学位制度是借鉴国外经验，从国情出发，"摸着石头过河"逐步建立起来的。经过 40 年的探索与实践，我国基本建成了中国特色的学位体系，形成了以高校为主、科研机构为辅培养高层次人才的格局，建立起培养质量和授予质量能够得到保证的学位授予体系，以及中央政府主导、省级统筹、学位授予单位为责任主体的三级管理体制。

第一，建立起比较完备的具有中国特色的学位体系。自《学位条例》颁布实施以来，我国学位制度从无到有，不断发展完善，国家、地方、培养单位的权责划分越来越清晰，学位授权审核、学位授予、学位管理等环节，与研究生教育资源配置、研究生培养、研究生教育质量评估的衔接更加紧密，我国学位制度走上了正规化、法制化、系统化的建设进程，建立起较为完善的学位授权体系、学位授予体系、学位管理体系和人才培养体系。

一是建立起学科门类齐全、结构布局相对合理的学位授权体系。自 1981 年进行首批博士、硕士学位授权审核以来，我国先后进行了 12 次学位授权审核，建成了学科门类基本齐全、布局相对合理的学位授权体系，全国各省、自治区、直辖市都拥有了学位授予单位。截至 2019 年，我国研究生培养机构达到 828 个。其中，普通高等学校 593 个，科研机构 235 个。全国共有 31 所高校获批开展学位授权自主审核工作。[①] 在学位授权审核过程中，国家将"简政

[①] 钟秉林，段戒备. 我国高校学位授权自主审核的制度构建与完善路径——基于 31 所高校学位授权自主审核实施办法的文本分析 [J]. 学位与研究生教育，2020（10）：40-47.

放权、重心下移"作为学位授权质量保证和监督体系建设的着力点和助推器。一是使省级政府有更大的教育统筹权;二是向学校放权,特别是高等学校的办学自主权。构建了以学位授予单位"质量保证"为基础,教育行政部门"质量监管"为引导,学术组织、行业部门和社会机构"质量监督"为保障的三位一体的新型质量保证和监督体系框架。为使我国学位制度实施更好地服务国家战略需求和社会发展需要,近年来,我国学位授权审核紧跟时代步伐和国家现代化建设的需求,不断调整结构与布局,坚持按需授权,适当增加国家急需发展的学科,特别是服务国民经济建设和社会发展的新兴学科、交叉学科。

二是构建了具有中国特色的高层次应用型专门人才培养体系。专业学位是培养高层次应用型专门人才的主渠道。自1991年工商管理硕士设立,中国专业学位研究生教育的发展已近30年的历史,实现了单一学术学位到学术学位与专业学位并重的历史性转变;探索建立了以实践能力培养为重点、以产教融合为途径的中国特色专业学位培养模式;形成了"学术导师+行业导师"的双导师制,构建了理论与实践并重的课程体系,培养输送了一大批人才;针对行业产业需求设置了47个专业学位类别,共有硕士专业学位授权点5996个,博士专业学位授权点278个,基本覆盖了我国主要行业产业,有力地支撑了行业产业发展。2019年,招收硕士专业学位研究生474273人、博士专业学位研究生10386人;硕士专业学位研究生在校生达到1474004人、博士专业学位在校生22757人。专硕招生规模、在校生规模逐年增长,占我国硕士研究生群体的一半以上,专业学位与学术学位并重的发展格局基本形成。自1991年实行专业学位制度以来,我国专业学位发展奠定了良好的格局,积累了中国特色专业学位发展的经验。

三是建立起培养质量和授予质量能够得到保证的学位授予体系。改革开放以来,我国学位授予规模不断扩大,累计培养了1000万名研究生,[1]为国家发展和社会建设输送了大量人才。就学士学位而言,1981—1990年全国共授予206.66万人学士学位;2011—2020年全国学士学位授予规模达到3494.58万人,增长了近16倍。在硕士学位层次,2011—2020年10年间,我国共授予537.16万人硕士学位,是1981—1990年硕士学位授予总规模的近30倍;1981—1990年我国累计授予6999人博士学位,2011—2020年10年间全国博

---

[1] 洪大用. 深入落实全国研究生教育会议精神 加快培养德才兼备的高层次人才[EB/OL].(2020-11-20)[2021-02-24]. http://www.jyb.cn/rmtzcg/xwy/wzxw/202011/t20201120_375279.html.

士学位授予规模达到55.16万人，增长了近80倍。截至2019年，全国累计授予321.8万人硕士专业学位、4.8万人博士专业学位。基本满足了我国各领域对高层次、高素质、多科类的人才需求。

四是逐步形成了中国特色的三级学位管理体系。国务院设立国务院学位委员会，负责领导全国学位授予工作；省级学位委员会结合本地区情况统筹规划本地区的学位工作；学位授予单位学位评定委员会是学位授予单位的学位管理机构。为适应高教管理体制和政府机构改革需要，国家不断加强省级管理部门对本地区学位与研究生教育工作的管理和统筹权。通过逐步下放硕士学位点审批权给省级学位委员会和教育主管部门，推动了硕士学位研究生培养学科、专业点布局的调整；通过下放导师审批权，一级学科自设权使各培养单位对学科建设、导师队伍建设进行了合理、有效的调整和补充；特别是建立了学位授权点动态调整机制，鼓励培养单位根据经济社会发展需求和自身特色，按规则自主调整学位授权点，增强学科管理的灵活性。

第二，聚焦科学技术和经济社会发展，学科目录与专业设置更加科学。随着时代发展变化，我国在学科目录与专业设置上不断进行调整，分别制定了适用于硕士和博士的招生、培养与学位授予，指导学科建设和教育统计分类的《学位授予和人才培养学科目录》，以及规定本科专业划分、名称及所属门类的《普通高等学校本科专业目录》；逐步建立了动态调整机制，扩大了学位授予单位办学自主权，对优化学科结构、提高人才培养质量，使高等教育更好地适应经济、社会发展具有重要意义。

在1983年颁布的《高等学校和科研机构授予博士、硕士学位的学科、专业目录（试行草案）》基础上，我国先后对学科目录进行了三次调整。针对1983年版的《高等学校和科研机构授予博士和硕士学位学科专业目录》部分专业口径宽窄不适当、附属结构不合理、一些新兴及边缘学科方面的专业未及时补列等问题，着手进行新一版的修订。1990年，国务院学位委员会第九次会议正式批准新版《授予博士、硕士学位和培养研究生的学科、专业目录》。新版《学科专业目录》共设置了11个学科门类、72个一级学科和620个二级学科；与1983年的"试行草案"相比，学科门类的数量上没有变化，但一级学科增加了8个，二级学科减少了27个。为进一步规范学科设置，减少学科划分过细、学科面偏窄等问题，1997年6月，国务院学位委员会召开第十五次会议审议通过了《授予博士、硕士学位和培养研究生的学科、专业目录》。新目录增加了管理学学科门类，学科门类增加到12个；一级学科由原来的72

个增加到 88 个，二级学科（学科、专业）由原来的 654 个（包括试办专业）调整为 381 个。随着科技和社会经济的发展，1997 年的《授予博士、硕士学位和培养研究生的学科、专业目录》也出现了很多矛盾与问题，迫切需要修订。此次增设了一些知识体系必须重新划分的学科、与国家产业发展和改善民生有关的国家急需学科、具有前瞻性且有较大社会需求的学科和国家特殊需要的学科，并且给人才培养和学科交叉留有空间，增加了艺术学门类。2011 年版《学科专业目录》共设置了 13 个学科门类、110 个一级学科，对 2 个一级学科进行了更名，没有设立二级学科。2018 年 4 月，教育部更新了《学位授予和人才培养学科目录》，在工学门类下，增设网络空间安全一级学科。更新后的新目录依旧保持 13 个学科门类，下设 111 个一级学科。2020 年 12 月，国务院学位委员会、教育部发布《关于设置"交叉学科"门类、"集成电路科学与工程"和"国家安全学"一级学科的通知》，增加设置交叉学科门类，集成电路科学与工程和国家安全学两个一级学科。截至 2020 年，我国学科专业目录共有 14 个学科门类、113 个一级学科、47 个专业学位类别。

改革开放以来，为优化本科专业结构，加快本科专业人才培养，我国共进行了 4 次大规模的本科专业目录调整工作。为解决"十年动乱"造成的专业设置混乱问题，规范专业名称和明确专业内涵，国家于 1987 年第一次修订本科专业目录，修订后的专业总数由 1300 多种调减到 671 种，第二次修订的目录于 1993 年颁布实施，专业总数为 504 种，重点解决专业归并和总体优化的问题。第三次修订的目录于 1998 年颁布实施，学科门类达到 11 个，专业类 71 个，专业总数由 504 种调减到 249 种。2012 年颁布实施第四次修订的本科专业目录，新目录的学科门类增至 12 个，新增艺术学门类。专业类由原来的 73 个增至 92 个，专业由原来的 635 种调减至 506 种。本科专业目录的四次大调整在优化本科专业结构、促进本科人才培养多元化、扩大高校专业设置自主权上迈出了重大步伐。同时，国家重视"放权"之后对本科专业的监督与管理，采取了"一扩二减三加强"的措施，即扩大高校本科专业设置自主权；减少审批环节和审批数量；加强信息服务与公开、专家组织的作用、新设专业的质量管理及政府和社会对高校专业设置质量的有效监督。[1]

第三，中国学位声誉不断提高，国际影响力提升。学位制度的建立，使

---

[1] 张烁. 中国第四次修订本科专业目录专业减少 129 种 [EB/OL]. （2012-10-12）[2021-02-24]. http://www.chinanews.com/edu/2012/10-12/4242338.shtml.

我国能够平等地参与国际教育、科技的合作与交流，国际交往日益频繁和广泛。①目前，我国已经形成了全方位、多层次、宽领域的对外开放格局，在促进学历学位互认、加快国际化人才培养、提升学位质量等方面取得重大进展。

学位制度实施以来，我国一直重视国际交流和中外合作办学，与多个国家签订学历学位互认协议，中国学位与研究生教育质量不断得到国际认可。为加强中外合作交流，充分发挥中外合作办学的效用，提高我国大学办学水平，培养适应社会发展、具有国际视野的高层次人才，自1995年起，国务院学位委员会办公室根据国家有关规定，在我国比较薄弱、社会急需的学科领域，陆续审核并批准授予国外和中国香港地区学位的中外合作办学项目。在国家政策支持和国务院学位委员会办公室推动下，中外合作办学、合作科研、联合培养等机制逐步建立和完善，中外联合培养研究生的覆盖面和影响力不断扩大。截至2019年4月，教育部支持60所高校在23个"一带一路"沿线国家开展境外办学。②截至2020年年底，我国中外合作办学机构和项目达到2332个，其中本科以上1230个。③

为规范来华留学生培养管理，提升来华留学生培养质量，吸引更多的来华留学生，国家先后出台《关于普通高等学校授予来华留学生我国学位试行办法》《学校招收和培养国际学生管理办法》《来华留学生高等教育质量规范（试行）》等文件，来华留学质量规范与监管体系不断完善，来华留学生结构不断优化。2019年，来自全球203个国家和地区的9.1万名研究生在我国攻读硕士、博士学位，中国成为世界最大留学生生源国、亚洲最大留学目的国和亚太区域研究生教育中心；此外，随着"一带一路"倡议的推进，"一带一路"沿线国家来华留学人数持续增加。2019年在我国学习的"一带一路"沿线国家留学生占比达54.1%。

学历学位互认反映了我国高等教育对外开放事业的不断发展，显示了我国教育对外开放的成效，为中外学生在更大范围内进一步深造和就业等合法权益提供了机会和保障。自1988年与斯里兰卡签署了《中华人民共和国和斯里

---

① 刘延东. 在纪念《中华人民共和国学位条例》实施三十周年纪念大会上的讲话［J］. 学位与研究生教育，2011（3）：1-5.
② 杨钰青. 提升高等教育国际化水平助推"一带一路"建设行稳致远［EB/OL］.（2020-07-20）［2021-02-24］. https://www.fx361.com/page/2020/0720/6883249.shtml.
③ 教育部国际合作与交流司. 在新时代中奋进 在大变局中前行——"十三五"教育对外开放回顾［EB/OL］.（2020-12-22）［2021-02-24］. http://www.moe.gov.cn/fbh/live/2020/52834/sfcl/202012/t20201222_506785.html.

兰卡民主社会主义共和国互相承认学位及其他教育证书相当的协议书》起，中国陆续与多个国家和地区签订高等教育学历学位互认的双边协议。截至2019年，包括英国、法国、德国等世界主要发达国家在内的52个国家和地区，与我国签署了相互承认学位学历协议。[1]1983—2020年，国务院学位委员会共批准授予381人名誉博士学位。中国学位在国际上逐步得到认可。伴随高等教育国际化趋势的发展，进一步加强学位教育的联合培养，探索国际高等教育学位制度内在本质与发展规律，对改进我国的学位制度，发展具有中国特色的学位制度，提高学位授予质量起到了积极的促进作用。

二、中国学位制度实施40年的经验

在中国学位制度实施40年的改革发展实践中，我们取得了巨大成就，也积累了宝贵经验，丰富了对中国特色学位制度实施的规律性认识。

第一，学位制度实施关乎国家的发展与前途，必须坚持党的领导。党和国家高度重视建立学位制度和研究生教育现代治理体系，持续改革创新，提高治理能力，这是我国学位制度不断发展和完善的根本保障。在党的正确领导下，我国不断探索和实践，建立起中国特色的学位体系和多元化的人才培养渠道，为国家自主创新和现代化建设提供了重要的人才与智力支撑。在新时代背景下，我国建立和完善学位制度，要坚持以习近平新时代中国特色社会主义理论为指导，全面贯彻落实党的教育方针，落实立德树人根本任务，立足国情和国家发展大局，对学位授权审核、学科专业目录设置、学位管理等工作进行战略规划，优化学科结构与布局，实行理论与实践相结合的学位授予标准，保障学位授予质量，培养适应国家现代化建设需求的创新人才，充分发挥学位制度在大学人才培养、科学研究和社会服务三大职能之间的纽带作用。

第二，学位制度实施要紧紧依靠学术组织、学科专家和社会力量。在国务院学位委员会领导下的学科评议组，是我国学位制度实施依靠的主要力量。迄今为止，学科评议组审核通过了12批博士、硕士学位授权点；主持了一系列的评估试点活动；进行了4次大规模的学科目录和专业设置调整工作等。学科评议组的专家们主动开展学科类别发展状况、社会需求、质量建设、课程设计、人才队伍、人才培养体系等方面的调查研究，在完善学位授权审核、研究

---

[1] 万玉凤，汇聚中国创新磅礴动能——新中国成立以来研究生教育实现历史性飞跃[N]. 中国教育报，2020-07-29（1）.

生培养、学位授予、质量评价等各项基本标准方面发挥了重要作用，为我国学位制度的创立、改革和发展做出了巨大贡献。2011年，我国共成立金融、审计、统计等29个专业学位研究生教育指导委员会，指导各培养单位的专业学位研究生教育实践活动和专业学位研究生培养活动，以推动各培养单位专业学位研究生质量的提升；同年成立全国工程博士专业学位研究生教育咨询专家组，对如何做好工程博士专业学位研究生教育工作提供政策咨询和建议。研究生教育战线上各个领域的学术带头人和骨干，是我们发展学位制度依靠的主要力量。另外，社会是学位接受和评价的主体，社会力量是学位制度实施的利益相关者和重要影响者，社会力量的深度参与有益于学位制度的完善和发展。[①]例如，企业通过校企合作等方式参与到学位制度实施的过程中，助力应用型高层次人才的培养。第三方评估机构采用专业技术与方法对高等学校的办学水平与效益、教育质量、人才培养质量作出客观评价。[②]

第三，学位制度实施要坚持服务国家战略和社会发展需求。40年中，我国学位制度坚持与社会发展相结合、与时代发展同步伐，服务国家和社会发展需求，不断改革创新，是"摸着石头过河"逐步发展起来的。为了适应社会发展以及科技、经济发展需求，优化学科、专业结构，加强人才培养，我国共进行了三次大规模的学科目录调整工作和四次大规模的本科专业目录调整工作。为满足国家国防建设和管理人才急需，国务院学位委员会于1985年和1997年分别增设了"军事学"和"管理学"门类。不少学科专业也是顺应社会需求或支撑国家战略而产生，如艺术学科的独立正是国家对艺术发展需求的回应，是社会发展背景下人们追求美好生活的体现；又如增列的网络空间安全一级学科，致力于培养"互联网+"时代能够支撑和引领国家网络空间安全领域的具有较强的工程实践能力、宽广的国际视野、勇于探索的创新精神和实践能力的拔尖创新人才和行业高级工程人才。学位授权审核更是紧密结合国家发展战略和社会发展需求，确立不同时期的指导思想、审核标准，优化学位授予单位、学位点布局与结构，以服务社会主义现代化建设，提升高等学校办学活力。20世纪90年代以来，国务院学位委员会立足改革，参照国外的成功经验，陆续设立了专业学位，到现在已经有13种专业学位，涉及各个领域，培养了大批

---

① 谭光兴，冯钰平. 中国学位制度变迁的逻辑——历史制度主义的视角［J］. 大学教育科学，2019（5）：22-27+123.
② 严萍. 高等教育第三方评估机构的基本特征与建设路径［J］. 高教探索，2019（10）：17-21+28.

应用型、复合型人才，使研究生教育适应我国经济建设各个领域发展的需要，也一改原来培养模式和类型单一的局面，丰富和发展了我国的学位制度。

第四，学位制度实施以三级学位管理体系为重要保障。不断明确和优化中央和省级政府、研究生培养单位的权责划分，构建中国特色的三级学位管理体系，是学位制度具有生命力的根本保障。为统筹规划和全面推进全国学位工作，依据《中华人民共和国学位条例》，我国建立了国务院学位委员会。作为全国学位工作的最高领导机构，国务院学位委员会对学位工作进行战略部署，我国在学位制度建设实践中出现了许多创新性的改革举措，如专业学位的设置、省级学位委员会的设立等，这些重大制度调整主要依靠国务院学位委员会制定的规范性文件予以推进。因此，国务院学位委员会在我国学位制度实施过程中发挥了至关重要的作用。2020年，国务院学位委员会、教育部下发《关于进一步严格规范学位与研究生教育质量管理的若干意见》，强化质量监控与检查，强化落实学位授予单位质量保证的主体责任，促进学位授予单位规范管理。为加强学位授予质量管理，国家有关部门和省级政府部门在质量保证、学位授权点评估、论文抽检等方面出台了一系列文件，同时综合运用学位授权点合格评估、学位论文抽查、质量专项检查、质量监测、选优评估等手段保障和提高学位授予质量。学位授予单位积极健全内部质量管理体系，压实主体责任，强化全过程、关键环节质量管理。构建三级学位管理体系充分体现了国家对学位制度质量管理的重视，为保障学位授予质量发挥了关键性作用。

第二节　中国学位制度实施的时代定位

中国特色社会主义进入新时代，开启了新时代我国学位制度发展的新征程。新时代学位制度发挥承前启后的重要作用，面对中华民族伟大复兴和世界百年未有之大变局的形势，必须准确把握学位制度的时代定位，深刻认识学位制度发展的战略性和重要性，直面新时代学位制度面临的重要机遇与挑战。

一、新时代学位制度实施面临的新问题

40年的改革实践，为新时代学位制度积累了良好的管理经验。国家的高度重视，以及《中华人民共和国学位法》的即将出台，为新时代我国学位制度实施提供了重要机遇。

一是修订《中华人民共和国学位条例》，制定《中华人民共和国学位法》，对学位制度进行顶层设计。作为我国首部教育立法，《学位条例》实施40年中，在保障我国高层次人才培养质量，促进教育事业健康发展等方面发挥了重要作用。但随着我国学位授权、学位授予工作中相关争议频发，现行学位制度的缺陷及其滞后性逐渐显现。①学位制度作为学位功能实现的载体，受到社会制度、经济、文化环境制约，为适应知识生产模式发展和高层次人才培养需求，亦需不断调整改进。②在此背景下，修订《学位条例》并出台《学位法》成为各界人士的共同愿景和期待。

近年来，国务院学位委员会、教育部对修订《学位条例》、推进《学位法》立法工作积极回应，主动作为。为推进《学位法》出台的进程，针对现行《学位条例》存在的学位体系缺乏多样性、灵活性，对推动高等教育事业发展的法制支持不足，重管制、轻保障的倾向不利于教育秩序稳定，失效法律规定不能及时废止等问题，国务院学位委员会办公室已经两次聘请法律、学位管理、教育研究等方面的专家组成《学位条例》修订专家组，并广泛征求意见。目前已经形成了《学位法（修订建议稿）》，这些都为《学位条例》修改制订为《学位法》奠定了坚实的基础。2016年，国务院学位委员会办公室专门成立《学位条例》修订工作组，在充分借鉴前期成果和调研意见的基础上，研究形成了《学位法（参考稿）》。可以说，经过多年的研究和探索，出台《学位法》的各项条件已基本具备。修订《学位条例》、制定《学位法》，已经被列入第十三届全国人大立法规划，提上了立法日程。③《学位法》的出台将为我国学位制度实施提供重要的法律保障，有利于提升高等教育教学质量和高层次人才培养质量。

二是国家高度重视，新时代研究生教育改革发展成为战略重点。党和国家历来重视学位问题，把学位制度改革和完善、学位质量保障等作为重点攻坚任务。我国学位制度以服务研究生教育改革发展为目的，坚持提质增效，推进研究生教育内涵式发展。全国研究生教育会议和国家最新相关文件更是对学位工作给予了高度关注。2020年9月，教育部、国家发展改革委、财政部联合发布《关于加快新时代研究生教育改革发展的意见》，以十大专项活动部署了

---

① 湛中乐，李烁. 学位形态变革与《学位法》的制定[J]. 行政法学研究，2020（3）：58-68.
② 李祥，胡雪芳. 试论"学位法"修订的核心问题[J]. 黑龙江高教研究，2014（3）：28-30.
③ 王大泉. 中国学位法律制度修订完善的历史回顾与现实展望[J]. 复旦教育论坛，2020，18（2）：24-31.

新时代研究生教育改革发展工作。其中对学科目录调整、学位授权审核、专业学位发展、学位管理等作了具体规定和明确要求，突出了新时代研究生教育发展的战略性、紧迫性和重要性，释放出未来研究生教育发展的政策导向，强调了学位制度在新时代研究生教育改革发展中的核心地位。

例如，该意见提出面向国家重大战略、前沿领域和社会重大需求，增设一批专业学位类别。为深化科教融合、产教融合，加强不同类型的人才培养，提升研究生创新能力，提出将深化科教融合、产教融合作为学位授权点布局的重要参考因素。为稳步、有序推进学位授权审核工作，加强学位授权工作对区域产业经济的发展，提出继续放权符合条件的高等学校自主审核增列学位授权点，自主设置一级学科、新兴交叉学科和专业学位类别。面向经济社会发展新形势，面向世界创新竞争、人才竞争新趋势，我国在学位授权审核、专业学位发展、学位管理等领域的一系列举措瞄准前沿、紧扣需求、前瞻部署，将进一步完善学位制度，加快新时代研究生教育改革发展和研究生教育强国建设。

三是学位制度实施40年奠定了扎实的实践基础。经过40年的改革发展，我国学位制度实施取得了显著成绩，建立了日益完备的学位管理体系，研究生授予规模稳中求进，结构优化取得明显进展，投入保障明显改善，整体上保证了学位质量。截至2019年，我国共有828个博士或硕士学位授予单位，其中普通高校593所，这是学位制度稳步实施的重要基础。我国学位授权审核是按学科开展的，以国家2020年发布新增交叉学科门类和集成电路科学与工程与国家安全学一级学科的通知为标志，我国现行学科目录中包含文学、历史学、哲学、经济学、法学、教育学、理学、工学、农学、医学、军事学、管理学、艺术学、交叉学科等14个学科门类，113个一级学科，一级学科下设二级学科和相关的研究方向。根据统计，现在我国约有1.7万个学位授权点。其中，博士学位授权点有4000多个。

改革开放以来，我国总计授予了86万个博士学位，806万个硕士学位，成为名副其实的研究生教育大国。[1] 当前，经济社会发展和各行各业对高层次专业化人才的需求，推动我国专业学位研究生教育实现了较快发展，专业学位授权点基本覆盖了我国的行业、产业，专业硕士学位授予数达到全国硕士学位授予总数的一半以上，形成了专业学位与学术学位并举发展的新格局。我国研

---

[1] 洪大用. 为新时代研究生教育发展提供更好的智力支撑[J]. 学位与研究生教育，2020（1）：1-5.

究生培养实行导师负责制。随着学位制度的实施和高校导师评聘、引培相关工作的开展，我国研究生导师数量增长迅速，研究生导师队伍不断壮大。1981年，国务院学位委员会发布首批博士研究生指导教师名单，仅有1196人；目前我国研究生导师达到43万名，其中博士研究生导师占到近1/4，达到10万名。①

四是学位制度实施40年积累了丰富的历史经验。时任教育部部长蒋南翔在五届全国人大第十三次会议全体会议上所做的《关于〈中华人民共和国学位条例（草案）〉的说明》中指出"学位制度是反映高等教育各个阶段所达到的不同学术水平的称号，它是评价学术水平的一种尺度，也是衡量高等教育质量的一种标志。"②我国重视学位管理和建立学位标准，早在1981年就颁布实施了《中华人民共和国学位条例》，对学位层级、学位授权审核和学位授予等作出了基本规范。随着学位制度的实施与完善，我国在学科划分、学位类型、学位授权、学科目录调整、学位授予、学位管理等方面都设置了明确的要求和标准。与此同时，各研究生培养单位在研究生培养实践中也确立了研究生教育各阶段、各环节、各方面的具体标准。③

国务院学位委员会为加强学位授予质量管理，会同国家有关部门在质量保证、学位授权点评估、论文抽检等方面出台一系列文件，制定了一系列措施保障。我国实行学位论文抽检制度，教育部委托专门机构每年组织专家对博士学位论文进行抽检，抽检比例为10%。2018年的抽检结果显示，合格率达96.3%。④首轮学位授权点周期性合格评估于2014年启动，2020年结束并发布评估结果。本次评估对现有学位授权点进行了全面"体检"，打破学位授权点终身制，推动了学位授予单位建立自我评估制度，保证了学位与研究生教育基本质量。学位论文抽检、首轮周期性合格评估抽评，以及近年来专项合格评估工作实践中积累的好经验、好做法，为未来学位制度实施积累了丰富的管理经验。

二、新时代学位制度实施面临的新挑战

一个国家的政治、经济、社会、文化等构成的外部环境是该国学位制度赖以存在的客观基础。新时代，我国高校转型和产业发展对学位制度的需求

---

① 教育部发展规划司. 中国教育统计年鉴（2017）[M]. 北京：中国统计出版社，2018.
② 秦惠民. 高等教育法治发展从制度性探索走向良法善治[J]. 中国高等教育，2019（17）：10-12.
③ 洪大用. 扎根中国大地加快建设研究生教育强国[J]. 学位与研究生教育，2019（3）：1-7.
④ 洪大用. 为新时代研究生教育发展提供更好的智力支撑[J] 学位与研究生教育，2020（1）：1-5.

日益增加[①]，实现经济社会更高质量的发展必须有更多的高层次人才作为支撑，科技进步和自主创新更加依赖大批高端人才，社会环境和高等教育自身发生的巨大变化也对学位制度提出了新挑战。

一是新时代国家区域发展战略对学位授权提出了新要求。统筹区域发展是新时代国家发展的战略重点，为加快区域发展，优化区域研究生教育结构，该意见对区域协调发展进行了战略部署和规划，大力支持雄安新区、粤港澳大湾区、长三角、海南自由贸易试验区和长江经济带等区域发展优质研究生教育，建立区域研究生教育高地，振兴东北地区研究生教育。国家区域性战略布局对新时代学位授权审核和学位授权单位、授权点布局提出了新要求。新时代学位授权审核要充分考虑区域发展，围绕服务国家重大战略和经济主战场，优化高等学校区域布局，结合区域性发展的需求，合理布局学位授权单位和授权点，大力支持雄安新区、粤港澳大湾区、长三角、海南自由贸易区等区域，加快发展学位与研究生教育，推进区域学位制度实施和高层次创新人才培养，为各区域经济高质量发展提供人才与智力支撑。同时，雄安新区、粤港澳大湾区、海南自由贸易试验区、长江经济带、东北地区、中西部地区等重点区域应发展与区域战略相匹配的学科专业，不断发展更优质的研究生教育。

二是新一轮科技革命和产业变革对学科目录调整提出了新挑战。新一轮科技革命和产业变革背景下，国际竞争趋势愈演愈烈，科技和人才竞争成为国与国竞争的焦点，而高精尖科技领域的人才争夺尤为激烈，互联网+、大数据、人工智能、云计算等信息技术加速发展急需高端创新性人才。目前，我国在很多领域都有尚待突破的关键技术，这成为制约我国创新发展的瓶颈。这些技术相当程度地集中在科技应用和转化方面，需要大量创新型、复合型、应用型人才。同时，2020年年初，新型冠状病毒肺炎疫情的暴发，也对我国公共卫生等领域高水平、高层次应用型人才培养提出挑战。另外，随着经济社会的发展，人才市场的需求结构发生了巨大变化，研究生在行业产业就业的比例逐年提高，各行各业对专业学位研究生的需求越来越大。从国际上看，美国、英国、法国、德国、日本、韩国等发达国家高度重视学位制度建设，以职业导向或较强应用性的领域为重点，设置类型丰富、适应专门需求的专业学位，有力地支撑了其经济社会发展。

[①] 谭光兴，冯钰平. 新时代的学位制度变迁——基于我国高校转型发展的视角[J]. 中国高教研究，2018（5）：104-108.

立足新时代，服务国家战略和经济及社会发展需求，学科专业目录要设置动态管理和调整机制，科学、合理地调整学科专业结构，建立基础学科、应用学科、交叉学科分类发展新机制；超前布局，向集成电路、人工智能、公共卫生等服务国家战略、社会民生急需领域的相关学科倾斜，解决关键领域"卡脖子"技术，引导建设高校和学科主动服务国家重大战略需求。按照单位自主调、市场调节调、国家引导调的思路，发挥不同主体的作用，不断优化学科专业结构与布局，建立健全学科专业设立和退出机制；适应国际发展形势和社会发展需求，支持国家急需的战略新兴学科、交叉学科发展。

三是高等教育普及化要求构建与之相适应的人才培养结构和专业设置模式。2019年，全国各类高等教育在学总规模达4002万人，高等教育毛入学率达到51.6%，高等教育发展进入普及化阶段。进入普及化阶段，高等教育尤其是研究生教育，不仅要有规模和数量上的变化，更要有与普及化阶段相适应的教育观和教育理念。同时要立足国内外形势和社会需求变化，优化学科结构和布局，创新人才培养理念，培养满足国家和社会发展需求的高层次、多元化创新人才，解决高等教育快速发展过程中的人才培养模式单一化问题。

相较于我国对关键领域技术应用与转化的迫切期待，相较于我国对创新型、复合型、应用型人才的需求，专业学位研究生教育的发展还有一定距离。有数据显示，以大数据、人工智能、云计算等为代表的新一代信息技术产业，人才缺口有150万人，到2050年，人才缺口将达到950万人；未来5年，物联网人才需求量将达到1000万人以上，与物联网相关的嵌入式工程师人才需求同比增速超过46%。[1] 同时，当前专业学位人才培养存在一些问题有待解决，一是在培养理念上，未能完全打破学术学位的桎梏，一定程度还有同质化的现象；二是规模结构还不够优化，还难以完全满足未来经济社会对各行各业高层次应用型人才的强烈需求；三是培养质量还有待加强，产教融合的培养模式还有待完善，与职业的衔接还需更加紧密。站在历史交汇点上，专业学位的发展必须瞄准需要较高专业技术或实践创新能力、具有鲜明职业特色、社会需求较大的领域，在规模、结构、质量和效益上全面优化。

四是高质量发展和国际化交流对学位质量提出了更高要求。提高质量是我国学位制度内涵式发展的核心内容，是建设研究生教育强国的关键所在。当

---

[1] 高毅哲. 协同行业产业　精准融合培养　专业学位研究生教育迈向新征程［N］. 中国教育报，2020-10-19（4）.

前，我国经济已由高速增长阶段转向高质量发展阶段，[①] 经济和产业转型升级加快，人民对美好生活的需求不断增长，各行各业的知识含量显著提升，对从业人员的职业素养、知识能力、专业化程度提出了更高要求。另外，国际竞争日趋激烈，国际学历学位互认、高等教育国际化战略深入开展，国际化战略实施、国际交流合作与竞争，都需要进一步提升学位授予质量，进而保障人才培养质量。学位制度是现代社会发展的产物，科技越发达、社会现代化和国际化程度越高，对高层次人才的需求越大，对学位质量要求越高。

面向新时代，党的十九届五中全会提出教育强国、人才强国、科技强国等强国战略目标，这些强国目标，符合我国进入高质量发展阶段的新特征、新要求，同时也对新时代人才培养和学位质量管理提出了更高的要求。无论是从建设研究生教育强国的角度，从服务社会转型升级、经济高质量发展的角度，从全面小康、全面脱贫，服务社会主义现代化强国建设的角度，还是从推进人类命运共同体建设的角度，学位制度实施都具有非常重要的战略意义和重要性，学位质量的重要性不言而喻。学位工作应以习近平新时代中国特色社会主义思想为指导，牢牢抓住提高人才培养质量这个核心点，培养德智体美劳全面发展的社会主义建设者和接班人。同时，要根据服务需求的类型、学科专业的差异和人才培养的规格等，努力发展多样化的质量评价标准。

第三节　中国学位制度实施的基本原则

新时代，我国学位制度实施要以科技创新和高层次人才培养为出发点，以学科建设与布局、高校内涵式发展为着眼点，以服务需求、提高研究生培养质量和办学效益为落脚点，建设和完善与国际接轨的具有中国特色的学位制度。

一、服务国家需求与社会发展相结合

学位工作一直是我国高等教育领域关注的热点之一，也是新时代研究生教育改革发展的战略重点，为我国现代化社会主义建设提供人才和智力支撑。学位制度的实施和学位工作的开展，必须与国家发展战略相衔接，紧紧按照国

[①] 张力玮，郭伟，王顶明. 充分发挥学位中心职能　助力研究生教育高质量发展——访教育部学位与研究生教育发展中心主任黄宝印[J]. 世界教育信息，2018，31（12）：3-12.

家现代化建设的需求与要求，紧紧围绕全国高等教育事业，特别是研究生教育改革与发展的大局来进行。该意见也提出面向世界科技竞争最前沿，面向经济社会发展主战场，面向人民群众新需求，面向国家治理大战略，瞄准科技前沿和关键领域，深入推进学科专业调整，提升导师队伍水平，完善人才培养体系，为坚持和发展中国特色社会主义、实现中华民族伟大复兴的中国梦提供坚强有力的人才和智力支撑。深入贯彻落实全国研究生教育会议精神和《关于加快新时代研究生教育改革发展的意见》精神，学位制度实施要主动适应国家重大发展战略、行业产业转型升级、当前及未来人才重大需求，坚持问题导向和政策导向，服务需求，培养更多的知识与能力结构相对合理的多元化创新人才，适应中国特色社会主义建设事业和国家现代化建设对高层次专门人才的需求。

围绕国家经济社会发展大局，落实《关于加快新时代研究生教育改革发展的意见》对服务国家战略和社会发展需求的相关要求，适应世界科技发展的新趋势和中国现代化建设的新要求，有力服务我国经济发展方式转变，是学位制度实施和完善的基本出发点。第一，学位制度应具有前瞻性，主动适应教育系统内部发展变化，服务经济社会发展需求和人的全面发展需要，坚持需求导向、问题导向、质量导向，明确人才培养定位和多元化培养目标，统筹考虑应用型、复合型、创新型等不同类型的人才培养，实现差异化资源配置。第二，要大力发展专业学位研究生教育，根据我国经济社会发展趋势和产业转型升级需求，在国家特需、急需的专业学位领域，设置一批专业学位类别；同时，加强产教融合，创新专业学位研究生培养模式，培养与国家战略和社会发展需求相适应的高层次专门人才。第三，加强学科专业目录调整和学位授权审核改革，建立与国家战略需求、社会发展需求紧密结合的动态调控机制和学科特色发展机制。根据国家发展形势，要及时调整学科结构、层次结构、类型结构，增强高校学科设置的针对性，优先支持发展与国家重大战略、产业转型发展和改善民生相关的学科，充分发挥一流学科对其他学科的引领带动作用，加快发展新兴学科和交叉学科。第四，服务国家需求，发展国家重大战略实施急需的学科，培养多层次、多样化人才，必须加强学位质量管理，保障人才培养质量。为此，我们要加快修订《学位条例》，加快《学位法》出台，创造更加多样化、更加自主发展、更加有利于创新的制度环境。

二、法律保障与规范管理相结合

学位意味着个人的提升与发展，同时是社会用人单位选才、用才、评价人才的重要工具和手段。社会越发展，人们对学位的追求就越高，学位的级别也就越高，学位所体现的价值也就越突出，[1]越需要加强学位的科学规范和法律保障。学位制度要遵循学科发展规律和人才培养规律、人才成长规律，学科目录设置和学位授权审核要科学规范。学位制度是要从中国国情出发，使培养出来的人才在政治思想上和业务上很好地适应中国社会主义现代化建设的需要。

我国学位制度自建立之日起，就有一套具有自身特色的授予流程并不断发展完善。作为中华人民共和国第一部教育法律，《学位条例》的颁布标志着我国学位制度的正式建立，它是我国依法治教和教育法治事业的开端，也是我国教育立法史上的重要里程碑。为了减少学位授予受到外部因素的干扰，保证学位授予工作的独立性、公正性和学位质量，[2]《学位条例》对各级学位的授予标准和环节、学位授权审核流程等逐一做出了概括性的规定，并对学位授予实行全过程、全方位管理，形成了从学位授予、学位授权到学位质量保障监督的完整法律链条。[3]《学位条例》的颁布实施，使我国高等教育有了法律性的制度规范，实现了有法可依，有效保障了学位授予的科学性、规范性和权威性。40年来，《学位条例》作为学位授予、学位授权的规范尺度，对规范我国的学位授予和高等教育工作的开展，提升和保障我国高层次人才培养的质量，发挥了极其重要的作用。

进入新时代，我国学位制度利益相关者比以往更加多元，矛盾更加复杂，诉求更加多样，只有通过强化制度建设，完善法制化进程，才能真正确保各主体的利益。加快推进我国学位制度法制化进程，必须在立法、执法中凸显法治的本质。当前，加快学位制度的法制化建设进程，必须以加快推进《中华人民共和国学位条例》修改，制定《中华人民共和国学位法》为核心，明确各利益主体的权责关系，建立具有中国特色、国际视野的学位质量标准体系。

三、问题导向与科学发展相结合

提升学位质量，培养高质量、高层次人才，是我国学位制度实施的根本

---

[1] 康翠萍.学位论[M].北京：人民教育出版社，2004：129.
[2] 邹林斌，关颖婧."双一流"背景下我国学位制度需牢牢把握的五大本质特征[J].教育现代化，2020，7（1）：65-66+78.
[3] 秦惠民.《学位条例》的"立""释""修"——略论我国学位法律制度的历史与发展[J].学位与研究生教育，2019（8）：1-7.

目标，是新时代学位与研究生教育改革发展最核心的任务、最鲜明的特征。实施学位制度，必须把提高质量放在首位。研究生教育培养的是高层次创新人才，在管理上更要高标准、严要求，坚持问题导向，把提升质量作为核心，把工作重心真正回归到人才培养的根本任务上来。当前，学位制度实施过程中仍存在知识结构不合理，学科结构不合理、人才培养模式和结构不合理，部分领域高层次、专业化人才短缺状况突出等问题。坚持问题导向，要明确学位制度的功能与价值，认清学位制度实施过程中存在的问题，加强制度建设和法律保障，健全和强化质量监控机制。研究生教师要有自觉的质量意识，在教学实践活动和科研活动中创新人才培养模式，提升人才培养质量；培养单位要针对学位授予、学位管理等培养环节中呈现出来的问题，采取针对性举措，建立和健全质量自我监督的机制和办法，形成符合人才成长规律、富有活力与效率的研究生培养机制，全面提高和保障高层次人才培养质量。国家和社会要健全和强化质量监控机制，建立科学完善的质量保障体系，通过全过程、全方面质量监控，借助学位论文抽检、学位授权点定期评估等手段，加强学位质量管理，为学位制度实施提供质量保障。

我国学位制度应体现继承性和延续性，同时要根据国家发展、科技进步、市场需求、国际交流合作的要求的需求进行调整、创新，坚持问题导向和质量导向，实现内涵式发展。一方面，充分认识学位制度实施过程中存在的问题、难题，明确国家战略和经济社会发展对高层次人才的多元化需求，加强研究生教育规律与特征研究，强化学位授权审核、学位授予、学位管理等工作的规范和质量保障，加强学科专业目录动态调整，优化学科专业布局，完善学位制度；另一方面，突出高层次应用型人才的培养特征，遵循教育规律和人才培养规律，更新专业学位发展理念，完善专业学位类别设置和授权标准，加强专业学位研究生导师队伍建设，基于需求创新专业学位研究生培养模式和专业学位研究生教育评价机制，全面提升研究生培养质量。同时，围绕专业学位供给能力有待加强、培养模式仍需创新、培养质量仍需提升、管理机制仍需完善等突出问题，从提升专业学位研究生教育质量入手，着力优化硕士专业学位研究生教育结构，明确今后几年专业学位研究生教育发展目标、重点和发展举措。

四、国际视野与中国特色相结合

高等教育的国际化要求学位的国际认同，同时中国特色高等教育发展必须保持中国学位的本土特色。因此，中国现代学位制度的实施必须坚持本土化与国际化的高度结合。①学位制度的建立、实施不仅仅涉及一个国家高等教育的改革与发展，还关系着一个国家与其他国家的交流与合作。为了制定既符合国情又能与国际接轨的学位制度，《学位条例》制定初期，起草小组搜集了美国、英国、日本、苏联等国家的学位条例和其他相关法规，经过一年多的整理与编辑，最终成型。

我国学位制度实施要以国家对外开放战略为指导，积极参与全球教育交流与合作。建立中国特色的学位制度，要加深对西方国家学位制度的了解和学习，认真研究发达国家学位制度历史和改革动向，与国际接轨。当前，美国、法国、英国、印度、德国等西方国家的学位制度已经非常成熟，并对高等教育发展、高校分类发展、高层次人才培养等发挥了重要的促进作用。因此，积极学习他国学位制度的有益经验，使我国的学位制度与国际接轨，在学位授予标准、学位体系等方面实现学位互认，并有选择性地借鉴、改造，是构建中国特色学位制度的必经之路。纵观发达国家专业学位制度的发展与现状，仍有值得我国学习与借鉴之处。例如，加强专业学位研究生教育与职业准入制度之间的衔接，建立、加强专业学位人才培养质量保障与职业资格认定标准之间的联系。美国通过专业认证来保障专业学位授予质量的做法就为我国专业学位制度的发展与改革提供了思路。而行业协会作为非政府性质的社会组织在专业认证中发挥积极作用也有助于专业学位研究生教育适应相应行业的发展变革与人才需求②。

坚持国际视野，我国要积极实施国际化战略，深化学历学位互认，加强与世界主要国家的交流与合作，提升我国学位声誉和国际影响力，吸引更多的来华留学生。一方面，我国要以双多边教育合作交流平台为支撑，深化中外院校合作。与美国州立大学与学院协会、澳大利亚八校联盟、泛美高等教育协会等世界知名教育组织和机构深度合作，搭建合作交流平台；实施中外人才联合培养计划、中外联合比赛等品牌项目。另一方面，打造"留学中国"品牌，推动来华留学事业健康发展。通过《留学中国指南》、来华留学宣传片、中国教育机会网站等宣传我国高等教育改革与发展成果，以及来华留学相关政策，吸引更多国家的学生来华留学；通过加大来华留学生奖学金政策支持力度和签订国际学历学位互认协议为来华留学生提供留学保障。

---

① 谭光兴，冯钰平. 新时代的学位制度变迁——基于我国高校转型发展的视角[J]. 中国高教研究，2018（5）：104-108.
② 陈静. 我国专业学位研究生教育发展问题研究[D]. 重庆：西南大学，2013.

第四节　中国学位制度的未来展望

经过40年的不懈奋斗，我国学位制度和学位体系不断完善，培养了一大批高层次人才，有效支撑了改革开放以来国家的建设与发展。根据学位授予规模的增长趋势，2025年，我国学士学位授予规模预计超过600万人，硕士学位授予规模预计达到120万人，博士学位授予规模预计超过8万人。在新的历史时期，要站在世界格局、国家发展、社会需求、民族复兴的高度，从培养德才兼备的高层次人才出发，加快我国学位制度实施改革与发展。

一、加强法制建设，加快《学位法》出台

40年来，国际国内形势都发生了巨大变化，面对百年未有之大变局下的新问题、新挑战，我国迫切需要审时度势，加快修订和完善《学位条例》，并在立法层面回应学位制度实施面临的新形势、新问题、新挑战，加快出台《学位法》，更为适切地体现其在教育法律体系中的位阶及权威性，真正做到名副其实[①]。

1.《学位法》出台的现实必要性

一方面，《学位条例》实施40年来，我国学位制度在实践过程中探索出许多创新性的改革举措，但在措施落地实施中，《学位条例》的权威性和规范性稍显不足，在全面依法治教的时代背景下，学位制度实施必须加强制度建设和法律保障，实现科学化、规范化和法制化。因此，我们要通过加快《学位条例》的修改和《学位法》的出台，有效衔接政策和法律之间的脱节之处。同时，在学位制度实施过程中，一些新情况、新问题不断涌现。出现了几宗引起社会普遍关注的学位诉讼案件，尤其是"西北政法大学申博案"，颇具影响。这些学位诉讼案件不仅体现出学位行政纠纷调处的多元化需求，而且暴露出许多带有普遍性的具体问题，需要在学位立法中加以回应，[②]例如，国家学位委员会、省级学位委员会和学位授予单位的权责如何进一步明确，学校乃至二级

[①] 湛中乐, 靳澜涛. 新中国教育立法70年的回顾与展望[J]. 首都师范大学学报（社会科学版），2019（5）：1-9.

[②] 靳澜涛. 修改《学位条例》应当处理好的八对关系[J]. 学位与研究生教育，2020（7）：24-31.

学院能否增设学位授予条件，学位评定委员会是否适合行使实质审查权，等等。我国学位制度实施一直强调"服务需求、提高质量"，学位管理相关工作更是以提升质量为主线，但《学位条例》并无相关实质性的制度设计，应当予以尽快补充与完善。

另一方面，中国进入特色社会主义新时代，我国高等教育正处于新的发展阶段，面临新的发展形势。在国际国内大背景下，无论是高等教育规模、高等教育层次、高等教育发展水平，还是高等教育发展的时代定位、模式、路径等，都已经或者将要发生重大变化与调整。产业结构转型、经济社会高质量发展对高层次创新人才的需求大大增强；高等教育进入普及化阶段，人们对优质高等教育的需求大大增强。进入新时代，高等教育必须实现高质量发展、结构化发展、内涵式发展、差异化发展。同时，在信息化时代、知识经济和新一流产业革命背景下，高等教育的重要性不断凸显，人们对高等教育功能作用的认识已经大大深化。国内外发展环境的变化、高等教育发展的创新性和多样性、国家战略和经济社会发展需求的多元化，都需要学位制度在法律层面做出回应和变革，提供保障。有学者指出，"没有《学位法》的制定和颁布实施，学位工作和研究生教育改革就没有统一的基本依据，改革的深度和广度都必将受到限制，如果改革中的矛盾冲突处理不当，还可能引发本领域的失范"[1]。因此，我国要加快修订《学位条例》，推进制定《学位法》的进程，创造更加多样化、更加自主发展、更加有利于创新的制度环境。[2]

2.《学位法》的起草思路

针对《学位条例》实施过程中存在的问题，以及我国学位制度实施面临的新形势、新挑战，在《学位条例》的基础上起草《学位法》，需要法律逻辑与实践逻辑的统一，考虑科学性和现实可行性。

面对新形势、新问题、新挑战，加快修订《学位条例》和起草《学位法》的过程中，首先，要回归学位本真，明确学位的价值和本质属性，明确学位制度在国家战略实施、高校学科发展、高层次人才培养过程中的重要作用，充分认识学位制度实施过程中与时代发展的脱节之处，认识学位授予、学位管理等各环节呈现出的问题和难题，坚持问题导向，为人才培养提供保障。其次，《学位条例》修订要考虑人才需求的多样化，考虑适应社会发展

---

[1] 项贤明. 我国学位与研究生教育制度改革摭议[J]. 中国高教研究，2004（4）：37-40.
[2] 刘延东. 在纪念《中华人民共和国学位条例》实施三十周年纪念大会上的讲话[J]. 学位与研究生教育，2011（3）：1-5.

需求变化，可能出现的新学位、新类别。最后，学位制度实施涉及多元利益主体，因此，修订《学位条例》要兼顾利益相关者之间的关系，包括中央政府、地方政府、学位授予单位的关系，以及学位授予单位与社会组织的关系等。同时，明确学位制度各主体的权责划分，保障学位制度的可持续发展和实施。

克服《学位条例》存在的缺陷与不足，回应学位制度实施过程中存在的问题，《学位法》要从顶层出发，厘清国务院学位委员会与省级学位委员会、学位授予单位之间的关系，明确学位管理的体制机制和权责划分，将实践中形成的工作分工和管理职权法定化。另外，《学位法》需要回应学位制度在高等教育制度体系内的功能与定位，不能脱离高等教育和法律制度而自成体系。[1]在放管服改革背景下，《学位法》要进一步简化许可程序，给予高校更多的自主权。随着产业转型和经济社会发展，各行各业对专业学位研究生的需求越来越大，专业硕士、博士培养成为学位制度实施的重要任务。因此，《学位法》应进一步明确今后学位类型的发展方向，在授予条件上不仅包含科研能力，还应拓展到从事专门技术、实践运用和创新的能力。另外，交叉学科、新兴学科的发展，以及社会发展对人才需求的日益多元化，对学位制度的开放性和灵活性提出了更高的要求。在此背景下，《学位法》需进行创新，考虑允许具备条件的高校在新兴学科、交叉学科先行开展博士研究生教育，由国务院学位委员会组织专家对培养方案、论文质量、创新成果进行认定，以决定是否承认所颁发学位的合法性。[2]

二、适应社会发展，改革学科目录管理设置机制

学科目录设置具有学术和政策双重属性，既关系到人才培养的战略规划和目标、教育资源的配置和协调、教育的质量和效益、学术的繁荣和发展，也关系到高等教育与社会发展的适应与协调。在新时代，学科目录设置和管理要遵循继承发展与科学创新相结合、主动适应与服务需求相结合的原则，构建科学规范、动态调整、主动适应经济社会发展的指导性和统计性学科目录。按照单位自主调、市场调节调、国家引导调的思路，发挥市场在教育资

---

[1] 王大泉. 中国学位法律制度修订完善的历史回顾与现实展望[J]. 复旦教育论坛，2020，18（2）：24-31.

[2] 王大泉. 中国学位法律制度修订完善的历史回顾与现实展望[J]. 复旦教育论坛，2020，18（2）：24-31.

源配置中的基础性作用，在国家宏观指导和引导下，学位授予单位加强自我监督和自主调整。

1. 构建学科专业目录设置和管理新机制

在新时代，国家要主动适应经济、科技、文化和教育的发展形势，主动适应社会发展新形势和国家发展新需求，主动适应学科的发展、社会分工的变革，以及教育对象的变化，构建"分类发展、动态调整、能进能出"的学科目录设置和管理新机制。

目前，我国高等学校研究生教育专业按"学科门类""学科大类（一级学科）""专业"（二级学科）三个层次来设置。一级学科和专业类别都是按学科门类划分和设置。由于学科是科学知识体系的分类，而专业主要服务社会特定职业领域的需求；学科以知识的发展为逻辑逐渐细化，专业以社会分工为逻辑逐渐细化。两者的定位和功能存在较大区别，如果归到一起，不可避免地会带来一些问题。因此，为满足多类型、多规格人才培养的需求，国家下一步改革的目标是针对学术学位和专业学位不同类型，建立分类发展、有利于人才培养和学科发展的学科目录设置机制。未来国家统一编制的学科专业目录将由《学术学位硕士博士学位授予和人才培养学科目录》《专业学位硕士博士学位授予和人才培养专业目录》两部分组成，适用于硕士、博士的学位授予与人才培养，并用于学科专业建设和研究生教育统计分类等工作。

学科目录要遵循教育发展规律、科技发展规律、学科发展规律和人才培养规律，采取相对稳定与动态调整相结合、能进能出的管理机制。《关于加快新时代研究生教育改革发展的意见》提出完善放管结合的学科专业目录管理机制，缩短学科专业目录修订周期，从现在的10年一轮缩短到5年一轮。一方面，学科目录管理要瞄准科技前沿和关键领域，根据国家战略需求、经济社会发展需求及学科发展规律等，为新兴学科、交叉学科留下充足的发展空间；另一方面，对不再符合经济社会发展趋势、人才需求萎缩的学科和专业，考虑撤销，不断优化学科专业结构，健全退出机制。

2. 瞄准科技前沿，发展交叉学科

新一轮产业革命和科技变革背景下，人工智能、信息技术、虚拟现实、互联网＋等的发展推动了新型学科、交叉学科和多学科的兴起。当前，科技发展和创新、技术突破越来越依赖不同学科间的交叉与融合。据学者统计，从诺贝尔奖结果来看，最近25年交叉研究获得诺贝尔奖的比例已接近一半，比如，集成电路专业就涵盖了工科和理科多门专业知识，相关人才培养也需要高校各相关学科之间的有效协同。① 在国内外科技发展新形势下，瞄准科技前沿和关键领域，突破单一学科的局限性，加快学科交叉融合发展，加强科研原始创新是必然趋势。同时，突破科技发展瓶颈，解决"卡脖子"问题，依靠单一学科是万万不行的，必须加强交叉学科发展，通过学科交叉，产生新的学科增长点和研究方向，进而实现技术突破。当前，国内不少高校已经开始设立和发展交叉学科，除集成电路，人工智能、数据科学等学科都正在列入不少高校交叉学科的设置规划当中，交叉学科将成为支撑国家战略需求的中坚力量和未来科技创新与高水平创新人才培养的"集中地"。

《关于加快新时代研究生教育改革发展的意见》提出，设立新兴交叉学科门类，支持战略性新兴学科发展。2020年12月，国务院学位委员会、教育部发布设置交叉学科门类、集成电路科学与工程和国家安全学一级学科的通知，交叉学科成为我国第14个学科门类，而这距离上一次增加艺术类学科门类的重大调整已过去8年。交叉学科发展是新时代高质量发展行动的核心。对此，教育部学位管理与研究生司司长洪大用提出，完善交叉学科门类发展机制，研究制定《交叉学科设置与管理办法》，探索建立交叉学科发展特区和交叉学科研究中心，构建放管结合、规范有序、相互衔接的交叉学科发展体系，为交叉学科发展创造更好环境。②

三、服务国家需求，加快专业学位高质量发展

随着中国特色社会主义进入新时代，我国专业学位研究生教育进入新的发展阶段。加快新时代专业学位发展是经济社会进入高质量发展阶段的必然选择，是服务强国战略实施和现代化建设的重要路径。立足新阶段，加快专业学位发展，要加强产教融合，创新专业学位研究生培养模式，建成灵活规范、产教融合、优质高效、符合规律的专业学位研究生教育体系。

1. 构建多元投入机制，按需规划规模结构布局

新时代专业学位发展要完善组织保障，构建多元投入机制，健全以政府投入为主、受教育者合理分担、行业产业、培养单位多渠道筹集经费的投入机

---

① 杨频萍，王拓. 打破学科壁垒交叉学科将成第14个学科门类［EB/OL］.（2020-08-17）［2021-02-24］. http://www.js.xinhuanet.com/2020-08/17/c_1126374784.htm.
② 洪大用. 适应党和国家事业发展需要 着力培养德才兼备的高层次人才 加快推进新时代研究生教育高质量发展［EB/OL］.（2020-09-22）［2021-02-24］. http://www.moe.gov.cn/fbh/live/2020/52461/sfcl/202009/t20200922_489542.html.

制，完善差异化的专业学位研究生生均拨款机制，探索实施企事业单位以专项经费承担培养成本的"订单式"研究生培养项目。引导支持行业产业以资本、师资、平台多种形式投入参与专业学位研究生教育。通过构建多元投入机制，服务国家战略和社会发展需求，优化专业学位规模结构。

第一，立足社会发展新需求，着力优化硕士专业学位结构。硕士专业学位类别设置应更加突出鲜明的职业背景和专业人才指向，增强对行业产业发展的快速响应能力和针对性。硕士专业学位授予基本要求，应更加突出研究生掌握相关行业产业或职业领域的扎实基础理论、系统专门知识的程度，以及通过研究解决实践问题的能力。根据社会发展新需求，在现代制造业、现代交通、现代信息、现代服务业和社会治理等领域，增设一批硕士专业学位类别。稳步扩大硕士专业学位授权布局，将产教融合、联合培养基地建设作为硕士专业学位授权点申请基本条件的重要内容，推动硕士专业学位授权紧密服务行业产业发展。

第二，服务国家重大战略需求，超前布局博士专业学位。博士专业学位研究生教育主要根据国家重大发展战略需求，培养某一专门领域的高层次应用型未来领军人才。在新时代，要明确博士专业学位的定位，实现博士专业学位与博士学术学位的协调发展。一方面，要完善博士专业学位类别设置标准。在确保质量的基础上，立足新时代专业学位研究生教育改革和发展重点任务，面向教育学、临床医学、工程类等支撑强国战略实施的专业学位类别，增设一批博士授权点，增强相关产业领域的应用型创新人才培养。另一方面，将产教融合和行业协同作为博士专业学位授权点增设的优先条件。博士研究生招生计划向专业学位倾斜，在科研经费博士专项计划中探索招收博士专业学位研究生并逐步扩大规模。

2. 加强导师队伍建设，健全产教融合育人机制

新时代专业学位发展，要在优化规模结构布局的基础上，加强专业学位研究生导师队伍建设，深化产教融合专业学位研究生培养模式改革，提升和保障专业学位研究生教育质量。

一是加强专业学位研究生导师队伍建设。一方面，推动培养单位和行业产业之间的人才交流与共享，充分发挥联合培养基地、联合培养项目的作用；各培养单位要鼓励校内导师深度参与行业企业实践，新聘专业学位研究生导师要求在行业产业锻炼实践半年以上或主持行业产业课题研究、项目研发的经历，在岗专业学位研究生导师每年应有一定时间带队到行业产业开展调研实践，通过实践提升导师的创新能力和指导专业学位研究生的能力。另一方面，健全专业学位研究生导师选聘制度和评价方法，面向社会发展和高校转型发展

的需求，大力引培"双师技能型"导师，加快专业学位研究生培养。

二是深化产教融合专业学位研究生培养模式改革。推进培养单位与行业产业的合作，如共同制定培养方案，共同开设实践课程，共同编写精品教材。鼓励有条件的行业产业制定专业技术能力标准，推进课程设置与专业技术能力考核的有机衔接。依托产教融合型企业产业，加强研究生联合培养基地建设，为专业学位研究生提供创新实践的机会和场所。鼓励行业产业、培养单位探索建立产教融合育人联盟，将创新创业教育融入产教融合育人体系；支持培养单位联合行业产业探索实施"专业学位+能力拓展"育人模式。

四、优化布局结构，完善学位授权审核工作

博士、硕士学位授权审核是学位制度的重要组成部分，严格的学位授权审核制度，对构建完备的学科专业体系，形成以学科为核心的投入、建设和管理体系，提升高层次人才培养和科学研究的水平与能力，保障研究生培养和学位授予质量具有重要作用。学位授权审核工作与人才培养密切相关，应根据国家经济、社会、科技发展和国防建设对人才的需求状况，按需授权。国家发布开展学位授权审核工作的指导思想、需要鼓励和支持的学科专业、配合实施国家经济和科技发展重大战略的相应政策等。省级政府根据国家发布的学位授权审核宏观指导意见和人才需求情况，统筹本地区各级学位教育的发展，制定相应的学位授权单位和学位授权点发展规划，实现对高等教育规模、层次、地域的有效调控。高等学校根据国家发布的学位授权审核宏观指导意见制定自己的学科发展规划，调整人才招生和培养计划，使人才培养和科学研究更好地服务于国家发展的需要。

1. 加强宏观调控与省级统筹、自主管理相结合

国家根据研究生教育发展的地区差异，对新增授权单位和新增学位授权点实施总量控制。为了优化学位授权单位和学科点的区域布局，促使学位授权审核工作与区域经济和社会发展更紧密结合，满足地区经济发展对高层次人才的需求，进一步的改革可以考虑由国家对新增单位和新增点进行总量限制的基础上，将审核权下放省级政府；利用学位授权审核杠杆鼓励高校分层次、分类办学工作，[①] 不同层次高校应各有侧重，拥有不同的发展空间，国家通过不同

---

① 陈子辰，等. 研究生教育丛书：我国学位授权体系结构研究[M]. 杭州：浙江大学出版社，2012：122-125.

层次办学体系的划分，区分各层高校的发展重点。

充分调动省级政府统筹区域经济与教育协同发展、优化学位点布局的规划作用。将深化科教融合、产教融合作为学位授权点布局的重要参考因素，省级政府应根据本省的产业政策、经济发展战略规划、人才需求现状，以及本省高等院校的学科布局状况等因素，制定具有前瞻性的学位授权审核工作规划，明确未来一段时期学位授权审核工作的重点与发展方向，以利于地区高校的准确定位，科学发展。关于已有学位授权单位中授权点的调整，建议由省级政府在控制总量平衡的基础上，依据学科自身的发展需求、区域经济发展需求、地区人才需求，以及地区的产业结构的调整开展实施。对已有学位点的实施调整还要保持总量不变的基本准则，即新增一个博士学位点的同时需要撤销一个已有博士学位点，对不满足地区发展、不适应时代变化、发展严重滞后的硕士点给予取消，并补充新的社会发展急需的硕士点。

培养单位要形成自我发展、自我评估、自我约束的良性运行机制。目前我国共有 31 所高校成为学位授权自主审核单位，这些高校有较大的学科设置权，既可自主设置学科目录规定的一级学科和专业学位类别，还可自主设置交叉学科，按一级学科管理。为推动授权单位的可持续发展，增加学位授予单位的办学自主权，国家要支持更多有条件的高校成为学位授权自主审核单位。同时，学位授予单位需不断增强自我发展、自我评估、自我约束的能力，定期开展针对自身办学条件和办学水平的自我评估活动，逐步形成高校学科点自我发展、自我评估、自我约束的良性运行机制，以促进学科结构更适合区域经济社会发展的需要，促进办出具有特色、符合社会人才需求的高等教育，确保研究生教育质量稳步持续地提高。

2.探索学位授权审核评审的新办法

为了更科学地评价新增点和已有点之间的水平，可以定期对符合最低门槛要求的新增点、已有学位点进行排序评价，对超出总量要求范围且排序靠后的高校，建议取消相关学位点的授权资格。反之，如果符合最低门槛要求的新增单位排名靠前的学位点，建议准许其自动获得相应的学位点授权。

实施"先规划后立项、申评建改并重"的评审方法。为了改变目前学位授权审核中"重申报、轻建设"的局面，可以尝试对拟新增的学位点按照"先规划、后建设、再申报"的程序进行学科发展规划与建设工作，[①] 在学校整体

---

① 陈子辰,等.研究生教育丛书：我国学位授权体系结构研究[M].杭州：浙江大学出版社，2012：125.

发展和学科建设的基础上，制订具有前瞻性、科学性、创新性和可操作性的详细的学位授权学科点建设发展规划，组织相关专家展开学科发展的可行性论证，然后开展学位授权点的立项建设与申报工作，确保学位点申报工作合理有序进行，保障学科可持续发展。同时，学科点建设要重点考虑人才引培、资金和政策支持、基础研究和原始创新等要素，通过在人才引进上给予优先考虑、加大资金投入和政策支持力度、加强科研支撑等举措，确保学科点建设取得明显成效。

建立学位授权审核的"强制退出机制"。随着我国高等教育的不断发展和学位授权审核工作的持续开展，学位授权审核工作已经不仅仅局限于新增学位点和学位培养单位，还应该考虑逐步建立起学位点和学位培养单位的合理"强制退出机制"。通过国家制定学科发展标准，开展学位点的定期评估（例如，通过委托专业机构开展定期评估）等手段，促进学位点的质量建设。对教育教学条件滞后、办学成效不佳、就业率持续较低、不能满足社会发展需要的学位点实施强制撤销其人才培养资格的做法，通过强制退出，对其他学位点建设形成警示和震慑的作用，达到惩戒落后的效果。

五、严格质量管理，健全学位质量保障体系

加强质量管理是新时代学位制度实施的核心任务。提升学位质量，是一项长期而艰巨的系统工程。学位管理涉及研究生招生、教育教学、科学研究、学位论文等环节，具有全过程、全方位的特点，要在完善三级学位管理体系的基础上，从各方面、各个环节加强学位监测管理，健全学位质量保障体系。

1.健全质量保障体系，实行全方位、全过程管理

为保证研究生培养质量和学位授予质量，学位制度实施以来，我国逐步形成了以学位授予单位为质量保障主体，政府主管部门、学术组织、行业部门、社会机构"五位一体"的学位授予质量保障体系和三级学位管理体系。

在新时代，为适应社会发展变化，服务国家战略和社会发展需求，保障学位质量，一方面要完善"五位一体"的学位授予质量保障体系，各部门协同提升和保障人才培养质量、学位授予质量。另一方面，在完善三级学位管理体系的基础上，探索构建四级学位管理体系。允许有条件的学院建立二级独立的学位评定委员会，学位评定的权限下放到二级学院，保障二级学院的部分自主权；同时，健全学院对学科点的自我监控与质量提升。通过实行学位授权点的建设责任制和目标管理制，将岗位职责和建设目标落实分解到学科点负责人，

促进学位单位和学位点的日常管理。学位授权单位和学院还可以尝试开展学位授权的专项考评和建设活动,加强对学科点的自我监控与质量提升,保持并增进学科建设的活力与后劲。对建设成效差、就业率低、不能满足社会需求的学科,减少或终止投入,甚至取消其学位授权资格;对成效显著的学位点负责人及所在院、所给予表彰和奖励,在校内津贴分配、年度考核和晋级等方面给予倾斜政策。

2. 压实培养单位主体责任,保障培养质量

研究生培养质量是学位制度实施和质量保障的关键。第一,研究生导师质量是确保培养质量的重要因素,要落实导师是研究生培养第一责任人的要求,压实导师主体责任,强化导师岗位职责,建立高素质、高水平的师资队伍。第二,构建科研与教学间的双向互动机制。一方面,坚持科研育人,将科研成果转化为课程教学资源,不断以优秀的科研成果充实课堂教学,可以促进教学内容的更新和教学方式的变革,使教学内容紧跟研究领域和研究方向的前沿热点,对培养研究生的创新思维和创新能力,促进学生发展具有重要作用,是教学质量提高的必要途径;另一方面,研究生课程教学要坚持问题意识和科研导向,充分体现研究性,激发研究生的学术志趣。研究生课程要不断创新教学模式,更新教学知识体系,根据科研需求调整教学内容,注重培养研究生的问题意识和研究意识。第三,高校要坚持深化科教融合和产教融合,坚持与国家重点行业企业、地方开展联合培养,形成以需求为导向的产教融合育人长效机制。打造具有引领示范效应的产教融合特色平台、联合培养基地、校企联合实验室、实践基地,实现校企协同发展,构建更加开放的创新人才培养体系。

3. 改革评价机制,把好发展方向标

新时代学位制度实施要过"评估关",扭转不科学的评价导向。为强化对学位制度实施效果的评价诊断,要统筹运用学位授权点合格评估、质量专项检查、学位论文抽检等手段,提升学位授权审核、学位授予、学位管理等工作的质量。在清理"五唯"背景下,学位制度实施要坚决扭转唯论文、唯文凭、唯帽子等功利化导向,根据服务需求的类型、学科专业的差异和人才培养的规格等,努力发展多样化的质量评价标准,加强学位质量监测。创新评价方法和评价体系,坚持以质量核心,聚焦人才培养、创新能力、服务贡献和影响力等核心要素,施行多元评价、综合评价和个性化评价,引导研究生教育高质量发展。推动培养单位探索建立学位论文评阅意见公开等制度,合理制定与学位授予相关的科研成果要求,破除"唯论文"倾向。

完善专业学位研究生教育和专业学位授权点评价机制。强化专业学位论文应用导向和分类评价导向,通过学位论文评审和抽检办法,构建专业学位论文与学术学位论文分类评价新机制。将产教融合培养研究生成效纳入专业学位评估指标体系,并与专业学位授权点建设等支持政策挂钩。

本章小结

2021年是中国学位制度实施40年。中国学位制度实施始终贯彻党的教育方针,坚持正确的办学方向,不忘初心,砥砺前行,在实施中不断探索、不断完善、不断发展、逐步成熟,构建了比较完备的学位制度实施体系,形成了中国特色的学位制度。中国学位制度实施40年取得了巨大的成就,为国家教育事业可持续发展、高层次人才培养和国际教育交流与合作做出了积极贡献,对经济和社会发展发挥了不可替代的历史性作用。

坚持服务需求、质量标准,积极开展学位授权审核工作。自1981年进行首批博士、硕士学位授权审核以来,我国先后进行了12次学位授权审核。坚持试点先行、质量标准、分期分批有序开展审核、逐步放权与动态管理、常态化增列与调整的思路,我国构建了学科门类齐全、结构布局相对合理的学位授权体系,全国各省、自治区、直辖市都拥有了学位授予单位,全国共有31所高校获批开展学位授权自主审核工作。学位授权审核过程中,国家将"简政放权、重心下移"作为学位授权质量保证和监督体系建设的着力点和助推器,扩大了高校办学自主权,增强了高校办学活力;同时,坚持按需授权,积极发展国家急需、特需的学科,有效推动了国家现代化建设进程。

积极扩大规模、优化结构,立足国内自主培养高层次人才。改革开放以来,我国学位授予规模持续扩大,构建起培养质量和授予质量能够得到保证的学位授予体系。到目前为止我们累计培养了1000万名研究生。其中,博士90多万人,成为各领域的骨干,为改革开放和现代化建设提供了有力的人才支撑。1981—1990年第一个10年间,全国硕士、博士学位授予规模仅有18.57万人,2011—2020年10年间,全国硕士、博士学位授予规模达到592.32万人,增长了30多倍;在硕士学位层次,2011—2020年10年间,我国共授予硕士学位537.16万人,是1981—1990年硕士学位授予总规模的近30倍。在博士学位层次,1981—1990年,我国累计授予博士学位6999人,2011—2020年

10年间全国博士学位授予规模达到55.16万人，增长了近80倍。经过40年的发展，博士、硕士和学士学位授予比例由20世纪80年代的1∶26∶295变为1∶10∶63，学位授予层次结构得到优化。

创新培养模式，丰富学位类别，专业学位发展实现量的突破、质的飞跃。自1991年开始实行专业学位教育制度以来，我国专业学位教育发展迅速，专业学位类别不断丰富，培养规模不断扩大。2020年招生规模已超过研究生招生总量的一半，培养模式持续改进，培养质量逐步得到了社会认同。经过30年的努力和发展，我国基本形成了以硕士学位为主，博士、硕士、学士三个层次并存的专业学位教育体系，实现了单一学术学位到学术学位与专业学位并重的历史性转变，探索建立了以实践能力培养为重点、以产教融合为途径的中国特色专业学位培养模式，累计授予硕士专业学位321.8万人、博士专业学位4.8万人，满足了社会主义现代化建设对高层次应用型专门人才的需要，为国家行业产业转型升级和创新发展提供强有力的人才支撑。

适应时代变化、社会发展，学科专业目录设置与管理更加科学规范。改革开放以来，为优化本科专业结构，加快本科专业人才培养，我国共进行了4次大规模的本科专业目录调整工作，在促进本科人才培养多元化、扩大学校办学自主权上迈出了重大步伐。在1983年颁布的《高等学校和科研机构授予博士、硕士学位的学科、专业目录（试行草案）》的基础上，我国先后对学科目录进行了三次调整和一次更新。截至2020年，我国形成了14个学科门类、113个一级学科、47个专业学位类别的学科专业体系。学科专业目录设置与管理遵循知识生产规律和人才培养规律，坚持动态调整，在人才培养和学科建设中发挥着指导作用和规范功能，为培养德智体美劳全面发展的社会主义建设者和接班人、促进高层次拔尖创新人才成长、加强学科建设和特色发展发挥了重要作用。

聚焦培养质量、学位授予管理，构建全方位质量保障和监督体系。为保证研究生培养质量和学位授予质量，学位制度实施以来，我国形成了中央政府主导、省级统筹、学位授予单位为责任主体的三级管理体制。国务院设立国务院学位委员会，负责领导全国的学位授予工作；省级学位委员会结合本地区情况统筹规划本地区的学位工作；学位授予单位学位评定委员会是学位授予单位的学位管理机构。作为全国学位工作的最高领导机构，国务院学位委员会对学位工作进行战略部署和组织领导，在我国学位制度实施过程中发挥了至关重要的作用。同时，以学位授予单位质量保证为基础，教育行政部门监管为引导，学术组织、行业部门和社会机构积极参与内部质量保证和外部质量监督，形成了一个多质量主体共同参与、相互配合、积极有效的"五位一体"的学位授予质量保障体系。

40年来，国内外形势发生了巨大变化，中国进入特色社会主义发展新阶段。围绕高质量发展主题，我国学位制度实施肩负着新使命。展望未来，我国学位制度实施要适应社会发展变化和新趋势，创新学科目录管理设置机制，构建集规范性、开放性、适应性、前瞻性、指导性、统计性于一体的中国特色学科专业目录；要服务国家战略需求，促进专业学位高质量发展，培养国家重点领域急需的高层次专门人才培养；要加强宏观调控与省级统筹、自主管理相结合，探索学位授权审核评审的新办法；要更加强调培养质量，健全内外部学位质量保障体系，探索构建四级学位管理机制，全过程、全方面提升人才培养质量。

经过40年的探索与实践，我国学位授予单位数量不断增加，学位授予规模持续扩大，学科门类不断丰富，人才培养质量不断提升。但相较于新时代国家区域发展战略对学位授权的现实需求、新一轮科技革命和产业变革对学科专业目录调整提出的新挑战、高等教育普及化对人才培养结构和专业设置模式创新的迫切需要，学位制度实施依然存在着一些不完善、不平衡、不充分的问题，面临着新形势、新问题和新挑战。因此，新时代要加强学位制度实施的研究，探讨学位制度的本质、特征和功能，以及实施过程中存在的问题和解决问题的举措；研究我国的学位制度如何适应国际、国内发展新形势，培养适应社会主义现代化强国建设的高层次科技创新人才；研究如何优化学位点布局和学科结构，服务国家区域发展战略需求，加快建设区域研究生教育高地；研究按照单位自主调、市场调节调、国家引导调的思路，构建什么样的学科目录设置和管理新机制；等等。通过加强学位制度实施研究，丰富我国学位制度实施研究成果，推进学位制度完善，构建反映时代特征、具有中国特色、与经济社会发展相适应的学位制度。

主要参考文献

图书

[1] 王战军,马永红,周文辉. 研究生教育概论[M]. 北京:北京理工大学出版社,2019.

[2] 秦惠民. 学位与研究生教育大辞典[M]. 北京:北京理工大学出版社,1994.

[3] 沈云龙,等. 近代中国史料丛刊三辑[M]. 台北:文海出版社,1998.

[4] 周予同. 中国现代教育史[M]. 福州:福建教育出版社,2007.

[5] 舒新城. 中国近代教育史资料(中册)[M]. 北京:人民教育出版社,1979.

[6] 教育部. 第二次中国教育统计年鉴(第一编)[M]. 上海:上海商务印书馆,1948.

[7] 潘懋元,刘海峰. 中国近代教育史资料汇编·高等教育[M]. 上海:上海教育出版社,1993.

[8] 周洪宇. 学位与研究生教育史[M]. 北京:高等教育出版社,2004.

[9] 萧超然,沙健孙,等. 北京大学校史[M]. 上海:上海教育出版社,1981.

[10] 教育部中国教育年鉴编审委员会. 第一次中国教育年鉴·乙编[M]. 上海:开明书店,1934.

[11] 李煌果,王秀卿. 研究生教育概论[M]. 北京:科学技术文献出版社,1991.

[12] 方惠坚,郝维谦,宋廷章,等. 蒋南翔传[M]. 北京:清华大学出版社,2005.

[13] 吴本厦. 中国学位与研究生教育的创立及实践[M]. 北京:高等教育出版社,2010.

[14] 邓小平. 邓小平文选(第2卷)[M]. 北京:人民出版社,1994.

[15] 谢维和,王孙禺. 学位与研究生教育战略与规划[M]. 北京:教育科学出版社,2011.

[16] 康翠萍. 学位论[M]. 北京:人民教育出版社,2004.

[17] 教育部发展规划司. 中国教育统计年鉴(2017)[M]. 北京:中国统计出版社,2018.

［18］吴镇柔，陆叔云，汪太辅．中华人民共和国研究生教育和学位制度史［M］．北京：北京理工大学出版社，2001．

［19］陈子辰，等．研究生教育丛书：我国学位授权体系结构研究［M］．杭州：浙江大学出版社，2012．

［20］郭笙．新中国教育四十年［M］．福州：福建教育出版社，1989．

［21］《北京研究生教育》编审委员会编写组．北京研究生教育［M］．北京：航空工业出版社，1989．

［22］陆叔云，范文曜．中国普通高等学校研究生院［M］．北京：北京理工大学出版社，1995．

［23］刘少雪．高等学校本科专业结构、设置及管理机制研究［M］．北京：高等教育出版社，2009．

［24］康翠萍．学位论［M］．北京：人民教育出版社，2004．

［25］刘晖，侯春山．中国研究生教育和学位制度［M］．北京：教育科学出版社，1988．

［26］梁传杰，韩习祥，张文斌．中国学位授权机制改革探析［M］．武汉：湖北人民出版社，2009．

［27］王战军．中国学位与研究生教育40年（1978—2018）［M］．北京：中国科学技术出版社，2018．

［28］中国研究生院院长联席会．探索与创新——中国研究生院建设与发展研究［M］．北京：高等教育出版社，2007．

［29］马久成，李军．中外学位服研究［M］．北京：中国人民大学出版社，2003．

［30］谢桂华．学位与研究生教育工作实践及思考［M］．北京：高等教育出版社，2002．

［31］张文修．研究生教育创新与创新教育［M］．北京：清华大学出版社，2006．

［32］中华人民共和国教育部．共和国教育50年［M］．北京：北京师范大学出版社，1999．

［33］叶林．跨国学位项目的质量保障［M］．杭州：浙江大学出版社，2012．

［34］安双宏．印度教育战略研究［M］．杭州：浙江教育出版社，2013．

期刊论文

［1］王利芬，骆四铭．论基于学位本质的学位制度改革［J］．现代大学教育，2008（3）：97-103+113．

［2］周谷平，应方淦．近代中国教会大学的学位制度［J］．浙江大学学报（人文社会科学版），2004（1）：14-22．

［3］吴本厦．我国建立学位制度的决策和立法过程［J］．学位与研究生教育，2007（4）：

1-4.

[4] 秦惠民.《学位条例》的"立""释""修"——略论我国学位法律制度的历史与发展[J]. 学位与研究生教育, 2019（8）：1-7.

[5] 蒋南翔. 在国务院学位委员会学科评议组第一次会议闭幕式上的讲话[J]. 国务院学位委员会公报. 1981（1）：9.

[6] 第二批博士学位授予单位及其学科、专业名单[J]. 高教战线, 1984（3）：31-33.

[7] 王红乾. 新中国学位与研究生教育史上的十次学位授权审核回顾[J]. 文教资料, 2008（11）：154-158.

[8] 陈恒. 博士生指导教师制度的发展演变及新趋势[J]. 教育学术月刊, 2013（7）：50-53.

[9] 宋晓平, 梅红. 我国学位授权审核的历程与动因分析[J]. 高等教育研究, 2009（8）：72-78.

[10] 陈涛. 高等教育学科专业目录：问题与逻辑[J]. 西南交通大学学报（社会科学版）, 2015, 16（3）：43-49.

[11] 王战军, 翟亚军. 关于《研究生学科、专业目录》的思考[J]. 高等教育研究, 2007（3）：63-66.

[12] 旁木. 共和国首批军事学博士[J]. 中国青年. 1997（10）：46.

[13] 宋筱平, 陆叔云. 研究生学科专业目录的发展轨迹及其走向[J]. 黑龙江高教研究, 2002（2）：76-79.

[14] 郭雷振. 我国高校本科专业目录修订的演变——兼论目录对高校专业设置数量的调节[J]. 现代教育科学, 2013（3）：44-49+54.

[15] 刘朔, 陆根书, 姚秀颖. 改革开放三十年我国学士学位授予工作的回顾与展望[J]. 中国高教研究, 2008（5）：9-12.

[16] 王战军, 张微. 新中国成立70年来我国高校学科结构调整——政策变迁的制度逻辑[J]. 中国高教研究, 2019（12）：36-41.

[17] 王亚杰, 刘桔. 按一级学科授权是学位与研究生教育改革的重要组成部分[J]. 学位与研究生教育. 1996（6）：1-3.

[18] 李铁映. 在全国有突出贡献的博士、硕士学位获得者、回国留学人员和优秀大学毕业生表彰大会上的讲话[J]. 学位与研究生教育, 1991（2）：1.

[19] 何东昌. 在全国有突出贡献的博士、硕士学位获得者、回国留学人员和优秀大学毕业生表彰大会上的讲话[J]. 学位与研究生教育, 1991（2）：2.

[20] 熊文, 曹一雄, 张淑林. 以优博论文评选为动力促进博士学位论文质量提升[J]. 教育与现代化, 2007（2）：44-47.

［21］李明磊，王战军. 全国优博论文评选政策分析和改进［J］. 国家教育行政学院学报，2012（1）：15-19.

［22］陆叔云. 高等学校与科研院所学位与研究生教育评估所在京成立［J］. 学位与研究生教育，1994（5）：6.

［23］刘熙瑞，时兴和. 转变不等于弱化［J］. 郑州大学学报，1990（4）：77-81.

［24］中国高等工程教育评估考察团. 美、加高等工程教育评估考察报告［J］. 高等工程教育研究，1987（10）：67-74.

［25］赵沁平. 勇于创新积极探索，大力推进研究生培养工作的改革［J］. 学位与研究生教育，2000（1）：3-8.

［26］王战军. 新世纪的研究生教育［J］. 清华大学教育研究，2000（4）：21-24.

［27］袁本涛，王孙禺. 我国实施学位授权审核制度的反思与改革刍议［J］. 高等工程教育研究，2005（2）：72-75.

［28］周光礼，吴越. 我国高校专业设置政策六十年回顾与反思——基于历史制度主义的分析［J］. 高等工程教育研究，2009（5）：62-75.

［29］王亚杰. 正确认识学位授权审核推动研究生教育的健康稳定和可持续发展［J］. 学位与研究生教育，2003（3）：1-3+9.

［30］刘桔. 第九次学位授权审核工作落下帷幕新增一批学位授予单位［J］. 中国研究生，2003（5）：12.

［31］王茹，崔丹. 我国学术学位授权审核的发展过程［J］. 教育教学论坛，2017（42）：36-37.

［32］曲明贵，杨庆祥. 金融危机对高等教育的影响及应对策略［J］. 科技情报开发与经济，2009，19（30）：107-109.

［33］陈渝，崔延强，张陈. 谈学位授权审核制度中省级政府职能的转换［J］. 中国高等教育，2009（15-16）：28-31.

［34］谢桂华. 改革开放30年——我国学位与研究生教育的历史性跨越［J］. 中国高教研究，2008（12）：6-10.

［35］茶世俊，郭建如. "渐进调整"策略与我国研究生教育管理体制变革［J］. 中国高等教育，2006（19）：39-41.

［36］黄宝印，徐维清，郝彤亮. 建立自我评估制度健全质量保证体系［J］. 中国高等教育，2015（11）：7-9.

［37］谢安邦，潘武玲. 提高博士生培养质量的重大举措——全国优秀博士学位论文评选的回顾与思考［J］. 中国高教研究，2003（7）：37-40.

［38］闫飞龙．以自我评价为基础的日本大学多元化评价体系研究［J］．复旦教育论坛，2008（2）：13-17．

［39］国务院学位委员会修订印发《博士、硕士学位授权学科和专业学位授权类别动态调整办法》［J］．研究生教育研究，2021（1）：2．

［40］马怀德，林华．论学位管理体制的立法逻辑［J］．教育研究，2014，35（7）：15-21．

［41］林华．论我国学位管理体制的困境与革新［J］．学位与研究生教育，2014（5）：37-41．

［42］魏文松，龚向和．学位管理权能的划分模式及其优化逻辑［J］．大学教育科学，2021（1）：85-95．

［43］叶齐炼．完善我国教育法律体系的思考［J］．中国高教研究，2019（2）：16-20．

［44］魏文松，龚向和．学位纠纷案件中正当程序原则的司法适用［J］．中国高教研究，2020（11）：85-90．

［45］梁博雅．美国学位制度变迁及启示——以高等教育机构分层为视角［J］．当代教育科学，2016（9）：43-47．

［46］黄宝印，唐继卫，郝彤亮．我国专业学位研究生教育的发展历程［J］．中国高等教育，2017（2）：18-24．

［47］阚阅．从单一功能到多重互动：国际高等教育资历承认的发展与展望［J］．中国高教研究，2019（7）：39-46．

［48］汪利兵，梁金慧．《亚太地区高等教育学历、文凭和学位相互承认地区公约》的内容、实施进展及问题［J］．比较教育研究，2005（10）：81-85+90．

［49］魏浩，袁然，赖德胜．中国吸引留学生来华的影响因素研究——基于中国与全球172个国家双边数据的实证分析［J］．教育研究，2018，39（11）：76-90．

［50］唐瑾，叶绍梁．从学位形态演变看我国学位形态发展新趋势［J］．学位与研究生教育，2007（8）：59-63．

［51］许建领．法国大学校及其借鉴意义［J］．机械工业高教研究，1996（2）：86-88．

［52］翁秋怡，于洋．加利福尼亚州私立高等学校设置制度研究［J］．高教发展与评估，2018，34（5）：72-82+116-117．

［53］张冉，申素平．国家学位制度与大学学位制度比较分析［J］．学位与研究生教育，2013（9）：39-44．

［54］徐东波．新自由主义背景下英国高等教育改革研究［J］．现代教育科学，2019（6）：16-20+34．

［55］鲍嵘，潘闻舟，姜文昕．印度学位分类目录的编制、特征及启示［J］．研究生教育研

究，2019（4）：91-97.

[56] 雷琨，王战军，于妍. 印度研究生教育规模、结构发展分析[J]. 学位与研究生教育，2020（1）：65-71.

[57] 张炜. 美国学科专业分类目录2020版的新变化及中美比较分析[J]. 学位与研究生教育，2020（1）：59-64.

[58] 钟秉林，段戒备. 我国高校学位授权自主审核的制度构建与完善路径——基于31所高校学位授权自主审核实施办法的文本分析[J]. 学位与研究生教育，2020（10）：40-47.

[59] 王大泉. 中国学位法律制度修订完善的历史回顾与现实展望[J]. 复旦教育论坛，2020，18（2）：24-31.

[60] 刘延东. 在纪念《中华人民共和国学位条例》实施三十周年纪念大会上的讲话[J]. 学位与研究生教育，2011（3）：1-5.

[61] 谭光兴，冯钰平. 中国学位制度变迁的逻辑——历史制度主义的视角[J]. 大学教育科学，2019（5）：22-27+123.

[62] 严萍. 高等教育第三方评估机构的基本特征与建设路径[J]. 高教探索，2019（10）：17-21+28.

[63] 湛中乐，李烁. 学位形态变革与《学位法》的制定[J]. 行政法学研究，2020（3）：58-68.

[64] 李祥，胡雪芳. 试论"学位法"修订的核心问题[J]. 黑龙江高教研究，2014（3）：28-30.

[65] 洪大用. 为新时代研究生教育发展提供更好的智力支撑[J]. 学位与研究生教育，2020（1）：1-5.

[66] 秦惠民. 高等教育法治发展从制度性探索走向良法善治[J]. 中国高等教育，2019（17）：10-12.

[67] 洪大用. 扎根中国大地加快建设研究生教育强国[J]. 学位与研究生教育，2019（3）：1-7.

[68] 谭光兴，冯钰平. 新时代的学位制度变迁——基于我国高校转型发展的视角[J]. 中国高教研究，2018（5）：104-108.

[69] 张力玮，郭伟，王顶明. 充分发挥学位中心职能助力研究生教育高质量发展——访教育部学位与研究生教育发展中心主任黄宝印[J]. 世界教育信息，2018，31（12）：3-12.

[70] 邹林斌，关颖婧. "双一流"背景下我国学位制度需牢牢把握的五大本质特征[J].

教育现代化，2020，7（1）：65-66+78.

[71] 湛中乐，靳澜涛. 新中国教育立法70年的回顾与展望[J]. 首都师范大学学报（社会科学版），2019（5）：1-9.

[72] 靳澜涛. 修改《学位条例》应当处理好的八对关系[J]. 学位与研究生教育，2020（7）：24-31.

[73] 项贤明. 我国学位与研究生教育制度改革刍议[J]. 中国高教研究，2004（4）：37-40.

[74] 董少东. 共和国第一批博士诞生记[J]. 文史精华，2014（20）：17-23.

[75] ORTIZ E A, DEHON C. Roads to Success in the Belgian French Community's Higher Education System: Predictors of Dropout and Degree Completion at the Université Libre de Bruxelles[J]. Research in Higher Education，2013，54（6）：693-723.

[76] POLK O E, ARMSTRONG D A. Higher education and law enforcement career paths: Is the road to success paved by degree?[J]. Journal of Criminal Justice Education，2001，12（1）：77-99.

[77] LESTER J. Degrees of Choice: Social Class, Race and Gender in Higher Education (review)[J]. Review of Higher Education，2006，29（3）：412-413.

[78] D REAY, DAVIES J, DAVID M, et al. Choices of Degree or Degrees of Choice? Class, 'Race' and the Higher Education Choice Process[J]. Sociology，2001，35（4）：855-874.

附　录

附录一　中国学位制度实施 40 年大事记

1980 年 2 月

五届全国人大常委会第 13 次会议通过《中华人民共和国学位条例》，叶剑英委员长签署命令予以公布，自 1981 年 1 月 1 日起施行。

1980 年 12 月

根据《中华人民共和国学位条例》规定，国务院设立学位委员会，负责领导全国学位授予工作。经国务院批准，成立国务院学位委员会办公室，作为国务院学位委员会的办事机构。

1981 年 1 月

《中华人民共和国学位条例》正式施行。

1981 年 2 月

国务院学位委员会发出《关于做好学位授予单位审定工作的通知》，并下达已呈报国务院备案的《国务院学位委员会关于审定学位授予单位的原则和办法》。

1981 年 11 月

国务院批准我国首批博士学位授予单位 151 个，学科、专业点 812 个，博士研究生指导教师 1155 人；硕士学位授予单位 358 个，学科、专业点 3185 个。

1982 年 1 月

国务院学位委员会、教育部联合发出通知，下达经国务院批准的我国首批有权授予学士学位的 458 所高校名单。

1982 年 3 月

国务院学位委员会在北京召开第四次会议。审议通过了关于第二批博士和硕士学位授予单位审核工作的文件和学科评议组增补成员和临时约请参加评议工作的学者、专家名单；确定了 1983 年工作计划要点，并就开展名誉博士学位授予工作进行了讨论。

1983 年 5 月

国务院学位委员会和北京市人民政府在人民大会堂召开博士和硕士学位授予大会，共授予 18 人博士学位，中国科学院等 5 个单位向首批博士学位获得者颁发了《博士学位证书》。国务院学位委员会主任委员胡乔木在会上做了题为《走独立自主培养高级专门人才的道路》的重要讲话；国务院学位委员会副主任委员何东昌作了《学位授予工作情况报告》，截至 1983 年 3 月共授予 14438 人硕士学位。

1983 年 12 月

中国政府在《亚洲和太平洋地区承认高等教育学历、文凭与学位的地区公约》上签字。

1984 年 1 月

国务院批准第二批博士和硕士学位授予单位名单。第二批新增博士和硕士学位授予单位 45 个，有权授予博士学位的学科、专业点 316 个，博士研究生指导教师 601 个；硕士学位授予单位 67 个，有权授予硕士学位的学科、专业点 1052 个。

1984 年 6 月

教育部在北京召开试办研究生院座谈会。北京大学等 22 所试办研究生院的校（院）长、研究生处处长及有关省、直辖市和部委的负责同志共 50 人出席了座谈会。教育部副部长黄辛白到会讲话。会议就建立研究生院的重要性及建院体制、组织机构、发展规划、加速改革等问题进行了座谈和讨论。会议认为，试办研究生院，是我国研究生教育的一项重要改革，是我国高等教育发展史上的一件大事。

1985 年 5 月

国务院学位委员会在北京召开学位授予质量检查座谈会，部分学科评议组成员和有关专家出席了会议。

1985 年 11 月

国务院学位委员会发出《关于做好第三批博士和硕士学位授予单位审核

工作的通知》，就第三批学位授予单位的审核工作提出要求。

1985 年 12 月

经国务院正式批准：凡经国务院学位委员会学科评议组审核通过的博士、硕士学位授予单位及其学科、专业和博士研究生指导教师名单，不再上报国务院批准，改由国务院学位委员会批准。国务院学位委员会只公布通过的博士、硕士学位授予单位及其学科、专业名单。

1986 年 7 月

国务院学位委员会召开第七次会议，审议审核了第三批博士、硕士学位授予单位及学科、专业名单，经国务院同意，该名单由国务院学位委员会直接批准。会议决定在中国逐步开展向具有研究生毕业同等学力的在职人员授予硕士、博士学位的试点工作。

1986 年 11 月

国家教育委员会研究生司发出《关于高等学校招收在职人员为硕士生进行单独考试试点的通知》。

1987 年 5 月

国务院学位委员会办公室、国家教育委员会研究生司发出《关于组织落实"七五"研究生教育和学位制度重点研究课题计划的通知》。国务院学位委员会、国家教育委员会发出《关于改进学士学位授予单位审核工作的通知》。明确指出，今后学士学位授予单位的审核工作分为初审和审批两个阶段。初审工作采取同行专家评议和教育主管部门审核相结合的方式进行。国家教育委员会和国务院学位委员会按有关规定审批学士学位授予权学校和专业。

1987 年 12 月

经国家新闻出版署批准，《学位与研究生教育》杂志于 1988 年公开出版、国内外发行。

1988 年 5 月

国家教育委员会、国家计划委员会、财政部、人事部联合发出《关于进一步改革研究生招生工作的几点意见》，提出了研究生招生工作的几项改革措施。

1988 年 10 月

国务院学位委员会人事调整，何东昌任主任委员，张光斗、胡绳、周光召、朱开轩任副主任委员，秘书长由朱开轩兼任。国务院学位委员会第八次会议召开，着重讨论了第四批博士和硕士学位授予单位审核工作的意见；通过《国务院委员会关于授予名誉博士学位的规定》并于 1989 年 2 月 17 日颁布实施。

1989 年 7 月

国家教育委员会发出《关于 1989 年研究生录取工作的补充通知》，要求各招生单位的党组织和行政领导对当年招生的学科、专业和指导教师进行认真复查，确保录取研究生的质量。

1989 年 10 月

国务院学位委员会在天津召开化学等 4 个一级学科的第四批博士学位授权学科、专业和博士生指导教师通讯评议试点工作会议。

1989 年 12 月

国家教育委员会发出《关于对 1990 年研究生招生工作进行若干调整的通知》。提出从稳定当前政治形势大局出发，对（89）教高字 014 号文部分内容作如下调整和补充：①适当提高从应届本科毕业生中招收硕士生的比例。②增加推荐应届本科毕业生报考硕士生的数量。③要加强对被推荐应届本科毕业生的考核。④提倡被录取为硕士生的应届本科毕业生参加实践锻炼。

1990 年 2 月

在泰国曼谷召开《亚太地区互相承认高等教育学历、文凭和学位公约》委员会首次会议，国务院学位委员会办公室主任王忠烈教授出席并当选该委员会第一副主席。

1990 年 10 月

国务院学位委员会第九次会议在京召开，会议审核通过了第四批新增博士点 277 个，新增博士研究生导师 1509 人，新增博士学位授予单位 10 个；审批了硕士学位授予学科专业 839 个，新增硕士学位授予单位 41 个。通过《国务院学位委员会关于授予具有研究生毕业同等学力的在职人员硕士、博士学位暂行规定》及其实施细则。通过《授予博士、硕士学位和培养研究生的学科、专业目录》《普通高等学校授予来华留学生我国学位试行办法》等文件；审批了中国第一个专业学位——工商管理硕士。

1991 年 1 月

国家教育委员会、国务院学位委员会决定，对 695 名在工作中做出突出贡献的中国博士、硕士学位获得者进行表彰，授予他们"有突出贡献的中国博士、硕士学位获得者"荣誉称号。这在中国学位制度建立以来尚属首次。

1991 年 3 月

国务院学位委员会同意江苏省和陕西省建立学位委员会。国务院学位委员会发布《关于授予具有研究生毕业同等学力的在职人员硕士、博士学位的暂行规定》及其实施细则。

1991年12月

国务院学位委员会第十次会议在京召开，审核并原则通过了国务院学位委员会第三届学科评议组成员名单；审议并原则通过了学位与研究生教育"八五"计划和十年规划要点，增列博士研究生导师和学位授权审核工作改革意见等文件。

1992年2月

全国统一印刷的学士学位证书自1992届毕业生起使用。

1992年6月

国务院学位委员会第三届学科评议组召集人会议，主要研究讨论了深化学位和研究生教育改革、学位授予审核改革、增列博士生指导教师等议题，研究讨论了前三批博士、硕士学位授权点进行检查和评估工作，以及编写《授予博士、硕士学位的学科、专业简介》工作。

1992年11月

国务院学位委员会第十一次会议召开，原则通过了《关于学位与研究生教育改革的若干意见》《关于审核博士生指导教师及少数博士、硕士学位授权学科、专业的几点意见》，以及《建筑学专业学位设置方案》等文件。

1993年2月

国务院学位委员会下发《关于学位与研究生教育改革和发展的若干意见》。

1993年4月

国务院学位委员会下发《关于做好博士、硕士学位授权点审核工作的通知》，全面部署第五批博士、硕士学位授权点的申报和审核工作。

1993年12月

国务院学位委员会第十二次会议召开，会议审议通过第五批学位授权审核结果；审改了《关于进一步改革学位授权审核办法的意见》；原则上通过了《关于开展学位与研究生教育评估工作的报告》，并公布给予"黄牌""红牌"警告的单位及其学科、专业点名单。

1994年7月

中国学位与研究生教育学会、高等学校与科研院所学位与研究生教育评估所在京成立。

1994年12月

国务院学位委员会办公室发出《关于在职人员以同等学力申请硕士学位

外国语课程水平统一考试的通知》，决定从 1995 年起，非外语专业的在职人员以同等学力申请硕士学位，均需参加外国语课程水平全国统一考试。这种考试每年由地方和高等教育主管部门定期组织一次。

1995 年 3 月

国务院学位委员会召开第十三次会议，审议通过 1995 年学位授权审核工作的安排和设置并试办法律专业硕士学位等重要事项。

1995 年 5 月

国务院学位委员会发出《关于加强省级学位委员会建设的几点意见》，复函同意北京市、辽宁省、吉林省、黑龙江省、山东省、湖南省、浙江省、天津市、福建省等省、直辖市建立省级学位委员会。

1995 年 10 月

国家教育委员会发布《研究生院设置暂行规定》，就研究生院的性质、职责及建院条件和管理、审批等问题做了明确的规定。

1995 年 10 月

国家教育委员会研究生招生工作办公室在武汉召开全国研究生教育工作座谈会。会议提出了"九五"期间研究生教育改革和发展的二十四字基本方针："立足国内、适度发展、优化结构、相对集中、推进改革、提高质量"。讨论修改了《关于进一步改进和加强研究生工作的若干意见》。

1995 年 11 月

国家教育委员会发布了《关于进一步改进和加强研究生工作的若干意见》。

1996 年 4 月

国务院学位委员会第十四次会议召开，会议审批第六批博士、硕士学位授予学科专业名单；审议通过《国务院学位委员会学科评议组组织章程》（修订稿）和国务院学位委员会学科评议组调整换届方案；审议通过《专业学位设置审批办法》；批准设置和试办教育硕士专业学位。

1996 年 7 月

国务院学位委员会下发《专业学位设置审批暂行办法》，就专业学位设置的目的、申报条件和审批程序等做了明确规定。

1996 年 10 月

国务院学位委员会办公室发出《关于扩大培养工商管理硕士（MBA）试点单位的通知》，正式同意北京航空航天大学等 25 所高等学校开展试点工作。开展此项工作的学校已达到 51 所。

1997年4月

国务院学位委员会第十五次会议召开，会议审批了《授予博士、硕士和培养研究生的学科、专业目录》及《国务院学位委员会第四届学科评议组成员名单》，审议通过了1997年博士、硕士学位授权审核工作的意见、设置医学和工程硕士专业学位方案。

1997年10月

国务院学位委员会办公室下发通知，决定各学位授予单位于1998年9月1日起按新专业目录规定的学科所属门类授予博士和硕士学位。

1998年1月

国务院学位委员会批复同意军队学位委员会、北京市学位委员会、天津市学位委员会等16个地方学位委员会在国务院学位委员会授权的学科范围内审批硕士点。

1998年6月

国务院学位委员会下达了经国务院学位委员会第十六次会议批准的第七批博士和硕士学位授权单位及授权学科、专业名单。

1999年2月

国务院学位委员会、教育部联合下发《关于下放学士学位授予单位审批权的通知》。

1999年3月

为了加强高层次创造性人才的工作，贯彻落实《面向21世纪教育振兴行动计划》，教育部学位管理与研究生教育司组织召开全国优秀博士学位论文评选专家会，产生了全国首届100篇优秀博士学位论文。

1999年11月

教育部批准成立研究生院院长联席会议，目的是更好地加强研究生教育的管理，推动全国学位与研究生教育的发展。

2000年1月

教育部下发《关于加强和改进研究生培养工作的几点意见》，确定研究生教育工作的基本方针是：深化改革、积极发展；分类指导，按需建设；注重创新，提高质量。

2000年3月

国务院学位委员会学科评议组召集人会议审定了100篇优秀博士学位论文、89部研究生教学用书。

2000年4月

国务院学位委员会办公室发出《关于申报公共管理硕士（MPA）专业学位试点单位的通知》。拟从2000年起，在我国开展公共管理硕士（MPA）专业学位试点工作。

2000年4月

国务院学位委员会办公室发出《关于开展中国高校工商管理硕士（MBA）学位教学合格评估工作的通知》。中国高校工商管理硕士（MBA）学位教学合格评估工作是我国MBA教育首次进行的正式评估，也是我国专业学位研究生教育的第一次评估。

2000年12月

国务院学位委员会第十八次会议召开，批准了《第八批博士和硕士学位授权学科、专业名单》。

2001年2月

国务院学位委员会办公室发出《关于下达工商管理硕士（MBA）学位教学合格评估结果的通知》。受国务院学位委员会办公室委托，全国学位与研究生教育发展中心组织专家对26所MBA培养单位进行了实地考评。26所MBA培养单位全部通过教学合格评估。

2001年2月

国务院学位委员会、教育部、人事部联合发出《关于成立全国公共管理硕士（MPA）专业学位教育指导委员会的通知》。该委员会是在国务院学位委员会、教育部和人事部指导下的全国公共管理硕士（MPA）专业学位教育的专业性组织。其主要任务是，指导协调全国公共管理硕士（MPA）专业学位教育活动，加强高等院校之间及国际的交流与合作，推动管理教育的改革与发展，促进我国公共管理硕士（MPA）专业学位教育水平的不断提高。

2001年11月

国务院学位委员会、教育部在北京共同召开全国首次专业学位教育工作会议，会议主要议程：①总结交流各专业学位教育工作经验；②讨论《关于改进和加强专业学位教育工作的若干意见》。

2002年1月

国务院学位委员会、教育部下发《关于加强和改进专业学位教育工作的若干意见》。强调要充分认识发展专业学位教育的重要性；统筹规划专业学位教育，积极、主动适应经济社会发展需要；深化专业学位教育制度改革，提高培养质量；建立和完善专业学位教育评估制度；加强国际交流与合作。

2002年4月

《中华人民共和国与德意志联邦共和国关于互相承认高等教育学位、学历文凭的协议》在德国柏林签署。

2002年10月

国务院学位委员会、教育部下发《关于做好博士学位授权一级学科范围内自主设置学科、专业工作的几点意见》，开展在博士学位授权一级学科内自主设置学科、专业的改革试点工作。

2002年11月

国务院学位委员会下发《关于第九次博士、硕士学位授权工作中新增学位授予单位审核工作的通知》。通知规定了新增博士和硕士授予单位审核工作的主要原则、新增学位授予单位及其学位授权点的条件、新增学位授予单位的申报、推荐和审核的步骤以及材料报送和时间安排。

国务院学位委员会下发《关于第九次博士、硕士学位授权审核中省级学位委员会和军队学位委员会审批硕士点工作的通知》。国务院学位委员会下发《关于第九次博士、硕士学位授予权审核中部分学位授予单位自行审批硕士点工作的通知》。

2003年2月

在博士学位授权一级学科范围内自主设置学科、专业的备案工作结束，自主设置的学科、专业名单通过互联网予以公布。这是有关学位授予单位根据国务院学位委员会和教育部的有关文件精神，首次开展自主设置学科、专业工作。

2003年6月

国务院学位委员会办公室发出《关于2003年招收在职人员攻读硕士学位工作的通知》。该年度在职人员攻读硕士学位招生类别有：①在职人员攻读硕士专业学位，包括法律硕士（J.M）、教育硕士（Ed.M）、工程硕士、农业推广硕士、兽医硕士、公共卫生硕士（MPH）、军事硕士、工商管理硕士（MBA）、公共管理硕士（MPA）。②高等学校教师在职攻读硕士学位。③中等职业学校教师在职攻读硕士学位。

2003年7月

国务院学位委员会第二十次会议在北京召开。国务委员、国务院学位委员会主任委员陈至立出席会议并做了重要讲话。会议的主要议题是：①第四、第五届学位委员会委员就如何加强学风建设、进一步提高研究生培养和学位质量及改进学位授权审核办法等问题进行座谈。②审批《第九批博士学位授权学科、专业名单》。③审批《关于进一步改进新增学位授予单位审核办法的建议报告》。

2003 年 12 月

教育部学位与研究生教育发展中心揭牌仪式在清华同方科技大厦举行。教育部副部长赵沁平、吴启迪，中国高等教育学会会长周远清，以及教育部、国家发展和改革委员会有关司局和北京市教委有关领导，研究生培养单位和有关各界来宾近百人出席了揭牌仪式。吴启迪副部长和周远清会长为学位中心揭牌。

2004 年 1 月

经中央机构编制委员会的批准，教育部正式设立学位管理与研究生教育司。学位管理与研究生教育司与国务院学位委员会办公室合署办公，履行教育部学位与研究生教育行政管理职责。

2004 年 6 月

教育部学位管理与研究生教育司下发通知，正式建立国家重点学科基本信息数据库，并开始实施国家重点学科基本信息年报制度。

2004 年 8 月

全国人大常委会通过《关于修改〈中华人民共和国学位条例〉的决定（2004）》，将第九条第二款修改为："学位论文答辩委员会必须有外单位的有关专家参加，其组成人员由学位授予单位遴选决定。学位评定委员会组成人员名单由学位授予单位确定，报国务院有关部门和国务院学位委员会备案。"

2004 年 11 月

国务院学位委员会办公室成立艺术硕士专业学位论证专家小组，专家小组第一次工作会议在北京召开，会议内容是研究、论证在我国设置和试办艺术硕士专业学位的必要性和可行性。

2005 年 1 月

国务院学位委员会在京召开国务院学位委员会第二十一次会议，会议的主要议题是审议《国务院学位委员会 2005 年工作要点》《体育硕士专业学位设置方案》《艺术硕士专业学位设置方案》《风景园林硕士专业学位设置方案》《关于进行第十次博士、硕士学位授权审核工作的意见》《关于开展对博士、硕士学位授权点定期评估工作的几点意见》《中国学位与研究生教育发展报告（1978—2003）》和《中国学位与研究生教育发展规划战略研究总报告

（2004—2020）》。

2005年2月

国务院学位委员会办公室委托中国学位与研究生教育学会开展国外学科专业设置情况的调研工作。调研范围主要是研究生教育比较发达的国家和地区，包括欧洲（英国、法国、德国等）与美国、俄罗斯、日本、印度等，以及中国台湾地区；调研的主要内容应包括：各国（地区）授予学位的形式与种类；学科专业设置的形成机制及演化情况；学科专业设置的现状、构成、作用及地位等情况；学科专业设置存在的问题及发展趋势；各国（地区）学科专业设置情况与我国的比较。

2005年4月

国务院学位委员会印发《关于开展对博士、硕士学位授权点定期评估工作的几点意见》，决定自2005年起对博士、硕士学位授权点进行定期评估。其中对开展评估工作的指导思想、评估的内容、评估工作的组织实施、定期评估的结果及处理进行了说明。国务院学位委员会下发《关于2005年博士学位授权点评估工作的通知》，对1998年以前（含1998年）获得授权的博士学位授权点进行评估，对于一级学科授权点，按照一级学科整体进行评估。本次评估采取自我评估、基本状态评价和博士学位论文抽查三个环节进行，必要时组织专家进行实地考察。评估结果由国务院学位委员会学科评议组最终确定。

2005年8月

国务院学位委员会下发通知，对学位证书编号方式进行调整。普通博士、硕士、学士学位证书编号调整为十六位数；专业学位证书编号位置印有汉语拼音缩写的"Z"字样，其后续编号改为十六位数；具有研究生毕业同等学力人员所获学位证书的编号在起始位置用汉语拼音缩写的"T"与其他学位证书加以区别，后续编号方式与普通三级学位证书编号方式相同。调整后的编号方式自2006年启用。

2005年12月

国务院学位委员会、教育部下发《关于调整增设马克思主义理论一级学科及所属二级学科的通知》，决定在《授予博士、硕士学位和培养研究生的学科、专业目录》中增设马克思主义理论一级学科及所属二级学科。新增设的马克思主义理论一级学科，暂设置于"法学"门类内，下设五个二级学科；政治学一级学科下的马克思主义理论与思想政治教育二级学科调整到马克思主义理论一级学科下，分别归入马克思主义基本原理和思想政治教育二级学科。

2006年3月

国务院学位委员会办公室发文委托中国学位与研究生教育学会承担学科专业目录修订方案的研究工作。新的目录修订方案包括：①学科专业目录设置框架性方案；②相关配套管理机制；③与现行体制，包括现行学位授权体系、管理体系的过渡和对接。

2006年6月

国务院学位委员会办公室下发《关于开展中国高校公共管理硕士（MPA）专业学位教学合格评估工作的通知》，委托教育部学位与研究生教育发展中心对首批24所MPA培养单位进行"中国高校公共管理硕士（MPA）专业学位教学合格评估"。

2006年11月

国务院学位委员会办公室下发《关于对定期评估博士学位授权点的学位论文进行抽查的通知》，委托教育部学位与研究生教育发展中心组织专家对第八批博士学位授权点学位论文进行抽查。

2007年3月

国务院学位委员会下发了国务委员、国务院学位委员会主任委员陈至立同志在国务院学位委员会第二十三次会议上的讲话。讲话内容主要有：①对我国研究生教育现状的分析；②以提高质量为核心，采取措施保证和提高研究生培养质量；③发展和完善学位制度；④进一步优化研究生培养的布局和结构。

2007年7月

国务院学位委员会、教育部联合下发通知，决定对现行学位证书的版式和格式内容进行调整：①学位证书的版式由"开本式"调整为"单页式"；②学位证书内容不再包含学位获得者的"籍贯"和"学习年限"等信息；③调整后学位证书的材质为单页120克A4无荧光水印纸；④新版学位证书纸内夹有防伪图案水印和防伪油墨暗印的"国务院学位委员会办公室监制"字样；⑤学位证书采取全国统一编号，证书编号为十六位数；⑥具有研究生毕业同等学力人员所获学位证书的编号，需在编号起始位置加大写英文字母"T"，专业学位证书的编号，其编号起始位置加大写英文字母"Z"；⑦新版学位证书自2008年1月1日启用。

2007年9月

国务院学位委员会办公室在北京召开教育博士专业学位论证专家小组第一次工作会议，研究、论证在我国设置和试办教育博士专业学位的必要性和可行性。

2007年10月

国务院学位委员会办公室发出通知，决定建立三级管理、分级负责的学位与研究生教育信息管理体系。该信息管理体系由国务院学位委员会办公室、省级和军队学位委员会办公室及学位授予单位组成，分级管理、各负其责，原承担学位授予信息年报工作的22个信息处理工作站不再承担此项工作。同时，委托教育部学位与研究生教育发展中心建立并管理全国学位与研究生教育数据中心，承担学位与研究生教育信息年报的汇总、统计和分析工作，并在此基础上出版《学位与研究生教育统计年鉴》。

2008年1月

国务院学位委员会第二十五次会议在北京召开，会议的主要内容有：①审议并原则通过了吴启迪秘书长所做的《第五届国务院学位委员会工作报告》；②审议并原则通过了《博士、硕士学位授权审核办法改革方案》；③讨论全国博士质量调查情况的初步报告。

2008年4月

国务院学位委员会、教育部下发文件，决定在马克思主义理论一级学科下增设一个二级学科，名称为"中国近现代史基本问题研究"。

2008年10月

国务院学位委员会就做好新增博士、硕士学位授予单位工作下发了文件，对新增单位的分类管理、立项建设规划、审核工作的监管与监督等提出了指导意见。在文件中，国务院学位委员会还将全国各省、自治区、直辖市划分为四个类别，以便分类管理。Ⅰ省份：研究生教育发达，学位授权体系能够满足需要；Ⅱ类省份：研究生教育比较发达，学位授权体系基本满足需要；Ⅲ类省份：研究生教育欠发达，学位授权体系尚不满足需要；Ⅳ类省份：研究生教育发展滞后，学位授权体系在层次或类型上存在较多空白。

同日，国务院学位委员会还下发了《关于做好2008—2015年新增博士、硕士学位授予单位立项建设规划工作的通知》，对做好立项建设规划的重要意义和要求，立项建设规划的编制、论证，立项建设规划的审议、公示和报送，以及立项建设规划的批准和实施加以说明。

2008年11月

国务院学位委员会办公室发出通知，决定延长因抗震救灾未参加2008年同等学力人员申请硕士学位外国语水平和学科综合水平全国统一考试的人员资格有效期，延长期为1年，即同等学力申请硕士学位人员可在5年内通过学位授予单位组织的全部课程考试和国家组织的水平认定考试。

2009年6月

国务院学位委员会、教育部下发通知，决定对学位授予和人才培养的学科目录进行修订。本次学科目录修订的主要任务是：对现行学科目录中的学科门类和一级学科进行修订，进一步完善学科体系，提出适用于本科教育和研究生教育的《学位授予和人才培养学科目录》，以及新旧学科目录对照表，编写《一级学科简介》。通知还对学科目录修订的基本原则与要求、学科目录修订的做法与步骤加以说明。

2009年10月

教育部下发了《高等学校和科研机构开展联合培养博士研究生工作暂行办法》。其中对联合培养工作的目的和意义、联合培养工作原则、联合培养的招生工作、培养工作、联合培养的管理工作都做了说明。该办法自2010年博士研究生招生起实施。

2010年1月

国务院学位委员会第二十七次会议在北京召开。会议审议并原则通过了《国务院学位委员会第二十六次会议以来工作进展情况及本次会议议程的说明》《国务院学位委员会2010年工作要点》《关于新增博士、硕士学位授予单位规划阶段工作情况的报告》《关于现有学位授予单位增列授权学科点审核工作方案的报告》《关于授予境外人士名誉博士学位暂行规定》《硕士、博士专业学位教育发展总体方案》《硕士、博士专业学位设置与授权审核办法》《国务院学位委员会关于在学位授予工作中加强学术道德和学术规范建设的意见》，以及《金融硕士专业学位设置方案》等19个硕士专业学位设置方案；审议通过了《关于对2006年定期评估中责令整改的硕士学位授权点再评估结果的处理意见》；对《国家行政学院关于申请新增为博士、硕士学位授予单位的报告》进行了审议，同意对国家行政学院申请新增为博士、硕士学位授予单位进行审核。

2010年4月

国务院学位委员会、教育部批复《全国教育专业学位教育指导委员会章程》。该章程共分五章，由总则、组织、职责、经费、附则组成。

2010年5月

国务院学位委员会下发通知，决定开展新增硕士专业学位授权点审核工作。本次新增的硕士专业学位授权点包括金融、国际商务、统计、税务、保险、资产评估、法律、教育、汉语国际教育、翻译、体育、艺术、应用心理、警务、社会工作、新闻与传播、出版、文物与博物馆、工程、林业、农业推广、风景园林、兽医、临床医学、口腔医学、公共卫生、药学、中药学、护理、工商管理、会计、公共管理、工程管理、旅游管理、图书情报35种专业学位类别，建筑学、城市规划、军事等三类硕士专业学位授权点不在此次新增范围之内。

2010年9月

国务院学位委员会印发了《硕士、博士专业学位研究生教育发展总体方案》和《硕士、博士专业学位设置与授权审核办法》，以推进并完善专业学位研究生教育工作。

2011年1月

全国专业学位研究生教育综合改革试点工作会议在京召开，来自各试点高校分管研究生教育的领导、研究生院（处）负责同志，有关省、自治区、直辖市学位与研究生教育主管部门负责同志，相关专业学位教育指导委员会秘书长等共计260余人参加了本次会议。综合改革试点涉及法律硕士、教育硕士、体育硕士、汉语国际教育硕士、艺术硕士、翻译硕士、建筑学硕士、工程硕士、农业推广硕士、兽医硕士、风景园林硕士、公共卫生硕士、工商管理硕士、公共管理硕士、会计硕士15种专业学位和64所高校（部委高校32所、地方院校32所）。

2011年2月

《中华人民共和国学位条例》实施三十周年纪念大会在北京隆重召开，中共中央政治局委员、国务委员、国务院学位委员会主任委员刘延东同志在纪念大会做重要讲话。第六届国务院学位委员会副主任委员、委员、历任学位委员代表，国务院有关部门及省级教育主管部门代表，高校研究生院院长、研究生导师和做出突出贡献的学位获得者代表共300余人参加了纪念大会。

2011年2月

国务院学位委员会召开第二十八次会议，会议议定如下事项：①审议并原则通过了《关于国务院学位委员会第二十七次会议以来工作进展情况及本次会议议程的说明》。②审议并原则通过了《国务院学位委员会2011年工作要点》。③通过了《2010年审核增列的博士和硕士学位授权一级学科点名单》。④通过了《审计硕士专业学位设置方案》。⑤通过了《工程博士专业学位设置方案》。⑥通过了《学位授予和人才培养学科目录》。⑦同意北京、上海、厦门国家会计学院新增为硕士专业学位授予单位，开展会计硕士专业学位研究生教育。⑧通过了《关于开展"服务国家特殊需求人才培养项目"试点工作的意见》。

2011年3月

国务院学位委员会、教育部发布了新修订的《学位授予和人才培养学科目录（2011年）》，要求已有博士、硕士学位授权点按新目录进行对应调整；学位授权审核及学位与研究生教育质量监督工作按照新目录进行；研究生招生工作从2012年起按新目录进行；研究生的培养和学位授予工作等应尽快转入按新目录进行。新修订的目录是在原《授予博士、硕士学位和培养研究生的学科、专业目录（1997年颁布）》和《普通高等学校本科专业目录（1998年颁布）》的基础上，经过专家反复论证后编制的，共有13个学科门类（新增了"艺术学"门类）和110个一级学科。本目录还附有《专业学位授予和人才培养目录》。

2011年3月

国务院学位委员会印发《关于开展"服务国家特殊需求人才培养项目"试点工作的意见》，决定安排少数确属服务国家特殊需求，但尚无博士或硕士学位授予权和没有列入国家批准的新增学位授予单位立项建设规划的高等学校，在一定时期内招收培养研究生并授予学位，并根据国家特殊需求的变化对人才培养项目实行动态管理。人才培养项目的实施以5年为期，项目期满后对项目实施情况进行评估。对于不能达到预期目标，或国家需求已经发生变化的人才培养项目，不再安排其招收培养研究生，待已招收研究生全部毕业后项目即行终止。

2011年9月

国务院学位委员会审核批准14所高等学校新增或继续开展建筑学学士、硕士专业学位授予工作，这14所高校是：清华大学、天津大学、沈阳建筑大学、同济大学、南京大学、东南大学、浙江大学、厦门大学、郑州大学、武汉理工大学、西安交通大学、天津城市建设学院、安徽建筑工业学院和烟台大学；新增11所高等学校开展城市规划硕士专业学位授予工作，这11所高校是：清华大学、天津大学、哈尔滨工业大学、同济大学、南京大学、东南大学、武汉大学、华南理工大学、重庆大学、西北大学和西安建筑科技大学。

2012年3月

国务院学位委员会第二十九次会议在北京召开。会议的主要议题是：①刘延东同志发表重要讲话；②审议国务院学位委员会秘书长报告和2012年工作要点；③讨论《关于深入推进研究生培养机制改革，进一步提高研究生教育质量的意见（讨论稿）》；④审批服务国家特殊需求博士人才培养项目；⑤审批经再次复审通过的 2010 年申请增列博士学位授权一级学科名单。

2012 年 11 月

国务院学位委员会办公室发出通知，决定对立项建设博士、硕士学位授予单位进行验收。立项建设博士学位授予单位的拟授权学科的评审由国务院学位委员会办公室组织进行；建设工作的整体验收由省级学位委员会组织进行。立项建设硕士学位授予单位的拟授权学科评审和建设工作整体验收均由省级学位委员会组织进行。中国人民解放军立项建设博士单位的建设工作整体验收、立项建设硕士学位授予单位拟授权学科评审和建设工作整体验收，由中国人民解放军学位委员会组织进行。验收通过的立项建设单位和评审通过的立项建设授权学科将提请国务院学位委员会批准为新增学位授予单位和新增学位授权学科。

2012 年 11 月

教育部发布《学位论文作假行为处理办法》。其中明确了学位申请人员、指导教师、学生培养单位、学位授予单位及相关人员的责任，规定了学位论文作假行为 5 种情形及处理措施等。对出现论文买卖等弄虚作假行为的学位申请人员，要求做出取消其学位申请资格或撤销学位的处理，并规定从处理决定之日起至少 3 年内，各学位授予单位不得接受其学位申请。该办法自 2013 年 1 月 1 日起施行。

2013 年 1 月

国务院学位委员会发出通知，就做好服务国家特殊需求博士人才培养项目实施工作提出明确要求。通知指出，服务国家特殊需求博士人才培养项目实施过程中，必须始终坚持以服务国家特殊需求为工作目标；务必落实各项投入计划和支持政策，为项目实施提供有利条件保障；建立部门、行业共同参与的管理、指导和评估机制；根据特殊的人才培养需求创新培养模式，建立适应人才培养项目需要、有利于实现项目目标的评价制度；建立健全制度，严格规范管理；根据需求变化和项目实施效果，对项目实行动态管理。

2013 年 7 月

全国研究生教育工作会议暨国务院学位委员会第三十次会议在京召开，会议的主要内容有：①教育部、发展改革委、财政部负责同志发言；②国务院副总理、国务院学位委员会主任委员刘延东同志作重要讲话；③审议国务院学位委员会秘书长杜占元同志所作的《关于第二十九次会议以来开展的主要工作和 2013 年度工作重点》报告；④审批《国务院学位委员会议事规则（修订稿）》；⑤审议《关于加强学位与研究生教育质量保证和监督体系建设的意见（送审稿)》；⑥审批《关于"军制学"一级学科更名为"军事管理学"的论证报告》；⑦审批《关于立项建设博士、硕士学位授予单位及其授权学科审核情况的报告》；⑧审议《关于开展博士、硕士学位授权学科和专业学位授权类别动态调整试点工作的意见》；⑨审议《国务院学位委员会2013年工作要点》。

2013年9月

国务院学位委员会、教育部发布《一级学科简介》和《博士、硕士学位基本要求》。为贯彻落实《国家中长期教育改革和发展规划纲要（2010—2020年)》中关于"制定教育质量国家标准"的要求，实施《关于深化研究生教育改革的意见》，建立健全研究生教育质量监督体系，国务院学位委员会、教育部委托国务院学位委员会第六届学科评议组编写了《一级学科简介》和学术学位《博士、硕士学位基本要求》，印发各研究生培养单位执行。《一级学科简介》和《博士、硕士学位基本要求》的制订是学位与研究生教育的一项基础性工作，其印发和实施对保证我国研究生培养和学位授予基本质量，推进研究生教育分类评价，提高学科建设水平，促进学术交流等方面都具有重要作用，也为社会了解研究生教育质量标准，开展质量监督提供了依据。

2013年11月

教育部、人力资源和社会保障部发布《关于深入推进专业学位研究生培养模式改革的意见》。文中提出要以职业需求为导向，以实践能力培养为重点，以产学结合为途径，建立与经济社会发展相适应，具有中国特色的专业学位研究生培养模式。文中从招生制度、培养方案、课程教学等方面提出了11条改革举措。

2014年1月

国务院学位委员会印发通知，决定在上海市、江苏省、安徽省和广东省开展博士、硕士学位授权学科和专业学位授权类别动态调整的试点工作。随文件下发了《关于开展博士、硕士学位授权学科和专业学位授权类别动态调整试点工作的意见》和《博士、硕士学位授权学科和专业学位授权类别动态调整办法（试行)》，说明了开展动态调整工作的主要原则、动态调整的方式及要求、动态调整学位授权点的批准与复核、动态调整试点工作的组织实施。同时，在文件中说明了动态调整的总则、学位授予单位自主调整及省级学位委员会统筹调整的办法、学位授权点的批准及复核以及其他相关规定。

2014年1月

国务院学位委员会、教育部下发了《关于加强学位与研究生教育质量保证和监督体系建设的意见》，指出要构建以学位授予单位质量保证为基础，教育行政部门监管为引导，学术组织、行业部门和社会机构积极参与的内部质量保证和外部质量监督体系。文件对于如何强化学位授予单位的质量保证，加强教育行政部门的质量监管，充分发挥学术组织、行业部门和社会机构的监督作用提出了原则性意见。随文件还下发了《学位授予单位研究生教育质量保证体系建设基本规范》，其中对学位授予单位研究生教育目标与学位授予标准、招生管理、培养过程与学位授予管理、导师岗位管理、研究生管理与服务、条件保障与质量监督、质量管理与质量文化七方面提出了明确的要求。

2014年1月

国务院学位委员会、教育部印发了《学位授权点合格评估办法》和《博士硕士学位论文抽检办法》，供各学位授予单位遵照执行。《学位授权点合格评估办法》共18条，对学位授权点评估周期、评估方式、评估的组织实施、评估结果的认定和使用等等方面都进行了规定。《博士硕士学位论文抽检办法》共12条，对学位论文抽检比例、抽检方式、评议方式、评议意见的使用等加以规定。

2014年3月

国务院学位委员会办公室下发通知，就全国学位与研究生教育质量信息平台试运行工作进行说明。该平台是委托教育部学位与研究生教育发展中心建设的，于3月20—5月20日开始试运行，对各省、自治区、直辖市学位委员会办公室和部分高校开放。学位与研究生教育的部分制度文件、学位授权数据、学位授予数据、学位论文抽检结果等信息可在该平台查询。

2014年6月

国务院学位委员会、教育部下发《关于开展学位授权点合格评估工作的通知》，决定于2014—2019年开展学位授权点合格评估工作。此次评估的范围是2008年以前（含2008年）获得授权的学术学位授权点和专业学位授权点；2011年以二级学科学位授权点为基础增列的一级学科学位授权点；2011—2012年按照《学位授予和人才培养学科目录（2011年）》对应调整的学术学位授权点和2009年以后批准的其他新增学位授权点。国务院学位委员会、教育部下发《关于开展2014年学位授权点专项评估工作的通知》，决定对2009—2011年获得授权的学术学位授权点和专业学位授权点进行专项评估。通知中规定了此次专项评估的评估范围、评估组织、评估内容、评估方式、评估程序和评估结果的使用。

2014年12月

国务院学位委员会印发了《中医专业学位设置方案》。方案共9条，对中医专业学位名称、设置学位的目的、人才培养目标、教学方式、学位论文等进行了规定。国务院学位委员会下发通知,将"农业推广硕士专业学位"正式定名为"农业硕士专业学位"。

2015年4月

由各专业学位研究生教育指导委员会编写的、按专业学位类别制订的《专业学位类别(领域)博士、硕士学位基本要求》由高等教育出版社出版。这为学位授予单位制订研究生培养方案和学位授予标准提供了依据,为导师培养学生提供了参考,为教育行政部门开展质量监督提供了标准。

2015年6月

教育部学位管理与研究生教育司发出《关于开展深化专业学位研究生教育综合改革工作的通知》,决定在原有改革试点工作基础上,选取部分单位开展深化专业学位研究生教育综合改革工作。

2015年6月

国务院学位委员会、教育部印发了《学位证书和学位授予信息管理办法》,规定自2016年1月1日起,学位证书由各学位授予单位自行印制,国务院学位委员会办公室印制的学位证书不再使用。

2015年11月

国务院学位委员会下发了《关于开展博士、硕士学位授权学科和专业学位授权类别动态调整工作的通知》和《博士、硕士学位授权学科和专业学位授权类别动态调整办法》,决定自2016年起,将博士、硕士学位授权学科和专业学位授权类别动态调整工作的实施范围扩大到全国。由各省、自治区、直辖市学位委员会和中国人民解放军学位委员会分别根据相关文件精神,组织实施各学位授予单位的学位授权点动态调整工作,并于当年6月底前将每年的调整结果报送至国务院学位委员会办公室。同日,国务院学位委员会下达了2015年动态调整撤销和增列的学位授权点名单。

2016年1月

国务院学位委员会第三十二次会议在北京召开。审议并原则通过了《关于第三十一次会议以来开展的主要工作和下一阶段工作的考虑》;以投票表决方式通过了《增列"网络空间安全"一级学科博士学位授权点名单》和《2014年学位授权点专项评估结果》;审议通过了《研究生教育发展"十三五"规划》《关于深化博士硕士学位授权审核办法改革的意见》《博士研究生导师学术指导职责指南》和《涉密研究生与涉密学位论文管理办法》。

2016年9月

国务院学位委员会、教育部下发通知，决定开展2016年学位授权点专项评估工作。此次学位授权点专项评估的范围为：2012年获得授权的学术学位授权点和专业学位授权点，不含以二级学科学位授权点为基础增列的一级学科学位授权点，按照《学位授予和人才培养学科目录（2011年）》对应调整的学术学位授权点和服务国家特殊需求人才培养项目。主要检查参评点研究生培养体系的完备性，包括师资队伍（队伍结构、导师水平）、人才培养（招生选拔、培养方案、课程教学、学术训练或实践教学、学位授予）和质量保证（制度建设、过程管理、学风教育）等。专项评估工作由国务院学位委员会办公室负责，委托国务院学位委员会学科评议组和全国专业学位研究生教育指导委员会组织实施。

2016年9月

国务院学位委员会下达了2016年动态调整撤销和增列的学位授权点名单，本次动态调整共撤销博士学位授权点51个，硕士学位授权点525个；增列博士学位授权点32个，硕士学位授权点335个。

2016年11月

国务院学位委员会、教育部、国家保密局联合下发了《涉密研究生与涉密学位论文管理办法》。该办法分为总则、涉密研究生管理、涉密学位论文的定密与管理、涉密研究生的权益保障、奖励与处罚和附则共六章。

2017年1月

教育部、国务院学位委员会印发了《学位与研究生教育发展"十三五"规划》。

国务院学位委员会第三十三次会议在北京召开。中共中央政治局委员、国务院副总理、国务院学位委员会主任委员刘延东出席会议并作重要讲话。会议的主要议题是：①深入学习习近平总书记系列重要讲话精神和治国理政新理念、新思想、新战略，贯彻党的十八届六中全会、全国高校思想政治工作会议精神，学习贯彻刘延东同志重要讲话精神；②听取并审议杜占元秘书长《关于第三十二次会议以来开展的主要工作和下一阶段工作的考虑》报告；③审批《2016年学位授权点专项评估结果》和《有关院校学位授予权调整名单》；④审议《博士硕士学位授权审核办法》《学位授权审核申请基本条件》《2017年博士硕士学位授权审核工作方案》《服务国家特殊需求人才培养项目验收评估工作方案》《关于〈学位条例〉修订工作的说明及其参考稿》。

2017年3月

国务院学位委员会印发了《博士硕士学位授权审核办法》，并决定2017年开展博士、硕士学位授权审核工作。

2017年5月

国务院学位委员会下发通知，对《博士、硕士学位授权学科和专业学位授权类别动态调整办法》进行了适当调整，强调了省级学位委员会对动态调整工作的统筹指导，对调整标准、调整范围予以进一步明确，同时规定了今后动态调整工作的时间安排。各地共申请撤销博士学位授权点18个、硕士学位授权点322个，增列博士点18个、硕士点166个。

2017年7月

国务院学位委员会、教育部、人力资源社会保障部联合发布了修订后的《专业学位研究生教育指导委员会工作规程》。《工作规程》共18条，此次修订于2017年7月完成，主要增加了有关指导委员会人员调整方面的内容。

2018年1月

国务院学位委员会第三十四次会议在北京召开。审批了《2017年学位授权审核结果》《2017年"服务国家特殊需求人才培养与项目"验收评估结果》《2017年学位授权点专项评估结果》《2017年学位授权点动态调整结果》等文件。

2018年2月

国务院学位委员会公布了2017年动态调整撤销和增列的学位授权点名单。

2018年4月

国务院学位委员会国务院学位委员会发布了《关于高等学校开展学位授权自主审核工作的意见》，公布学位授权自主审核单位名单，允许北京大学、清华大学等20家单位开展学位授权自主审核工作。

2018年4月

国务院学位委员会发布《学位授予和人才培养学科目录（2018年）》。该目录适用于硕士、博士的学位授予、招生和培养，并用于学科建设和教育统计分类等工作。目录中授予学位的学科门类13个，即哲学、经济学、法学、教育学、文学、历史学、理学、工学、农学、医学、军事学、管理学、艺术学。

2018年9月

国务院学位委员会下发《关于对已有的工程硕士、博士专业学位授权点进行对应调整》的通知。文件对工程硕士、工程博士专业学位授权点对应调整的原则与要求、工作程序进行了规定。

2019年1月

国务院学位委员会第三十五次会议在北京召开。会议审批了《2018年学位授权审核结果》《专业学位研究生教育指导委员会工作规程》《学士学位授权与授予管理办法》《工程硕士、博士专业学位授权点对应调整名单》《2018年学位授权点专项评估结果》《2018年学位授权点动态调整结果》等文件。

2019年2月

教育部办公厅下发《教育部办公厅关于进一步规范和加强研究生培养管理的通知》，要求切实落实质量保证主体责任，突出立德树人根本任务，严格执行培养制度，狠抓学位论文和学位授予管理，加强导师队伍建设，健全预防和处置学术不端的机制。教育行政部门将加强督导监管责任，强化学位论文抽检结果使用，加大评估力度和对问题单位的惩戒力度。

2019年4月

国务院学位委员会、教育部下发通知，部署学位授权点合格评估抽评工作。2014年开展合格评估的学位授权点，除工程类别专业学位授权点、已经国务院学位委员会审批同意撤销的学位授权点、已上报的拟撤销或调整的学位授权点，其他自评结果为"合格"的学位授权点均纳入抽评范围。具有博士学位授权的学位授权点抽评由国务院学位委员会办公室组织实施，确定抽评博士点名单，委托国务院学位委员会学科评议组和全国专业学位研究生教育指导委员会开展评估。未获得博士学位授权的硕士学位授权点抽评由各省级学位委员会组织实施。军队系统的博士、硕士学位授权点抽评由中国人民解放军学位委员会组织实施。未开展自我评估的学位授权点，视为自动放弃学位授权，按不合格学位授权点认定，不纳入抽评范围。

2019年5月

国务院学位委员会下发《2018年动态调整撤销和增列的学位授权点名单》。此次调整中，共撤销了489个学位授权点，增列了218个学位授权点。

2019年5月

国务院学位委员会下发《2019年增列的学位授权自主审核单位名单》。批准北京理工大学、华东师范大学、东南大学、山东大学、华中科技大学、中南大学、中山大学、四川大学、重庆大学、西北工业大学、兰州大学（按单位代码排序）11所大学为学位授权自主审核单位。

2019年6月

国务院学位委员会第三十五次会议审议通过《专业学位研究生教育指导

委员会工作规程（2019年修订）》。

2020年3月

国务院学位委员会下发《关于下达2019年学位授权自主审核单位撤销和增列的学位授权点名单的通知》，共撤销了3个学位授权点，增列了46个学位授权点。

2020年7月

全国研究生教育会议召开，习近平总书记对研究生教育工作作出重要指示，李克强总理做出重要批示，孙春兰副总理作重要讲话。

2020年9月

教育部召开新闻发布会。教育部、国家发展改革委、财政部三部委联合印发《关于加快新时代研究生教育改革发展的意见》。其中明确"立德树人、服务需求、提高质量、追求卓越"的工作主线，推出六大改革举措、十大专项行动，提出到2035年，初步建成具有中国特色的研究生教育强国。

2020年10月

国务院学位委员会、教育部印发《专业学位研究生教育发展方案（2020—2025）》。明确未来发展以习近平新时代中国特色社会主义思想为指导，面向国家发展重大战略，面向行业产业当前及未来人才重大需求，面向教育现代化，进一步凸显专业学位研究生教育重要地位，着力优化硕士专业学位研究生教育结构，加快发展博士专业学位研究生教育，以立德树人、服务需求、提高质量、追求卓越为主线，遵循"四项基本原则"，大力提升专业学位研究生教育质量。

2020年11月

国务院教育督导委员会印发《全国专业学位水平评估实施方案》，明确了突出人才培养质量评价，以学生实践创新能力和职业胜任能力为核心，强化行业需求导向，重视用人单位反馈评价等评估要求。

2020年12月

国务院学位委员会修订印发《博士、硕士学位授权学科和专业学位授权类别动态调整办法》。该文件共20条，对学位授予单位自主调整和省级学位委员会统筹调整提出明确细则，进一步完善学位授权点动态调整机制，推动学位授予单位根据经济社会发展需求、建设高质量教育体系要求和自身办学特色与学科专业水平，主动调整优化学位授权点结构，提升研究生教育质量。

附录二 2018年学位授予和人才培养学科目录

学科门类	2018年
01 哲学	0101 哲学
02 经济学	0201 理论经济学
	0202 应用经济学
03 法学	0301 法学
	0302 政治学
	0303 社会学
	0304 民族学
	0305 马克思主义理论
	0306 公安学【新增】
04 教育学	0401 教育学
	0402 心理学（可授教育学、理学学位）
	0403 体育学
05 文学	0501 中国语言文学
	0502 外国语言文学
	0503 新闻传播学
	0504 艺术学
06 历史学	0601 考古学
	0602 中国史
	0603 世界史
07 理学	0701 数学
	0702 物理学
	0703 化学
	0704 天文学
	0705 地理学
	0706 大气学
	0707 海洋科学
	0708 地球物理学
	0709 地质学
	0710 生物学

续表

学科门类	2018年
07 理学	0711 系统科学
	0712 科学技术史（分学科，可授理学、工学、农学、医学位）
	0713 生态学
	0714 统计学（可授理学、经济学学位）
08 工学	0801 力学（可授工学、理学学位）
	0802 机械工程
	0803 光学工程
	0804 仪器科学与技术
	0805 材料科学与工程（可授工学、理学学位）
	0806 冶金工程
	0807 动力工程及工程热物理
	0808 电气工程
	0809 电子科学与技术（可授工学、理学学位）
	0810 信息与通信工程
	0811 控制科学与工程
	0812 计算机科学与技术（可授工学、理学学位）
	0813 建筑学
	0814 土木工程
	0815 水利工程
	0816 测绘科学与技术
	0817 化学工程与技术
	0818 地质资源与地质工程
	0819 矿业工程
	0820 石油与天然气工程
	0821 纺织科学与工程
	0822 轻工技术与工程
	0823 交通运输工程
	0824 船舶与海洋工程
	0825 航空宇航科学与技术
	0826 兵器科学与技术
	0827 核科学与技术
	0828 农业工程
	0829 林业工程
	0830 环境科学与工程（可授工学、理学、农学学位）
	0831 生物医学工程（可授工学、理学、医学学位）
	0832 食品科学与工程（可授工学、农学学位）
	0833 城乡规划学

续表

学科门类	2018 年
08 工学	0834 风景园林学（可授工学、农学学位）
	0835 软件工程
	0836 生物工程
	0837 安全科学与工程
	0838 公安技术
	0839 网络空间安全【新增】
09 农学	0901 作物学
	0902 园艺学
	0903 农业资源利用
	0904 植物保护
	0905 畜牧学
	0906 兽医学
	0907 林学
	0908 水产
	0909 草学
10 医学	1001 基础医学（可授医学、理学学位）
	1002 临床医学
	1003 口腔医学
	1004 公共卫生与预防医学（可授医学、理学学位）
	1005 中医学
	1006 中西医结合
	1007 药学（可授医学、理学学位）
	1008 中药学（可授医学、理学学位）
	1009 特种医学
	1010 医学技术（可授医学、理学学位）
	1011 护理学（可授医学、理学学位）
11 军事学	1101 军事思想及军事历史
	1102 战略学
	1103 战役学
	1104 战术学
	1105 军队指挥学
	1106 军事管理学
	1107 军队政治工作学
	1108 军事后勤学
	1109 军事装备学
	1110 军事训练学

续表

学科门类	2018年
12 管理学	1201 管理科学与工程（可授管理学、工学学位）
	1202 工商管理
	1203 农林经济管理
	1204 公共管理
	1205 图书情报与档案管理
13 艺术学	1301 艺术学理论
	1302 音乐与舞蹈学
	1303 戏剧与影视学
	1304 美术学
	1305 设计学（可授艺术学、工学学位）

专业学位授予和人才培养目录

0251	金融	0857	*资源与环境
0252	应用统计	0858	*能源动力
0253	税务	0859	*土木水利
0254	国际商务	0860	*生物与医药
0255	保险	0861	*交通运输
0256	资产评估	0951	农业
0257	审计	0952	*兽医
0351	法律	0953	风景园林
0352	社会工作	0954	林业
0353	警务	1051	*临床医学
0451	*教育	1052	*口腔医学
0452	体育	1053	公共卫生
0453	汉语国际教育	1054	护理
0454	应用心理	1055	药学
0551	翻译	1056	中药学
0552	新闻与传播	1057	*中医
0553	出版	1151	军事
0651	文物与博物馆	1251	工商管理
0851	建筑学	1252	公共管理
0853	城市规划	1253	会计
0854	*电子信息	1254	旅游管理
0855	*机械	1255	图书情报
0856	*材料与化工	1256	工程管理
		1351	艺术

注：名称前加*的可授予硕士、博士专业学位；建筑学可授予学士、硕士专业学位；其他授予硕士专业学位

数据来源：学位授予和人才培养学科目录（2018年4月更新）[EB/OL].（2018-04-19）[2021-04-20]. http://www.moe.gov.cn/s78/A22/xwb_left/moe_833/201804/t20180419_333655.html.

附录三 40年全国授予博士、硕士、学士学位数量

年份	博士学位授予量/万人	硕士学位授予量/万人	学士学位授予量/万人
1981	0	0.8665	8.9548
1982	0.0013	0.5773	24.4468
1983	0.0019	0.3548	18.1686
1984	0.0091	0.7789	17.2187
1985	0.0234	1.2618	17.5324
1986	0.0307	1.4938	19.8943
1987	0.0622	2.0831	22.7901
1988	0.1682	3.6501	23.9499
1989	0.1904	3.5442	27.6582
1990	0.2127	3.2557	26.0483
1991	0.2556	3.0675	32.3434
1992	0.2540	2.5276	39.2271
1993	0.2114	2.4129	29.8959
1994	0.3590	2.6166	31.0291
1995	0.4364	2.8125	32.5484
1996	0.5578	3.6305	34.7194
1997	0.6793	3.9950	38.1647
1998	0.8518	4.0657	40.4666
1999	1.0160	5.2246	44.0935
2000	1.1383	6.0081	49.5624
2001	1.2465	7.3278	49.4032
2002	1.4706	8.8799	56.7111
2003	1.8625	12.0186	81.4759
2004	2.2936	16.8458	105.0952
2005	2.8318	21.9946	130.9692

续表

年份	博士学位授予量/万人	硕士学位授予量/万人	学士学位授予量/万人
2006	3.5628	29.1366	156.5549
2007	4.2671	36.7894	182.0516
2008	4.2217	29.8937	208.2558
2009	4.6616	32.1255	229.8200
2010	4.7407	33.2585	243.5867
2011	4.8551	37.8227	270.7934
2012	5.0399	43.1431	296.6148
2013	5.1714	45.7806	313.0415
2014	5.6703	60.9522	333.8323
2015	5.8113	63.2726	350.3230
2016	5.9649	64.3105	365.9686
2017	6.2737	65.0156	377.1039
2018	6.5379	66.5949	380.7417
2019	6.1060	65.4477	389.1750
2020	6.5585	70.2399	416.9808
合计	95.6074	865.0774	5517.2112

数据来源：

①中华人民共和国国家教育委员会计划财务局. 中国教育统计年鉴（1987）[M]. 北京：北京工业大学出版社，1988：17.

②中华人民共和国国家教育委员会计划建设司. 中国教育统计年鉴（1991—1992）[M]. 北京：人民教育出版社，1993：15.

③教育部. 全国授予博士、硕士学位人数统计（1981—2006）[EB/OL]. （2007-10-12）[2021-05-20]. http://www.moe.gov.cn/srcsite/A22/s7065/200710/t20071012_61115.html.

④教育部. 教育统计数据[EB/OL]. （2007-10-09）[2021-05-20]. http://www.moe.gov.cn/s78/A03/moe_560/moe_1659/moe_1661/index_1.html.

⑤教育部发展规划司. 中国教育统计年鉴（2007）[M]. 北京：人民教育出版社，2008：192-193.

⑥教育部发展规划司. 中国教育统计年鉴（2008）[M]. 北京：人民教育出版社，2009：192-193.

⑦中华人民共和国教育部. 中国教育统计年鉴（2009）[M]. 北京：人民教育出版社，2010：192-193.

⑧教育部发展规划司. 中国教育统计年鉴（2010）[M]. 北京：人民教育出版社，2011：192-193.

⑨教育部发展规划司. 中国教育统计年鉴（2011）[M]. 北京：人民教育出版社，2012：193-195.

⑩教育部发展规划司. 中国教育统计年鉴（2017）[M]. 北京：中国统计出版社，2018：202-203.

附录四　历届国务院学位委员会名单

第一届
主任委员： 方　毅　胡乔木
副主任委员： 周　扬　蒋南翔　武　衡　钱三强
　　　　　　1983年3月调整为：何东昌　武　衡　钱三强　张光斗
委　　员： 于光远　王淦昌　石美鑫　冯　至　冯　康　冯德培　白寿彝
　　　　　朱云谦　华罗庚　孙俊人　苏步青　李国豪　严济慈　沈　元
　　　　　何　康　吕叔湘　张文佑　张文奇　张友渔　张　维　季羡林
　　　　　周培源　周惠久　金善宝　侯祥麟　费孝通　夏　鼐　高景德
　　　　　唐敖庆　钱信忠　钱学森　陶亨咸　黄辛白　黄家驷　黄　葳
　　　　　梅　益
秘书长： 黄辛白（兼）

第二届
主任委员： 何东昌
副主任委员： 张光斗　胡　绳　周光召　朱开轩
委　　员： 丁石孙　朱德熙　季羡林　黄　达　高景德　潘际銮　张文奇
　　　　　李　未　阎龙飞　方福康　唐敖庆　马祖光　谢希德　李国豪
　　　　　石美鑫　曲钦岳　路甬祥　赵鹏大　卢永根　康振黄　史维祥
　　　　　冯　康　黄维垣　涂光炽　邹承鲁　干福熹　汝　信　刘国光
　　　　　王叔文　李学勤　戴传曾　吴阶平　韩怀智　郭树言　曾培炎
　　　　　朱光亚　任新民　潘家铮　何　康　陈敏章　吴本厦
秘书长： 朱开轩（兼）

第三届
主任委员： 李岚清
副主任委员： 朱光亚　周光召　张孝文　汝　信

  1996年7月调整为：朱光亚　周光召　朱开轩　张孝文
        汝　信　周远清

委　员：张恭庆　杨芙清　袁行霈　黄　达　王大中　李衍达　杨天钧
   李　未　石元春　巴德年　方福康　孙家钟　马祖光　杨福家
   翁史烈　陈中伟　曲钦岳　齐　康　潘际銮　赵鹏大　卢永根
   康振黄　史维祥　路甬祥　张存浩　杨　乐　张新时　干福熹
   孙鸿烈　王叔文　李学勤　张卓元　王乃彦　曾培炎　朱丽兰
   刘积斌　潘家铮　刘　江　陈敏章　李　景　于景元　王忠烈
  1996年7月6日调整为：
委　员：张恭庆　杨芙清　袁行霈　王忠烈　黄　达　王大中　李衍达
   杨天钧　李　未　石元春　巴德年　方福康　孙家钟　马祖光
   杨福家　翁史烈　陈中伟　曲钦岳　齐　康　潘际銮　赵鹏大
   卢永根　康振黄　史维祥　路甬祥　张存浩　杨　乐　张新时
   干福熹　孙鸿烈　王叔文　李学勤　张卓元　王乃彦　曾培炎
   朱丽兰　刘积斌　潘家铮　刘　江　陈敏章　吴铨叙　于景元
   赵沁平
秘书长：张孝文（兼）
副秘书长：王忠烈（兼）
  1996年7月调整为：赵沁平　王忠烈

【第四届】

主任委员：李岚清
副主任委员：宋　健　陈至立　路甬祥　周远清　王洛林
  2000年12月调整为：宋　健　陈至立　路甬祥　吕福源
        王洛林
委　员：巴德年　王大中　左铁镛　白春礼　石元春　刘中树　刘应明
   向仲怀　曲钦岳　朱丽兰　朱清时　齐　康　吴　林　吴启迪
   吴有生　吴铨叙　张文康　张存浩　张孝文　李　未　李　明
   李学勤　李衍达　杨　乐　杨天钧　杨芙清　杨叔子　杨福家
   陆善镇　陈耀邦　郑南宁　胡之璧　赵沁平　赵鹏大　徐颂陶
   翁史烈　袁　卫　袁行霈　顾玉东　梁慧星　曾培炎　温熙森
   楼继伟　潘云鹤

2000年12月国务院通知增补：郑必坚　江泽慧

秘书长：周远清（兼）

2000年12月调整为：吕福源（兼）

副秘书长：赵沁平（兼）

第五届

主任委员：陈至立

副主任委员：路甬祥　徐匡迪　陈奎元　周　济　赵沁平

2004年7月增补：吴启迪

委　员：马　凯　巴德年　王树国　王晓初　韦　钰　左铁镛　白春礼
石泰峰　刘应明　向仲怀　孙家广　朱清时　江泽慧　纪宝成
许智宏　吴启迪　吴铨叙　张文显　张华祝　张海鹏　李　未
杜青林　杨　乐　杨天钧　陈进玉　陈佳洱　陈章良　周远清
周其凤　郑南宁　洪家兴　钟秉林　高　强　袁行霈　顾玉东
顾秉林　殷鸿福　梁慧星　温熙森　程津培　蒋树声　谢绳武
楼继伟　霍虎渠　樊明武　潘云鹤

2004年11月国务院批准增补：杨　卫

2006年1月国务院批准：张华祝调整为陈求发
　　　　　　　　　　吴铨叙调整为许其亮

2006年12月国务院批准增补：杨玉良

2007年3月国务院批准：陈进玉调整为项兆伦

秘书长：赵沁平（兼）

2004年7月调整为：吴启迪（兼）

副秘书长：周其凤（兼）

2004年11月调整为：杨卫（兼）

2006年12月调整为：杨玉良（兼）

第六届

主任委员：刘延东

副主任委员：路甬祥　徐匡迪　陈奎元　周　济　赵沁平

2008年12月国务院批准增补：陈　希

2009年11月国务院批准增补：袁贵仁

2011年1月国务院批准增补：杜占元

委　员：王树国　王晓初　韦　钰　左铁镛　白春礼　石泰峰　刘应明
　　　　刘德培　刘镇武　向仲怀　孙政才　孙家广　朱之鑫　朱清时
　　　　纪宝成　许智宏　吴启迪　张　杰　张少春　张海鹏　李　未
　　　　李培根　杨　卫　杨玉良　陈　竺　陈　骏　陈求发　陈宜瑜
　　　　周远清　周其凤　郑时龄　郑南宁　金　力　柯　杨　柯炳生
　　　　钟秉林　项兆伦　徐金梧　殷洪福　袁行霈　郭　雷　顾玉东
　　　　顾秉林　曹健林　梁慧星　储富祥　温熙森　翟虎渠　潘云鹤

2009年3月国务院批准：刘镇武调整为孙建国

2009年7月国务院批准增补：张尧学

2009年11月国务院批准：孙建国调整为陈勇

秘书长：赵沁平（兼）

2008年12月调整为：陈希（兼）

2011年1月调整为：杜占元（兼）

副秘书长：杨玉良（兼）

2009年7月调整为：张尧学（兼）

数据来源：国务院学位委员会历届委员及会议［EB/OL］.［2021-04-20］. http://www.chinadegrees.cn/xwyyjsjyxx/xw30/hssn/gwyxwwyh/.

后　　记

　　2021年是中华人民共和国学位制度实施40周年。我国现代学位制度的实施解决了我国人才断层的问题，激发了年轻学子的学习热情，振奋了中国人的精神面貌，为我国高等教育发展提供了学术规范和基本要求，为国家改革开放、创新发展提供了人力和智力支撑。我是学位制度实施的获益者，先后获得了学士学位、硕士学位、博士学位；又是我国学位制度实施的亲历者，长期从事学位与研究生教育的管理和研究。笔者应该，也有责任把这段历史记录下来，为国家学位制度的完善做点贡献，也为其他专家学者研究我国学位制度、研究学位制度实施留下历史资料、素材。

　　从2020年年初笔者开始思考如何把我国现代学位制度建立与实施的历史保留下来，通过阅读文献，看到研究学位制度的文献比较多，系统研究学位制度实施的文献却没有看到。因此，笔者决定要写一本书，从学位制度实施的角度开展研究。去年10月1日开始，笔者组织部分博士后、博士研究生、硕士研究生从历史的视角全面、系统研究我国学位制度实施40年的政策变迁、制度完善，以及学位制度实施在国家发展、民族进步中发挥的作用、取得的成就。我们应用教育学、管理学、社会学有关理论，采用政策研究法、文献研究法、描述性研究法等方法，研究40年来我国学位制度实施的学位授权制度、学科专业目录、学位管理体系的建立、完善、改革、发展与创新，重现了历史进程，描述了中国特色的学位制度实施体系形成的过程。

　　在大量阅读政策文本、研究文献，仔细梳理我国学位制度实施的脉络的基础上，为了进一步准确把握政策文本、典型事件的原貌和精髓，笔者带领研究生访谈了部分研究生教育领域的老领导、老专家和学者，并召开了"中国学位制度实施40年"全国学术研讨会。我们共访谈了来自国务院学位委员会、教育部有关部门，教育部学位与研究生教育发展中心等单位长期从事国家学位管理的领导，以及在高校中长期从事该领域研究与管理工作的专家学者50余人次，形成原始访谈文本10万余字，经过梳理和总结形成本研究的一手资料，为本研究提供了质性研究的依据。

国务院学位委员会、教育部学位管理与研究生教育司的有关领导，部分高校研究生教育管理的一些老领导、专家学者都非常关心、支持本书的出版，李军、王亚杰、刘桔、雍翠菊、陈皓明、张文修、张淑林、丁雪梅、刁承湘、秦惠民、陆叔云、马永红、周光礼、廖文武、李镇、王茹、王顶明、周玉清等50多位老师接受了访谈，参加了有关研讨会，提出了宝贵的指导性意见。特别令我感动的是陈皓明老师、张文修老师、刁承湘老师、廖文武老师、林晓青老师对本书稿提出了宝贵的、重要的修改意见。

特别感谢国务院学位委员会原副主任、教育部原副部长赵沁平院士在百忙中指导本书的写作，并为本书作序。非常感谢国务院学位委员会委员、四川大学原校长、中国书法家协会会员谢和平院士为本书题写了书名。正是他们的指导、支持和帮助，提高了本书的写作水平。

笔者按照编年史的写作手法，围绕"学位制度实施"，从"历史视角"梳理和呈现中国学位制度实施的历史过程，把握学位制度在实施过程中不断实践、不断完善、不断创新的历史脉络。在写作上坚持本真思维，聚焦"学位制度实施"，尊重历史事实，围绕学位制度授权体系、学位管理体系、人才培养与学位授予学科专业目录、学位授予规模四条主线展开。本书的框架由序言、前言、六个章节、附录等组成。从1981年开始，按每十年一个阶段，从建立、完善、发展、形成、特色、展望撰写中国学位制度实施体系40年。为了全面、系统反映中国学位制度实施40年的历程，在附录中收录了中国学位制度实施40年大事记，2018年学位授予和人才培养学科目录，40年全国授予博士、硕士、学士学位数量，历届国务院学位委员会名单。

笔者负责本书策划、构思、框架设计、写作内容、撰写风格、文字修改和全书通稿。一些博士后、博士研究生、硕士研究生参与文献检索、综述、研究、专家访谈、会议组织、各部分资料整理、研究等工作。他们分别是张微、常琅、蔺跟荣、蓝文婷、魏薇、于妍、张泽慧。其中，常琅还翻译了内容简介和目录，张泽慧参与了书稿整理与研讨会纪要的撰写。另外，李明磊、王茹、刘静、杨旭婷等参与本书的研讨工作。中国科学技术出版社王晓义主任参与本书的策划、出版工作。对他们做出的贡献和辛苦付出表示衷心感谢。

在访谈过程中,我国学位与研究生教育战线的一批老同志对事业的一腔激情、热爱,深深地感染和教育了笔者,使笔者学到了很多东西,更清晰地认识了我国现代学位制度实施40年历程,更深刻地感受到我们国家40年取得的辉煌成就,更深入地研究了我国学位制度实施政策变迁。同时,也是对过去30多年学位制度实施研究的审视,弥补了笔者过去研究的不足与缺憾。

本书的撰写、出版过程中参考了大量的政策文本、研究文献,引用的部分在书中进行了标注,对师长、作者的支持和帮助,在此一并感谢。同时,感谢所有参考文献的作者。

由于笔者的视野、水平有限,再加上时间仓促,对书中内容的整体把握和精雕细刻都留有许多遗憾,本书中难免存在一些疏漏和不当之处,期待各位读者、同人谅解并不吝赐教。

唯愿以此书的出版,迎接《中华人民共和国学位法》的颁布。

王战军

2021年4月26日